ロジャーズ主要著作集 1

C.R.ロジャーズ著
末武　康弘
保坂　　亨
諸富　祥彦
共　訳

カウンセリングと心理療法

——実践のための新しい概念——

岩崎学術出版社

序文

個人とは何か、また、個人の適応とはどういったことかについて日増しに関心が高まってきていることは、現代における一つの顕著な現象であろう。戦争下という大規模な集団同士が戦い、集団が計画どおりに動くことが必要な状況においてさえ、強調されなくてはならないのは何かといえば、個人の重要性であり、また、個人は自分が十分に適応するために大切なことを獲得する権利をもっている、という基本的な考えがいかに重要であるかが浮きぼりになってくるのである。

一九二〇年代、個人の適応への関心は、主に分析的で診断的なものであった。ソーシャルワークの分野では事例史研究がはなやかな時代だったし、心理学では検査法が爛熟した。教育ガイダンスの分野では記録をとったり、テストをしたりすることがたちまち広がっていった。また精神医学では診断の精緻な系統化のために、やたらと長い用語を病名として貼りつけるようなことが行われた。だが、個人とはいったい何なのかということになると、ほとんど分かっていなかったのである。しかし、時代は変わってきており、以上の分野の人びとにしても、また、同じような問題意識をもつ他の人びとにしても、人がよりよく適応するためにはどういった過程をたどればよいか、そのダイナミックな動きについてさらに熟慮するようになってきた。診断することから心理療法を行うことへと、そして個人をたんに把握することから、その人が援助を受けるのを見出していく過程に関心を寄せることへと、明らかに趨勢は移り変わってきている。今日、個人の適応に関心をもつ専門家たちは、個人が再び適応できるよう手助けをするにはどのような援助的あり方であればより成果が上がるのか、ということを知りたがっている。

筆者はこうした考え方や関心が移り変わる時代のなかに生き、また、筆者自身もその移り変わりにいくばくかの役割を果たしてきた。当初はどうすれば正しく診断できるかにもっとも関心を寄せていたが、しだいにカウンセリングや心理療法はどういった過程をたどるのかということにより重きをおくようになり、診断そのものはあまり重要な意味をもたなくなった。児童相談所の所長として、また、児童や家庭の問題にかかわるカウンセラーとして児童の相談活動にたずさわっている間に、筆者は心理療法的処置がどういった過程をたどればよいのかということについて見解を発展させてきたが、しかし、筆者の見解のなかに見出される起源には他の人びとの考え方が入り混じっていて、この点こそ自分独自の考えだ、とは明言できないのである。したがって本書は、筆者自身の見解を表すものであると同時に、意識しているところもあれば意識していないところもあるかと思うが、多くの人びととの経験を受け継ぐものでもある。読者に誤解を与えないためにも、また、筆者の感謝の意を表すためにも、お世話になり恩恵を受けた施設や組織、それに本書の基礎となる考えの形成に重要な影響を与えた専門の仲間たちのことを明記しておきたい。

ニューヨーク市の児童相談施設は開設されてまもない施設ではあったが、ここでの経験は刺激的だった。そこでの見解は幅広く、きわめて精神分析的なものからきわめて統計学的なものまであったので、ここで仕事をする者は誰でも、どのような方向をとるかを自分で選択し取り組んでいかざるをえなかった。

十二年におよぶ、臨床心理学や児童相談の分野で成長し変化してきた仲間たちとの交流は、筆者の心理療法的処置に関する見解を形作るうえでとても役立った。その仲間たちのほとんどは、本書のなかに出てくる考えや実践の一部が、まさに自分たちによって形作られたものであることに気がつくであろう。また、クリニック内外のソーシャルワーカーや精神科医たちとも緊密に連携してきたおかげで、筆者の見解はより豊かなものとなった。

とりわけ刺激を受けたのは、フィラデルフィア児童相談所やペンシルバニア社会福祉大学において生みだされた考え方である。こうした所から得られた資料をとおして、またこれらの機関で訓練を受けた同僚とともに働いてきたことによって、筆者は計り知れないほど恩恵を受けてきた。

さらに学生カウンセリングに対する取り組みは、児童相談の分野から生じたカウンセリング概念の有効性を検証し拡充している、もっとも前途有望な一つの動向となってきている。

現在の筆者は、臨床心理士としての訓練を受けている大学院の学生たちからの、探究心と判断力に富んだ問いにとくに恩恵を受けている。大学院生たちは自分のカウンセリングや心理療法の技能を発展させるなかで、熟考すべき基本的問題を提起してくれたり、カウンセリングの原理と実践を明確化することに力を貸してくれている。

今ひとつ、本書によってカウンセリングの分野に貢献できたことがある。カウンセリングや心理療法の面接を録音機によって録音し、その記録を分析、研究してきたことである。まず録音してから、記録をもとにタイプ原稿を作る。するとこうした逐語記録によってカウンセリングや心理療法がどのような過程をたどるかがくっきりと浮かびあがり、客観的に、ごく細かなところまで検討できるようになった。おかげでカウンセリングとはどのような原理に基づいているか、問題はどこにあるかが明らかになった。録音は研究にきわめて有意義な方法だが、これまでは部分的にしか利用されてこなかったのである。この手法はカウンセリングの分野の発展にとってきわめて有益なものであるといえる。

最後になったが、もっとも強調しておきたいことがある。筆者はいろいろな人びとを援助するという機会に恵まれてきた。これは、幸運にも筆者に与えられてきた特権ともいえよう。問題を抱えた子ども、動揺した親、やる気をなくした学生、不幸せな結婚生活を送っている夫婦といった人びとを援助する機会に恵まれた。うまくいったときもあれば、そうでないときもあったが、いずれにしても、心理療法的処置がどんな過程をたどるのかを学ぶうえで計り知れない恩恵をもたらしてくれた。人びとは成長しよう、もっと成熟しようと苦闘していたわけだが、一方、われわれは、それぞれの個人の成長する力に対して十分な信頼を寄せていたといえず、むしろほとんど信頼してこなかったことが、ますますはっきりしてきたのではないだろうか。

本書はこのような背景から生まれた。そこで、この本において筆者にはゆるぎない信念があることをお伝えしようと思う。それは、カウンセリングとは明確に理解することができるものであり、またどのように進むのかを予測できるものでもあり、またカウンセリングとは、学習され、検証され、より洗練され、そして改善されうる過程であるはずだ、という信念である。本書によって、現場で活躍されている、あるいは訓練を受けているカウンセラーや心理療法家の方々が、より精緻な理論を生みだしたり、より柔軟に臨床実践を行うようになっていただければ幸いである。またこの本によって、個人が豊かに適応できるように援助するにはわれわれはどうしたらよいのか、そのことについてより深く知識を蓄積し、完全なものにしていただければ、望外の喜びである。

オハイオ州コロンバスにて

カール・R・ロジャーズ

目次

第四部　ハーバート・ブライアンのケース

第一部　概説

第一章　カウンセリングの場

一対一の直接的な接触をとおして、クライアントに前向きな変化をもたらすべく、多くの時間を面接に費やしているきわめて多数の専門家が存在する。心理士、大学カウンセラー、夫婦問題相談員（マリタルアドバイザー）、精神科医、ソーシャルワーカー、高等学校の教育相談員、企業の人事担当者、あるいはその他の名称でどう呼ばれていようと、こうした専門家がクライアントの態度にいかにアプローチすればよいかを明らかにするのが本書の主題である。うまく社会に適応できない人、何かに悩んでいる人、挫折を経験したり、非行に走ったりする人たちが、面接を受け続けることで、抱えている問題とうまく折り合いをつけたり、現実の生活に向き合ってもっと前向きに対処できるようになるとしよう。このとき、いったい専門家はどんな技術や手順を使ったからうまくいったのか、われわれが知りたいのはそこなのである。

このような面接の過程を指すものとして、いろいろな呼び名がある。処置（トリートメント）面接という用語で呼ぶことがあるが、これは現象そのものを単純に記述した用語である。もっとも多く使われているのはカウンセリングという用語であろう。これはしだいに広く行き渡ってきているし、とりわけ教育分野の人びとがよく使っているものである。あるいは、治療を目的としているのだからということで、心理療法と呼ぶこともある。医療機関においてソーシャルワーカーや心理士、精神科医などがよく使っている。この本では、この二つの用語を、互いに交換可能なものとして、おおよそ同じ意味で使うことにする。態度や行動の変容をもたらす継続的な直接的接触というかたちで援助をしていこうという点では、これらはもともと同じ基本的方法を指し示していると考えられるからである。カウンセリングという用語はどちらかといえばより日常的で表層的な面接に対して使う傾向があり、一方、心理療法という用語はもっと強力で長期にわたる接触を意味する傾向がある。用語を使い分けることにも一理あるだろうが、しかし、最高度に強力で効果的なカウンセリングが、強力で効果的な心理療法と区別できないこともまた明らかである。したがって、本書ではカウンセリングという用語も心理療法という用語も用いることにする。この分野で活躍している人びとがいずれの言葉も普通に使用しているように。

カウンセリング技術の適用

適応上の問題に対して、カウンセリングや心理療法といった手法はどういった範囲で用いられているのだろうか。統計を示して答えることはできないが、記述的な回答を示すだけでも、カウンセリングをめぐる流れ全体がいかに重要であるか、分かるはずである。

児童相談所（チャイルド・ガイダンス・クリニック）　児童相談所において、心理療法という手段は高度に洗練されてきており、子どもたち、とりわけ適応上の問題を表している思春期の少年少女や、その親たちに対して明確な形で用いられている。長年にわたり、心理療法をどのように臨床の現場に生かすかという考察が行われてきた結果、心理療法の技術が現場にふさわしいかたちで発展してきたのは、ほかでもない児童相談の分野である、といってまちがいなかろう。

二つほど例をあげよう。心理療法が児童相談の分野でどの程度用いられているかがはっきり分かるはずである。ニューヨークのロチェスター・ガイダンスセンターは、以前、筆者が所長をしていたところである。このセンターの年間業務を分析してみたところ、次のようなことが分かった。たとえば一九三九年は八五〇件のケースを受理したが、そのうち、

五二七件（六二％）は面接が四回以下で、これは年間の総面接数の四二％に相当した。

二五五件（三〇％）は面接が五～九回で、これは年間の総面接数の二三％に相当した。

六八件（八％）は面接が十～八〇回で、これは年間の総面接数の三五％に相当した。

子どもが心理士に会ったのが四回以下なら、内容はほとんど診断的なもので、カウンセリングを行ったのはごく限られたときだけといってまちがいない。子どもや親に会ったのが五～九回のグループはどうだろうか。ほとんどのケースでは行動を変えるためにさまざまな手段がとられていたであろうが、しばしばカウンセリングもいろいろな援助法のなかで重要な位置を占めたことがあったはずである。強力な心理療法的処置を行ったのは、一ケースあたり面接が十回以上というグループであろう。問題に取り組むにあたり、心理療法が重要な位置を占めていたはずである。心理療法は子どもにだけ行うときもあれば、親子同伴で実施されるときもあった。通常、心理士が子どもを受けもち、ソーシャルワーカーは親の相談にのっていたが、ただ、必ずそういう分担だったわけではない。また特筆すべきは、心理療法に向いているとして判断されたケースが、センターにやってきたうちのわずか八％に過ぎないのに、そうした八％に対して、センターは労力の三分の一を割いていたのである。

また、ここにジャッジ・ベーカー・ガイダンスセンターから得た資料がある。その数値によって、カウンセリングや心理療法が児童相談業務のなかでどのくらい重要な位置を占めているかがはっきり分かる。所長のウィリアム・ヒーリーとオーガスタ・ブロンナーらが中心になり、センターのケース一三三四件を調べたところ、四百ケースを何らかの対処が必要として受け入れていた。残りのケースでは、診断だけが行われ、援助を続ける責任はケースをリファーしてきたもとの機関にさし戻されていたのである。受理されたケース四百件

のうち、一一一人の子どもとは精神科医が一〜二回会い、二一〇人とは三〜九回面接し、七十九人とは十〜百回面接をした。親面接においても人数、割合ともにほぼ同じで、うち、八十九人と十〜百回あるいは百回以上の面接を（多くはケースワーカーが）実施している。[1]

これら二つの報告から、要するにこういうことがいえるだろう。児童相談機関での心理療法の活用は、心理療法に向いているとして選び出された少数のケースに限定されている。ただし、この少数の人たちに対して実施される心理療法的処置は、クリニックの業務の主要な部分を占めていたのである。しかもこのことは、不適応児に携わっているところであれば、アメリカ国内の多くのクリニックにあてはまるであろう。

学生カウンセリング　高校生や大学生の適応上の問題への取り組みにおいて、個人的な問題を扱う方法としてもっとも多く用いられるのがカウンセリングである。事実、学年が上がれば上がるほど、学生・生徒に対してのカウンセリングや心理療法はより重要なものとなる。その理由については、あとで改めて考えてみることにしたい。

学校生活のなかで、性格や感情の適応上の問題で悩んだりするのは、高校生でも大学生でもあることだが、そのようなとき、カウンセリング技術をほぼ十分に活用できるようなアドバイザーたちがいることをわれわれは知っている。学校の勉強や将来の就職の指導を行うときに、種々の心理測定が利用されているが、しかし、一方でカウンセリングも、教育指導や職業指導の過程のなかで常に重要な位置を占めている。また、この分野の専門家たちによれば、これからはいっそうカウンセリングが重要な役割を果たすようになるのはまちがいないらしい。

中学や高校、大学などの事情をよく知っている人にはいうまでもないことだが、ガイダンスのプログラムの一環としてカウンセリングを取り入れている所は着実に増えている。個々人の成長や発達というものがいかに大切か、意識が高まれば高まるほど、学校は学生が状況によりよく適応できるように援助するそれなりの体制を必然的に整えるところが増えてくるのである。学生を十把ひとからげに扱う教育法にばかり巨額の金を注ぎ込むのはずいぶん無駄が多いものだと、学校の管理者がよりはっきりと実感するようになるにつれて、では実際どう手を打てばいいのかと考えるようになってきている。計算してみるとずいぶんと費用がかさんでいたが、そのわりには使い道に無理があり、さながら四角い杭を丸い穴に打ち込むようだった、あるいは、費用をつぎ込んで学生を教えようと教えようとしていたのに、当の学生はというと、抱え込んでいる問題に取り組むためにエネルギーを注ぎ込んだあげく、何も問題が解決せず、時間を無駄にしていた。こうした事情が分かれば、管理者もどうしたら無駄使いをやめられるか対策を考えるはずである。生徒を型にはめることを続けていくうち、型のほうは一つに揃っていても学生たちは個々それぞれであることに、管理者もしだいに気づきつつある。こうした経験から、個人個人を理解し、個人が自分で問題に対処していけるように援助するためのプログラムがいっそう求められるようになっているのである。そういったわけで、現在まではほとんどの大学と大半の中学校と高校が、学生の適応を援助するためのサービスを整えている。しかしサービス機関といってもさまざまであり、ごくうわべだけで名ばかりのところもあれば、いろいろと配慮が行き届いていて、学生のニーズに応じて種々のカウンセリング・サービスを提供しているところもある。

成人への精神衛生活動　臨床機関のなかでもあまり多くないのが成人の不適応を対象とするところである。成人に対してカウンセリングを行う場合、ほとんどは精神科医や心理士が個人で実施している。だが、最近になって、結婚生活を円滑に送れるようにサービスを行う機関が増えてきて、助言を与えたり、カウンセリングを行ったりしている。こうした機関ではカウンセリングによってカップルや夫婦を援助している。結婚を予定している男女、それから、結婚はしたものの、互いに折り合ってゆくのに困難を感じて訪れてくる夫婦といった人たちが対象である。

相談機関では身体測定を行ったり、法律上の助言を与えたりすることなどもある程度行うが、相談員がまず基本として行うのはカウンセリングである。結婚についての助言を求めてきた場合であれば、会うのはせいぜい二、三回であろう。[2] 込み入った夫婦の問題を扱う場合であれば、きちんと対応して成果があがるまでには数多く面接を実施する必要がある。[3] 結婚相談のような援助を求めている人は数が多いので、今ある場だけでは対応しきれていない。牧師の方々なら誰でも、こうした現状を理解してくれるはずである。ここでは成人への援助ということで、結婚にまつわる問題を一例としてあげるにとどめた。だが、カウンセリングが効果的に進むためにはどうしたらよいかという意味では、成人への援助の場合であろうと、学生相談や、不適応児の親と面接したりする場合であろうと、その過程はどこも変わるところはないと考えてまちがいない。

ソーシャルワーク　ソーシャルワークの分野では、クライアントを援助するために訓練を受けているのはケースワーカーである。従来、ケースワーカーは、貧困を救済したり、就職をあっせんしたり、医療面での援助を行ったりするのが仕事だと考えられてきた。だが、それ以外にカウンセリングによる援助も行っており、おそらくこれが一番重要な仕事であろう。カウンリングという用語そのものは、ソーシャルワークの分野ではあまり使われていないが、クライアントが感情を表出し、適応上の問題についての新たな解決策を見出すような機会を提供しているという意味では、今まで述べてきたような専門家たちと同じ過程を活用しているといってよいだろうし、この事実は誤りなくおさえておきたい。また、ソーシャルワークという仕事にしかない側面もある。成人の不適応者に対して、カウンセリングによる援助をこれほど多く行っている専門職となると、ほかには見当たらない。ただし、ケースワーカーがそれだけ懸命に援助を行っても、経済的に厳しい状態にある人たちの数は多く、援助を受けられるのはごく限られた人たちにとどまっているのが現状である。施設や里親家庭の子どもと接するときや、児童相談所と協力し合って仕事を行うときにも、ソーシャルワーカーは心理療法的な技法を用いることがある。ソーシャルワーカーもカウンセリングや心理療法の専門家であり、カウンセリングをどう行えばよいのか、その過程を理解することに貢献してきたのである。

産業人事管理　近年にいたるまで、企業の人事管理においてカウンセリングはほとんど何の役割も果たしてこなかった。職を求めて来た人や、すでに職場で働いている人から、必要なことを聞くために面接することはあるし、これはこれで大事なことではあるが、仕事に対する態度の改善のために面接による話し合いを実施しようとする構造化されたカウンセリングは、ほとんど実施されてこなかった。だが最近、職場内の人間関係の研究として、ひときわ注目を引くものが現れた。ウェスタン・エレクトリック社の工場で行われた研究である。[4] 研究成果を見ると、人事管理の場で面接というものをどう位置づけたらよいか、現状に変革をもたらしてくれそうである。研究の最終的な結論は以下のとおりである。工場の従業員一人ひとりにとっては、周囲とうまくつきあえることの方が、生産組織がどうあるべきかよりもずっと大事なことだった。また、工場の生産を上げるためにまず大切なのは、従業員が満足して働いているかどうかだった。従業員にとって、自分は周りとうまくつきあえている、安心して働いていると感じられるかどうかが大切なのであり、賃金を上げてもらうとか、労働時間を短くしてもらうといったことは二の次だったのである。どのような労働条件のもとでなら生産高が上がるのか、もともとはそのような目的で研究が開始されたそうだが、綿密なリサーチから出てきたのは注目に値する勧告だった。すなわち、従業員が個人的な問題を解決するのを援助できるような適切なカウンリング計画を整備すべきだという勧告である。研究者たちは職場内のモラールほど重要なものはないことを痛感した。計画はすでにたち上がり、三百人の従業員に一人の割合でカウンセラーが配置されており、この計画の正しさが、近い将来示されることになるだろう。本書ではこれからもおりにふれて、この研究に言及するであろうが、とりあえず、ここまでのところで大事な点を指摘しておきたい。企業にとって関心があるのは、生産性の最大限の向上と、職場の人間関係の最大限の調和、そして従業員一人ひとりの能力の最大限の発現であろうが、実はカウンセリングこそがこうした関心に応えるもっとも重要な過程なのである。

戦争遂行にあたって　学生カウンセリングや産業カウンセリングにおいて述べてきたことは、訓練中か、戦闘中かには関係なく、どんな軍隊にも同じようにあてはまるはずである。だが、実際には、軍においてカウンセリングはほとんど行われてこなかった。合衆国の戦争計画は壮大な規模のものだが、カウンセリングは確固たる位置を占めていないのである。カウンセリングをうまく活用できないのは、一つには軍隊という文化の事情があると見てまちがいなかろう。よくあることだが、新たに発見されたことを別の計画の中に移し入れ、うまく活かせるまでにずいぶんと手間取ってしまうのである。カウンセリングが活用されない今一つの要因として、一人ひとりを大切にするより、まず集団のことを第一と考えるような軍隊精神なるものをあげることができるであろう。だが、心理療法について理解が深まれば、軍はその計画のなかでカウンセリングを効果的に活用するようになるのではないか、そう考えるだけの根拠はある。

軍隊の士気を保つのに大事なことは、工場の労働意欲を保つのに大事なことと同様である。つまり、組織にうまく溶け込んでいる、周りの人間とうまくやっている、と一人ひとりが感じられるかどうかが大事なのだ。こういった点ではカウンセリングこそ有効な手段なのはこれまで示してきたとおりである。徴兵されてきた兵士や新米の兵士の多くは、気づいたらそれまで経験したことがないような場に身を置いていて、いったいこの現状にどう向き合ったらいいのかと、まず面くらう。今までと違った権威に自分を合わせてゆくことが求められ、軍隊という新たな集団で生活を共にすることになる。将来の身の振り方についてめどを立てていたのに修正が必要となるし、かといって将来を保証してもらえるわけでもない。こうした問題があるなかでも、人の手を借りずにこの場をどう乗り切っていけば良いかをすぐさま見出すことができるような、うまく順応できる者も確かに数多くいる。しかし、現状に不満をもったり、神経症的になったり、能力をうまく発揮できないでいるような、うまく順応できない者もまた数多く存在するのである。兵士の多くがうまく適応できなくなってしまうと、士気にわざわいし、軍の支出はその分余計にかさむ。だが、カウンセリングを行えば、不適応者に対してさまざまな援助を行うことができる。困難な状況と向き合い、うまく順応できるように援助したり、見通しをしっかり立てることで、これならがんばっていけると心から思ってもらえるように援助することもできるのである。

緊張とはいっても、今述べたような緊張はごくふつうなものであって、入隊した人間なら誰でも経験するたぐいのものである。だが、これに加えて、軍隊には特殊なストレスもある。それはある種の軍事訓練に特有のものであり、たとえばパイロットやパラシュート部隊員、それに、危険きわまる任務のために訓練を受けている者などは、恐怖やパニック状態に陥ることがある。自分ではどうにもならないくらいのひどさで、通常の訓練をこなしてゆくにも支障が生じ、しまいには訓練課程から「落ちこぼれ」てしまう。そんなとき、場が提供され、わけの分からない恐怖を打ち明けることができれば、怖さにも慣れ、いくらか自信をとり戻せるようになる。多くは立ち直り、もう大丈夫だ、これならやっていけると自信も生じてくるであろう。カウンセリングを行わなかったばかりに、情緒面での問題や適応上の問題が解決せず、兵士が落ちこぼれてしまっているとすると、これまでの軍の体制ではどのくらい損失が出ていたことになるのか。はっきりしたことは分からないが、軍関係者によると、相当な数にのぼるだろうとのことである。

軍人にとって、カウンセリングのプログラムが必要なのは、軍隊に属しているあいだに限らない。誰にでも必ずやってくるのが復員であり、おそらくはこうした時期の方がよりカウンセリングを必要とするであろう。再び社会に適応することが求められるからだ。問題はさし迫っている。職を探し、家族との絆を取り戻し、自分のことは自分でやり、世間とのつきあいを広げていかねばならない。先の戦争（訳注：第一次世界大戦）を経て明らかになったのは、復員にあたり、ほとんどの場合、一人ひとりにカウンセリングをほどこす必要があるということである。より自立した人間になってもらうためにカウンセリングは必要である。今までは、いわれたとおりに従っていればよかったし、なにかのときにはいつだって「上」の方が肩代わりしてくれるだろう、と気楽にかまえていればよかったわけだが、これからはそうはいかない。社会のなかで大人として暮らしていくには、物事の選択、決断、そして責任が再び求められるからである。その手助けをするために、カウンセリングは必要なのである。

今一つ、軍には、カウンセリングを組み込んだサービスとしてすでに行われているものが他にある。心に傷を負った兵士は相当な数にのぼるので、そうした人たちに再適応してもらうためにサービスを行っているのである。これは、今回の戦争（訳注：第二次世界大戦）で始まったわけではなく、先の戦争のころからすでに行われていた。戦闘中に、将校や兵士のあいだで神経症におちいったり逃避的になってしまったりするような現象が目立ったが、これは、今日の戦争の重要な問題としてだれもが認めるようになってきたものである。恐るべきストレスにさらされ、心のはたらきが萎縮してしまうのだ。こうしたストレスは現在の戦争につきものである。戦争は機械化され、また、「神経戦」の様相を呈してきたという意味で、緊張が二重に加わっているのだ。こういうとき、心理カウンセリングにできることはたくさんある。心に傷を負った兵士は、人と人とが殺し合う戦争によって出た犠牲者だといえるが、カウンセリングによって、そうした数多くの兵士を癒し、再適応してもらうことができるはずである。

カウンセリングが効果的なものであれば、軍の計画においてどんな位置を占めることができるのか、という点について、さらに一言申し添えておきたい。戦時特有の心理状態に気押されると、民主主義社会の特質が一時的になおざりになってしまう。これには常に危険がともなう。その特質がこれからずっとなくなってしまうかもしれないからだ。人びとは今まで民主主義を支持してきたが、急場しのぎで採用したはずの専制的体制が、戦争が終わってみると、そのままで元に戻らなくなっているかもしれないのである。一方、効果的なカウンセリングのプログラムとは、一人ひとりの人間に重点を置くものであるし、それぞれにふさわしいかたちで成長してもらうことを目的とするものである。だとすれば、カウンセリングは、個人の人格全体を尊重するという考え方を守っていくうえで力になるはずである。また、民主主義が前提にしているのは、国民一人ひとりにとって重要で価値があることを大切にする、という価値観である。カウンセリングはそうした価値観の象徴として意味をもつようになるはずである。

ここまでの概観から分かるように、カウンセリングの技術は、現在実施されているプログラムのなかで、多くのプログラムにおいて重要な位置を占めているし、これからよりいっそう重要な役割を担ってゆくであろう。とりわけ、教育界や産業界ではそうであろう。また、軍の訓練計画などがいい例だが、国が総力をあげて行う事業においても重要になってくるであろう。これほど広く行われていて、さらにますます重要になってきているカウンセリングというアプローチは、われわれがより詳細に研究してゆくに値するものといえるだろう。

心理療法と他の処置方法との関係

カウンセリングが重要なものだとはいっても、一人ひとりの問題を扱うのに、カウンセリングが唯一のやり方だというわけではない、ということははっきりと理解しておくべきである。カウンセリングは、どんな不適応の問題にも効く万能薬ではない。どんな問題児にも、どんな問題のある親にも向いているわけではない。どんな学生にも、どんな兵士にも、どんな工場労働者にも、やみくもに行えるわけではない。カウンセリングは、人が集団のなかで能力を発揮できない原因となっている、さまざまな適応上の問題を取り扱うとても大切な方法ではあるが、そうはいってもあくまで数ある対処法のうちの一つなのである。

どんな心理療法を行っても、心理療法だけでは対処方法として限りがあることは、これからの議論のなかでいろんな点から指摘していくことにする。ここではまず、カウンセリングと他の処置の仕方とでは大きな違いがあるということを先に述べておくのがよいだろう。

予防的方法　人びとを管理する方針によっては、不適応に陥るのをあらかじめ防ぐことができるかもしれないし、現にこれまで予防がなされてきたことも事実である。このことは強調しておく必要がある。工場では労働者をどのように雇い、管理するかについて規則があり、学校ではどのように学年や進級を決めるかについて方針がある。こうした規則や方針についてきちんと計画を立てておけば、あらかじめ防ぐことができる不適応は多いはずである。こうした規則を定めたり、方針を掲げたりすることは、厳密に言えば援助的処置とは呼べない。しかし、身体の健康でいう予防医療と同じく、大切なことである。腸チフスをどう予防したらよいかを知っておくことは、チフスをどう治療したらよいかを知っておくこと以上に、とても大切であろう。学校や家や企業といった場でも同じことがいえる。不適応の問題が起こる前にどう防いだらよいかをあらかじめ知っておくことは、問題が大きくなってからどう対処したらよいかを知っておくこと以上に、とても大切であるはずだ。したがって、不適応者の援助的処置全体のなかで、管理の方針を立てることがどんな位置を占めるのか、はっきりと分かっておく必要がある。管理方針のうちでも、人間関係や意欲を左右するような方針は、どれも非常に大切であるといえる。これはどのような場においてもいえることである。ひとが心理的に成熟してゆくには何をしたらよいのかを、学校や産業界やその他さまざまな組織に活かすことができたら、管理の方針をうまく立てることができて、人間関係が円滑になるはずである。だがその一方で、方針の立て方によっては、性格を歪め、周りとうまくいかなくなる人を生み、問題行動や神経症を示す人の割合を増やしてしまうこともあり得る。だからこそ、心理療法に関心があるのだったら、組織レベルでどんな手順を踏んで処置を行えばよいかということにもぜひ関心をもっておかねばならない。そうすることで、問題が大きくなる前に予防することができる。

それなら、治療手段は予防手段にまるごととって替わられるのではないか、という疑問もわくかもしれない。だが、答えは医療の分野のときと同じである。効果的な予防策というものは、ほとんどの場合、不適応に陥っている人間を援助し、治療の結果を検証した積み重ねから編み出されてきたのである。今まで問題児に取り組んできたからこそ、もっとはやい段階から読み方の指導をしておくことが必要だと分かってきた。そのおかげで、後になって、本が読めない子どもに無駄な労力を使ったあげく、途方に暮れることにならずにすむのである。また、不適応の学生にたずさわってきたからこそ、学生が職業選択をまちがえれば、収入が減るのはもちろんのこと、人付き合いで余分な神経をすり減らすことになると分かってきた。結局、学生が職業選択をまちがえないように、こちらがどのように指導し、教育するか、前もって考えておくことが大事だと分かってきたのである。それから、不満ばかり言って仕事をしない従業員と接してきた。だからこそ、企業の方針を立てるにあたって、企業の利潤だけでなく、従業員がどうしてほしいと思っているかにも気を配らなくてはならないと分かってきたのである。要するに、集団の予防計画を工夫しようと思えば、まず、一人ひとりを援助するためのより適切な技術を開発する必要がある、というわけである。

環境の調整　困難を抱えている人びと、たとえば問題行動を起こしたり、挫折したり、情緒的混乱や神経症におちいったり、非行に走ったり、結婚はしたが幸せではなかったりなど、事情はさまざまだが、そうした人びとを援助するやり方はおおよそ二通りに分けることができる。一つのやり方は、問題を起こした本人よりも、環境を調整することで対処するものである。そのかたちは多岐にわたる。そこには物理的にも心理的にも、その個人の環境がより満足のいくように適応へと導くことができるさまざまな手段が含まれる。療養所への入所、転校、職場内での異動など、だれに対して行うかによってやり方は変わる。相手が子どもなら、自宅から引き取って里親や施設に預けるのがよいかもしれない。援助的処置のために人の環境を変えるのに、今述べたように居場所を移してしまう場合もあれば、そうでない場合もある。ほんの少し環境を変えるだけで、十分意味があるときもある。たとえば、相手が子どもの場合、週に一度、治療のための読書グループに入れる。工場で働いている人であれば、新しい機械を担当させて、仕事仲間ともめごとを起こすことから遠ざける。市民であったら、地域の自治会で仕事を与えて、やりがいを見出してもらうのである。

このように、環境の調整がしっかりと計画され、なおかつうまく実行に移されるならば、個人の態度や行動を改善し、適応をもたらすためにきわめて効果的なものとなりうる。前著(5)で筆者が分析し、くわしく述べようとしたのは、物理的かつ社会的な環境の調整を不適応児の援助的処置にどうしたらうまく使えるか、ということであった。同じ題材をここで繰り返すことはしない。とりあえず、こう指摘しておけば十分であろう。直接に相手を援助するだけではなく、その環境を調整する手段も知っておくことで、読者には援助的処置の全体に目を向けるようになってもらいたい。そうすれば、カウンセリングが援助的処置全体のなかでどのような役割を担っているのかが、かえって良く分かってくるはずである。

また、環境調整といったたぐいの処置は、社会的に定められた望ましい目標を想定しているということに注意しておいた方がよいであろう。たとえば、非行少年を里親のところに預けるのは、(1) 社会が彼の行動に耐えられないと主張するため、そして、(2) このケースに表れた事実を考慮すると、彼の態度や行動を改めさせるには里親に預けるのがもっとも効果的な手段であると考えられるため、である。本人がこうした処置を望んだかどうかとか、このことが将来の自分に明らかに影響をもたらすであろうことに本人が気づいているか、などといったことはこの場合二の次である。もちろん、このような手段は多くのケースにおいて援助的処置の実質的な基本的方法の一つとして用いられている。しかしながら、考えてみればすぐに分かることだが、それなりに大人として成熟し、物事をある程度わきまえているような人間に対してはほとんど行うことができないのである。相手が罪を犯していたり、精神病を患っていたり、なにか障害をもっていたり、あるいは、何らかの事情により自分では責任を取ることができないような場合にだけ、成人であっても環境を調整することができるにすぎない。環境的な処置は、世間で認められているような目標に基づいているし、目標に人を向かわせる親的権威、組織の権威、法の権威などに基づいているが、このような事実は必ずしも十分に認識されているわけではない。実はこうした目標や権威に基づいているからこそ、効果的な実施が限られるともいえるのである。

直接の援助的処置　援助的処置の技術としての二つめのカテゴリーは、個人に対して直接に影響を与えるやり方であり、それは不適応に陥った人が自分を取り巻く状況とよりよい関係を自分で築いてゆけるように援助するものである。こうしたやり方には、処置面接、カウンセリング、心理療法などと呼ばれているものが含まれる。これらは本書の主題そのものでもある。これらは直接の援助的処置としてもっともよく用いられており、またもっとも重要なやり方でもある。当然のことだが、これらについては次章以下で議論する。

直接に相手を援助するやり方はほかにもあり、他の心理療法やカウンセリングと通じるところがある。それは表現療法と呼ばれるものである。感情や態度のカタルシスがとても重要な役割を果たしている。遊戯療法、集団療法、芸術療法、心理劇などといった技法がこのグループに入る。どれも個人の問題を治療的に取り扱うのに役立ってきた。ほとんどの技法はもともと、子どもとのかかわりから生まれてきたものであるが、しかし現在では大人にも適用できるまでに、技法に磨きがかかっているのは確かである。その基本的要素は、感情をすっかり表出させることである。粘土や人形や描画といった非言語的な媒体を用いることもあれば、即興にせよ台本を用いるにせよ、演劇のようなさまざまな感情を言葉にして他の人に映し出して演じるようなやり方もある。本書ではこれからも表現療法について言及する機会がしばしばあるだろうが、最近の興味深い発展の全体については他の本を参照してもらいたい。

これまで医学的治療については何も述べてこなかった。態度や行動の変容のために、薬を投与したり、手術をしたり、食事を控えさせたりするというやり方もあるのだが、こうしたやり方はこの本では扱わない。とはいっても、援助的な処置全体の中で、どんな位置を占めるかはきちんとおさえておくべきであろう。日頃の行動や生活設計、それに適応上の問題に対処する力などは、医療的手段から影響を受けることもあるかもしれないからである。

以上のことから、再適応の技術全体についてしっかりとした視野をもっていれば、カウンセリングは、生きている状況と調和できていないことに気づいている個人への、重要ではあっても唯一の対処法ではないと分かるはずである。他のやり方でも、援助は可能である。カウンセリングだけにのめり込んでしまう落とし穴を避けるには、技術全体への広い視野が必要である。以後、この本ではカウンセリングと心理療法だけに的をしぼって論じていくつもりではあるが、同時に忘れてもらいたくないのは、カウンセリングは数多くある道筋のうちの一つにすぎず、他のやり方でも、不適応に陥っている人をもっと生きがいが感じられるように援助することはできるということである。

本書の目的

今日、数多くのカウンセリングが実践されており、さまざまな専門職としてカウンセリングを中心に仕事をしている人たちが多数いるにもかかわらず、その過程については適切な研究がほとんど行われてこなかった。たとえば、学生カウンセリングの成果は、子どもを里親に預けたときの成果に比べると、よく分かっていない。カウンセリングの過程についての記述は、遊戯療法の方法について述べたものに比べると、まだまだ少ない。遊戯療法を行えるのは比較的幼少のクライアントに限られているにもかかわらず、そうなのである。また、カウンセリングの成否が何によって決まるのかは、ほかのアプローチに比べると、まだ十分に分かっていないのである。

分かっていないことがあまりに多く、われわれは無知であるから、心理療法のどんな点についても、完璧で決定的な説明を専門的に行える段階にはまだ至っていない。そこでまず必要なのは、カウンセリングの実際の経験に基づいて、きちんと検証できるような仮説を立てることであろう。仮説があってこそ、科学ははじめて進歩する。そのためには、仮説が、実験的に試行され、検証され、そこから修正されるようなものでなければならない。カウンセリングの分野はまだ、実り豊かな仮説に満ちているとはいえない。これまでは、援助を行うという良心的な意図や希望が高く評価されて、複雑な原理を注意深く探り出していくような姿勢が歓迎される余地はなかったのである。

ここで、本書の目的をはっきりと示すことにしよう。この本では、カウンセリングについての検証され考察されうるような仮説を、理解できるかたちで明確に提示する。それを検証し、さらに吟味することができるように示すのである。学生のためには、カウンセリングの実際の手順についての具体例をあげながら、一貫した考察のための枠組みを提供することをめざす。また、研究者のためには、どうすれば心理療法がうまくいくのか、その仮説を筋の通ったかたちで示すことを目的とする。実験的検証によって、こうした仮説はそのとおりだったと分かるかもしれないし、まちがいだったと分かるかもしれない。そして本書は、臨床家のためには、既存のものに代わりうるより正確な仮説を臨床家自らが創出するという課題を提供することになろう。

以上のような目的のために、本書は心理療法のあらゆる見解をすべて提示しようとはしない。相容れないさまざまな見解の混沌を示して混乱を増幅してしまうよりも、一つの見解をあますところなく論じることで、カウンセリングの分野をよりすっきりと整理する方が賢明であろう。したがって、本書は、カウンセリングに関する一つの方法と理論を提示するものである。それは十数年にわたる児童相談の実践から導かれ、学生カウンセリングや夫婦相談の経験によって形作られ、またこれらの分野における他の人びとの経験や考えから恩恵を受けて生まれたものである。また、この本の見解がしっかりと明確なものになったのは、ある実証研究のおかげである。その研究では、数多く面接が録音された。一回だけの面接もあれば、継続の面接もあったが、こうした面接の記録が分析された。[6] 研究は取り組んだだけの価値があった。こうすればこうなるのではないかと漠然と考えていたことが、研究計画の結果としてはっきり示されたのである。こうして、記録から明確な原理や仮説が生まれた。これらを手がかりにして、カウンセリングの技法がさらに進歩してゆくことを望むしだいである。

基本となる仮説　本章を結ぶにあたって、基本となる仮説を述べておくのがよいだろう。以下の章は、この仮説を説明したり、定義づけたり、拡充したり、明確化したりするためにあるといえる。仮説は次のように簡潔なかたちで述べることができる。**カウンセリングが効果的に成立するために必要なのは、ある明確に形作られた許容的な関係であり、その関係のなかで、クライアントは、自分自身に気づくようになり、新たな方向をめざして、人生を前向きに進んでいけるようになる。**この仮説に従えば、カウンセリングの技術とはおのずと、自由で許容的な関係の醸成、クライアントの自己理解の深まり、そしてその前向きで自己主導的な生き方の促進のためにこそ用いられるものであるといえる。

今述べたことに意味を与えるために残りの章があるので、ここでくわしくは論じない。以下の各章では、仮説を個々の話題のなかで検討することに取り組む。新たな意味が読者に与えられたかどうかを確かめるために、必要に応じてこの仮説に立ち返ってもらえればと思う。

原　注

（1）Healy, William, and Bronner, A. F. *Treatment and What Happened Afterward*, pp.14, 43, 46. Boston : Judge Baker Guidance Center, 1939.

（2）Mudd, E. H., et. al. "Premarital Counseling in the Philadelphia Marriage Counsel," *Mental Hygiene*, vol. XXV (January, 1941), pp.98–119.

（3）Mowrer, Harriet R. *Personality Adjustment and Domestic Discord*. New York : American Book Company, 1935. 220pp.

（4）Roethlisberger, F. J., and Dickson, W. J. *Management and the Worker*. Cambridge, Massachusets : Harvard University Press, 1939.

（5）Rogers, Carl R. *The Clinical Treatment of the Problem Child*, chaps. Ⅳ to Ⅸ, inclusive. Boston : Houghton Mifflin

Company, 1939.

(6) この計画の諸側面については、次の文献を参照されたい。

Covner, Bernard J., "Studies in the Phonographic Recordings of Verbal Material : I, The Use of Phonographic Recordings in Counseling Practice and Research ; II, A Transcribing Device." *Journal of Consulting Psychology*, vol. VI (March–April, 1942), pp.105–113 and vol. VI (May–June, 1942), pp.149–153.

Rogers, Carl R., "The Use of Electrically Recorded Interviews in Improving Psychotherapeutic Techniques," *American Journal of Orthopsychiatry*, vol. XII (July, 1942), pp.429–434.

第二章　カウンセリングと心理療法における新旧の見解

カウンセリングの分野全般にわたる方向性や展望を提供するためには、今日のカウンセリングを牽引してきた技術を大まかに検討したうえで、本書の次章以下において詳しく述べる新しい考えについて、まずは簡潔に概観しておくことが適当であろう。近年、心理療法のアプローチがめざましく発展しているが、その背景には使い古され破棄された技術が存在している。そうした技術について知ることができるなら、われわれは今存在している見解をより深く理解することができ、また建設的な形でそれらを吟味する力を得ることができるであろう。そしてそのことはよりいっそうの進歩をもたらすはずである。したがって本章では、カウンセリングの過程に関する詳細な統合的見解を論述するに先立って、カウンセリングの過去と現在についての、ある鳥瞰的な視座を提供することにしたい。

この簡潔な概観を行うにあたっては、さまざまな学派の理論的公式にではなく、実際のカウンセリング過程に注意の焦点をおくことにしよう。心理療法の思考に刺激を与えもし、また混乱を与えもしてきた、種々の「主義」の歴史をここで示すつもりはない。そうした歴史を提示することは、まちがいなく読者をいずれかの学派のとりこにしてしまい、実際に用いられている方法や技術について深く考察するのを邪魔してしまうであろう。ここでもっとも関心を寄せたいことは後者の問題、すなわち具体的な方法や技術なのである。

心理療法は用語そのものとしては比較的新しいものであっても、必ずしも新しい考えではない。何世紀にもわたって人びとは、さまざまなやり方で、不適応におちいった人の行動を変容させ、態度を改善し、より前向きな結果をもたらそうと努力してきた。そこで主に用いられてきたのが、直接に会って話し合うという場面である。そこで、適応をもたらすために使用されてきたこうした方法のいくつかに検討を加えてみよう。

いくつかの古い方法

悪評高き諸方法　もっとも古い技術の一つは、命令と禁止によるものである。これについては、ある短い実例をあげるだけで十分であろう。数年間、筆者は一九〇〇年以前からの歴史をもつ、ある社会施設に関係していた。そしてそこでの初期の記録を閲覧することはとても興味深いものであった。各記録用紙には、ある状況の記録が、その多くは極度の社会的かつ個人的な不適応の状況の記録が記載されていた。そして大半の事例では、最後に次のようにしたためられていた。「両親は警告され、忠告された」と。これらの記録のいかにも満足そうな調子から察すると、担当者が自分の職務を完全に果たしていたと思っていたことは明らかである。彼らは、治療的であると自ら思い込んでいた個人的な強制を、相手に加えていただけなのである。こうした方法が放棄され、今や心理療法としてはたんなる過去の遺物となっていることは、万人の認めるところであろう。この方法は、人道主義的な感覚が欠如しているから放棄されたという以上に、まったく効果をもたないことが証明されたために放棄されたに他ならない。このことは注目すべきである。こうした命令や威嚇は、人間の行動を根本的に変える技術などではない。それどころか、こうした技術では、強制的な力によって人が弱体化させられるときにのみ表面上の行動が変化するのであって、そのような強制は民主主義社会のなかでは今やほとんど存在する余地はないのである。

歴史的な興味に関連する第二のアプローチは、説得と呼ぶべきものである。そこでは誓約や約束が用いられてきた。これは一般的にいえば、禁酒の誓約書にサインしたり、一生懸命働くとか、盗みをやめるとか、妻の面倒をみるとか、勉強で「A」の成績をとるとか、または何か他の賞賛に値する目標を達成するというように、ある地点まで人間を「仕立てる」ような手法である。そうすることで、人は自分のなかの誠意と良好な関係をもつであろうと考えられていた。こうした方法は集団にも個人にも利用されてきた。心理学的には、それは一時的な情動的興奮をつくり出し、高いレベルの誠意に人間を「釘づけ」にしようとする試みとして説明できるであろう。しかしこうした方法が、今やほぼ完全に顧みられなくなっているのはいうまでもない。その理由は明白である。こうした技術によってもたらされるほとんどの結末が、元の状態への後戻りであることは、専門外の人びとでさえも十分に承知している。説得や誓約や約束は、本当の変化をもたらすものではない。

第三のアプローチは、励ましや勇気づけという意味での暗示の利用である。クエ（訳注：エミール・クエ　一八五七〜一九二六。フランスの精神療法家）による手法や、自己暗示という考えなどがこれに属する。ここにはまた、世界中のカウンセラーや臨床家が使用しているような多様な励ましの技術も入る。クライアントはいろいろないわれ方で、「あなたはよくなってきていますよ」とか、「なかなかよくやっていますね」とか、「あなたは改善しつつありますよ」などと告げられる。これらはすべて、よい方向へとむかうクライアントの動機づけを高めるだろうという期待をこめて告げられるのである。しかし、シャッファー[1]は、こうした暗示は本質的に抑圧的なものであると明確に指摘している。つまりそれは、存在している問題を否認するものであり、その問題について本人がもっている感情を否認するものである。臨床家やカウンセラーが承認や励ましの言葉を数多く述べるために、クライアントがあまり受容できないような自分のなかの衝動を、ありのままに臨床場面にもち込むのをためらってしまうといったことは、必ずしもめずらしくはないのである。このアプローチは今日なお、多くのカウンセラーによって使用されているが、その信頼性が確実に減退していることは疑いえない。

カタルシス　古典的な系譜につながる別の心理療法的アプローチは、懺悔あるいはカタルシスの技術である。懺悔の場は何世紀にもわたってカトリック教会で使用されてきた。それは自分の問題を語りつくさせ、それに対して、ある決まった形の受容を与えるものである。この方法は聖職者にとっても信徒にとっても援助的であることが見出されてきた。精神分析学はこのカタルシスの考えを取り入れ、それをより深く活用してきている。カタルシスは、現に気づかれている意識的な恐怖や罪悪感から人間を解放するだけではない。カタルシスをうまく行い続ければ、行動に影響を及ぼしているようなより深く根づいている態度にも光をあてうるということをわれわれは学んできた。最近になってわれわれは、この古典的なアプローチを活用する新しい方法を学習している。遊戯療法の技術全般はカタルシスの基本原理に基づいている。またフィンガー・ペイントや心理劇、パペットの利用などは、すべてこの古典的な、しかし見事に確立された心理療法と何らかの関係があることは明らかである。このアプローチはけっして放棄されることなく、発展し、より広く活用されてきた一つの方法である。

助言の使用　日常的に用いられている心理療法のもう一つのタイプは、助言と指導である。それはおそらく、介入とも呼べるものであろう。このアプローチにおいては、カウンセラーは達成されるべき目標を選択し、クライアントがその目標に向かって確実に前進していくようにクライアントの生活に働きかける。その極端な例はラジオの「身の上相談の専門家」に見出すことができる。そこでは込み入った人間の問題に三～四分間耳を傾けただけで、何をすべきか間髪を入れずに相手に助言している。訓練を受けたカウンセラーであればこうしたアプローチのいかがわしさに十分気づいているが、にもかかわらず、実際のカウンセリング実践のなかでこの技術がいかに頻繁に用いられていることか、驚くべきものがある。カウンセラーは自分がいかに数多く助言しているのか、あるいはどの程度クライアントの生活に介入しているかについて、無自覚なことが多々ある。カウンセリングの逐語記録には、「もしも私があなただったら……」とか、「……というように考えてみたらどうでしょう」とか、「……すべきではないでしょうか」といった発言がきわめて頻繁に見受けられる。以下は、録音機で記録された面接の抜粋である。これは積極的な助言がカウンセリング面接のなかで用いられている典型的な例といえよう。

その面接で、学生（補習コースで心理学の四一一番授業を履修するように要請されている）はアルバイトについてカウンセラーに話し、カウンセラーはそのことに関してたくさんの質問をしている。会話が続く。

カウンセラー　それで、きみはできるだけの時間を勉強への集中に費やすべきだと私は思うんだよ、本当に。もしきみが、餓死しそうなほどの大きな危機のさなかにあるんだったら、そりゃあ私だって働くように助言するだろうけど。きみの決心がつかないようだったら、――で、きみは今学期、どのくらいの成績をとらなくてはならないのかね、学校を続けるとして？

学生　はっきりとは分かりませんが、平均二か二・一くらいです。

カ　では、もし本当に学校を続けたいのだったら、身を入れてしっかり勉強するようにしなければね。そんなにアルバイトばかりしていたんでは、勉強できるはずがないよ。その時間を勉強のために使わないと。とにかく、それしか方法はないと私は思うな。ほかのだれかではなく、まずきみ自身が今どういうことになっているのかを理解しなくてはねえ。私はいわば外から見ている第三者だし、比較していっているんで、そう、私自身の経験や知っている他の学生たちと――私が援助している四一一番コースの学生たちとだね。いっておくけど、私は四一一から卒業していった学生たちを何人もみてきたよ。どの専攻の学生でも、卒業する学生もいれば、そうでないのもいるけどね。まあ一般的にいって、卒業するためには、並外れた知能をもっている人は別だけど、勉強する必要がないような知能をね、きみがそういう人間でないのだったら、勉強にたくさんの時間をさかなくてはね。(間) きみは学生寮に住んでいるんだね？

この抜粋にはいくつかの注目すべき点がある。いかに強硬に助言がなされていることか、またその助言には学校を続けることに関してどれほど言外の脅迫がつきまとっていることか。こうした事実を目の当たりにするのは、教訓的であるとすらいえる。また、こうした強硬な助言を行うことに効果があるかどうかについて、カウンセラーが言い訳をしているということも意味深い。「ともかく、それしか方法はないと私は思うな」といった言葉がそれである。おそらくいつも、このカウンセラーは、自分が考えた問題の解決法をクライアントに押しつけることに確信がもてないと感じているはずである。さらにこの抜粋で注目すべきは、カウンセラーがクライアントから受けるはずの抵抗に直面するのを避けるために、最後に話題をかえていることである。

次のケースも学生の問題であるが、ここではもっと強い助言と指導が行われている。記述はカウンセラーによる。

情緒的問題――処置の方法の大部分はカタルシスを中心とした。フランクは、彼に関心を寄せる同情的な聞き手に自分の問題を語ることで、安心した様子であった。

彼は他人とどのように接したらよいか分からないために、どれほど辛く不幸であったか、その出来事をたくさん私に語った（詳細は臨床資料にある）。私が実施した第一段階は、彼の性格特性が適応上望ましいものではなく、その修正のためにいくつかの段階を踏まねばならないことを彼に理解させることであった。私は次のように質問した。「きみは自分の欠点を治して、別の明るい性格になりたいんだね？」と。彼は肯定した。そこで私は、社会的な回復のための次のような段階を示した。（1）YMCAのソーシャルスキルコースに登録すること、（2）コスモポリタンクラブの会合に出席し、そこで世界の出来事について考えること、（3）YMCAの男女共同の活動に参加すること（彼の承認を確実なものにするため、各団体のしかるべき役員に紹介状を書き送った）。

学業上の問題——私の仕事は、彼に就職準備を思いとどまらせ、その代わりに教養学部の課程を受け入れさせることであった。私はまず彼に、専門の経営学部に進学するために必要な成績を指摘した。しかしこれは彼の意志に影響を与えなかった。彼は、今年こそD＋の成績をCにしたいと言い張った。彼が数学関係の科目が得意ではないことを知っていたので、私は経営学部の専門科目の一覧から、次のものを示した。統計学、財政学、金融・銀行論、理論経済学、会計学などである。そして私は（これらの科目を担当している同僚たちに心のなかで弁解しつつ）、これらが「きわめて理論的で抽象的であり」、しかも「きわめて無味乾燥である」と思うこと、一方、教養学部の科目は実際的で面白く、数学や経済学の専門知識を必要としないことなどを彼に話して聞かせた。私が教養学部の面白さをより詳しく説明したところ、彼はついに考え直すことを約束してくれた。そこで私は、次のような行動計画の概略を伝えた。（1）もっと突っ込んだ情報を得るために、教養学部のカウンセラーのところへ行くこと（約束を取りつけた）、（2）転部について家族と話し合うこと、（3）教務課に行って転部証明書を受け取ること。[2]

このケースにおいて、どれほどカウンセラーがすべてにわたって考えを指示しているか注意してもらいたい。カウンセラーが終始一貫して、この学生の目標について完全に知っているつもりになっていることは明らかである。そして、その目標達成のために学生を説得するなかで、率直で誠実な理由が伝えられる一方で、明らかに誠実ではない理由も述べられている。極論すると、学生に目標を達成させるためには、どのような示唆を用いてもかまわないと考えているのではないだろうか。

大学の学生相談や臨床活動のなかでは、こうした対処法が広く用いられている。その問題点については第五章でより突っ込んで分析することにしたい。ここでは、こうした助言や指導といった技術を活用する傾向はしだいに弱まっている、ということを指摘しておけば十分であろう。なぜならこうした技術は、二つの大きな欠点をもっているからである。この種の示唆は、一つには、かなり自立した人間にとっては、自分は自分であるという統合性を維持するうえで必然的に受け入れられないし、いま一つには、決定を他人に委ねる傾向をもつ依存的な人に対しては、その依存性をますます強めてしまう結果をもたらしてしまう。指示や助言などの技術は、ときに問題解決に役立つこともあるが、しかし必ずしもクライアントの成長には結びつかないことが多いのである。

知性化された解釈の役割　新しい方法が強調する重要な点に移る前に、述べておかねばならないもう一つの心理療法のアプローチがある。それは説明や知的解釈によって人間の態度を変容しようとする試みと呼べるものである。このアプローチは総じて、人間の行動をよりよく理解することから生まれてきたものである。臨床的カウンセラーたちは、行動を引き起こす要因や、特定の行動パターンの原因についてより適切に理解しようとすればするほど、人間の状況に関するよりいっそう適切な診断を行うようになった。そしてそれがいきすぎて、援助的処置はたんなる診断へと逆戻りし、個人の援助に必要なものはすべて、その行動の原因を本人に伝えることであると考えるような誤りに自らおちいってしまったのである。こうして臨床家たちは、子どもの問題は子どもへの親の拒否的な感情によるものであるとか、両親の問題は二人の貧弱な情緒的生活と子どもへの過保護の結果によるものであるなどと、親たちに説明しようと努めてきた。また大学カウンセラーは学生に、自尊心の欠如はずっときょうだいと比較され続けてきた不幸な結果であるに違いないなどと説明してきた。問題についてのこうした知的な説明がクライアントの態度や感情に変容をもたらすであろうというのは、短絡的な信念であったといわざるをえない。学校カウンセリングの録音記録からこのアプローチの興味深い一例をここで示しておこう。このカウンセラーは、有能ではあるが多くの社会的な不適応の兆候を示している高校生と話し合っている。その生徒は自分のさまざまな知的および芸術的な関心について自由に語っていた。二回目の面接の終わりに近づき、カウンセラーはサムの行動を補償のメカニズムとして解釈しようと試みている。

学生　それで、もっというと、ぼくは優越感のコンプレックスとかそういったものをつくっているようで、それで悩んでいると思うんですよ。ぼく自身はとても優れているという気はまったくしないんだけど、よく分からないんです。――優越感コンプレックスって、いったい何なんでしょうね？　それって、地球上の誰よりも自分がよく思えるようなときのことなんでしょうか？

カウンセラー　私には、きみが周りの人たちのことで本当に悩んでいるようにみえるのだけど。きみがそんなに真剣だということに周りの人は気づいていないし、周囲がきみを見下しているから彼らに腹をたてているんですね。そして自分に自尊心を取り戻させるためにいろんなことをやってみても、それが本当に役に立つのかまったく確信がもてないんですね。

学　（長い沈黙）

カ　サム、きみは無神論とか芸術を愛しているとか、特殊な本が好きだ、とか、その他にもいろんな知的な習慣をつくってきているし、それらを信じている。だけど、そういったことに本当は確信がもてないんじゃない？

学　もっていますよ、とんでもない。

カ　そうか、ではたぶん私のほうがまだちゃんと分かっていないのかな。きみはそうしたことを知的に信じているし、それらに十分取り組んでいる。そして自分がいっていることもよく分かっている。でもそうしたことを信じている自分や、他人とは違う自分に悩んでいる。

学　ああ、分からない——ぼくは悩んでなんかいませんよ。

このケースにおけるカウンセラーの解釈が基本的に誤りでないことはまちがいない。しかしその解釈は、生徒に受け入れられるようなものにはなっていない。もしもサムが、彼が感じている社会的な欠落を補償するために、過度に知性化された習癖をつくっているということを自覚すれば、疑いもなく彼はカウンセリングを求めなくなるであろう。

古典的な精神分析にとって、知的な解釈の活用は重要なものであった。埋もれている敵意、抑圧された近親姦や他の性的欲求、マゾヒスティックな欲求などを表すものとして、夢を解釈することは広く知られている。しかし、実践においてはしばしばこうした解釈はクライアントに拒絶されることも多かった。方程式のもう片方の辺に重点がおかれるようになったのは、ごく最近になってからのことである。解釈は、それがいかに正確になされようと、クライアントに受け入れられ吸収される範囲においてのみ価値をもつにすぎない。症状を幼少期の原因にさかのぼってみても、また症状が耐えがたい生活状況をやわらげているという疾病利得について説明しようとも、クライアントがそうした解釈を受け入れることができないならば、それらは心理療法にとって効果をもたないか、あるいは逆効果となる。それゆえ、われわれは次のことを見出している。つまり、児童相談においても、精神分析においても、カウンセリングにおいても、対象者の行動の原因や意味についての言語的で知的な解釈はそれほど重要性をもつものではない、と。いかに正確なものであろうと、たんにクライアントの行動についての知的な所見を提供するだけでは、その行動を効果的に変容させることはできないことが、次第に認識されてきているのである。

基本的な仮定　不適応の個人に対するここまで述べてきた

アプローチは、（一つのものを除く）すべてが次のような二つの基本的仮定を共有している。まず、これらのアプローチでは、カウンセラーこそが、個人の目標がいかなるものであるべきかを決定し、また、その状況を判断する価値観がいかなるものであるかを決定する、もっとも有能な人間であると仮定している。これは、命令と禁止、暗示と個人的影響や、さらに解釈といったアプローチにあてはまる。カタルシスを除くこれらのすべてが、カウンセラーによって選択された目標を前提としてもっている。[3]またカタルシスもふくめて、これら従来のアプローチのすべてに、「カウンセラーは最上のことを知っている」という考えが深く染みわたっている。さらに第二の基本的な仮定は、カウンセラーは専門的吟味によって、選択された目標にもっとも効果的な方法でクライアントを到達させる技術を見出すことができる、というものである。そしてそこで用いられる技術が、結局のところ最良のカウンセリングの方法であるとみなされるのである。

ある新しい心理療法

以上の心理療法の諸方法とはまったく対照的な、ある新しいアプローチがある。それは児童や成人のガイダンスの分野で成長してきたものであり、これからみていくように、このアプローチはさまざまな点でこれまでのものとは根本的に異なる観点をもつものである。その新たな諸概念は、数多くの多様な起源をルーツにもっている。ここでそのすべての名前をあげることは困難であるかもしれないが、主なものを示しておこう。オットー・ランクの思想は、タフトやアレン、ロビンソンといった人びと、そしてその他の実践家によって「関係療法」へと修正されてきたが、これが新しいアプローチの一つの重要な出発点である。また、現代の精神分析は、フロイトの治療手法に批判をくわえ、それを改善し、今では十分に安全なものとなっている。これもまたもう一つの起源である。多くの人びとが精神分析のなかでこうした貢献を果たしてきたが、なかでもホーナイはおそらくもっともよく知られているだろう。遊戯療法の急速な発展は、さまざまな専門分野の実践家たちの関心を集め、心理療法に対するより新しく妥当な見方の形成に多大な貢献をもたらしてきた。個人カウンセリングの原理を集団の過程に適用しようと試みる、集団療法の分野における実験のはじまりもまた、心理療法に関する思考を刺激し明確化してきた。この新しいアプローチを発展させ洗練させてきた原動力のほとんどが、[4]アカデミックな起源よりもむしろ、援助機関や学校、相談施設などの実践現場から生まれてきたことは、おそらく重要な意味をもっているであろう。このことは次のような事実を説明するのに役立つ。つまり、この新しいアプローチはその起源が多様であり、重要な貢献をもたらした人たちもそれぞれ異なる専門分野や背景の出身ではあるけれども、しかしここには注目すべきかなり広範な意見の一致点や、互いに共有できる観点があって、そこから同様の実践の体系が生まれ、発展してきたという事実である。

その特質　この新しいアプローチは、あるまさに新しい目的をもつという点において、古いアプローチとは異なっている。このアプローチは、もしもカウンセラーが問題解決の手助けをするならば、これこれの結果が生じるだろうと期待するよりもむしろ、人間がより大きな自立と統合へと向かう方向を直接的にめざすものである。その焦点は、問題にではなく人にある。その目的は、ある特定の問題を解決することではなく、個人が現在の問題のみならず将来の問題に対しても、より統合された仕方で対処できるように、その個人が成長するのを援助することである。もしもその人が、より自立し、より責任をもち、より混乱せずに、そしてより全体的に、ある問題に対処できる統合性を獲得するならば、その人は新たな問題にも同様に対処できるであろう。

こうした記述がやや曖昧であるならば、この新しいアプローチが古いものとは異なるいくつかの具体的な点を列挙することでより明確化することができる。第一に、この新しいアプローチは、人間の成長や健康、適応へと向かう動因について、きわめてより大きな信頼を寄せている。心理療法とは個人に対して何かをなすことでもなければ、自分について何かをするように個人を仕向けることでもない。心理療法とはそうではなくて、自然な成長や発達へと向かうために個人を解き放ち、再び前進できるように障害となっているものを取り除くことなのである。

第二に、この新しいアプローチは、知的な側面よりも、情緒的な要素や状況に対する感情的な側面に、より大きな強調点をおいている。この新しい心理療法によって、不適応のほとんどは何かを知らないということなのではなく、現在の不適応をとおして獲得している情緒的な満足によって知識が閉塞され、効果的に働かなくなっているのだという、以前から知られてきた認識がついに具体的に役立つものになったのである。盗みをする少年は、それが悪いことであり不適切なことであるのを知っている。子どもを叱りつけ、責めたり拒絶したりする親は、そうした行動を他の親がやっている場合には不幸なことだと分かっている。授業をサボる学生は、そうしてはいけない理由を頭では理解している。十分な能力をもちながら、よい成績がとれずにいる生徒は、失敗を生みだすような何らかの情緒的な満足のために、しばしば試験で不合格となっているのである。そこでこの新しい心理療法では、知的なアプローチをとおして情緒の再構成を試みるよりも、可能なかぎり直接に感情や情緒の領域に働きかけようとする。

第三に、この新しい心理療法は、人間の過去よりも、今ここでの状況により大きな強調点をおいている。たとえば心的エネルギーの節約という目的に適うものや、真剣に熟考する必要があるものなど、個人にとって重要な意味をもつ情緒的なパターンは、個人の過去の歴史のなかに見出されるのとまったく同じく、現在の適応状態のなかにも、そしてカウンセリング時間中にもはっきりとあらわれる。研究を目的としたり、人間行動の生得的性質を把握するためには、過去の歴史はとても重要である。しかし心理療法の実際にとっては、それは必ずしも重要ではない。したがってこの新しいアプローチでは、歴史のための歴史には従来に比べてほとんど関心を寄せていないのである。面白いことに、歴史的な「事実」についてまったく吟味していないときに、しばしば個人のダイナミックな発達に関するよりすぐれた臨床像が、心理療法的接触をとおして明らかになることがある。

また、この新しい見解がもつさらに総括的な特性について言及しておくべきであろう。このアプローチは、この分野で初めて、成長の経験としての心理療法の関係それ自体を重視するものである。前述した他のアプローチではすべて、個人は面接時間を終えたあとに成長し、変化し、よりよい決定をするようになると期待されている。しかしこの新たな実践のなかでは、心理療法的接触それ自体が成長の経験である。個人はここで、自分自身を理解し、重要な自立的選択を行い、より成熟したやり方で他者とかかわることなどを学ぶのである。ある意味では、このことはこの新しいアプローチのもっとも重要な側面であるといえるかもしれない。こうした議論は、学校生活が将来の人生への準備であるのか、それともそれ自体が人生であるのかという、教育上の議論とどこか共通するものである。確かに、この新しいタイプの心理療法は、変化のための準備ではなく、それこそが変化なのである。

心理療法の過程に見られる特徴的な段階

ある観点を言葉に置きかえることほど、むずかしいものはない。これまで述べてきたことが、まだあいまいで不十分なもののようであるなら、次に心理療法の過程そのものに目を向けてみよう。そこでは何が起きているのだろうか？　接触をもち続けている間に、何が進行しているのか？　カウンセラーは何をしているのか？　クライアントは？　以下に示す各項目は、心理療法の過程のなかで生じる段階について、簡潔に、ただいくぶん単純化しすぎた形ではあるかもしれないが、筆者がこれまで数多く見てきたままに記述しようとする試みである。そして、臨床記録からの抜粋によって各段階の特徴を例示することにしよう。ここで誤解のないように強くいっておきたいのは、心理療法のさまざまな局面が個別に記述され、ある順序にしたがって並べられているが、これらはけっして切り離された事象ではないということである。以下の各段階に示される過程は、相互に混ざり合い、影響し合うものである。ただ、その過程はほぼここで示す順序で生じるということである。

1　個人が援助を求めて来談する。このことは当然ながら、心理療法のもっとも重要な段階の一つである。ここで個人は、いわば自分に働きかけ、最初の重要な行動を責任をもってとったといえる。彼は、これが自立した行為であるということはまだ認めたくないかもしれない。しかし、こうしたことが育まれるならば、それはそのまま治癒へと向かっていくものになりうるのである。重要な出来事の場合はもちろんだが、それだけではそれほど意味のない出来事でも、心理療法のなかでは自己理解や責任ある行為へと向かう土台となることがしばしばある。このことはここで指摘しておいたほうがよいだろう。こうしたことは、アーサーの記録を例示することで明らかになるであろう。彼は補習コース（心理学四一一番）に送られてきた学生で、その補習コースでは自動的にカウンセリングを受けさせることになっていた。一回目の面接の最初の三分間に、次のようなやりとりが行われた（録音記録より）。

カウンセラー　私はどうしてきみがここに来るようになったのか、あまりよく知らないんですが――つまり、誰かにすすめられて来たのか、それとも何か悩みがあって助けを求めて来ているのか、よく分かっていません。

学生　ぼくは教養部のGさんと話し合って、それで彼女がこのコースをとるようにいったんです。それからぼくの担任が、カウンセラーに会うようにといったので、それで来たんです。

カ　それでこのコースをとりに来たんですね。そうするようにいわれたので。

学　ええ、まあ。

カ　とすると、それが私を訪ねてきた理由でもあるというわけですね。

学　はい。

カ　それで、私がはじめから率直にいっておきたいのは、こういうことなんですが。もしもきみが自分を悩ますことに取り組んでゆくのに、私が援助できることがあれば、よろこんでそうします。でもそうではなくて、私に会わなければならないとか、このコースをとるために来なければならないから来るんだとか、そんなふうには考えてもらいたくないんです。ときには学校の勉強がうまくいかないこともあれば、ほかのことで悩むことだってあるでしょう。それを誰かに打ち明けて、徹底的に取り組もうとすればうまく解決するかもしれません。でもそれは、その人自身が決めることだから、私はまずはじめに、次の点をはっきりさせておきたいんです。もしきみが私と会いたいのなら、これから毎週この時間をあけておくことができるし、きみはここに来ていろんなことを話すことができる――そうしなければいけないわけではないけれど。それで、よく分からないんですが――きみはどのようにしてこの四一一コースをとることになったのか、もう少し話してもらえませんか――Gさんからすすめられて。

学　はい、Gさんがぼくに行くようにいったんです。彼女はぼくの勉強の習慣に問題があると考えたんです。もし問題がないとしても、これまでのやり方では成績やそのほかのことによい結果が出ていないようなんです。

だから彼女は、たぶんぼくがこのコースをとれば、上手な勉強の習慣を身につけ、時間を有効に使うようになり、集中力などもつくだろうって考えたんでしょう。

カ　だとすると――きみがこのコースをとる目的は、Gさんを満足させるということになりますね。

学　そうなんです。いえ、そうじゃないんです。ぼく自身がよくなるためです。

カ　なるほど。

学　ぼくの勉強方法や習慣をすっかり取り払って、時間を有効に使い、集中できるようにしたいんです。

カ　うんうん。

学　ぼくがとるんです――Gさんがぼくにすすめて、それでぼくが自分のためにとっているんです。

カ　なるほど。ということは、きみがこのコースに入るのは、一つにはGさんが言ったからで、もう一つにはきみ自身がこのコースのようなものをとりたかったから、というわけですね？

学　自分で必要だと思ったから、ぼくがサインしたんです（笑う）。

カ　そう、ではね、私はなぜGさんが必要だと考えたかよりも、きみが必要だと思った理由を聞きたいんです。きみはなぜこのコースが必要だと思ったんですか？

この一回目の面接の冒頭における、学生の最初の発言に見られるまったくの依存に注目してほしい。彼はこの補習コースをとることに対して、またカウンセラーのところに来ることに対して何の責任も引き受けていない。この態度に気づき、それが明らかになると、彼はしだいに責任を引き受けるいいかた（「Gさんがぼくにすすめて、それでぼくが自分のためにとっているんです」）に変化し、ついには自分の行為に十分な責任をもつようになっている（「自分で必要だと思ったから、ぼくがサインしたんです」）。このように責任を引き受けるということが、カウンセリングをまったく違ったものにするという事実は、どんなに強調してもよい。もしもカウンセラーやほかの誰かが、カウンセリング場面にその学生が来ることについて責任を感じてしまうならば、示唆や助言を与えることがそこで開かれている唯一の道となってしまうであろう。クライアント自身が来談の責任を引き受けているということは、クライアントはまた、自分の問題に取り組む責任も引き受けているということなのである。

2　通常、援助場面は明確に設定される。クライアントは来談当初から、カウンセラーが解答をもっているのではなく、カウンセリング場面とは、クライアントが援助によって問題に対する自分なりの解決を見出すところである、という事実に気づかされる。このことはときには、一般的な言葉で伝えられるが、別の場合には、約束に対する責任とか、なされる行為や決定についての責任といったような、具体的問題に即して場面がきわめて明確に設定されることもある。

先に引用したアーサーとの面接には、カウンセラーによる場面設定の仕方の一例が見られる。このときアーサーはけっして強制されてはいないが、もし望むならその場を活用してよいということが説明されている。しかしこの種の知的な説明だけでは、まだ不十分であることは明らかであろう。クライアントが、ここは自分に必要な解決を自由に見出せる場であるということが実感できるまで、面接のすべてがこうした考えを十分に強化するものでなければならないのである。

もう一つの例を、L夫人というある母親との初回面接から見てみよう（この記録はあとでさらに引用される）。この母親と十歳になる息子がクリニックに来た。母親が息子のことで強い不満を感じていたからである。二回の診断的な面接の後に、問題は二人の関係にあることが母親に伝えられ、この問題に取り組んでみたいと二人が思っているのかどうか母親に尋ねられた。彼女はためらいながらも、おそるおそる同意し、心理療法担当者としてかかわることになっていたその心理士と一回目の話し合いに入った。以下は、この一回目の面接の一部についての、カウンセラーによる記録である（録音記録ではない）。

時間が終わりに近づいていたので、私はそろそろ面接を終わりにしようと思って、こういった。「ご主人は、あなたがここに来て私たちとともに問題に取り組んでいることを、どう思っておられるのですか?」。すると彼女は少し笑って、「そうですね、あの人はそんなことには無頓着なんです。ただ、実験みたいなことはされたくないといった意味のことを、何かいっていました——白ネズミみたいには扱われたくないというようなことです」と語った。

そこで私は、「そしてあなたも、ひょっとしたらそんなことになるだろうって思っているんでしょうか?」と尋ねた。「そうですね、どんなふうになるのか、私には分かりません」。そこで私は、われわれが妙なことや特殊なことをやろうとしているとは思わないでください、といった。つまり、あなたはここで私と、息子のジムは職員のA氏と、いろいろと話し合って、もしいっしょにいろんなことを考えることができれば、あなたとジムがここの場をどう感じているのか分かるし、また二人の関係や他の家族との関係についても考えることができるし、そうすれば家族内での相互関係について、ある見方が得られるだろう、といったことを伝えた。

すると彼女はいった。「そうすると、たぶん下の娘のマジョリーも——あの子も何かちょっとおかしいところがあるんです。たぶんあの子もこのことに関係していいます」。

ここでカウンセラーは、問題が探究され、関係がよりはっきりと理解されるような場面と雰囲気を提供することが自分の仕事であるということを、明確にしようとしている。そのことに注目してもらいたい。このカウンセラーは、解答を与えることが自分の責任であるといったことを、言外にも伝えていない。このことが母親に理解されているというのは、彼女がそのとき妹のことという問題の新しい面をもち出し、そのことにも取り組んでみたいといい出す気持ちになっている、という事実によって示されるであろう。

さらにもう一つの例は、どんなにささやかな責任であろうと、実際に責任をとることで、その場面が設定されることが多いという事実を示している。ある学生との一回目のカウンセリングにおいて、その場面については面接のはじめに言葉で説明されていたが、面接の終わり近くになって、次のようなやりとりが生じた（録音記録より）。

学生　たぶんこのつぎ伺うときには、少しは違うと思います。そのときまでには、たぶん、何について話せばいいかをもう少しちゃんと考えておきます。

カウンセラー　来週の金曜日のこの時間に来たいと思いますか？

学　はい、ぼくのほうは差しつかえありません。

カ　あなたが決めることですよ。

学　ぼくが決めることですって？

カ　私はその時間、ここにいます。あなたのためにできることがあれば、喜んでやりますよ。

学　分かりました、先生。きっと伺います。

カ　分かりました。

この短い抜粋のなかに、多くのことが起きている。この学生は、ここで多少なりとも自立的な発言をしており、少なくとも、次の時間を利用することに対して責任を共有しようとする態度を示している。カウンセラーは予約についての決定を学生に委ねることによって、そのことを促進している。学生ははじめ、それをありきたりの意味のないポーズだと感じ、「はい、ぼくのほうは差しつかえありません」といって責任をカウンセラーに預けようとした。カウンセラーが、カウンセリング場面は本当にクライアントのものであることを示したとき、学生の驚きは、「ぼくが決めることですって？」とはっきり録音記録にあらわれている。彼の口調全体が変わり、ついで、確固とした態度で「分かりました、先生。きっと伺います」と応じている。初めて本当に責任を引き受けているのである。

このように、言葉や行為、またはその両方を通じて、クライアントはカウンセリングの時間が自分のものであることを実感し――自分自身になる好機を自由に利用し、そのことに責任をもつように援助される。相手が子どもの場合には、言葉によるよりも、場面全体が自由と責任によって設定されなければならないが、基底にあるダイナミクスはまったく同じである。

3　カウンセラーは問題に関する感情を自由に表現するように促進する。このことはある程度まで、カウンセラーの親しみをこめた、相手に関心を寄せる受容的な態度によってもたらされる。またそれは、ある程度まで、心理療法面接におけるカウンセラーの熟達した技能にかかっている。そうしたことによって、私たちは少しずつ、敵意や不安、気がかりや罪悪感、両価的な感情や迷いの感情といったものの流れがせき止められていたことを学び、もし私たちが、その時間が本当にクライアントのものであり、その人の望むように使うことのできる時間であることをクライアントに実感させることができるならば、こうした感情は自由に流れ出てくるのである。カウンセラーたちが最大限の想像力を働かせ、カタルシスの技術をきわめて急速に改善してきたのは、まさにこの点においてであると私は考えている。このことは、以下に示す二つの面接からの短い抜粋によって説明できるだろう。一つは母親であるL夫人と、もう一つは彼女の十歳になる息子ジムとの例である。いずれも一回目の治療面接からの抜粋である。

この最初の時間のなかで、母親は三〇分にわたってジムのよくない行動の例を感情的に次つぎに語った。ジムが妹とけんかをし、着替えをいやがり、食事中にしゃべってイライラさせ、学校で悪いことをし、家で手伝いをしないといったことについてである。彼女の発言はどれも、息子に対してとても批判的なものであった。このまくし立てるような吐露が終わりに近づいたころの短い断片は、次のようなものであった(録音記録ではない)。

私はいった。「お子さんをもっとあなたの望むようにするために、これまでどんなことをおやりになったんですか?」。「そうですねえ、去年のことですが」と彼女は話しはじめた。「私たち、あの子を特殊学校に入れたんです。そしてご褒美にお小遣いをあげてみたり、やってはいけないことをしたときにはお小遣いを削ってみたり。でも一日が終わる前に、お小遣いは全部使い果たしていました。それでついには、私は取り乱してほとんど叫び声を上げるまでになって、あの子を部屋に一人閉じ込めて、ほっておいたりしたんです」。そこで私はいった。「おそらくあなたは、ときどきそうすることもあるのですね――」。すると彼女は（とても早口で）いった。「ええ、ときどき私は、本当に叫び声をあげるんです。あの子についてはずいぶん辛抱してきたつもりですが、もう我慢できません。先日、兄嫁が食事に来たんですが、ジムったら食事中に口笛を吹いているんです。やめなさいっていったんですけど、やめないんです。最後にはやめましたけど。後で兄嫁が、やめるようにいってやめなかったら、私なら椅子から叩き落としてやるわっていってました。でも私は、そんなふうにして従わせても、何もよいことなんてないと思ったんです」。私はいった。「お義姉さんがおっしゃったような強い手段をとっても、何もよいことはないと思うんですね」。

彼女は答えた。「ありませんね。それとあの子のテーブルマナーなんですが、それがまたすごいんです。ほとんど手づかみで食べるんです。立派な銀のナイフとフォークとスプーンをあの子に与えているんですけどね。そしていつもパンを手でつまんで頬ばったり、真ん中だけ食べて穴を開けたり、さもなければ、皿に盛った全部のパンに指を突き立てたりするんです。先生はあの子の年頃だったらそんなことをしていいかどうか分かっている、と思われませんか？」。そこで私はいった。「そのことをとてもひどいことだと思っているのですね。あなたもご主人も」。

彼女は答えた。「もちろんです。それでもときどき、あの子はとても良い子になるんです。たとえば昨日は、一日中良い子でした。それで夜になって父親に、ぼくは良い子だよねっていっていたんです」。

カウンセラーのここでの唯一の目的は、敵意や批判の感情が流れ出てくるのを妨げないことである、という事実に注目してもらいたい。その子は有能であり、基本的に正常で、不幸にも愛情に飢えているのだといったことを、これらがすべて本当のことだったとしても、母親に説得しようとはしていないのである。この段階におけるカウンセラーの全体としての役割は、自由な表現を促進することにある。

こうしたことが子どもにとってどういう意味をもっているのかについては、同じ時期にジムがもう一人の心理士と話していたことに耳を傾けると、もっともよく理解できるであろう。これはジムにとって一回目の遊戯療法の記録である。彼は、遊戯療法へと導入するための遊びに夢中になり、そのあとで父親に見立てた粘土の像を作った。この人形を使っていろいろなごっこ遊びが繰りひろげられるが、その大部分は、父親をベッドから起こそうとして、父親がそれに抵抗してジムと争うという場面（家庭の実際の状況を逆にしたものと推察される）に集中していた。ジムは声色を変えて両方の役を演じた。次にあげるのは録音記録からとったものであり、どちらの声が使われているのかを示すためにF（父親）とJ（ジム）を加えた。

F「ここにいてお父さんの手伝いをしてくれないかな」。J「やなこった。思い知らせてやる」。F「おお、どうしてもやるつもりか」。J「そうさ。思い知らせてやるんだ！」。F「よし、いいだろう。来い、やってみろ！」。J「よし、行くぞ！（父親を殴り、その頭を叩き落す）おまえはもう、すぐには立ち上がれないんだぞ。よーし、おまえの一部をもぎ取ってやる。それがお似合いなんだ。どうだ、おまえを立てなくするぞ。それがお似合いなんだ。さあ、オレの前では二度と眠らせないぞ！（とても短い間）おい、こら、どうしたんだ、眠るのか？　わっはっはっ！」。Ｆ「眠ってなんかいるもんか」。Ｊ「よーし、思い知らせてやらなくちゃな！　おまえのずうずうしいのにムカついてるんだ。起きろ、起きろ、起きろ（叫びながら）、さあ来い、おやじ、起きろ」。

その直後にジムは、誰かが父親を空中につまみ上げて懲らしめている、と想像する。遊びが続く。

Ｊ「一日中つまみ上げていられるように、こいつをつかまえちゃおう。（短い間）やったぞ」。Ｆ「おーい、おろしてくれー」。Ｊ「おまえの子どもを一日中好きにさせると約束するまではダメだ」。Ｆ「いやだ。それはできない」。Ｊ「よーし、分かった。じゃあおまえは高いところにぶらさがっていればいいんだ。いいか、おまえはこうしていたいんだろう。そうだろう」。Ｆ「助けてくれー。おーい、落っこちちゃうじゃないか。助けてくれー!!」（短い間、彼は粘土を落としてめちゃめちゃにする）。Ｊ「よし、それまでだ、みんな。（沈黙）あいつはもういない。崖から車ごと落っこちたんだ」。

これら二つの抜粋は、もしカウンセラーが邪魔をしないなら、自発的に表現される感情とはいかに深く激しいものであるかをよく物語っている。ここでカウンセラーは、このような過程のなかで消極的な役割以上のことを果たすのであり、おそらく心理療法の一つの局面としてはもっとも見事に描写されるものであろう。

４　カウンセラーは、否定的な感情を受容し、理解し、明確化する。これは、カウンセリングを学ぶ学生たちにとってきわめてとらえにくい微妙な点である。カウンセラーがこうした感情を受容しようとするならば、相手が話していることの知的な内容ではなく、その底にある感情に応答するという構えがなくてはならない。ときとしてその感情は、とても両価的なものであったり、憎悪の感情であったり、不全感であったりする。しかしその感情がどのようなものであっても、カウンセラーは言葉や行為によって、ある雰囲気をつくり出すように努力する。そうするなかでクライアントが、こうした否定的感情を他人に投影したり、防衛機制の背後に隠したりせずに、その否定的な感情をもっているのは自分であることを理解できるようにし、またそれが自分の一部であることを受容できるようにするのである。しばしばカウンセラーは、こうした感情を言葉で明確化するが、しかしその原因を解釈したり、その利得について議論したりはしない――その感情が確かに存在し、カウンセラーはその感情を受容しているということを認めるだけである。このようにして、「あなたはそのことでとても苦しんでいるのですね」「あなたはその欠点を治したいのだけど、今はまだそうしたくないのですね」「とても悪いことをしたと、あなたはいっているように聞こえます」といった言葉が、この種の心理療法のなかでは頻繁にあらわれるし、こうした言葉が、クライアントの感情を正確に描き出すものであれば、ほとんど常にクライアントは、より自由に前に進んでいくことができるのである。

このような援助の例は、すでに十分に示してきた。アーサーの事例からの抜粋では（34頁）、カウンセラーのほとんどすべての発言は、長い説明の部分は別にして、来談についてこの学生が表現している感情を言語化し明確化しようとしている。また、L夫人のケースにおける最初の断片では（36頁）、彼女が言外に示した「白ネズミのように」扱われるのではないかという恐怖について論じ合おうとはしていない。カウンセラーはその恐怖をただ理解し受容しているだけである。このケースからの二度目の抜粋では（38頁）、心理療法のこうした局面がさらに例示されている。カウンセラーは、母親の激しい感情や、絶望、いらだち、落胆などを、批判もせず論駁することもせず、また不適切に同情することもなく、受容している。つまり、こうした感情を一つの事実として受け入れ、母親が表現したよりもいくぶん明確な形で言語化しているのである。カウンセラーが母親の不満の内容ではなく、その感情に対して注意を向けていることが分かるだろう。このように、ジムのテーブルマナーについて母親が嘆いているときは、食事のエチケットについて応答しようとはせずに、そのことについて母親が明らかに感じていることに応答しようとしている。ただし、カウンセラーが、母親がすでに表現していることよりも先走って言語化しようとはしていないことに注目してもらいたい。これはきわめて重要なことである。なぜなら、カウンセラーが先走ったり、急ぎすぎたり、クライアントがまだ意識していない態度を言語化することによって、まさに実害が生じるからである。目指されるべきは、クライアントが表現しえた感情をしっかり受け入れ、理解することである。

5　その人の否定的な感情がまったく十分に表現されたとき、それに続いて、かすかに、またためらいながらではあるが、成長へと向かう肯定的な衝動が表現される。心理療法を初めて学ぶ人にはとても驚きを与えることであるが、この肯定的な表現は、心理療法全体の過程においてもっとも確実に生じる、予測可能な局面の一つである。否定的な表現が激しく、深いものであればあるほど（それが受容され理解されるならば）、愛情、社会的交流への衝動、根本的な自己尊重、成熟したいという欲求などの肯定的表現が、より確かなものとして生じてくる。

このことは、さきほど引用したL夫人との面接（38～39頁）のなかにはっきりと示されている。敵意や憎悪のいっさいが十分に受容された後、彼女のなかにゆっくりと肯定的な感情が生まれたのは必然的なことであった。それは「それでもときどき、あの子はとても良い子になるんです」という突然の発言としてあらわれた。

彼女の息子ジムの場合は、肯定的な感情が出てくるまでにもっと長い時間を要した。三回にわたる（週に一回の）心理療法の接触の間、彼は父親のイメージや悪魔のイメージ（ときどきそれを「おやじ」と呼んでいた）を拷問にかけたり、叩いたり、殺したりして攻撃的な遊びを続けていた。三回目の心理療法時間の後半まで、彼のごっこ遊びは続けられ、それが夢となり、それから夢ではなくなっていった。

「いや、夢なんかじゃなかった。夢じゃないんだ。いいか、よく覚えておけよ（粘土の人形を叩きながら）。いいか、これでよく分かっただろう。子どもたちに変なことをするんじゃないぞ！　ここでおまえは目を覚まして、全部夢だったことに気がついて、こういうんだ。『オレもそろそろ夢から覚めるころだ』って」。それからジムは粘土で遊ぶのをやめ、部屋のなかを少しだけ歩きまわった。彼はポケットから新聞の切抜きを取り出して、一枚の写真を心理士に見せながらいった。「チェンバレンってとてもいい人なんだ。だから写真を切り取っても ち歩いてるんだ」。

これは、彼が他者に向けた初めての肯定的感情の表現であった。その後、敵意はおだやかに表出される程度のものとなっていったが、こうした心理療法場面での変化は、家庭での変化とおおよそ平行するものであった。

6　カウンセラーは否定的な感情を受容し理解したのと同じように、肯定的な感情の表現を受容し理解する。こうした肯定的な感情は、賛同や賞賛によってカウンセラーに受け入れられるのではない。道徳的な価値判断は、この種の心理療法のなかには入ってこない。肯定的な感情は、否定的な感情とまったく同じように、その人の人格の一部としてそのまま受容される。成熟した衝動と未熟な衝動、攻撃的態度と社会的な態度、罪悪感と肯定的表現、これら両者を受容することこそが、その人に、ありのままの自分を理解する、生まれて初めての機会を与えるのである。その人は、自分の否定的感情について防衛的になる必要がない。また、自分の肯定的感情を過大評価する機会を与えられるわけでもない。しかもこうした場面では、自己洞察と自己理解が自発的に湧き出してくるのである。このような自己洞察が生まれるところを実際に目の当たりにしていないなら、人は自分の在りようと生きかたをとても有効に理解できるものだ、ということを信じるのはむずかしいかもしれないが。

7　この自己洞察、自己理解、自己受容は、心理療法の過程全体のなかで二番目に重要な局面である。それは、人が新たな統合の段階へと前進する基礎を与えるものである。ある学生は、偽らざる感情によって次のように語る。「ぼくは本当に腐ったガキなんですが、でも確かに普通でありたいと思っているんです。誰かに自分のことをそんなふうにいわせたくない。でも、事実はそのとおりなんです」。ある夫はいう。「私は今、妻が病気のときになぜ妻に対していい気持ちがしないのか分かるんです。いくらそんなふうに感じたくないと思っても、そう感じてしまうんです。それは、結婚するとき、病弱な妻がずっと重荷になるだろうって、母が予告したからなんです」と。母親としてのL夫人は、先に彼女の発言は引用したが、数回の面接のなかで自分の敵意と多少の肯定的な感情を表現した後、自分の息子との関係について、次のような驚くべき発言をしている。以下はカウンセラーによる記録である。

彼女が語ったことの一つは、子どもは注目してもらいたがっているようだが、そのやり方は、いつも否定的な注目を起こさせるだけだということであった。そのことを少し話し合った後で、彼女は次のようにいった。「たぶん息子にとって一番よいのは、悪いところを直そうとされることではなく、優しさや愛情や思いやりをもって接してあげることなんでしょうね。そうですね、確かに私たちは、あの子の悪いところを直そうとすることに追われていて、何か違ったことをする余裕がなかったんです」。彼女の表現は、やり方を変えることでよい方向へ向かうであろうと彼女が本当に思っていることを示していた。そこで私はいった。「それはあなた自身によるとてもよい観察ですね。もう誰もいう必要などないのでしょうが、あなたが身にしみて感じていることがまさに起こったのですね」。彼女はいった。「そうです。それがまさに起こっていることなんです」。

8　この自己洞察の過程と混ざり合って、可能性のある選択や行為の方向を明確化していく過程が生じる（ここでもう一度、これまで記述してきた各段階は互いに排他的なものではなく、また番号どおりの順番で進行していくものでもないということを強調しておきたい）。このとき、いくぶん失望したような態度が見られることも多い。本質的には、その人はこのようにいっているのだ。「これが私自身です。そのことがとてもはっきり分かりました。でもどうすれば、私はこれまでとは違うふうに自分自身を作りかえることができるんでしょうね」と。ここでのカウンセラーの役割は、いろいろな選択の可能性が明確になるように援助し、その人が経験している恐れの感情や、前進する勇気の欠如などについて理解できるように助けることである。行為の一定の方向を強制したり、助言を与えることがカウンセラーの役割なのではない。

9　引き続いて、かすかにではあるがとても意味のある肯定的な行為がはじまるという、心理療法の魅力的な局面の一つが起こってくる。あるきわめて内気な男子高校生は、他人への恐れと嫌悪について語るうちに、友達がほしいという埋もれていた願望を認めるようになったのだが、自分のところに来たパーティの招待をこわくて受け入れることができず、その理由についてまる一時間話している。彼は、相談室を出るときには、たぶんパーティには行かないだろうといっていた。カウンセラーは彼に行くようにとはいわなかった。そのかわりに、こうした行為は大変な勇気を必要とするだろうということや、そうしたことに負けない毅然とした強さをもちたいと思いながら、一歩を踏み出すことができないということなどが批判されずに理解された。彼はパーティに行った。しかもそれは、彼が自分に自信をもつのに大きな助けとなったのである。

L夫人の記録からもう一つ例をとると、先に引用した明らかな自己洞察の発言の直後に、次のような明らかな進歩があらわれている。これも心理士の記録による。

私はこういった。「お子さんが求めていないときでも、どんな形であっても注目してあげ愛情を示してあげることは、おそらくお子さんにはとてもいいことなんでしょうね」。すると彼女はいった。「そうですね、こんなこと信じていただけないかもしれませんが、あの年になってもあの子、まだサンタクロースを信じているんです。少なくとも去年まではそうでした。もちろん、信じているふりをしているのかもしれませんけど、でも私にはそういうふうには見えません。去年、あの子ったら、お店でサンタと話をするんだといって、まわりの子どもたちより頭一つ大きいのに、出かけていきました。それで今年は、私、あの子に本当のことを教えてあげることにしたんです。でもあの子、マジョリーにいわないかしら。あの子に話して、それは私たちの秘密だっていったらどうでしょうね。あの子はもう大きいし、マジョリーにいってはいけないって教えようかと思うんです。それは二人の秘密で、あの子は大きいんだし、私のやることを手助けしてくれるでしょう。それで、マジョリーを、この子は寝つきが悪いんですけど、でも早く寝かしつけることができたら、たぶんあの子、クリスマスの準備を手伝ってくれると思います。それから、クリスマスイブには、そのときが私たちのクリスマスなんですけど、妹と弟は準備ができるまでおばあちゃんの家にやって、ジムだけ家に残り、私を手伝いながらいろんな準備をすることができると思います」。彼女の話しぶりは、ジムに手伝ってもらうのをとても楽しみにしているように見うけられた（事実、これまでのどんなことよりも熱中しているようであった）。私はいった。「本当に楽しみなんですね。十歳の坊ちゃんがクリスマスを手伝ってくれると考えるのは」。彼女は目を輝かせながら、私を手伝うのはあの子にとっても楽しみのはずだし、あの子にとってもすごくよいことだと思うと答えた。私は、私もそう思うし、確かにやってみる価値のあることだと思う、と答えた。

ここでこれだけはいえると思うが、いったん自己洞察が達成されると、具体的な行為も新しい自己洞察に驚くほど見合ったものになってくる。L夫人とジムの関係が感情豊かによりよく理解されると、彼女はその自己洞察を行為に移した。そしてその行為は彼女の大きな進歩を表すものであった。彼女の計画は、とても気のきいたやり方で、ジムへの彼女の特別な愛情を与えるものであり、ジムがもっと成熟できて、しかも幼い妹を嫉妬させないようなものである。――つまり彼女は、自分の問題を解決するような行動を、今や純粋な動機によって実行できるということを示しているのである。このケースの診断の直後に、こうした行動が提案されたならば、彼女はほとんどまちがいなくその提案を拒否したか、あるいは失敗に終わるような仕方でやっていたであろう。それが、よりよくありたい、より成熟した母親でありたいという彼女の自己洞察に満ちた動機から生まれたときに、成功に導かれたのである。

10　このあとの段階は、それほど長い説明を要するものではない。その人がひとたびかなりの自己洞察を達成し、おそるおそる、ためらいながら肯定的な行為を試みるようになると、そこに残された局面は、もっと成長していくという要素だけである。何よりまず、そこには自己洞察のいっそうの発展がみられる。すなわち、個人が自分の行為をより深く見つめる勇気を獲得するにつれて、より完全で正確な自己理解が発展する。

11　クライアントの側の肯定的な行為はますます統合されたものになる。選択することについての恐れが減少し、自分が決めた行為への信頼が増大する。カウンセラーとクライアントは、今や新しい意味で協働しているのである。二人の人間的な関係はもっとも強いものとなる。クライアントは初めて、一人の人間としての臨床家について何かを知りたくなり、とてもはっきりと友好的で偽りのない関心を表現する。いろんな行為について検討され話し合われるが、最初のころに目立っていた依存や恐怖はもはや存在しない。一例として次に抜粋するのは、見事に自己洞察をえたある母親との最後の面接の記録からのものである。

J夫人はいった。「先生はパティと私に何をしてくださったのか分かりませんけど、でもすべてうまくいっています。これ以上の娘を望むわけにはいきませんし、ここ三週間のことをお話ししますと。ああ、昨日あの子、調子悪そうでした。私が呼んでも来たがりませんでしたし、ぐずぐずしていました。少し沈んだ様子で、でもすねていたわけではないんです。私がいいたいこと、分かっていただけるかどうか分かりませんが、手におえないといっても以前とは違うんです。まるであの子、そのー、すねているわけではないみたいで、とくに私には」。カウンセラーは答えた。「おっしゃりたいこと、よく分かります。パティはあなたの気分を害そうとして拒否しているわけではない、ということですね」。J夫人はうなずいていった。「そうです。もっと自然なことなんです」。

この種の心理療法においてはしばしば生じることであるが、何らかの行動の徴候は残っているけれども、この母親は、そうした徴候についても、またその徴候に対処する自分の能力についても、まったく違った感情を持っているのである。

12　援助を求める気持ちが減少し、その関係を終わらなくてはならないことをクライアントが認識する。クライアントはしばしば、カウンセラーに多くの時間を使わせたことについて申し訳ないといったりする。カウンセラーは、クライアントがいまや自分の状況に対してしっかりと対処しており、これ以上会い続けるのを望んではいないという事実を受け入れ、理解し、これまでと同様に、表現された感情が明確化されるように援助する。心理療法の初期と同様に、カウンセラーは終結をクライアントに強制することもしなければ、クライアントを自分のもとに引きとめようとすることもない。

心理療法のこの段階においては、よく個人的な感情が表現されるようである。クライアントはしばしば、「ここにもうこれないのはさびしいことです。ここで話すのがとても楽しみでした」といった言葉を口にすることが多い。カウンセラーも、同じような気持ちを返すかもしれない。個人の成長が目の前で起きるとき、ある程度健全な範囲のなかで、われわれが感情的に巻き込まれるのは仕方のないことであろう。心理療法の接触には時間の設定があり、クライアントは迷いながらも健全な終結をむかえる。ときに、最後の面接において、クライアントはその関係をもっと継続したいかのように、古い問題や新しい問題をもち出すこともあるが、その雰囲気は、問題が切実であった最初の面接のときとは非常に異なっている。

以上述べてきたことは、さまざまな場所において、さまざまな問題と取り組むときの心理療法の基本的な過程であるように思われる。たとえば、親と子どもの場合（子どもがとても幼くても）でも、また夫婦カウンセリングが必要な場合でも、学生の不適応や神経症的行動の場合でも、困難な職業選択の場合でも、要するに、個人が適応上の深刻な問題に直面しているほとんどの場合においてである。

これまで行ってきた分析をもっと別の形で説明できるであろうことは、容易に理解されるであろう。きわめて微妙である過程のなかでは、どんな形であれそれをいくつかの段階や要素に還元しようとすることは、客観的で正確なものというより、主観的で近似的なものを多く含んでしまう。しかし全体としては、ここに述べた心理療法は、秩序的な一貫した過程であり、その主な道筋においては予測可能な過程である。それは一般に流布している、「ケースはどれも違うものだ」という日和見的な考えを強調するアプローチとは、まったく異なるものである。この心理療法は、実験的な検証によって確かめられるにふさわしい仮説を提供するのに十分な一貫性をもった過程なのである。

重要な研究証拠

以上述べてきたことは、筆者の以前の同僚であったヴァージニア・ルイスによる集中的なカウンセリングに関する研究によって、興味深い形で確証されている。この研究は、これまで述べてきた過程について多くの点で確証を提供しているので、ここでは順を追って簡潔に説明しよう。

ルイスは、行動、性格そして犯罪傾向における深刻な問題をもつ六ケースの少女たちについて綿密な分析を行った。これらの少女たちは、それぞれ数カ月から四年にわたって面接を受けた。平均の面接回数は三十回を超えた。初回から最終回にいたるまでほとんど逐語的な記録がとられた。この記録によって、カウンセラーと対象者の会話のすべて（約一万二千項目）が研究され分類された。ケースによって心理療法の期間はさまざまであったが、それぞれの心理療法期間を第一期から第十期までの十期間に区分し分析することによって、各ケースが比較検討された。ここまで述べてきた心理療法についての記述を支持するような、いくつかの研究結果を見てみよう。(5)

「心理士の役割についての説明」として分類された発言は、心理療法期間の最初の第一期と最後の第十期にもっとも多くあらわれていることが分かった。このことは、援助場面を明確にするカウンセラーの技術についての記述（上記の2を参照）と照らし合わせてもらいたい。

少女たちの発言のなかで、さまざまに分類されたもののうち、適応上の問題についての叙述と説明に費やされた発言は、クライアントの発言全体のほぼ五〇％を占めていた。それは、心理療法期間の第一期では発言の大半を占め、次の第二期でピークに達し、それ以後はしだいに減少していた。この事実は、個人的問題に関するどんな態度をも最大限に自由に表現できるように援助するという、カウンセラーの努力についての解説（上記の3、4、5を参照）と一致するものである。さらに、カウンセラーの発言のうち、少女がより十分に問題を語りつくすように促進することとして分類された発言は、やはり初期にひんぱんにあらわれており、心理療法期間の第五期にピークに達していることも明らかになった。

第五期から第八期にかけては、自分が語った事実の間の関係を探究するという発言が著しく増加していた。これは、自己洞察と自己理解の進展として筆者が記述した過程（上記の6、7を参照）ときわめて類似しているといえる。事実の関係について少女が認知するようになったことの発言は、第八期にピークに達し、その後の第九期と第十期には減少していた。

心理療法期間の終わりに近づくにつれ、重要な発言はしだいに計画することに関連したものに移りかわっていた。つまり、新しい段階や、新たな決定、将来のプランなどに関連したものである。このような発言は、心理療法期間の後半で目立つものとなっており、最後の第十期に急激にピークに達していた。これは、本章で筆者が、決定がなされ肯定的な行為がとられることとして記述した段階（前述の8、9を参照）を客観的に確証しているのはいうまでもないであろう。同様に、計画した行動の結果について語るという発言も最後に増加していた。このカテゴリーの発言も、最後の第十期にもっとも数多くあらわれていた。

　心理療法的接触の終結期においてのみ、心理士から離れようとする少女の欲求として分類された発言の有意な増加が見られた。もはや援助を必要としないというこれらの発言は、発言の全体から見ればそれほど大きな割合を占めるものではない。しかし、こうした発言は心理療法期間の第九期と第十期にのみあらわれ、後者においてより増えていた。このことも筆者の記述（上記の12を参照）と類似しているのは明らかである。

　少女と心理士との間の、純粋にこころを通わせている会話として分類されたものは、どの期間においても部分的に見られたが、最後の第十期で急激に増加していた。このような典型的な現象も、すでに筆者が触れた（上記の11、12を参照）ものである。

　この研究は、方法や述語は異なっていても、本章で筆者が述べたより主観的な記述ときわめて類似した、心理療法についての描写を提示しているように思われる。確かにこの研究は、次のような仮説をさらに検証する根拠を示すものである。それは、見事に実践される心理療法面接は、バラバラな要素のごちゃ混ぜなのではなく、あらゆる要素が他の要素と関連し合った複雑な連鎖をあらわすものとして展開される、という仮説である。本書では以下の各章において、心理療法を構成するそうしたさまざまな要素に、より綿密な関心をはらっていくことにしよう。

原注

（1）Shaffer, L. F. *The Psychology of Adjustment*, pp.480–481. Boston : Houghton Mifflin Company, 1936.

（2）Sarbin, T. R. "The Case Record in Psychological Counseling," *Journal of Applied Psychology*, vol.24 (1940), p.195.

（3）このことは、これらのアプローチのなかで、発展し拡充し改善されている唯一のものがカタルシスであるということをいわんとしているのである。

（4）巻末の文献一覧に、現在の心理療法の考えに重要な貢献をなしてきたものをあげた。

（5）Lewis, Virginia W. *Changing the Behavior of Adolescents Girls — A Description of Process*. Ph.D.thesis, Teachers College, Columbia Univ., 1942.

第二部　カウンセラーが直面する初期の問題

第三章　カウンセリングはどのようなとき必要となるか？

どのようなカウンセリングを実施するにせよ、また、カウンセラーが実践する場がどういったところであっても、個人への援助の最終的な成否を左右するもっとも重要な決定の多くは、最初の出会いのなかで行われるものである。しかしそうした決定は、カウンセラーによってまったく無意識的になされたり、しっかりとした基礎づけによるよりもむしろ「臨床的な勘」をもとにしてなされる場合がはるかに多いのである。そこで本章では次のことをねらいとしたい。まず、クライアントが初めて来談したときにカウンセラーが直面する問題を検討する。つまり、どのような心理療法的働きかけが可能であるかについての決定や、その状況のどのような要素が心理療法の焦点を構成するのかといった問題を検討したい。次に、これらの問題のより明確な定式化を試みる。そうすることでクライアントとその苦悩への働きかけが、たんなる試行錯誤やまったくの直感的基礎によるものではなく、観察される事実という観点から実施されるようになるであろう。

クライアントの来談　臨床家やカウンセラーは、自分のところへ来談する人たちのなかに見出されるきわめてさまざまな問題や症状や原因に対しては、多大な注意をはらう一方で、個々人がもっている、援助に対する多様な態度と、その態度が心理療法の進行に与える影響については、ほとんど注意を向けてこなかった。援助に対するクライアントの態度をいくつか具体的に考察してみよう。

裁判所職員によって児童相談所に連れてこられた少年がいる。彼は不機嫌で反抗的である。彼は明らかに児童相談所の心理士を裁判所の手先であると思っており、どんな好意的な働きかけにも非協力的である。彼は提供される援助を望んでおらず、その身振りや声の調子は、自分の意志に反して相談所に連れてこられたという不満を表している。このような場合、カウンセリングは可能であろうか？　これとはまったく違った若い女性の例がある。彼女は強いストレスのもとにあり、大学の学生相談室を訪れた。彼女はここが自分を援助してくれる唯一の場であると確信し、一刻も早くカウンセラーに話さなければといいはっている。確かに彼女は援助を強く希望しているのである。さらにまた異なった態度が、母親に連れて来られた子どもに見出される。彼は、母親に対して反抗的であるがゆえに、相談所に対しても反抗的であるようである。彼は、どんな手法にものってこようとはしない。病院とよく似ているために、彼は相談所を恐れているらしい。しかし、このような子どもが、本当に自ら援助を求めるといったことは、むしろめずらしいことである。彼は、親が望むから来談したのである。さらに別のタイプの臨床的な接触は、留年やその他の就学上の問題のために学生部からカウンセラーのところへ送られてきた学生によって示される。このような学生は、援助を必要としており、この事実を理解しているだろう。彼は自分自身をカウンセラーに委ねようとし、望んで援助を受けようとしているが、しかしその過程のなかで主導権をとろうとする意志はもっていない。

以上は、臨床的かつカウンセリング的な援助に対する態度の、いくつかの異なる例である。個人はカウンセラーを、敵視している対象や状況と同一視するかもしれないし、逆に、問題への解答者や困難の救済者であるとみなすかもしれない。個人は、心理療法的処置を望んでいて、比較的容易にそれを得られるかもしれない。あるいは、援助を求めようと決心して以来、実は何度もドアの前を行ったり来たりしながら、やっと部屋に入る勇気が湧いたのです、と後になって告白するクライアントによって象徴されるような態度かもしれない。カウンセリングに対するこうしたさまざまな態度が、それぞれの人間の個性と関連しているということをわれわれが理解するなら、カウンセリングの状況とはきわめて複雑なものであることが分かるであろう。根深い情緒的葛藤に悩む人間、常習的な非行少年、親を困らせている若者、誤った進路選択をしたのではないかと悩む学生、自分の職に不満をもつ労働者などは、われわれが考察すべき臨床像全体の一部にすぎない。同様にわれわれは、個々人が有する能力や資質の差異をも理解する必要がある。たとえば、情緒的な安定—不安定とか、知的な障害—平均的な知能—優れた知能、といったことについてである。これらの主要な変数をもらさず把握し、さらに、それぞれ独自なものであって分類されることを拒む個人の状況についてもしっかりと心に留めておくならば、ケースについての初期の判断を、カウンセラーがもっと明確に行えるような原理を見出しうるか否かを議論することができるようになるであろう。

どのような援助的処置が必要とされるか？　理想的には、カウンセラーは何の決定もせず、まずクライアントとその問題を十分に理解するまでは、適切な援助的処置についての判断をわきに置いておくことがよいと考えられるかもしれない。しかし、実際にはこれは不可能である。個人についてまず診断的な探究から開始することが、カウンセリングの成功への効果的な橋渡しとなる場合がしばしばある。クライアントが来談したその時から、あるいは、事例史や学校からの報告といった形であらかじめクライアントに関する報告がなされているような場合には来談以前においても、援助的処置について注意深く考慮することが必要である。カウンセラーはたえず、きわめて重要な問いを自らに問うていかねばならないのであって、その問いに対する答えこそが、どのような援助的処置が望ましいかを決定するであろう。以下、これらの重要な問いのいくつかを取り上げ、問いに答えながら、あわせて援助的処置に対してもつ意味を考察しよう。

いくつかの基本的な問い

クライアントはストレスを受けているか？　賢明な臨床家がまず最初に行うであろう観察の一つは、クライアントがどの程度、緊張あるいはストレスの状態にあるかについてである。カウンセリングは、ある不均衡な状態から生じる、一定量の心理的苦痛が存在する場合にのみ役立ちうるのである。こうしたストレスは本来、ほとんどにおいて心理的なものであり、欲求の葛藤から発生するものである。社会的に不適応の学生は、より外向的になりたいと望みながら、しかも同時に、あえて社交的な活動をするときに感ずる恥辱と劣等感のリスクから自分を防御したいと望んでいる。またある人は、強い性的欲求と、そのことに対する強い罪悪感とに引き裂かれて苦しんでいるかもしれない。またこうしたストレスが、環境からの負荷と個人の要求との葛藤により引き起こされることも多い。たとえば結婚は、若者に成熟したあり方で適応するという新たな負荷をもたらすが、本人はその負荷が、依存的でありたいとか、セックスをタブーと見なそうとするとか、相手に対して支配的であり優越でありたいといった未熟な欲求との間に葛藤を生むことに気づくかもしれない。また、環境的負荷が、社会的集団から与えられる場合もあろう。非行少年は、ギャング仲間といるときには自分の行動について ほとんどまったく葛藤を感じることはないが、社会がある規範を強制し、それが自分の規範と葛藤するようになると、ストレスや緊張が生じてくる。大学が懲罰による訓戒によって心理的ストレスを与えるまでは、学生は勉強をしていないことに関して精神的に苦悶することはないかもしれない。われわれは古典的なフロイト派の伝統の大きな影響のために、あまりにも長い間、葛藤を内的で精神的なものと考えてきた。つまり、すべての葛藤には無視できない文化的要素があり、また多くの場合、葛藤は個人的欲求と対立する何らかの新しい文化的な要請によって作られる、ということをわれわれは理解してこなかったのである。

環境調整的な方法であれば、このような緊張が存在しない場合でも効果的に使用されよう。たとえば非行少年の集団は、よりよいリーダーシップや更正の機会が与えられるならば、自分のもともとの価値規範と社会のそれとの相違を痛切に経験することなく、犯罪的な活動から少しずつ離れてよき市民となるかもしれない。しかしこのことは、カウンセリングや心理療法にはあてはまらない。カウンセリングは、緊張が生じ、何らかの解決を必要とするような、欲求ないし要求の葛藤が存在するときにのみ効果をもちうるのである。こうした状況を正確に言語化すると、次のようにいえるであろう。すなわち、カウンセリングが効果的であるためには、葛藤する欲求や要求によってもたらされた緊張が、その葛藤の解決を見出すために生じる苦しみやストレスよりも、その個人にとって苦痛でなければならない、と。

このことは、検証される必要があり、実験的研究の対象になるべきものである。数多くの臨床経験は、これを支持するように思われる。たとえば、個人が葛藤の生じている状況から一時的に解放されているようなケースについて、その心理療法過程を研究することは興味深い。たとえば、ある十六歳の少女は、愛されたい、社会に受け入れられたいという欲求が非常に強いので非行に走るようになったが、この欲求は本来、母親に拒否されたことから生じたものであった。彼女は非行少女のための学校に入り、そこで心理士が心理療法面接を実施した。アンネはその面接のなかでよくなっていったが、彼女は母親が彼女を拒否しているという現実にははっきりと直面できたわけではない。彼女は、母親が手紙一つくれず、面会にも来ないという事実について、弁解を繰り返した。彼女は、母親が連絡すらできないような不測の事態が何か起こっているのではと気にし、きっと病気に違いないと心配する。「もし、お母さんに万が一のことがあったら、私は一人ぼっちになってしまうの」と。カウンセラーが、「あなたの面倒を見てくれる人は、他に誰もいないような気がするのね」と返すと、アンネは「そう、お母さんのように私を愛してくれる人は他にいません」と答えた。彼女は、愛情豊かな母親の幻想を抱き続けており、無視され一人ぼっちで置き去りにされているという事実には、ほんの部分的に直面しているにすぎない。もし彼女が家庭で生活している間に心理療法がはじめられていたとしたら、彼女はこの基本的な葛藤により深く、はっきりと直面していただろう。なぜなら、母親の行動は喪失感をたえず作り出し、強化していただろうから。

これと同じような問題をあらわす別の例は、十五歳の優秀な少年のケースである。彼の問題は、女性の下着を盗むことへの強迫的な欲求で、そのために彼は何度も法律に触れることになった。学校の教師は、援助を求めて彼を臨床家のところに送った。彼は明らかに緊張状態にあったが、援助を求める欲求が両価的なものであることも明らかであった。一連の面接の間、彼は繰り返し助けてほしいという心からの望みを口にしたが、同時に彼は、どの面接においても自分の感情を素直に話すことができなかったのである。彼を担当した臨床家は、この心理療法の失敗を次のように解釈している。彼が自分の性的な感情をすべてありのままに認めて、深く抑圧された態度を明白なものにする際の苦痛は、問題をもち続け、困惑しながら、逮捕されるかもしれないというリスクを背負う苦痛よりも、より大きなものであった。つまり、彼の正常でありたい、自分を苦しめる行動から解放されたいという欲求は、彼自身の「不道徳な」衝動に直面するときの、強烈でとり乱してしまうほどの苦痛とつり合うほど強くはなかった、と。われわれは、このようなケースにおいては、そのバランスを変化させることができるような要素についても思案せざるをえない。たとえば、実際に逮捕され拘束されるということへの恐怖が、神経症的問題をもちながら生きることに対してより大きな苦痛を与えていれば、彼は心理療法をもっと受け入れたのかもしれない。カウンセリングをある場合には可能にし、ある場合には不可能にするような、葛藤とそのバランスの問題についてはさらに研究される必要があろう。

問題そのものはそれほど劇的ではないが、変化してゆくバランスがもう少しはっきりと分かるような例を、録音されたケースから引用しよう。

アーサーは、二十歳の大学三年生である。彼は、すでに述べた補習コースの手続きの一つとして、援助を受けるためにカウンセラーのもとに送られた。最初の面接で、彼は目前に迫った職業選択が未解決で深刻な問題になっているが、本当に心を悩ませている問題はよい成績をとることであるということを認めた。彼は面接のなかで、ある点についてはっきりさせたいと、およそ次のように述べた。「それは職業のことです。自分が何をしたいのかを決めることが一つと、それからもっとよい成績をとること――それが問題なんです、確かに」。二回目と三回目の面接では、話題の中心は成績に関するより表面的な事柄であったが、四回目の面接で彼は、職業選択についてもっといろんな問題が心配になっているということを率直に語った。録音記録の抜粋から、例をあげて説明しよう。アーサーは、もし失敗しそうだと思うと、ある科目が嫌いになるし、また、ある科目が嫌いになると失敗する、といったことなど、態度ということがいかに重要であるかを語った。会話は続く。

カウンセラー　きみは、自分の科目についてそんなふうに思う時もあるし、思わない時もあるんですね。

学生　ええ、そうなんです。すべてが自分に反しているように思うときもあるし、自分のほうに進んでいるように思うときもあるんです。でも、今学期の科目は自分自身のためになりそうだし、何か役に立ちそうなのでみんな好きなんです。

カ　そうすると、学期末に起こるであろう問題を引き延ばしておくのが少し楽になるでしょうね。

学　ええ、そうだといいですね。(少し考えて笑う)今学期の終わりになったら、次の学期に何をとるかということだけが問題になるでしょうね。

カ　でも、きみはそんなことを考えたくないんじゃないですか?

学　あたり前ですよ。(笑う)ぼくだって、そうなるまではそんなことを考えたくはありません。でも、少しでも暇な時間があると次の学期に何をとろうかはっきりさせようと考えているんです。そのことばかり。でも、よく分からないけれど誰だってこんなこと引き延ばしたいですよね。

カ　きみは、できるならそれを引き延ばしておきたい。

学　そのとおりです。

カ　それが一つの問題で――。

学　分かっているからやめてください。

カ　きみは誰もそれに賛成しないだろうと思っている

んですね。それが、このような面接に来るときに二つの気持ちを抱いた理由の一つなんですね。ここにはいつも、きみが引き延ばしておきたい何らかの問題について考えさせられる危険があるから。

学　そうですね、そうかもしれない。でも、どうかな。

カ　こういう話は、引き延ばしておければもっと気が楽になるのでは？

学　そうですね。でも、誰でも――（沈黙）引き延ばしておきたくなれば、そのほうがいいでしょうね。それは確かです。

カ　でも、前もってそういうことを本気で考えるのはとても勇気がいるときもありますね。（とても長い沈黙）

学　この勉強の問題について、先生は――ああ、先生は学期のなかばに勉強するための一番よい方法は何だと思いますか？　すでにもっている資料をまとめて、次はそのまとめを終えて、まだ分かっていない部分に入っていくようにすべきだと思いますか？　それとも……（彼はこの調子で続ける）

これはけっしてめずらしい場面ではないが、クライアントが自分の態度についてこのように率直に語るのはあまりないことである。彼は、ある程度まで職業選択についての葛藤で苦しんでいる。さらに、何らかの解決を必要とするであろう圧力が近づいていることを知っている。だが、その葛藤が社会的要求によって高まるまでは、彼はカウンセリング場面においてそれに直面できないのである。彼が職業に関する問題を避けていることをカウンセラーが彼にはっきりと認知させようとすると、考え込んでしまう。しかし、その間に彼が決心しつつあることは明らかである。彼の決心は、その次の言葉に明白に表れている。つまり、彼は主題を変更し、その後の面接のなかでは、職業に関する話題をすべて避け、将来のより良い成績をとることにだけ注意を集中しているのである。

その後の面接を引用することで、問題に再び取り組むにあたって圧力がどのように作用しているか、そして少なくとも部分的に、彼が自分の問題についてカウンセリングによる援助をどのようにして利用できるようになるかがはっきりする。彼は、面接のはじめに、試験をいくつかうまく乗りこえたことを語った。

カ　とてもうまくいっているように感じているんですね。

学　はい。昨日の朝、ぼくは指導課のGさんのところへ行って、来学期の予定表を受けとったんですが、Gさんは美術をもう一学期とったらいいんじゃないかっていうんです。それから、ぼくには社会学が向いているようだし、文学鑑賞もいいのではないかというんです。ぼくは何をとったらいいか分からなかったので、もう一度Gさんのところに行って聞いてみようかと思ったんです。

分からなかったら、いつでもいらっしゃいって、そういってくれたので。

このアーサーの話はあまりに流暢である。彼は、自分の葛藤からうまく身をかわしているように思われる。彼がいわれたままにしようとしていることは明らかで、決定について何の責任もとろうとしていない。また彼は、現在のカウンセラーが彼のために問題を解決してくれないなら、解決してくれる別のカウンセラーのところに行くつもりでもある。彼は、選択しようとしている科目についてもう少し詳しく説明し、数学をとるかどうか迷っていると述べた。

学　ぼくの場合、物理学も役にたつと思ったんですが。でも、二学期間やって二学期とも終わってるんですけど、何の役にもたたない気がするんです。

カ　ということは、きみは他人から助言を受けるのとまったく同じように、自分でも自分の科目について考えすぎるくらい考えているということなのかな？

学　さあ、どうだか分かりません。先週話したと思うんですが、来学期に何を選択したらいいかということですっかり混乱しているんです。でも、美術をとろうと思ってるんです。作品も良くなってきてるといわれたし、自分でも好きだから。それで、ぼくが思うのは、美術では細かな描写を教えてくれるし、自分を表現することを教えてくれるし、自分の手を使うことを教えてくれるし、よく分からないけどとても役にたつと思うんです。

カ　それは興味深いですね。今きみがいっているのは、自分が美術をとるべきだと思うということですね。私にとっても意味あることなんですが、Gさんや誰か他の人もまた、あなたは美術をとるべきだと思っているんですからね。そう、それは面白い。取り上げる価値がありますね。

学　もちろんです。でも、本当に決心するのはきみなんですよね。ぼくが美術をとりたいというのは、ぼくがそれを好きだからだし、最初のコースでちゃんと落とさずに単位をとりますよ。

ここで、クライアントはほんのわずかではあるが、自分の責任において選択するという兆しをみせている。彼はこの後、選択した科目についてその良し悪しを論じ、さらに大学からの差し迫った勧告によって、いかに彼の葛藤がはっきりと前面に引き出されたかについて語った。

カ　面白いですね。きみは、先週このような問題については、できるだけ引き延ばしておこうとしたけれど、今週になったら……。

学　ああ、今週はインスピレーションがわいたんですよ。（笑う）ぼくは、何人かの子たちが登録カードをもっているのを見たんです。新入生だったみたいなんですが……。

カ　何を見たんですか？

学　何人かの子たちが登録カードをもっているのを見たんですよ。

カ　ああ、そうですか。

学　それで、彼らは新入生みたいだったんですが、ぼくが「その登録カードの期限はいつなの？」ときくと「金曜までに出さないとだめですよ」といったので、ぼくも考えたんです。「よし、アーサー。おまえも活動開始だぞ」って。（二人とも笑う）それで、すぐにGさんのところへ行ったんです。

彼は、自分が正しい科目を選択したかどうかという問題についてさらに話を続け、決心するに至るまでの両価的な態度を表現した。面接は続く。

カ　私も、きみの来学期の予定が立派に組まれていると考えていいでしょうか？

学　はい。もし賛成していただければ、ぼくは家に帰って時間割を作り上げて、自分の時間や、学校へ行く時間や、すべてのことをちゃんとやりますよ。そうすれば、来学期になるまでは時間割のことは何もかも忘れちゃうんだ。（笑う）気が楽になったようで――。

カ　もうこれ以上、それについて考えたくないんでしょうね。

学　そうじゃありません。できるだけそれを忘れて、何か他のことに取りかかろうとしているんですよ。物事が一段落すると、気が楽になるでしょう。大勢の新入生たちが座っているのを見たんです。彼らはみんな本をもって、鉛筆をもって、頭をかいていたんです。（笑う）それで、みんな何かを書き上げて、書いたものをかき集めようとしているんだ。（笑う）さあ、やるぞ！

カ　これから私たちがどのような方向に話を進めていくか決めなければならないことや、私たちが二人で何をしようとしているかということや、どれもかなりやっかいな仕事じゃないですかね？

学　そうですね。（しばらく考える）自分がどうするつもりでいるか、はっきり分かっているといいんですけどね。つまり、どんな職業についたらいいかということを。

カ　それについてもきみは、何か考えているんじゃないですか？

学　ええ、考えてはいますけど、どんな方面に進んだらいいかまだ分からないんです。

カ　それについて考えていることを、もう少し私に話そうと思いませんか？

学　さあ、分かりません。伯父は最初から音楽に進んだらいいっていうんです。顔をあわせるたびにそういうんです。どうして音楽をやらないのかって。だけど、ぼくが最初に考えたのは視力測定の職だったので——伯父にいわれたとき、そのことを考えていたんですよ。それから、整骨療法を勉強している友人たちの家に相談に行ったんですが、やるんだったらすばらしいじゃないかっていわれたんです。でも、確かにぼくは今、音楽と整骨療法と視力測定と三つのことを考えているので、やるとすればその三つのうちのどれかなんですが。

この時以来、アーサーは自分の職業に関する問題について検討するようになり、しかもそれを前向きに進めていった。さらに数回の面接の後、彼は満足のゆく行動方針にたどりつき、基本的な目標を自ら選択するにいたった。しかも最初の選択がうまくいかない場合を考慮して、組み換えがきくような見通しによって計画を立てたのである。

これまでみてきたような面接からの抜粋は、カウンセリングの原理のいくつかを示しているが、そのなかでもここで見落としてはいけない点は次のことである。すなわち、職業選択に関する効果的なカウンセリングは、周囲の状況の圧力が非常に強くなり、問題に直面する不快さよりも、それを解決しないでいる不快さの方がはるかに強くなった時に、初めて可能になったということである。アーサーは、目前の問題を回避して、その責任をことごとくGさんに委ねていたが、それにもかかわらず、彼の葛藤は、職業選択についての基本的な問題を自ら判断するためには援助が必要だと決心するほどに高まっていたのである。

このような説明は、カウンセラーがクライアントと接触をはじめるにあたって、自分自身に問わなければならない一つの問題を明確にするのに役立つかもしれない。その問いとは次のようなものである。この人の心理的なストレスや緊張は、自分の問題を解決すれば、現状よりももっと満足できるような状態のものであるだろうか？　そしてその心理的な不快は、心の底に秘められている態度や、問題を生みだす要因であるかもしれない抑圧された感情を明らかに意識する際の不快を圧倒できるほど、大きなものであるだろうか？

クライアントは自分が置かれている状況に対処できるか？

どのような心理療法でも、それがうまくいくためには、次のような前提に基づいていることを忘れてはいけない。すなわち、もし個人が自らの方向を見直し、自分の態度を新たなあり方へと再構成するよう援助されるならば、その人の生活はより正常で重圧の少ないものになり、社会的に承認されるような形で健全な満足を見出すことができるようになる、というものである。しかし、不幸な境遇のためにとても苦しんでいたり、あるいは性格的な欠損により非常に無力になっているために、どんなにその態度が再構成されても、正常な基礎のうえで生活できるようにはなれない人びとがいるという事実にも目を向けなければならない。ここに一人の非行少年がいる。彼はいわゆる「犯罪多発区域」で生活し、そこでの社会的な圧力が非行を助長している。家庭では弟ばかりがかわいがられ、彼は拒絶され続け、学校では知的な遅れを受け入れられずに、常に失敗を指摘されている。カウンセリングや心理療法をどれだけ実施しようとも、このようなケースでは成功する見込みは少ない。破壊的な要因がとても強いために、たんに少年の態度を再構成しただけでは、標準的なレベルの満足すら得ることも難しい。彼が自分の状況に対して高度な自己洞察を達成したとしても、彼自身がコントロールできるような生活上の要因はほとんどないのである。これは環境調整がもっとも主要な働きかけにならざるをえないようなケースなのである。そこでは、カウンセリングは副次的な役割をとるだけである。

さらに、心配しすぎる態度のために娘を傷つけてしまう母親の状況を考えてみよう。この母親は内向的で、神経過敏である。彼女は深刻な身体的な問題を抱えていて、そのために病弱で多くの活動を制限されている。友人はほとんどなく、身体的問題と精神的問題があいまって、真の社会生活を送ることはほとんど問題外となっている。一つには病弱であるために、また一つには根本的に反りが合わないために、夫との関係はほとんど満足できないものである。彼女の唯一の関心は、その一人娘なのである。このような簡単な描写でも、彼女が娘に対して心配しすぎることの必然性が理解されるであろう。また、どんな心理療法もうまくいかないことがはじめから分かりきっているともいえよう。彼女が、自分の演じている役割について真の自己洞察を得ることは難しいし、たとえ自己洞察を得たとしても、その自己洞察に沿って行動することが困難であることはいうまでもない。娘をこの母親から解放し、自立させるためには、この母親自身が人生のなかで心からの満足を得ている唯一のものを放棄しなくてはならないのである。これは彼女にはできないことであろう。その状況は不運な要因によってあまりにも大きな重圧を受けていて、効力をもつような自己洞察や自己理解を得ることがとても難しいのである。

心理療法における明確な失敗が、この問題を明らかにしている。それはヒーリーとアレキサンダーが一九三一年から三二年に実施した、十一人の犯罪者に対する実験的な精神分析である。[1] 青年期後期の者と若い成人からなるこれらの犯罪者たちは、心理的葛藤が彼らの行動に重要な役割を果たしていると考えられたために治療の対象に選ばれたのだが、実際に精神分析を実施した結果は明らかな失敗であった。個々人にはかなりの自己洞察が得られ、犯罪の心理的起源が明らかにされたが、そのことで犯罪はけっして阻止されなかったのである。後にヒーリーがこの実験について語ったところによると、彼は、より良好な経済的、社会的条件がなくては、このようなケースでは精神分析から得られた自己洞察は効果をもたないことを認めていた。[2] 現在の知識からすれば、こうした人たちは、心理療法だけを強調するような治療の対象としては適切ではなかったことは明らかである。不適応をもたらす要因の影響力が強すぎた。犯罪社会、失業、社会に認められる技能の欠如といった、根深い不安定さが結果に影響を与えており、そしてこうした要因の総和は、多くの場合、その個人が得た部分的な自己洞察や態度の再構成よりも勝っていたのである。

つまり、カウンセラーはクライアントとの接触を開始するにあたって、クライアントが生活の方向を変えるという行為をとるだけの強さや能力をもっているかを評価しなければならないし、また、その状況をある程度変えられるかどうか、つまりその状況に対処できるような、それまでのものに代わる満足や方法をもち得るかどうか、ということを判断しなければならないのである。

前著において筆者は、適応の判定に役立つ客観的な構成因子を注意深く評定することによって、個人の基本的な能力や資質が評価されることを指摘した。[3]この構成因子の評定は、生まれもった安定性、遺伝的背景、個人的な身体的・精神的素質といった要因によって行われるものである。そのほかの要因としては、社会経験の種類も人格形成に強い影響を与えるであろうし、子どもの基本的な資質を評価する上では、家庭環境がもつ情緒的要素がとくに重要になる。肯定的なものであれ否定的なものであれ、個人が経験する経済的、文化的、教育的因子もまた重要である。カウンセラーがこうした構成因子法を用いてクライアントの基本的な強さの判定を注意深く客観的に行うかどうか、あるいは、その状況がきわめて明瞭で客観的評価を行わなくてもよいか、これは重要な判断であることを認識する必要がある。もし個人の資質があまりにも脆弱なものであるとしたら、主たる働きかけの道筋としてカウンセリングは役に立たないであろう。

この見解に関する証拠は、筆者の指導のもとで行われた研究結果に示されている。[4]二百ケースの臨床的予診の正確さを検証したところ、構成因子が相対的に高く評価された子どもに対しては心理療法が、低く評価された子どもに対しては思い切った環境調整が、それぞれ計画されたほうがよいということが副次的に明らかにされた。二百ケース全体について、構成因子の平均値が算出された。この数字は、子どもの適応に関する基本的な諸因子の評定の平均値である。これは子どもがもつ適応のための資質全体を大まかに表すものである。この二百ケースの場合、一般の子どもたちの平均が七段階尺度の三・〇〇と考えられるのに対し、その平均値は一・八八であった。この集団内で比較すると、集中的な心理療法面接をすすめられた二十九人の子どもの構成因子の平均値は二・一七であった。これに対し、施設での保護をすすめられたグループの平均値は一・六四であり、里親家庭での保護がもっともよいと考えられた子どもたちは平均一・六二であった。これらには統計的に有意な差があり、第一グループと比較すると、それぞれ危険率は三・四と三・六であった。各因子の詳細な評定値は**表1**に示した。心理療法のために選ばれた子

表1　各グループの構成因子評定表

構成因子	処置計画		
	直接的処置（29名）	施設送致（51名）	里親への送致（76名）
遺伝的因子：その家系に現れている（積極的および消極的な）遺伝的特性や性癖。家庭における身体的・常道的安定性など。	2.61*	1.78	1.88
身体的因子：消極的な健康要因（慢性疾患、病弱、身体虚弱など）および積極的な要因。	2.41	2.49	2.41
精神的因子：一般的および特殊な資質と能力。	2.90	1.47	1.96
家族の影響：家庭内の情緒的基調、排斥、過度の心配、不和などや、安全さと健全さ。	1.52	1.49	0.95
経済的・文化的影響：金銭的な保証、文化的機会、近隣および社会の影響の度合い。	2.55	1.31	1.14
社会的因子：同年齢集団や成人との間の社会的経験の度合いと満足。	1.66	1.36	1.25
教育的因子：健全な教育的刺激としつけに関する、一貫した教育の度合い。	2.31	2.00	1.87
自己洞察：自己とその問題に対する理解の度合いおよび責任ある自己批判的な能力。	1.38	1.06	1.36
全体平均評定：こどもの経験における破壊的および建設的な力の全般的バランス。	2.17 $\delta=0.73$	1.64 $\delta=0.55$	1.62 $\delta=0.64$

＊この評定は０～６までの７段階尺度によるもので、一般群の想定平均は3.0である。

どもたちは、遺伝的資質や精神的能力において他の二つのグループよりも明らかに優れていると考えられる。また、これらの子どもたちは社会的・経済的な地位や近隣の環境という点において、より恵まれた状態にあった。彼らは社会的経験や教育においても、わずかではあるが恵まれた経験をしていた。三つのグループの身体的資質には相違は認められなかった。直接的な心理療法のために選ばれたグループには、施設や里親へ送致されたグループよりも恵まれた家庭的背景がある。自己洞察に関しては、直接的な心理療法グループは送致のグループよりも優れていたが、きわだった違いではなかった。

この研究では、実際の臨床実践で集中的カウンセリングを勧められたグループは環境調整が計画されたグループよりも、適応の基本的要因に関してより恵まれた状況にあることを証明している。あるいは、この結論を逆にいうこともできよう。つまり心理療法は有害な要因が大きい場合にはあまり使用されない、ということである。

以上のような研究結果は、カウンセリングを通して援助を受けるだけの能力がクライアントにあると判断する前に、クライアントの置かれた状況に対処する能力に関して何らかの結論を下す必要性を示唆している。こうした決定は、たとえば、多くの学生や従業員は自分の置かれている状況に効果的に対処する能力をもっているという事実によってあいまいにされてしまうことがある。多くのこうしたケースについては決定は簡単かもしれないが、しかし常にそうであるわけではない。非常に不安定な個人やきわめて不幸な環境のなかにいる人の場合には、カウンセリングが不可能を可能にするものだと考えるべきではないのである。

クライアントは援助を受け取ることができるか？　カウンセラーが問わなければならないもう一つの基本的な問題は、「この人は援助を求めているのだろうか？」という問いによってあらわされるものである。しかしこの問いは、問題を少し単純化しすぎている。より正確にいうと、カウンセリングは、他の条件が等しい場合においては、クライアントが援助を求めていて、しかもそのことを意識的に認識しているときに成功する可能性がもっとも高いということである。援助を強く求めている場合には、クライアントはすぐに重要な題材に入る傾向を示し、もしカウンセラーがその表現の流れを遮断しないような、感受性豊かな聴き手であるならば、急速な進展がみられるであろう。援助を強く求め、本人がそのことを意識的に感じているような事例によって、こうした状況をより具体的に考えてみよう。

大学生のポールは約束なしに突然カウンセラーを訪れ、自分が絶望していることを話しはじめた。彼は、とても緊張を感じることが多く、社交的な集まりに顔を出すことができない、手が汗ばむことが多い、といったことを語った。翌日あらためて来るようにいわれて、この学生は正式な第一回面接に来談した。その面接は次のようにはじまった（録音記録による)。

カウンセラー　では、ええと、昨日は実際に話し合いをはじめる前に帰ってもらいましたが、今日は、いろいろなことをよく話し合えたらと思います。胸のうちにあることを、私に話そうと思っていますか？

学生　はい、昨日話しましたけど、ぼくは——そのー、——いつでもものすごく緊張していて、そのー、ぼくの性格がある程度問題だったんですが、つまり、いつもぼくはそのー、何か問題が起こると、たとえどんなに些細なことでも、それがそのー、とても悪くなって、昨日お話したように、どうにも耐えられなくなるんです。ぼくは本当にそれをなんとかしなければならないんです。そうでないと大学の生活がまるっきりダメになっちゃうんです。ぼくは父の金を無駄にはできないんです。

カ　きみは本当にそうしたことがきみの大学生活をとても邪魔している、と思っているんですね？

学　とても。ああ、とてもそうなんです。ぼくは——そのー、——いくつか科目を落としそうなんですが、落第したくないんです。こんな感じにならなければ、落第なんかするはずないんですが。でもぼくは、ダメなんです。ぜんぜんやる気が自分のものになっていないんです。(短い間) たとえば、ぼくは、立つことができないんです。昨日お話したように、黒板のところに立って解答できないんです、問題はちゃんと分かっているのに。名前を呼ばれるとすっかり緊張しちゃって、まともに考えることができないんです。それでそのー、まったく緊張のバランスがとれていないみたいなんです。

カ　どんなふうに？

学　ぼくはレストランに入るのさえ緊張するといいましたけど、それがとても妙な感じなので、でもぼくは、そのー、やっぱりそれが、今突きつけられている問題なんですね。(短い間)

カ　きみはなんとかしなければならない、ちょうどそのところに来た、と感じている。

学　ええ、そうですね。確かに来てるっていえます。思い出すと、十二歳のときに初めて、書いた作文を読むようにいわれたんですね。ぼくは作文が得意だったんです。そして、教室の前のほうへ出たら、どうしたんだか、そのー、ぼくの手がどうしてもふるえちゃって、立っていられなくなってしまったんです。それでぼくはもう、すっかり恥をかいてしまったんです。

カ　とても恥ずかしく思ったんですね。

学　ええ、それはもう、とても。

カ　どんなふうに？

学　本当にぼくは普通じゃないと思いました。だれだってそんなことはやってのけるのに、ぼくはダメだったわけですから。

この抜粋にみられるように、確かにカウンセリングは個人が抑圧されており、熱心に援助を求め、自分の問題について話すことができるときに、もっとも順調に開始することができる。しかしながら、さまざまな状況のもとで実施されているさまざまなケースを検討すると、心理療法は意識的に援助を要求していない多くの場合においても成功しているという事実が浮かび上がってくる。第二章で引用したジムは、粘土細工の父親像を攻撃するなかで解放され、最後にはより肯定的に感情を表現するようになったが、彼は確かに意識的には援助を求めてはいなかったし、おそらく援助を受けているという事実をきちんと認知はしていなかった。この少年の状況は、ある十八歳の女性の状況と共通している。この女性は、結婚の計画を思いとどまらせようとする彼女の母親に連れられてクリニックに来談した。彼女は援助の必要性をまったく認識していなかったが、話し合いがつづくにつれてきわめて前向きに援助を受け取ることができ、最終的には彼女の婚約が、人生の伴侶との間の本当の計画というよりも、両親に対するあてつけといった性質のものであったということを、はっきりと自ら認めたのである。同様に、誰かしら権威のある人によってカウンセリングを受けることを強制されたり、どんな種類の援助に対しても最初は抵抗していたにもかかわらず、ついには援助を受けるにいたった人たちの事例をあげることもできる。われわれはカウンセリングによる援助を相手が受容できるようになる状況について、もっと適切に分析する必要があることはいうまでもないであろう。

クライアントが何らかの葛藤や抑圧を経験しているときに、カウンセリング場面を建設的に利用するようになるために直面する別の条件が二つある。その一つは、面接を開始する際の物理的な好機である。このようないいかたは余分なことと思われるかもしれないが、実際には考慮する価値があるものである。しばしばクライアントが強制されて（もちろんカウンセラーによってではない）カウンセリング面接に来ている状況において、純粋な心理療法の過程を生じさせるものは、クライアントがその状況にいるというまさしくそのことなのである。このような意味において、鑑別所や施設に収容されている子どもは、もしも彼が心理療法面接を希望するかどうかを自分で自由に決定することができるならば、まちがいなくカウンセリングを拒否するであろうが、しかしカウンセリングによる援助を利用することで、自分自身や自分がいる状況について自己洞察する場合がしばしばあるのである（こうした場面におけるカウンセリングは多くの問題を提起しているが、それについては権威者とカウンセリングの役割とを混同する危険として、次章で論じることにしたい）。

面接には物理的な好機があるというだけでは不十分である。もう一つには、クライアントもまた、彼の問題を作り出している葛藤状態にある欲求を、何らかの方法で表現することができるのである。この表現は遊び道具を媒介にするかもしれないし、あるいは他の種類のシンボルによって表されるかもしれない。しかし心理療法は、援助関係にもち込めないような問題を作り出している力そのものを取り扱うことはできない。個人が自分の感情を表明することができるかどうかということは、クライアントがもつ要因によるのと同様に、援助的な雰囲気を作り出すカウンセラーの技能にもよるものである。こうした感情表現ができるかどうかという問題は、特定の個人とのカウンセリングの可能性について何らかの決定をするにあたって、考慮されなければならないことである。

十二歳のサリーとの最初の心理療法的接触は、無理にカウンセリング場面へと押し込まれたときに存在するむずかしさと可能性を示すものであった。サリーの母親（この母親については次章で述べる）は、サリーが優れた知能をもつにもかかわらず学校で落第し、さらに家庭において、とくに妹との関係でいつもごたごたの原因となっているために、彼女をクリニックに連れて来た。サリーは両親や他の人たちが「救いの手をさしのべ」ようとするのをいっさいはねつけて、自分の世界にひきこもっていた。彼女は診断を受けにクリニックへ行くことに抵抗したが、数カ月たってから母親に連れられて治療を受けに来るようになった。しかし、母親がカウンセラーと話し合っている間、サリーは別のカウンセラーと会うという申し合わせができたとき、この拒否的な態度はさらに強くなった。次にあげるのは、第一回目の心理療法面接についてカウンセラーが記した、その冒頭部分の記録である。

二人が椅子に座ったとき、私はいった。「今日は来ないんじゃないかと思ってたけど、ほんとに嫌だったんでしょうね」と。返事はない。「あなたはB町に住んでいるのね？」。ハイという答えを示すようにブツブツいう。彼女は椅子に座って足を組み、口はやや固く結び、ずっと私の顔をみつめていて——私がチラッと視線を向けても避けようとしない。

ほんのちょっと間をおいてから、私はいった。「あなたはなぜここに来たのか、おそらく変に思っているでしょうし、たぶんここに来るのが、とても嫌だったんでしょうね」と。返事なし。最初にこのようにいってから、私は彼女についても、彼女の家族についても何も知らないけれど、ただ彼女の母親は、娘がもっと幸福になるように援助されることを望んでいて、娘はやればできるのだから、いろいろなことを乗り越えられるようになると思っているらしい、というような意味のことを少し話して、反応を見た。返事はない。

私は話し続けた。「私たちにもどうしてなのかは分からないんだけど、いろんなことをだれかにすっかり話すと、うまく整理できて、気分がよくなるのに役立つこともあるのよ。もちろん私には、あなたがどうすべきだとか、いろんなことをどう感じるべきかといったことをいうことはできないし、またいうつもりもないけれど」と。サリーはつぶやいた。「それはどういう意味?」。

私は続けた。「そうね、もちろんここに来る人の多くは、自分からすすんで私たちと話し合いに来るの――心を悩ませていることについて援助してもらいたいっていう気持ちでね。でもあなたの気持ちはちょっと違うんでしょうね、ここへ来たほうがよいと決めたのはお母さんだものね。でも確かに誰かと話し合えば、考えが整理できて、周囲の人たちに対してもっとよい感じをもつようになるみたいだし、自分にもそう思えることもあるみたいよ。私たちは自分に対して、いつでも完璧に幸せだと思っているわけではないわよね。私のここでのただ一つの目的は、あなたの聴き役になること。あなたがいろんなことについてどのように感じているかを話してくれるなら何でも聴くし、そうすればたぶんあなたがもっと幸せになるように力を貸せると思うわ」。

このような言葉は、けっして一気に伝えられたのではなく、よく考えながら間を置いて、しかもできるだけ親しみがあり、優しく受け取られるように、努力しながら話したものである。彼女は椅子に座って、終始私を見つめ、ネックレスについている金のハートをかんだり、髪をいじったりしていた。

少し間を置いてから、私は続けた。「あなたは、だれかに話をする――いろんなことについて自分がどのように思っているのかを言葉にするなんて、とてもできないというような気持ちなのかしら」。返事はない。さらに間を置いてから、私はいった。「そのー、私はまだ何も知らないんだけれど、あなたのこともあなたの家族のことも、何もね。ああ、妹さんがいるの?」。

サリーは、このような質問や他のはっきりした質問に対しては礼儀正しく答えたが、自分を伝えることは最小限にとどまっていた。こうした会話を少し交わしてから、またしばらく間があった。記録はつづく。

そこで私はいった。「あなたは自分自身のことについて、何かいろんなことをどのように感じているか、話してみたいとは思わない?　家のことでも学校のことでも、どんなことでもいいのよ」。「どういうこと?」。こうしたらよいとか、こうすべきであるとかうるさくいわない人に話をすると、なぜか気分がよくなるように感じられることがあるということを、私はさらに説明した。そして私は付け加えていった。「それがどういうふうに役に立つのか、あなたには分かりにくいんでしょうね」と。

彼女は答えた。「誰かには役立つかもしれないけど、私にはダメでしょう」と。(彼女は、役立たないであろうということをほのめかすようにブツブツいう)「誰かには役立つだろうとは思うけれど、あなたにはたいして役立つとは思わないのね」。返事はない。

二人ともそのままじっと座って、およそ一分近くたって、私はいった。「あなたは家族の一員として、いつでもとても仲よく暮らしているの？　そうそう、妹さんの名前は何ていうの？」。

再び、しばらくの間、質問をし、それについての解答があった。サリーは面接のなかで初めて、家族の争いについて一つの完全な文章で語り、家族の名前をいった。十個ほどの質問に対して、彼女はそっけなく答えると、再び沈黙した。記録から引用する。

短い間の後、私は再び発言した。「さっきいったように、いろんなことをすっかり話すと、確かに役立つこともときどきあるのよ――もっともここに来るたいていの人たちは、そうしたくって来るんだけどね。ときには子どもたちも来るけれど、その子たちは自分が学校で思うようにちゃんとやっていけないということに気がついて、助けてもらいたいから来るわけなの。でもあなたがここへ来たのは、あなたのお母さんが希望したからで、あなたが希望したわけではなかったのね」。何の返事もない。

私は続けた。「もしあなたがどんな気持ちで来たのか話してもらえたら――あなたがどんなことをいっても、誰かに話したりはしませんからね――それもあなたが思っていることを何でも話していいのよ。私がどう思うかなんて、何も気にしなくていいのよ。私はただ手助けすることしか考えていないんだから」。ちょっと短い間。「あなただったらどういうふうにいうの、ここに来るときの気持ちは？」。

サリーは答えた。「私、来たくなかったの――来ないようにしたかった」。彼女がいい終えたとき、私はうなずいた。そしてそんなふうな感じがするのはよく分かるし、確かにそうだろうと思えるし、彼女自身の考えで来たのではないのもまったくそのとおりだと思うといった。彼女はかなり気分がよさそうな調子で付け加えた。「私、本当に来たくなかったんだけど――でも来たの」。「でも同時に、自分でそうすることにしたっていう気もしないのね」。返事はない。

しばらく沈黙した後、私は尋ねた。「あなたがときどき考えてしまうようなこと、問題なり何なり――話してみたいと思うようなことが何かあるかしら？」。「ええと、一つだけ、とっても考えているの、学校の成績のこと」。私はうなずいていった。「ときどき悩まされているのね」。「ええ、で、私、年下の子たちと一緒にさせられたらどんなことになるかしら、なんて考えるの」。「実際にそうなったらとってもいやだなあって気がするのね」（沈黙）。そこで私は、彼女の意図がはっきり分からなかったので、「もう一緒にさせられているの？　それとも、一緒にさせられそうなの？」と尋ねた。「ええ、させられそうなの。でも私、そうなるとは思わないわ。だってCとDをとっているし、進級すると思ってる。気になるのはFだけ。でもFをとるなんて思わないわ」。

このとき以来、サリーはしだいに解放され、学校の成績のこと、学校が嫌いであるということ、ゆくゆくは主婦になりたいという彼女自身の人生計画を話した。この抜粋は、強く抵抗している人間が、当然闘いがはじまるだろうと予測されるような場面に押しやられても、しだいに援助を受容するようになることが起こりうるという事実を見事に例証している。この見ごたえのあるやりとりの転換点が、サリーが来談への抵抗を表現できて、かつ、その気持ちもカウンセラーから受容されることが分かったときであるというのは、けっして偶然の一致ではあるまい。この後、彼女の敵意は減少し、彼女はこの場面をよりよく利用できるようになっている。第二回目の面接において、彼女は再び同じくらい強い抵抗を示し、大半の時間、話すことができずにいたが、しかしカウンセラーの同様の働きかけによって、きわめて徐々にではあるが、建設的な関係ができていったことが分かる。

サリーは、次のような事実を具体的に示してくれた。すなわち、意識的に援助を求めるのは大切なことであるが、しかしもしも面接を行う好機があるならば、そしてクライアントがある程度自分にとって本当の葛藤を表現する方法を見出すことができるならば、援助への強い抵抗に直面しようとも、カウンセリングは進展しうるのである。

完全に自立した大人との心理療法面接の好機は、心から援助を求めているのでないかぎり存在しそうにもない。スミス社会福祉大学において実施された二つの研究が、このことを確証している。(5) 一カ所の児童相談所における多数のケース研究は、学校や法廷などの権威に勧告されたからというだけで、仕方なく両親が子どもをクリニックに連れて来た場合には、心理療法はほとんど進展しないということを示していた。他方、親たちが子どもへの援助を強く求め、あるいは何よりも親が子どもおよび自分自身の心理療法を求めているときには、その心理療法は成功する可能性が高かったのである。しかもこうした親の態度は、第一回目の面接中に判断できるものであった。

クライアントは家庭の支配から独立しているか？　心理療法の活動の焦点を計画するにあたって、とくに児童や青年の場合、カウンセラーがぜひとも考慮しなければならないもう一つの問題は、クライアントと家族との結びつきの性質である。子どもが両親に情緒的に依存しており、家庭内でその支配に服従して生活しているかぎり、子どもだけのカウンセリングは成功しないことがとても多く、逆に難しさが増大しさえするようである。カウンセリングの成果に関する仮説の一つは、人はある程度の自己洞察を達成して初めて、自分の生活状況に対する何らかの効果的な行為をとるだけの能力や好機をもつ、という事実であったことを私たちは再び想起しなければならない。しかしこの仮説は、子どもの場合には当てはまらないこともある。子どもとの効果的な心理療法は、通常、親と子どもが適応の改善のための変化を一緒に成し遂げるために、親の援助もまた含んでいることが多い。さもなければ子どもとの心理療法は、子どもを親と根本的に対立させ、その問題を増大させるのに役立つだけであろう。子どもだけの治療はまた、心理療法家が子どもと親密な関係であることに親が気づくとき、親は嫉妬心を起こし、敵対的になる危険を冒すことにもなる。これらは、子どもが心理療法による援助を受けることを親が知的に希望している場合でさえ起きることがある。

こうした状況は、依存的な人間が親の養育や支配の影響から抜け出し、自分という存在に気づく場合にはまったく異なっている。大学のカウンセラーは誰でも、十歳の平均的児童、すなわち、けっして自分で洋服を選ばず、自分で決断せず、自分の行為に対して責任をもたず、まったく親に依存しているような人間と、ほとんど同じくらい依存的な学生に出会うことがある。しかしこのような学生たちは、大学入学によって物理的に家庭から離れ、自ら決断してカウンセリングによる援助を受けるようになる。彼らの依存していたいという欲求と、大学が彼らに課す自立的な生活の要請との間の葛藤が、解決されねばならない緊張を生みだすからである。

したがって、若者へ効果的なカウンセリングを行うためには、原則として、児童や青年が、情緒的あるいは物理的に家庭の支配から自由である、ということが求められるであろう。唯一の例外は、それほど多くはないが、子どもの問題が親子関係とはとくに結びついていないような場合である。たとえば、読字障害をもつ子どもには、字を教えるだけでなくカウンセリングも実施されるであろう。おそらく同じことは職業選択をしようとする青年についてもいえる。しかし、この場合にも、家庭からある程度の情緒的な自立がなされていなければ、カウンセリングは役に立たないであろう。

適した年齢、知能および安定性とは？　まだ情報は少ないながらも、カウンセリングは、一定の年齢水準と一定の知的水準に達している場合に、より適切に、しかも十分に達成されると考えるだけの理由がある。その証拠は、すでに引用したものであるが、面接によって援助するケースを実際に臨床的に選択しようとする場合、生得的に正常な知的能力をもつグループが選択される傾向があることに示されている。境界線ないしはそれ以下の知能のものが心理療法のために選ばれることは、おそらくあまりないことであろう。

先に引用した、心理療法的処置に関するヒーリーとブロンナーの研究は、さらにこうした点について有益かつ的確な報告をしている。この研究は、集中的な援助活動のために選ばれた四百ケースの結果を扱っていた、ということを思い出していただきたい。そこでは、知能と結果との間にきわめて特徴的な関係があることが見出された。知能指数（I.Q.）が七〇〜七九の子どもたちのうち六六％は予後が不良で、問題が解決されていないか、あるいはいっそう悪くなっていた。知能指数八〇〜八九の子どもたちのうち二三％が予後不良で、九〇〜一〇九では二一％であったが、一一〇以上の優秀群中での予後不良はわずか一〇％であった。[6] この著者たちは、このデータは注意深く解釈されるべきであり、よくない結果は、低い知能そのものよりむしろ、低い知能に多くともないやすい周囲の環境にもよるものではないか、と述べている。ともかく彼らの発見は、カウンセリングをもっともよい援助的アプローチであると決定する前に、知能が高くない人に対して何らかの注意をはらう必要を提起しているのである。

年齢は、もっと不確かな要因である。高齢者が改めて自分の方向を変えるとか、あるいは若者と同じように効果的に自分の生活を再構築できるとは考えにくい、ということは明白であろう。しかしながら、物理的な暦年齢は、人間がもつ適応力についてはあまり役立たない尺度である。ただし、おそらくクライアントが五十歳以上の場合には、この問題に対して注意深い配慮が必要であるということだけはいえるだろう。年齢の下限も同様にとらえにくい。心理療法は、遊戯療法という形式では四歳前後の子どもにも確かに効果的である。しかしほとんど言語的なアプローチとしてのカウンセリングは、十歳以下に適用するのは難しいだろう。十歳ないし十二歳くらいまでは、重要な感情を言語化することが難しいので、遊びという形を用いることがもっとも確実な適用方法であろう。

考察すべきもう一つの要因は、これまでの議論にも関連することであるが、個人の安定性ということである。臨床経験およびある程度の研究結果によれば、きわめて不安定な人間、とくにその不安定性が器質的もしくは遺伝的な基盤をもっていると思われる場合には、心理療法が関与しうる性質のものではなく、事実、今日までに発展しているどんな援助的アプローチでも関与できるものではないということが示唆されている。先に引用したヒーリーとブロンナーの研究でも、この点に関係するデータが出されている。まちがいなく、あるいはおそらく異常人格であると診断された人びと、すなわち、「精神病質的人格」や「体質的劣等」および脳障害などのケースのうち、予後が良好であったのは七人で、三七人は予後不良の生活を送っていた。このデータは信頼してよいと思うが、同じ研究から別の結果を追加するならば、カウンセリングを受けて効果が得られる線をどこに引くかは微妙であることが分かる。明らかに精神病的徴候を示しているか、もしくは精神病的な特性を表している九ケースについては、すべて心理療法がうまくすすんでいた。また、きわめて神経症的あるいは「変わっている」として分類された十七人のうち十五人は、心理療法がうまく進行しており、予後が不良であったのは二人だけだった。この一見矛盾したデータについての十分な説明は、もちろん今後の研究を待たなければならないだろう。

器質的な不安定性は、第二群（精神病群）および第三群（神経症群）よりも、第一群（異常人格群）においていっそうきわだっているのかもしれないが、この点を明らかにするにはまだ情報が不十分であるといわなければならない。

ロチェスター・ガイダンスセンターにおいて著者の指導のもとに行われたその後の研究からも、証拠が得られている。この研究は、先に引用した二百ケースの追跡調査に基づくものである。[7] 症状のさまざまなタイプや徴候がもつ意味を検討するために、子どもの問題が注意深く分類された。「多動性」の問題は、心理療法の失敗という結果をともないやすいということが分かった。研究のなかで、このカテゴリーは次のように定義された。すなわち、「多動性——興奮しやすさ——とは、生理的基盤をもつようなタイプの行動を含んでおり、その生理的基盤は、正確な医学的診断がなされている可能性がある」と。このカテゴリーに分類される症状は、極端な行動化や落ち着きのなさ、神経質な癖やチック、気まぐれで自制できない行動などであった。この種の問題を抱えている子どもたちは、とくに、行動や態度において他の重大な問題を表していることが多かった。彼らはまた、心理療法を含む援助に十分反応を示さなかった。興味深いことに、援助開始の二年後には、多動性そのものはしばしば消失していたが、このグループのおよそ三分の二は、他の何らかの深刻な問題を示していた。この研究におけるカテゴリーは、ヒーリーとブロンナーの研究のカテゴリーとまったく同じものではないが、もしも不安定性という要因を適切に定義することができるならば、この二つの研究には、この要因の重要性を示唆する何らかの興味深い共通性が示されているといってよいであろう。

仮説的基準

ここまで、クライアントと初めて会うときに、カウンセラーが配慮すべきさまざまな要素や疑問を検討してきたが、それらを基準の形式にまとめることで、さらにいっそう明確で正確なものにしてみたい。次の三つの項目は、直接的なカウンセリングや心理療法が、ある特定のケースにおいて援助の中心にすえられることが望ましいかどうか、ということを示すための基準を述べようとするものである。ここで強調しておかねばならないのは、これらはあくまで仮説的な基準であるということ、また、できるだけ明確な形でそれらを記述するのは、実験的な取り組みによるこの基準の立証や修正を促すためである、ということである。

カウンセリングあるいは心理療法を必要とする条件　これまで本章で検討した素材からすると、個人への計画的で継続的な面接による直接のカウンセリングは、もしも次のような条件がすべてそろうならば、望ましいものであると考えられる。

1　個人の要求とは両立しがたい願望や社会的・環境的要

請との葛藤が生起することで、個人がある程度の緊張状態にある。そうして生じた緊張やストレスは、その問題についての自分の感情を表現する場合のストレスよりも大きいものである。

2　個人は、人生に対処できる能力をもっている。個人は、自分が今生きている状況のさまざまな要因を統制するだけの能力と安定性をもっている。個人が直面している環境は、本人がその環境を統制する、あるいは変えることができないほどに不都合であったり、不変なものではない。

3　個人は、計画的に実施されるカウンセラーとの面接において、自分が葛藤している緊張を表現する機会をもつことができる。

4　個人は、言語的に、あるいは他の手段で、こうした緊張や葛藤を表現することができる。意識して援助を求めることは意味のあることだが、しかし、必ずしも絶対に必要というわけではない。

5　個人は、密着した家庭の支配から、情動的あるいは物理的に、適度に独立している。

6　個人は、過度の不安定性、とくに器質的な性質による不安定性から適度に解放されている。

7　個人は、平均よりやや下、あるいはそれ以上と判定される知能をもち、自分が生活している状況に対処できる適切な知能をもっている。

8　個人は、適した年齢である。すなわち、ある程度自立して生活できる程度の年齢であり、ある程度の適応力をもつような若さである。実際の年齢でいうと、おおよそ十歳から六十歳程度を意味している。

子どもと親への直接の心理療法を必要とする条件　親と子どもをそれぞれ心理療法面接に導入することが賢明であるとする要因は、個人に直接的なカウンセリングを適用する要因と類似しているが、まったく同一でないことははっきりしているだろう。基準の違いをとくに強調するなら、その要因は以下のように記述される。

親と子どもへの直接な心理療法が、それぞれ別のカウンセラーによって実施されることは、次の条件がすべて満たされている場合に適しているようである。

1　子どもの問題が、かなりの程度、その親子関係に基づいている。

2　子どもが情動的あるいは物理的に家族から十分に独立していない。

3　親か子どものいずれか（多くは前者）が援助の必要を感じており、その状況に取り組む機会を作ろうとしている。

4　親が、次のような意味で、いずれかといえば援助可能である。

a　親子関係以外に、社会的関係や夫婦関係、あるいは個人的な目標達成という点で、何らかの満足を得ている。

b　適度に安定している。
c　平均よりやや下、あるいはそれ以上の知能をもっている。
d　ある程度の適応力をもつような若さである。
5　子どもが、次のような意味で、いずれかといえば援助可能である。
a　器質的な不安定さからある程度解放されている。
b　平均よりやや下、あるいはそれ以上の知能をもっている。
c　カウンセリング場面において、遊具または他の手段で、自分の態度を表現できる程度の年齢に達している。通常、これは、四歳以上の年齢を意味している。

環境調整あるいは間接的処置を必要とする条件　われわれは、カウンセリングによるアプローチが確実に効果的であることを示す条件だけではなく、間接的なアプローチを導入した方がよいと考えられる要因についても、明確に心にとめておく必要があろう。その基準を以下のようにあげてみた。これまでのものとは違って、これらの条件のいずれか一つが存在するならば、どんな種類の心理療法よりも、環境調整的な手段を主に用いたほうが十分に効果的であろう。

1　個人の適応しなければならない状況の構成要素が、きわめて適応を妨害するものなので、態度や自己洞察に変化が生じたとしても、その状況に適応することができない。環境が変わらないかぎり、家庭または社会集団の破壊的な行為、あるいは破壊的な環境が、個人の健康や能力、資質に悪影響を与え続ける。

2　個人は、よい機会に恵まれて配慮されても、自分の感情や問題を表現する手段を見出せない場合には、カウンセリングを受けることができない（たとえば、統合失調症の初期段階で極度にひきこもっていて、自分の葛藤している態度を表現することができない場合など）。

3　環境調整的処置のほうが、直接の援助的アプローチに比べ、より簡単で効果的である。この条件はおそらく、問題の発生した状況がほとんど環境的なものであったときにのみ該当するだろう。たとえば、学校のカリキュラムが不適切であるとか、住居が不幸な場所にあるとか、短気で無能な上司の下にいるとか、あるいは他の環境要因がその問題に関与している、などである。

4　個人が、何らかの直接的なタイプの援助的処置を受けるには、あまりに幼すぎたり、高齢すぎたり、知的能力が低かったり、あるいはあまりに不安定である（これらの条件の正確な定義は前項を参照）。

以上述べてきたいくつかの概括的な基準について、多少のコメントを加えておきたい。ここにあげた基準はいうまでもなく、やみくもに、あるいは機械的に適用されるべきものではない。これらは熟考するための指針として意図されたもので、熟考の代わりをするものではない。またこれらは、生起する状況のすべてにあてはまるものでもない。たとえば、これらの基準は、援助的処置の最初の焦点を決定するうえで役立つように工夫されたものであって、その後の重要な点を示そうとするものではない。したがって、最初の焦点が明らかに環境的なものであるべき場合でさえも、何らかのカウンセリングがその後の手段として提示されるかもしれないし、また、援助の主なよりどころが心理療法に置かれている場合にも、何らかの間接的な処置が役立つかもしれないのである。要するに、これらの基準は、何らかの基礎のうえに立ってすでになされている決定を明確にしたり、思考の焦点をもっと的確にしぼったりするために意図されたものであって、それ以上の何ものでもない。

こうした基準によって、ある集団がカウンセリングによる援助に適しているか否かということが、明らかになっていくかもしれない。たとえば大学レベルの学生の不適応は、多くの場合、カウンセリングによる援助のよき対象である。なぜなら彼らは、ほとんどの場合、自分が生活している状況のある面を変えることができ、ほとんど常に、適した年齢と知能をもっており、少なくとも最低限の安定性を示し、家庭の支配からある程度自由であるからである。一般的にこのようなことは、夫婦関係に不適応な人たちにもあてはまる。これとは逆に、現実との接触を喪失しかけている初期の精神病の患者は、非常にひきこもっているために自分の緊張や葛藤を表現することができないか、さもなければ自分の生きている状況を統制するだけの安定感をもっていないので、カウンセリングによる援助を受け取ることができない場合がしばしばある。知的な障害者もまた前述の基準にあてはまらないから、カウンセリングに適した対象とはいいがたい。また、生活上の適応において何らの不愉快な苦悩も感じていない、よく適応している個人も、カウンセリングの対象としては適さない。この最後の事実は、ときに制度としてカウンセリング計画を設定するにあたって見逃されていることがある。そこでは、カウンセリング経験はどのような人にとっても必要であると思われているのである。しかし、カウンセリングは主に、明らかな緊張や不適応に悩んでいる人びとにとって役立つ過程なのである。

以上述べたことは、これらの仮説的な基準を満たす程度は個々人によって異なる、という事実を明らかにしようと意図したものである。しかし、どのような一般化された原則にも例外は常に存在する。援助の重みがカウンセリングに置かれるべきか、それとも他のアプローチに置かれるべきかを決定するためには、不適応の個々のケースについて注意深く考察しなければならないことを理解しておくべきである。

事例史とはなにか？

読者のなかには、心理療法的アプローチの決定を行う際の基礎となるべき（と思われている）、完全な事例史について何ら議論することもなしに、その選択に影響をもたらしたり、心理療法の焦点を指し示したりするような諸条件を論じたことを、疑問に思われている人もいるであろう。この点については、実は意図的に省略してきたのであるが、本章における議論をすべて終える前にこの疑問に関心を払っておきたい。

一つの事実として、現代の臨床的なカウンセリング実践のなかで、事例史の役割について注意深い考察を加えることは、かなり遅れているといわざるをえない。事例史に対してかつて与えられていたような、いくつかの重要性がすでに失われていることは明らかであるが、今現在それがどのような位置にあるのかについてはそれほどはっきりとしていないのである。この議論に関連する状況を検討してみよう。

完全な事例史は、個人とその態度の発達に関する素材としての価値をもち、その個人に影響を与えている社会的な背景や文化的な力を包括的に描写するもので、完全で満足のゆく診断にとってはきわめて重要なものである。この点については誤解のないようにしよう。重要な生活力や生活形式を十分に理解するためには、完全な事例史がもっともよい接近方法である。

しかしながら、適切な事例史を収集することが、心理療法過程を明らかに妨害する場合があることもはっきりとした事実なのである。したがってわれわれは、自分が完全で正確な個人の診断像を得ることを望んでいるのか、それともその個人が前進し自分の問題を解決するようになることを望んでいるのかについて、ときに不愉快な選択をしなければならないことがある。このようなジレンマがどのように生ずるかを考えてみよう。

カウンセラーが、よい事例史を収集するために必要な情報を集めるというような態度をとるならば、クライアントは問題解決の責任がカウンセラーの側にあると感じてしまうであろう。カウンセラーが実際に、「あなたの問題やあなた自身のこと、あなたの背景や生育歴、学歴や病歴、家庭の生活状況や社会的環境について話してもらいたいと思います」というときには、カウンセラーは明らかに、「そうすれば私は、あなたの問題をどう解決したらよいかを話してあげることができますよ」という付加的な保証をほのめかしているのである。もしも必要な援助的処置が環境調整であるならば、このような構えをクライアントに与えたとしても、それは有害なものではない。事実クライアントは、環境的な調整を自らすすんで受け入れようとする気持ちになるであろう。なぜなら、その調整は環境についての綿密な知識に基づくものであるからである。しかし、もしも援助的処置がカウンセリングや心理療法といった性質のものに属するならば、このような構えは援助そのものをいっそう困難にする。クライアントは質問に答えようとできるかぎりの報告をするが、その代わりに当然、自分の問題を解決してもらえると思うであろう。クライアントに自分の状況への責任をもたせ、現実的な、そして本人の力の範囲内での望ましい適応を見出させようとするカウンセラーのどのような努力も、自分に解答を教えてくれるのを故意に拒絶しているのだとクライアントに解釈されることになってしまう。もしもカウンセラーが事例史を聞き出すという経験に関与していないならば、クライアントが自立性を創造し、成熟をめざして動き出すような援助を遂行することははるかに容易なものとなる。

本章で示した基準が、詳細な事例史がなくても判定できるような要素を取り扱っているのはこのためである。ほとんどの場合、最初の予備的な判断は、第一回目の面接のなかで、カウンセリングが適切かどうかを示した基準に照らして実施することができる。緊張の程度はほとんど常に、注意深い観察によって判定されるであろう。クライアントの緊張が自分の問題をすっかり打ち明けるときの苦痛よりも強いかどうかということは、よりとらえがたい問題であり、カウンセリングの開始後に、はっきりした解答が出されることがしばしばあろう。カウンセリングの機会が受け入れられるかどうか、クライアントが家族から比較的独立しているかどうかといったことは、通例、第一回目の面接で明らかになる。同様に、適切な年齢・知能・安定性に関する問題も、カウンセラーの注意深い観察によって容易に答えが出ることが多い。その個人が自分の葛藤を十分に表明できるかどうかという疑問は、面接開始当初に答えが出るかどうかは微妙で、数回の面接が必要とされるかもしれない。もっとも判定困難であるように思われるかもしれない基準は、クライアントが自分の生きている状況を統制し、それを変える能力を有しているかどうかという問題である。多くの場合、その解答は明白であるかもしれない。通常の成人、典型的な高校生や大学生は、ほとんどの場合、日常の適応場面を効果的に取り扱う能力をもっている。しかしながら、自らの欠損あるいは環境の破壊的な性質によって根本的に障害を受けている人の場合には、その判定はきわめて困難なものとなるであろう。この場合には、どのような援助的処置が適当であるかを決定するに先立って、きちんとした診断的考察を行うほうが賢明であろう。こうした場合に診断的な考察なしに心理療法を開始することは、自己洞察が増すことによってクライアント自身の欠損がいっそう顕著になるために、ますます絶望へと追い込むことになってしまうかもしれない。したがって診断的な考察は、たとえカウンセリングの過程とある程度衝突しようとも、この場合にはとても適切なことである。

以上のことを概括するならば、かなり多くの場合、カウンセリングによる援助は診断的な考察がなくとも、最初の接触においてただちに開始され、しかもこの方法が完全に正しいものとされるのは、初回面接のなかに現れるクライアントの状況の重要な特質に関して、カウンセラーが感受性豊かである場合だといえよう。そうでないケースにおいては、もっとも有望な援助的処置の焦点を選択するに先立って、詳細な診断的研究をすることが望ましいであろう。要するに、はっきりと銘記しておくべきことは、重要なのはクライアントが成熟的な方向に発達することであり、臨床実践の道具は、この基本的な事実を肝に銘じて選択されるべきであるということである。カウンセラーが完全な事例研究を行うときは、カウンセラーがクライアントの健全な適応の援助のために、その方法が最適であると考えられなければならない。またカウンセラーがケース研究を差し控えるときも、まったく同じ理由によるべきで、この場合には完全な事例史調査による不幸な影響を避け、ただちに心理療法を進めることによって、クライアントの成長をもっとも着実に促進できると考えられるからである。

　以上、事例史をめぐるジレンマについて端的な表現で述べてきた。実際には、カウンセラーがクライアントに関する情報を入手しているか、それともまったく知らないままでいるかということが問題なのではない。問題なのは、その他のあらゆる考慮すべき事柄に先立って、情報を入手する過程を選択するかどうかということである。真のカウンセリング過程においては、個人は形式的な生育史を整理するよりも、自分の経験の、すなわち日々の行動の重要な様式の、真のダイナミックな力をあらわにするようである。そうしたなかでカウンセラーは、クライアントの人生におけるダイナミックな出来事について、はじめは表面的で外的な知識しかもっていなかったとしても、しだいにその重要な因果関係に気づくようになるのである。

要約

　クライアントが本人の意思で来談した場合でも、あるいは本人の意思によらずに送られて来た場合でも、カウンセラーは必然的に、そのクライアントについて最初に知りえたことによって、もっとも有望な援助的アプローチはどういったものであるかについての判断を行うことになる。われわれがこうした判断のもととなる要素について注意深く分析するとき、より合理的に選択を行うことができるような基準の作成が可能であることが分かった。しばしばこうした判断は、はっきりとした診断が下されなくても、また完全な事例史が収集されなくても、クライアントとの最初の接触で得られた素材に基づいて行われるものである。本章においてわれわれは、カウンセリングが最善のアプローチである場合の基準、親と子どものそれぞれに心理療法を行う場合の基準、および、直接の心理療法を必要としない、そして主な強調点を環境調整に置くほうが賢明である場合の条件について論考した。

原　注

（1）Alexander, Franz, and Healy, William. *Roots of Crime*. New York : Alfred A. Knopf, 1935. 305pp.

（2）Healy, William. "Psychoanalysis of Older Offenders," *American Journal of Orthopsychiatry*, vol.5 (January, 1935), pp.27–28.

（3） Rogers, Carl R. *The Clinical Treatment of the Problem Child.* Chap.Ⅲ, "The Component–Factor Method of Diagnosis." Boston : Houghton Mifflin Company, 1939.

（4） Bennett, C. C., and Rogers, C. R. "Predicting the Outcomes of Treatment," *American Journal of Ortho–psychiatry*, vol. Ⅱ（April, 1941）, pp.210–221. なお、この論文は研究の主要な成果が要約されたものであり、ここに示した資料は同じ研究から得られた未公刊の資料から引用したものである。

（5） Mills, Harriet J. "The Prognostic Value of the First Interview," *Smith College Studies in Social Work*, vol.8, no.1 (September, 1937), pp.1–33.

Ritterskampf,Louise. "The First Interview as a Guide to Treatment," *Smith College Studies in Sosial Work,* vol.8, no.1 (September,1937), pp.34–84.

（6） Healy, William, and Bronner, A. F. *Treatment and What Happened Afterward.* p.34

（7） Bennett, C. C., and Rogers, C. R., "The Clinical Significance of Problem Syndromes," *American Journal of Orthopsychiatry*, vol.Ⅱ（April, 1941）, pp.222–229.

第四章　カウンセリング関係の創出

善意で行われるカウンセリングの多くが成功しないのは、満足のゆくカウンセリング関係が確立されていないからである。カウンセラーや心理療法家は、その関係について当然もつべき明確な考えをもっていないことが多いので、結果としてその援助の取り組みは、あいまいで不確実な方向と結果をもたらすことになる。心理療法家とクライアント、カウンセラーと相談者との間に生ずる微妙な関係については、よりいっそうの注意を向ける必要がある。

独特な関係としてのカウンセリング

おそらくもっともよい議論のはじめ方は、カウンセリング関係とはいえない関係について説明することであろう。われわれが心理療法についてもっとも適切に語ろうとするなら、逆の否定的ないい方を数多く探してみることである。たとえば心理療法的関係とは、深い愛情的な結びつきをもっているが、一方ははっきりと依存の状態にあり、もう一方は権威や責任ある役割を引き受けているような、親子の関係とは異なるものである。親子の結びつきには不変の潜在的性質や全面的な献身が存在するが、それは、すぐれたカウンセリングと重なり合うものではない。

同様に、心理療法の関係は友人関係でもない。友人との結びつきのはっきりとした特徴は、完全な相互関係、すなわち、相互理解やギブ・アンド・テイクの関係である。カウンセリング関係はまた、典型的な教師―生徒の関係でもない。教師―生徒関係は優劣の上下関係であり、一方は教え、他方は学ぶべきであると想定されており、それはまったく知的な過程を拠り所としている。また心理療法は、医者と患者の関係に基づくものでもない。医者―患者関係では、医者の側は専門的な診断と権威ある助言を行い、患者の側は従順に従い依存するという特徴をもっている。その他、例をあげれば際限がない。たとえばカウンセリング関係は、多少の要素は類似してはいるが、二人の協力者の間の関係ではない。またその関係は、指導者と部下の関係でもなければ、聖職者と信徒の関係でもない。

要するにカウンセリング関係とは、クライアントがそれまで経験したどのような関係とも違った、人間同士の結びつきの性質を意味するものなのである。そこで、初回面接ではかなりの時間を費やして、この人間関係が他の関係とどう違うのか理解できるように、また試してみることができるように、さまざまな試みが行われる。カウンセラーはその状況を効果的に取り扱おうとするならば、このことをしっかりと認識しておく必要がある。

このように心理療法の関係はわれわれの日常生活の多くの

関係とは違ったものとして記述されるが、このことは実際に行われるカウンセリングが、常にこの記述に沿って実施されているということを意味するものではない。ときには誤って、ときには意図的に、多くの心理療法家やカウンセラーたちは、前述したような日常的形態のいずれかでクライアントに対する自分たちの態度をとっている。フロイト派の精神分析は一貫して、分析家が親の役割をとるという態度を重視してきた。ある著者は、そうした分析家について次のように述べている。「分析家はただちに、実の両親のいずれかの代わりとなる。したがって分析家は、告白の対象としての両親のいずれか、たとえば代理父となるので、罪や非難の恐怖を感じずにいっさいの事柄が真に語られる。すなわち分析家は、普通ではとても話すことができないような情緒的な事実さえも理解し、何の驚きや憤怒も表さない父親になるのである」と。(1) こうした親の役割を演じるということが、周知のようにフロイト派の分析がきわめて時間がかかることの原因の一つであるかどうかは、後でまた考察することにしたい。

別のカウンセラーたちは明らかに教師の役割を演じようとしている。さらに別のカウンセラーたちは、カウンセリングを受ける人の友人であるということを強調しようとしている。事実、日常生活に存在する典型的な人間関係が、カウンセリング関係の良い例となっていることはそのとおりである。しかしながら、そうした例がもっとも的確に心理療法というものを浮き彫りにしてくれるわけではない。

心理療法関係の基本的特質

これまで消極的ないい方で心理療法関係を記述してきたが、今度はそれを明確かつ積極的な述語を用いて特徴づけるにはどうしたらよいであろうか？　それはこれこれではないというのではなく、それはこうであるというにはどうすればよいのか？　もっとも援助的なカウンセリングの雰囲気の特徴を浮き彫りにするには、少なくとも四つの明確な特性を取り上げることができると思われる。このことを、カウンセラーが創り出そうとする状況という観点から記述してみよう。

まず第一は、ラポールを生みだし、それを次第に深い情緒的関係へと発展させていくような、カウンセラーの側における温かさと応答的態度である。カウンセラーの視点からすれば、これは明確に統制された関係であり、明確な制限をもった愛情的な結びつきといえる。それは、クライアントに向けられる純粋な関心と、クライアントを一人の人間として受容することによって表現されるものである。カウンセラーは、ある程度まではこの関係に情緒的に巻き込まれるようになることを率直に認識している。カウンセラーは超人的であるとか、クライアントに巻き込まれることはありえない、といったようなふりをしない。しかしながら、クライアントの要求には十分に感受性豊かであり、自分が援助している相手にもっともよい形で役立つために、自分が自分であるという感覚を制御することができる。一方でカウンセラーは、精神分析家に関する次のような記述に表現されている見解を採用しない。「患者は分析家に情緒的に巻き込まれるようになり、分析家は最小限の情緒によって患者をとらえようとする。分析家は心理的に強く、まったく公正で人間の弱さを十分に理解している、という態度を示さなければならない」(2)。よきカウンセラーであれば、こうしたことがいたずらに治療者然とした態度をもたらしてしまうことを知っているはずである。カウンセラーはある程度まで自分が情緒的に巻き込まれているが、しかしそれは患者のためにしっかりと制限されなければならない、という事実をそのまま受け入れることのほうが好ましいであろう。そうすることでカウンセラーは、もう一方の極端に走ることも避けるのである。もう一方の極端とはどういうものか、拒否され恵まれない八歳の少女との初回心理療法面接によって例示してみよう。

その少女がいずれかというと無意味で内向的な遊びをしている最中に、カウンセラーは「エスター、何か知りたいことがあるの?」と聞いた。エスターは関心を示した。そこでカウンセラーは「私はあなたが好きよ」といった。エスターはこれを聞いてうれしそうに見えた。彼女は窓の外を眺め、遠くの方を歩いている何人かの男の人に気づいて、「私のおじさんはどこでお仕事をしているか知っている?」といった。

ここで、カウンセラーはこの少女に愛情的な関係を押しつけようとしているが、少女の方ではそこまで至ってないので、おそらくカウンセラーはその関係を改善できないであろう(3)。もしも心理療法家が極端に無関心であったり、過剰に巻き込まれたりしないで、温かい、相手に関心をもった、応答的態度で、しかも明確にはっきりと制限された情緒的愛着によって特徴づけられるような関係を創出するならば、それこそが賢明な進路である。面接場面においてこれらの制限を設定する方法については後述しよう。

カウンセリング関係の第二の特性は、感情の自由な表現を許容することである。カウンセラーがクライアントの話を受容すること、そして、あらゆる道徳的あるいは審判的な態度をとることなく、カウンセリング面接のなかで一貫して理解ある態度を示すことによって、クライアントはいっさいの感情や態度を表現してもよいということを認識するようになる。その関係のなかでは、攻撃的すぎる態度というものもないし、罪深いあるいは恥ずかしすぎる感情というものもない。父親に対する憎悪、性的衝動に関する葛藤した感情、過去の行為についての良心の呵責、援助を求めることについての嫌悪、心理療法家に対する敵意や憤慨など、あらゆることが表現されてかまわないのである。こうした点で、心理療法の関係は日常生活における他の関係とは非常に異なるものである。この心理療法の関係は、クライアントが自分で制止してきたことを認めるやいなや、自分の生活を複雑にしている制止された衝動や言語化されない態度を表すことができるような場を提供するのである。

感情を表現することにはこのような完全な自由があるが、一方でクライアントが自ら自己洞察を獲得するのに利用できるような場面構造を設定するためには、心理療法面接のなかに明確な行為の制限が設けられる。こうした心理療法上の制限は、カウンセリング場面がもつ第三の重要な特性である。たとえば時間の問題を取り上げてみる。約束を守るか守らないか、約束の時間に来るか遅れて来るか、真の問題を避けようとしてとるに足らない話で時間を浪費するか、それとも建設的に使用するか、こういったことはクライアントの自由である。しかしながら、どんな理由であっても、クライアントがカウンセラーを支配し、より多くの時間を獲得するような自由はないという制限はある。相談者のなかには、面接時間が終わる間際まで重要な問題について話そうとせず、結果的に無理に時間を延長しようとする人も少なからずいる。幼児はこの点においてもっと直接的であり、一時間ではなく二時間遊んでいたい、といいはったりする。しかし賢明なカウンセラーは、設定された基本的な時間の制限を守るものである。そしてクライアントは、十分に構造化された場面をより一層効果的に活用できるようになるのである。また、他の制限もある。遊戯療法場面における幼い子どもは、どんな種類の感情も表現する自由があるが、行為に関してはある一定の範囲の制限がある。人形を壊したり、大声を上げたり、水をこぼしたりすることはよいが、しかし、窓から木や石などの大きなかたまりを投げ込んだり、破壊的な行動を待合室や他の部屋などにもち込むことはしてはいけない。心理療法家の粘土像をずたずたに壊すことはかまわないが、直接に心理療法家に危害を加えてはいけない。つまり、最大限の自由は、その人が感情を表現し、自分に向き合うことに対して与えられるのである。しかし自分の衝動をすべて行動に移し他人を傷つけるような自由は与えられない。子どもが制限の有無を確かめようとして、心理療法場面のいろんな性質を探究しているのを観察するのは興味深い。もしも制限が治癒を妨げるものであると考えるならば、それは大きな誤りである。制限は大人にとっても子どもにとっても、心理療法場面をいわば小宇宙にするような重要な要素の一つであり、その小宇宙のなかでクライアントは、生活全体を特徴づけているあらゆる基本的性質に出会い、そしてそれと向き合い、適応しようとするのである。

カウンセリング関係の第四の特質は、あらゆる種類の圧力や強制から自由であることである。熟練したカウンセラーは、自分自身の願望とか、個人的な反応や先入観を心理療法場面で強制するようなことは避ける。その時間は、クライアントの時間であって、カウンセラーの時間ではない。一定の行為をとらせようとして助言や示唆、強制をしたりすることは、心理療法にとっては適切なものではない。心理療法の過程については後に論じるが、このことはたんなる消極的な自制でもなければ、クライアントに影響を及ぼすことをかたくなに拒絶することでもない。それは、人格の成長と発達、意識的な選択、さらに自己志向的統合にとっての肯定的な土台となるものである。この種の土壌においてこそ、成長が可能になるのである。心理療法の関係が家庭や学校、職場などにおける日常生活の一般的な関係とはっきり異なるのは、まさしくこの第四の特質が存在するからなのである。

われわれは、今までカウンセラーにみえるものとしての、そしてカウンセラーがカウンセリング場面において促進しようとするものとしての、心理療法の関係について述べてきた。クライアントの視点からすると、もちろん最初からこれらの要素のすべてに気づいているわけではないが、少なくとも道徳的に正しいとか誤りであるとか判断されることから解放された雰囲気にクライアントは反応する。クライアントは、自分の行動を正当化するような習慣的に身についた心理的防衛が必要ではないことに気づく。非難されることもなければ、過度に同情され甘やかされたり、褒められることもないことに気づく。クライアントは、カウンセラーが過剰な支持もしなければ、拒否的な敵対心ももっていないことに気づく。その結果クライアントは、生まれて初めて真の自分自身になり、世界に向き合えなくさせてきたこれらの防衛機制や過剰な補償をやめるのである。その関係において、クライアントは自分の衝動や行為、葛藤や選択、過去のあり方や現在の問題などを、もっとずっとありのままに評価することができるようになる。なぜならそれは一方で、攻撃に対して自分を防衛する必要がないからであり、他方では、自己満足的な依存からも解放されるからである。個人がカウンセリング場面におけるこうした要素にいかに反応しているかということは、心理療法の終結段階に関する議論のなかでさらにはっきりと分かるであろう。そのとき相談者は、カウンセリングの雰囲気が自分にとって独特な体験であったということをしばしば言語化するのである。

実践におけるカウンセリング関係の構造化

心理療法の関係は、他の日常的な関係とは明らかに異なっているので、クライアントがいかにその構造を知るようになるのか、またいかにその真の特性を認識するようになるのかと問うのは当然なことであろう。ある程度まで、その場面の構造は何もなされないということにより明確となる。すなわち、道徳的な判断が下されず、ある行為の方針に従わせようという圧力が感じられないといったことによってである。他の要素、つまりカウンセラーの応答的態度といったものは、言葉で説明されるよりも経験されるものである。しかし、カウンセラーがある具体的なやり方でクライアントに示すことによって、場面がスムーズに構造化されることもしばしばある。心理療法の分野における研究は、今日なお未熟なものではあるが、しかし、このような構造化が実際になされているということを示すいくつかのデータがある。ポーター(4)は、カウンセリングの面接手法を測定する尺度を開発する研究において、十九の録音された面接記録について、カウンセラーの果たした役割を分析し、種々のカウンセリングの手法を次のように分類している。面接場面を明確にしようとするもの、問題の状況を引き出し展開させるもの、自己洞察と理解を発展させるもの、および、クライアントの活動を見守る、または促進するものである。このポーターのデータについてとくに注目すべきことは、記録された面接を進行の度合いにおけるそれぞれの位置によってグループ分けするならば、面接場面を明確にしようとするカウンセラーの発言の頻度が各グループによって異なるということである。面接初期においては、関係を明確にすることに関するカウンセラーの発言は一回の面接について平均六回以上あったが、面接中期（四回目、五回目および六回目）においては、一回の面接について平均わずか一回あったにすぎない。面接の終結に近づくにつれ、この種の発言はほとんどなされなくなった。

ルイス[5]は、六つのケースを対象にして、カウンセラーとクライアントの両者に関する項目についてきわめて詳細な分析を試み、同様の結論に達している。各ケースを比較するために十等分された心理療法面接において、最初の十分の一ではカウンセラーの役割を説明している最大量の発言がみられ、それ以降はこの種の発言は減少してゆく傾向がみられた。

ある学生カウンセリングの場面において　カウンセリング関係のユニークな特徴が面接場面のなかでより明確にあらわれており、どのようにクライアントがその場面を自分自身のために活用するのかを説明するのに役立つような例をいくつか見てみよう。

ポールは、前章において記録を引用した学生であるが、さまざまな恐怖や緊張に苦しんでいた。彼は、あらゆる社会的場面において極度に緊張するようになり、授業で質問に解答することを恐れ、自分が普通ではないと感じている。第一回目の面接のなかで、彼はそうした問題について語り、次のような会話が交わされた（録音記録による）。

カウンセラー　それで、きみは、そのような緊張をなくしていくうえで、何らかの援助を受けることができたら、と思っているんですね。

学生　ええ、そうなんです。そうでなければ、ぼくはダメになってしまうんです。そう、こういってもいいでしょうけど、このことについては、両親のほうに問題がたくさんあると思うんです。一例をあげますと、――ぼくは、ぼくの意見ですけど、両親は全然社会性がないんです。もちろんこれはぼくの意見なんですが。そして、ぼくは、うーん、本当にこんな考えはしたくないし――したくなかったんですけれど、そのために――よく分からないんですけど、たぶんそれがぼくに劣等感を植えつけたようなんです。――それから、ぼくが学校に行っていたころ、うちの人たちがぼくのちょっとしたことにも大騒ぎしたから、かえって行けなくなったと思うんです。

カ　きみは、その二つのことが、きみの社会的な発達を妨げたと思っているのですね。

学　ええ、確かに。

カ　そしてそのことが、社会的場面において、一番きみを悩ませているような感じなんですね。

学　そうです。ほかの人たちといるときはいつでも。

カ　もしもきみが世捨て人だったら、少しも悩まされるなんてことはないと思いますが。

学　（声を出して笑う）そうですね。でも、ぼくは世捨て人にはなりたくありません。

カ　そうでしょうね。

（沈黙）

カ　そう、それでは、おそらくきみが、この関係からなんらかの援助を得ることができるようなやり方を、少しばかり説明しましょう。もしも、もしもですよ、きみがそれについてよく考えて、その考えたところをもっとよく話して、いろいろな違った面が見えるようになれれば、きっと二人の間でなんとか解決の道が見出せると思うのですが。しかし、もちろん私は、「そうですか、それではこれこれこうしなさい、そうすれば何事もうまくいきますよ」などと言えるような人間ではないし、またきみの問題が、そのようないい方ができるような問題だとも思っていませんが。

学　ええ、確かにそうなんですよね。――問題の根は、とっても深いんです。

カ　それこそまさしく、きみが取り組むことなんですが、私も多少はお役に立てると――

学　うーん。

カ　ですから、もっと話を進めてくれるとよいと思いますね。なぜ現在、それをそんなに気にしているのか、たとえばなぜ数カ月前よりも現在のほうが悪くなっているのか、ということですね。

この面接において、カウンセリング関係を明確にするためにどのようなことがなされているか、というところから見ていこう。まず第一に、重要な点では沈黙が生じているということに気づくであろう。この学生は、自分の問題について簡潔に語り、それは受容されている。そこで彼はカウンセラーが何かしてくれるのを待っている。たとえば助言とか、問題についての指導とか、カウンセラーがクライアントの問題解決のための責任をとることを示すといったことなどである。これは、援助を求めて来談した人によくある態度である。カウンセラーがカウンセリング場面についての導入的で簡潔な説明をするのはこうしたときである。このケースでは、カウンセラーは学生に責任を委ねながら、しかし同時にそれが共同事業であることを伝え、問題を解決してもらえることはないであろうということを指摘しながら、しかし前進する方向を示している。このような簡潔な説明がクライアントによってすっかり理解され消化されるものでないことは、不適応に悩む人たちにかかわっているものならだれでも熟知しているだろう。しかし、こうしたことはカウンセリング関係についての理解の土台を築くのに役立ち、またその理解は、カウンセラーの行為がこうした言語的な説明と一致しているという事実によって強化されていくのである。

両親への対応において　援助を求めて子どもを連れてきた親を扱う場面では、カウンセリング関係の明確化に関する問題は、前記のような場面よりも難しいことが少なくない。子どもについて不満を集中する場合、親は自分が批判を浴びないようにしており、一般にきわめて防衛的で、自分が直接関与しているとか援助を必要としているということを否認しているものである。心理療法が必要であるという基本的な理解を得るために、ここではうまく取り扱われなければならない問題がある。心理療法は、心理療法場面にいる人だけを援助できるのであり、第三者に手を差し伸べることができるような魔術的な方法ではない。つまり心理療法は、クライアントがその子どもや使用人や配偶者との関係をよりよくするのを援助することはできるが、しかし、こうした他者を直接的に援助したり変化させたりすることはできないのである。したがって、親にカウンセリング場面を明確化する場合には、提供される援助は親子関係を検討することで親自身にとって役立つものであることを次第にはっきりとさせなければならない。こうした場面の明確化は、短時間で成しとげられるものでもなければ、一回だけの説明で達成されるものでもない。しかし、もしもカウンセリングを効果的なものにしようとするならば、それは明確にしておく必要がある。カウンセリング関係が言語的に明確化される方法の例は、すでに述べた(第二章、34頁、36頁)。ここでは別のケースとして、四歳の娘について相談に来たある母親の例を示そう。彼女は、子どもがどんなに強情でいうことをきかないかについて語り、彼女自身が「起きてから寝るまでの戦争」と称している苦闘を描写した。

パティについて話されてきたことからすると、かなりたくさんの問題があるように聞こえます、とカウンセラーが言った。J夫人は賛意を表して、どうにかしなければなりません、といった。カウンセラーは同意して、次のように述べた。「しかしそれは、ほとんどあなたがしなければならないことでしょう。あなたは、パティをどんなふうにしてますか、寝かせつけるとか、何かする場合に」と。J夫人は、だましてやるのが普通ですね、それ以外に手はないから、といった。カウンセラーは、子どもと母親がここに来談し、うまくやれない共通の困難に関して一方は一人のカウンセラーと、他方は別のカウンセラーと、どのように協力してやっていくのかということについて述べた。カウンセラーは、個々人の生活状況はまったくさまざまであるから、どれだけのことをしたらよいものかこれまでも分からなかったし、現在も分かっているわけではない。しかし、ここでの仕事の一番大きな部分は母親によってなされるもので、母親がここでやることは子どもが家庭でやることと関係をもつようになる、ということを話した。J夫人はうなずき、それは彼女が望んでいたことそのものであり、これまではただ何とかしなければならないことだけが分かっていたので、たとえば子どもの悪さがひどくて、彼女を実家の家族に見せたくなかったので実家へ出かけることもできなかったんです、といった。彼女は、大声で笑いながらいった。「これほどひどくいう母親は、あまりいませんよね。でも本当に、下の娘の悪さったらないのですよ」と。

この短い抜粋のなかで、心理療法関係の焦点は、母親が子どもとの関係において何ができるかという点に明確に置かれている。しかも、この場面の明確化は、母親の話題が子どもについてではなく、二人の間に存在する状況をどれほど力強く母親が取り扱わなければならないかについて移っていくなかで、よりはっきりとしたものになっていったのである。

遊戯療法において　人によっては遊戯療法は、学生カウンセリングや親や大人の心理療法とはまったく違ったもののようにみえるかもしれないが、場面設定においてはきわめて類似しているように思われるし、また援助的関係の明確化についてこれまで述べたことは、遊びの場面においてもまったく同様にあてはまる。もっとも違うところは、遊戯療法ではその関係が、言葉によるよりも、行為をとおして明確にされることがずっと多いという点である。子どもへの心理療法家の優しい関心と愛情は、小さな行為の積み重ねによって明らかなものになっていく。子どもはだんだん大胆な活動を試みるようになり、そうした活動が受容されているのに気づくようになることで、関係の許容性が次第に明確にされるのである。水をこぼしたり、大声で騒いだり、人形を壊したりするといったようなそれまではしなかった攻撃的な行為をしたあとで、子どもは何らかの処罰か叱責がありはしないかと思いながら、罪を自覚している顔つきで心理療法家をチラリと見るようなことがよくある。その場合、何事も起こらないことで、ここがこれまでになかった場面であり、日常の経験とはまったく異なる、とても許容的な特質をもっていることが次第に学習されるのである。何の圧力も指示も強制もなく、思ったままに振る舞える時間があるという事実も、言葉による説明よりもむしろこの自由を経験することによって学ばれる。言葉が大きな役割を果たすのは、制限を設定する場合だけである。ここでの経験には時間の制限があるということ、心理療法家は同じように他の子どもたちの面倒をもみるので、注がれる愛情には制限があること、さらに許される破壊行動にも制限があることを子どもは学びとる。この心理療法場面の制限の設定については、子どもの場合も大人の場合も同様にたくさんの問題を考えなければならないので、より詳細に議論することにしよう。

制限の問題

心理療法場面に何らかの明確な制限を設定するというのは、作為的な、あるいは不必要なことであると考える人がいるかもしれない。しかし、真実をごまかすわけにはいかない。すべてのカウンセリング場面は何らかの制限を必ずもっているのである。未熟な心理療法家はその制限の多くをうれしくないものとして発見するのだが。未熟な心理療法家はたとえば、カウンセリング場面のなかで子どもの役に立ちたいと思い、その子どもが何に関心をもっているかを知りたいと思う。しかし、もし子どもがプレゼントをねだるとき、与えてもよいのか？　与えるとして、どの程度までなら与えて、どの程度から与えないのか？　もしも子どもが身体的な愛情を求めるとき、それを満たしてやってよいのか？　それは際限なくできるものだろうか？　もし子どもが自分と両親や学校との間をカウンセラーにとりもってほしいと思っているとき、そうしてやってよいのか？　そうするとして、何回くらいそうするのか？　ある不適応の少年が、トイレにいるカウンセラーをのぞきたがったが、それは許されるべきなのか？　要するに、どのような心理療法の場面においても、相手が子どもであれ大人であれ、カウンセラーが何らかの態度をとらなければならないような要求や欲求は必ず出されるものなのである。未熟な、あるいは訓練を受けていないカウンセラーは、クライアントを傷つけまいという善意からこうした要求に応じようとし、クライアントが援助されたいと望むようなことはどんなことでもしようとし、ついに時間や愛情や責任についての要求がカウンセラーの手に負えないくらいに大きくなってしまう。そして援助しようとする愛情や欲求は、回避と嫌悪とに変化してしまうのである。彼は、クライアントを非難し拒否する。その結果は明らかで、クライアントは、また一人もう一人の人間が自分を裏切った、援助したいといっていた人間が、実際には大事なときにだめになってしまったと感じてしまう。クライアントは明らかに、そして場合によっては一生にわたって、この失敗したカウンセリングによって傷を負ってしまうのである。

このように、カウンセリング場面には常に制限がある。重要なのは、こうした制限が明確に示され、理解され、援助的に活用されるか、あるいは、クライアントがきわめて強い要求を出した場合に、突然に自分に対する障壁として制限が設定されていることに気づくのがよいのか、ということである。いうまでもなく、望ましいやり方は前者である。そこで、こうした制限が設定される一般的な形式について考察してみよう。

責任の制限　カウンセラーがはっきりと設定しなければならない制限の一つは、クライアントの問題や行為に対して負う責任の範囲である。第一章で述べた仮説に明らかなように、責任はクライアントに委ねられるのがもっとも援助的であるといえる。心理療法のもっとも一般的な問題の一つであり、しかも、もしも建設的に取り扱われるならば成長を促進するためにもっとも援助的な問題の一つであるのは、カウンセラーにクライアントの問題を引き受けてほしいというクライアントの訴えである。たとえば、D夫人は、十二歳の娘を連れて援助を求めてきた。この娘は妹と仲が悪く、学校の成績も悪く、一日中ダラダラして白昼夢にふけり、母親が何をいっても「ききめがない」。診断的な調査が終わるとD夫人は、その娘を連れて相談を受けることを決心した。心理療法担当者と母親の第一回目の面接で次のような会話が交わされた（録音記録による）。

母親は、サリーが勉強に少しも身が入らないことを強調しながら、繰り返し不満を述べている。彼女はなおも言葉を続ける。

クライアント　わが家の他の娘たちは、申し分のないくらいいい子たちで、普通にちゃんとやっているんです。それはもちろん得手不得手はありますし、感情の起伏もありますけど。でもだからといって別に並外れたことは何もないし、一緒にやっていくのも楽だし、学校の成績も平均より上ですし、よくやってくれていると思います。それなのにサリーったら――

カウンセラー　ところがサリーさんは――

ク　まるで小さい悪魔だわ！　もう気が変になりそう！　だから何か気になる事がありましたら何でも聞いてくださいね。できるかぎりお答えしますので。

カ　そうですか。でもまあ、これからの面接でもそうなのですが、そういう考え方、つまり私が質問したり、あなたの報告をお聞きしたりするやり方ではなくて、二人で話し合って問題を考えてゆくやり方にしていきましょう。言い換えると、あなたは先ほどからのお話で、サリーさんや他のお子さんたちのことをすべて話したと思っておられるでしょうが、これは少し考え直す必要があるといいますか。要するにいまのこの場面は、あなたと私があなた自身の問題について話し合う場面なんですよ。

この抜粋では、母親は明らかにカウンセラーの側に主導権を委ね、また暗に責任も委ねようとしている。彼女が質問に答えれば、カウンセラーは問題を解決してくれるだろう、というように。しかし関係についてのカウンセラーによるこの短い説明は、母親がサリーの問題やそれに関する自分の態度について、前向きに議論をはじめるのに十分であったといえる。しかし、この面接が終わりに近づくにつれ、再び責任の問題が浮上してきた。母親はもしサリーが高校を卒業できなければ、まともな大人にはなれないだろうということを強調した。録音記録は次のように続いている。

カウンセラー　そうしますとあなたは、サリーさんの前途はあまり明るくないと感じているのですか？（沈黙）

クライアント　そのー、でもあの子はなんとか卒業できるようなタイプなんでしょうかねぇ？

カ　でも、あなたはそのことを疑わしく思っていらっしゃるのでしょう？

ク　いいえ、けっしてそういう訳では——でも——でも、子どもたちにちゃんとやっていってほしいと思うのは、ごく普通のことだと思いますけど。

カ　ええ、そうですね。あなたはサリーさんについてもそうあってほしいと思っているのに、その可能性を信じられないのでしょうね。

ク　いいえ、信じていますよ。先生があの子に、物事には注意深くなければということをほんとに実感させてくださるのなら——

カ　ではあなたは、私たちにそれができると思っているのですか？

ク　ああ、そうですね。そればっかりは私にはどうすることもできませんわ。私はもう何年も努力してきましたし、学校の先生方は放課後も面倒を見てくださいました。それにここの先生方にもいろいろ教えていただいたので、私たち、考えたんです。えーと、そうですね、先生はこういった問題を研究なさっているようですし、——何かのつながりがあるなら、先生がそれを見つけてくださるべきではないでしょうか。私は心理学や人生についていろいろと勉強したりしましたし、あれこれ考えたりもしました。でも、あの子がこの先うまくやっていけるとはとうてい思えないんです。それは学校の先生方もそう思っていますし。

カ　そこであなたは、自分でできることはやってきたと思っておられるのですね？

ク　はい、そうです。

カ　それで私たちにその義務があると——

ク　ええ、まあ。この先は先生にお任せしたいんです——なぜかといいますと、そのー——先生があの子を苦しめているものや、根本的な原因や何かを見つけてくださらないと、そのときはもう私たちがあの子がうまくやっていけるように無理やり引っ張っていくしかないと思うんです。

カ　すると、もし私たちにはどうすることもできない、とすると——？

ク　それだったらそのときはそのときで、これまでやってきたように、できることをやるだけです。

カ　それでは最初に戻ってみましょう。

ク　ええ、そうですね。

カ　ここにサリーさんがいる。そして彼女に何一つしてあげることができない——

ク　あの、ちょっとよく分からないのですが——あまりいいたくないんですけど——先生ったら何でも大げさにおっしゃって（笑）、問題を暗闇に押しやってしまいそう。いえ、でも私は先生が思っておられるように悪くしたくはないんです。

これは、クライアントが問題の解決をすべてカウンセラーに委ねようという傾向がいかに強いかを示すよい例である。しかもこの記録が終わりに近づくにつれ、カウンセラーにすべてを委ねようとするこのクライアントの傾向は、心理療法家としての経験がまだ浅いカウンセラーによって十分に取り扱われていない。この母親に、問題の解決をカウンセラーに委ねたいと希望してもそれはかなえられないことや、またカウンセラーがどんなに援助したくてもその責任を引き受けることはできないのだと理解できるように援助するのではなく、カウンセラーはサリーの行動の原因が発見できるかどうかを問題にしている。その結果、この心理療法の過程は一時的に暗礁に乗り上げてしまった。ここでカウンセラーが行える援助は、サリーの問題に対する母親のかかわり方や、そのかかわり方をもっとよい方向に向けるあり方などを共に考えることである。そのとき、カウンセリングはこの母親にとって援助的なものになるだろう。もしもカウンセラーがこの機会をうまく利用して、このことを指し示していれば、適切な心理療法の課題が浮き彫りになったであろう。そうすればこの母親は、もう一人のカウンセラーとの援助関係のなかでサリーがよくなっていくのを期待していたのと同じように、この心理療法場面がサリーとのかかわりについてこの母親自身が援助をえるために活用されるものであることを理解できたであろう。そうすればこの母親は、このような土台に立って心理療法を受け入れることができ、この問題に関する母親自身のあり方を考え続けることができたであろう（あるいは、この母親はこのような土台に立ったときには心理療法を拒否したかもしれない。それは決して好ましいことではないが、誤った土台のもとで心理療法が続けられるよりも建設的なことであろう）。

カウンセリング場面における責任の制限の設定に失敗した結果については、実際に事例を示して説明するのがよいであろう。ある二十一歳のとても知的で優秀な大学の新入生ディックは、遅刻や欠席をしたり、その能力のわりに成績が悪かったため、教師の注意を引いた。彼にカウンセラーとしてもかかわろうと努力していたある教師は、彼に出席すべき授業に何度も欠席していることを自覚させようとして、面接の約束をした。しかしディックはこのカウンセリングの約束に従わなかった。その次に二人があったとき、カウンセラーが彼になぜ相談に来なかったのか尋ねると、ディックは今すぐ面接をはじめてもらってもいいかといいだした。カウンセラーがこの要求を受け入れると、彼は三時間にわたって自分の抱える問題について語り、面接後の授業をまた欠席した。その後、たまたま彼が本を返しに来たときに顔を合わせたが、彼はまたもや腰をおろして自分の問題について語りはじめた。カウンセラーは次のように記録している。

少々くだらない世間話などをした後、話題は、ぐずぐずしていてつい遅刻してしまうことやぼんやりして忘れっぽいことなど、彼の問題へと移っていった。私が彼にこうした問題をどうしたいのかと尋ねると、彼は「それは先生の仕事じゃあないですか」といった。そして「先生はぼくと会う前にたくさんの人と面接してきたんだろうし、今のぼくのような混乱から、面接に来た人が抜け出していくのを見るのがきっと楽しいんでしょう」と付け加えた。私が反発すると、「もちろん先生がそうしたいのではないなら気にする必要なんかないですよ。でも、援助が必要なときはいつでも援助してやるとおっしゃったのは、面接に来た人がよくなっていくのを見るのが楽しいからなのではと思ったんです」といった。そこで私は彼にはっきりと、「きみの心配をしてあげることはできないので、自分でどうにかすべきだ」といった。すると彼はここ数年ずっと自分を立て直すのに失敗してきたことや、私から関心をもたれていると思っていたことなどを私に話してきかせた。……この論戦は引き分けに終わった。

これは明らかに稚拙なカウンセリングである。このカウンセラーはどうしてこんな論戦が生まれるような状況を作ってしまったのか？　答えはいうまでもない。このカウンセラーは言葉や行動で、カウンセラーの責任を明確化することをまったく行わなかったからである。このカウンセラーは、その学生が授業に出席するかどうかや約束を破ったことなどについて、自分が責任をとるような形で必要なときにはいつでも援助すると伝えてしまった。学生はこれを受け入れ、面接の開始と時間の長さを自分で設定し、カウンセリング場面を支配した。そしてカウンセラーに問題を解決することをしつこく要求したのである。カウンセラーは防衛的な立場に置かれ、いきすぎたことをしたと後悔した。そして、彼が授業場面への適応においてみせるような、すでにパターンがはっきり示されている完全な依存欲求について彼に認識させるという援助のかわりに、カウンセラーは面接において自分がどのくらいの責任を負うかについて話しはじめたのであった。その学生が次の面接で、カウンセラーが自分の秘書にでもなったかのように振る舞うことを望んだのは、それほど驚くようなことではないだろう。

ディックはとても興奮した様子でやってきて、こうまくしたてた——「先生は誰かぼくの考えを速記してくれて、それを明日の新聞に載せてくれる人を知りませんか？　先生はそれを書きとれますか？　あのね、先生はぼくが理論を説明している間、ぼくのいうことをちゃんと聞いてくれますか？」。

今やこの学生はすっかりこの場面を支配したといえる。これはもはや、援助的なものとはいえない。たんに彼は、その習慣的パターンを新たな場面に移して実行しているにすぎない。もし適切な責任の制限が設定されていたら、彼の依存や支配がこれほどひどくあらわれることなく、彼が習慣的パターンの意味を理解し、それらのパターンを意識化できるような援助がなされたことだろう。

時間の制限　また別個に考えたほうがよいと思われる一つの要素は、時間の制限である。カウンセリングにおける時間の制限については、それがあたかも神秘的な意味をもつかのような議論もなされてきている。たとえば、その時間の終了は人間のあらゆる分離の象徴であり、出生時の分離のトラウマと関係があるものとみなされたりしている。こうした理論は一部には真理を含んでいるのかもしれないが、このような思弁的な推論から何が得られるかは疑わしい。ただ、治療状況での時間の制限は、他のさまざまな制限と同じように、カウンセリング場面にクライアントの生活の状況のあらゆる側面を提供してくれるものである。時間の制限は、任意に人為的な制限を設定するものであり、クライアントはそれに適応しなければならない。これは実生活上の問題に比べたら、ごく小さな問題に過ぎないのかもしれない。しかし、時間の制限は、クライアントがより大きな問題に対応するために用いるさまざまな感情や行動様式が生じる機会を与えるものでもある。クライアントは憤りを覚えたり、制限や心理療法家に対して抵抗することもあるであろう。クライアントは傷つけられたと感じ、制限を心理療法家による拒否の証拠であると受けとるかもしれない。あるいはすぐ前にあげた事例のように、クライアントはこの種の制限をすべて脇に追いやって、場面を支配しようとする可能性もある。さらに次回の約束に遅刻したり、約束をすっかり無視したりすることによって、自分を傷つけた心理療法家に仕返しをしようとするかもしれない。クライアントは、実生活において形成された人格によって自然な形で制限の設定に反応するのだが、実生活と心理療法の場面とではある重要な違いが存在する。心理療法の場面においては、心理療法家はこうしたクライアントの反応について議論を仕掛けようとはしないし、クライアントの情動的に基礎づけられた行動にも反応しないのである。心理療法家はただ、クライアントの反応の背後にある感情を明確化するように努力するだけである。このことについては次章でより詳しく述べることにしよう。

経験からは、時間の制限がより十分に理解され、厳守されると、心理療法はいっそう進行しやすくなるといえる。時間の制限は残酷な結果をもたらすものでもない。カウンセリングとは人間と人間との関係であって、機械的な手法ではない。制限は、それを壊そうとするクライアントの要求を温かく理解することで維持される、といったほうがよいであろう。

心理療法の場面における時間の制限に対する子どもの典型的な反応として、テディの例をあげてみる。テディは七歳の男の子で、とても扱いにくく、きわめて破壊的で、激しいかんしゃくを起こすため、家庭裁判所の要請によって調査のために鑑別所に措置されていた。母親が手に負えなくなって裁判所に連れて行ったのだ。次に示す抜粋は、二回目と三回目の心理療法面接からのものである。ただしこの心理士は、その心理療法面接の他にも鑑別所内で彼と不定期の接触をもっていた。彼は遊びのなかで、おもちゃの鉄砲の引き金を引くカチッという音を数えてほしいとカウンセラーにいい、また、カウンセラーが記録をとっているのを見て、ずっと数えていてほしいとたのんだ。

カウンセラー　きみは、私がきみにずっと注意をむけていることを望んでいるのね？

少年　そうだよ。（遊びを続ける）。

カ　記録をとっているときは、ずっと数えていられないわよ。

少　なんで記録なんてとるの？

カ　私が記録をとると、きみは怒るのね。

少　そんなことないよ。（沈黙）何時？

カ　あと一〇分。いや、まだ一〇分あるわ。時間が半分を過ぎたら、いつでもやめたいときにやめていいのよ。

少　（非常にはっきりと）いやだ。（床の上の二つの兵士の人形を射撃しはじめる）もう終わり？

カ　いいえ、まだ一〇分あるわ。

このような短い抜粋からは積極的な解釈を行うことはできないかもしれないが、次のように考えることはそれほど的外れでもないだろう。テディははじめは積極的に反応し、カウンセラーの愛情を得たいという欲求を示している。しかしテディは、カウンセラーの自分への関心が自分の思いどおりにならないことが分かると、怒り出している。彼はこの怒りを、たとえ機会が与えられてもあからさまに表現しようとはしない。彼が遊びをやめようと思うのはこういうときであり、遊びをやめることが間接的に敵意を表現する方法なのであろう。カウンセラーはやめることも続けることも強制しようとはしない。時間はどう使おうと彼の自由である。このように明確な制限のなかに自由が与えられることは、とても有益である。こうした小さな出来事がうまく取り扱われることによって、テディは愛されたいという欲求やその対象への怒りや、接近したい欲求、離れたい欲求などはすべて自分自身のものであって、自分でどうにかしていくものであるいう事実に、より適切に直面するようになるのである。兵士の人形を射撃したことは、彼の心の苦悩を示すものであろう。この後、彼は攻撃的な態度でその遊びを続け、もう一度時間が来たかどうかを尋ねている。そして最後にカウンセラーが終了の時間になったことを告げると、テディは「やだよ、終わりたくない」といったが、カウンセラーの問いかけにまた今度来たいと答えて、おもちゃをかたづけて帰っていった。

次の来談時、最初の一〇分ほど彼は兵隊と風船で、いくぶん攻撃的な遊びをしながら過ごし、カウンセラーの頭のそばで風船を割るよ、といって脅した。

カ　あなたは私を脅かしたいのね。

少　これ破けないよ。（彼はふくらんだ風船を差し出す）これしばってよ。これしばってみてよ。

カ　（しばりながら）どうするのか、私に教えたいのね。

少　（風船をボールのようにして、部屋中の壁に乱暴にはずませながら）あと何分ある？

カ　二〇分ちょっとあるけれど、行きたければ行ってもいいわよ。いつでも好きなときやめていいのよ。（テディは風船を打ちつけながら、机の上から本を叩き落とす）この部屋にある他のものには、手をつけないように注意しなければいけないんじゃない？

少　やめるときは、風船をどこにおくの？

カ　今度来たらすぐに分かるように、本棚の空いているところに置いたらいいでしょう。

少　（カウンセラーに近づいて、二本の指を差し出しながら）今日は二時間いてもいい？

カ　いつも三〇分というきまりなのよ。

少　誰がそんなことを決めたんだよ。

カ　あなたが初めて来たときに、私たち二人で決めたでしょう。いつも三〇分ずつだって。でも、もっと長くいたいの？

少　うん。（風船で遊ぶ）あと何分？

カ　十五分よ。

（その後、テディはあと何分かと七回尋ねた。そしてあと一分というとき、彼は車を思いっきり走らせるが、終わりの時間が来ると彼はその車をかたづけて、階段を駆けおりて行った）。

時間についてのこうした論議は無益であるとか無意味であると思う人もいるかもしれない。しかし実際に、時間の制限はクライアントが時間をうまく活用できるように場面を構成するのに役立っているのである。ここにあげた素材に批判を加えるとすると、唯一、カウンセラーが制限の設定に責任をとるのを多少恐れていたことについてであろう。しかし、「私たち二人で決めたでしょう」という彼女の発言は、たとえば「私が決めたのよ」とか「それはここの規則なのよ」といったいい方よりも、テディにとってより援助的であったと考えられる。こうしたいい方は、この関係において明確で分かりやすい制限、つまり子どもが納得できるような制限を設定するものである。彼は、制限を好まないが、しかしそれを受け入れることはできる、ということを見出すのである。

攻撃的行動の制限　心理療法関係についてのもう一つの制限は、幼少のクライアントとの遊戯療法のなかで設定されるものである。それは、他人または他人の物を傷つけることに対する制限である。子どもは、特定の遊具が備えられた特定の部屋という一定の枠のなかで、敵意を行動化する最大限の自由を認められるが、しかしこれは無制限の自由ではない。例はいろいろとあげることができる。「ここでは騒ぎたいだけ騒いでもよいけれど、この部屋の外ではやらないでね」とか、「あそこの棚にあるものならどれで遊んでもいいし、やりたいことは何をやってもよいけれど、こっちの棚の本や物で遊んではいけません」といったものである。「今朝あなたは、私に怒っているのね？」といった簡潔な表現でも、通常であれば心理療法担当者への攻撃を防ぐに十分なことが多い。なぜなら、その感情が認識されるとき、攻撃の欲求は減少するからである。しかしときには、制限を言葉ではっきりと表現することが必要な場合もある。たとえば、「あなたは、私をどんなに悪く思ってもいいけれど、私をたたいてはいけません」というように。初心者の心理療法担当者は、子ども、とくに不適応の問題児がこうした制限を受け入れてくれるかどうか、ということについて自信がないことが多い。さらに初心者は、明確に設定され十分に構造化された場面を過少評価しがちである。しかし筆者が知っているなかで、制限があからさまにまったく無視された唯一の例は（注意深く探究されたところによると）、援助関係がきわめて拙く取り扱われていた場合だけであった。

破壊的傾向に制限を設定する際に生じる一つの問題は、ジェシー・タフトがある少女について語ったことのなかに示されている。その少女は、ギリギリまでその場面を試そうとして、何度も窓から身を乗り出した。タフト博士は、こうした行動は他人に直接に迷惑をかけるものではないので、それを制限することには気が進まなかった。彼女は、責任はその子どもにかかっており、もし自分が落ちたいと思うなら落ちてもよいということを説明したとき、少女は慎重になったのである。[6] 常識的には、部屋の状況は本当に危険な行動が生じないようなものでなければならない。そうした状況のなかで、子どもも心理療法家も、攻撃を象徴しているような表現をより建設的に扱うことができるのである。

愛情の制限　心理療法の場面におけるもっとも重要な制限は、心理療法家が示す愛情の度合いに関する制限である。この問題は、子どもにかかわる場合には、はっきりと明示されるべきものであるが、しかしどんな年齢のクライアントを対象とする場合にも生じ、また認識されるべき問題でもある。

それはたとえば、クライアントがプレゼントをねだるような場合に浮き彫りとなる。すでに述べたが、こうしたことは確かにカウンセラーに依存したいという欲求に関係するものである。この欲求は、カウンセリングの時間外に、日常場面でも関係を継続したいというクライアントの欲求に発展する問題となるかもしれない。それはカウンセラーと同様に約束をしている他の子どもたちがいることを知った場合に、頂点に達するだろう。いくつかの例で説明しよう。

ある少年鑑別所に勤務しているカウンセラーは、ドロシーという思春期の少女のカウンセリングをしている。初期の面接のなかで、その少女はバレンタインのカードを母親に贈りたいという希望を述べた。カウンセラーはカードを買って、彼女に与えた。次の面接でドロシーは、今度はお菓子がほしいとねだり、また買い与えられた。しばらくするとまたお菓子がほしいといいだし、再び買い与えられた。次の面接では、要求がエスカレートした。ドロシーは、特製のお菓子と特別な包み紙を要求してきたのであった。こうしたことは、何ら害がないように思われるかもしれないが、しかし心理療法を進展させるようなかかわり方ではけっしてない。もちろんドロシーは自分にプレゼントをくれる人が好きである。しかし彼女は、この愛情には制限があるという事実に直面できるのだろうか？　彼女は、物によっては示されないような愛情を受け取るのを学ぶことができるだろうか？　彼女は、プレゼントをくれないということが、必ずしも拒絶を意味するのではないということを理解することができるだろうか？　これは十分に強調しておかねばならないが、心理療法とは問題をかかえた人にとってただ「素晴らしい」というだけのものではないのである。それは、自分についての自己洞察が獲得できるように、そして肯定的および否定的な側面をもっている人間関係に健全な仕方で適応できるように、相手を援助することである。

ドロシーへ物を与えるというやり方と、タフト博士が同様の場面でジャッキーに対応している次の引用とを比較してみよう。ジャッキーは、七歳で、ひどく拒絶されている子どもで、それゆえ、彼に物を与えることは大きな意味をもっていた。第四回目の面接において、ジャックは、磁石を見つけて、それを家にもって帰ってよいかと尋ねた。タフト博士は、それはいけないといい、他の子どももそれを使ってここで遊んでいるということを彼に話している。しばらく遊んでから、彼は次のようにいった。

少年　もし何か代わりの物をもってきたら、磁石を家にもって帰っていい？

タフト　どういうこと、ジャック？

少　ぼくのおもちゃを一つここに置いていったら、これをもっていってもいいでしょ？

タ　どんなおもちゃをもってきてくれるの？

少　うーん、それは分かんないや。家に見に帰らなきゃ。

どうしてこの磁石を家にもって帰っちゃいけないんだろう。家にもって帰っていいものは何なの？

タ　あなたが描いたり、切ったりしたものだけよ。

少　そんなものいらないよ。

タ　いらないのね、ジャッキー。いらないのは分かるわ。

少　他に何をもっていっていいの。その小さい椅子をもっていってもいい？

タ　いけないわ、他のものは何も。絵と切り抜きだけよ。そういうルールなの。（ジャックは非常に立腹したようである）いけないといわれて怒っているの？

少　うん。

タ　そうね、でも私を許すこともあるでしょう。

少　でもどうしてこれをもっていっちゃいけないのかなぁ。

タ　それはね、そういうことになっているのよ（彼は、部屋をいくぶん荒々しく走り回りはじめ、おもちゃを力いっぱい投げ、そして踏み台を床に乱暴に投げようとして、それをもち上げた）。何か悪いことをしたいような気持ちなんでしょうね、ジャック？（彼は走り回って、枕を投げはじめる）。あなたは私をそんなふうに振り回したいんでしょうね（彼はそれを聞き入れようとしない。彼はかんしゃくを起こしたように、部屋中を走り回るが、踏み台を投げはしない。彼はもう一度踏み台をもち上げたが、とてもおとなしくそれを降ろした）[7]。

プレゼントや物をほしがるのは、多くは親や大人たちに拒絶された子どもであり、心理療法家は、どんなに与えてもけっしてこのような子どもを満足させることはできないという事実に気がつく。したがって、心理療法が建設的な方向で進展していくためには、子どもが、愛情も拒絶もともに一つの関係の一部であること、そして愛情に制限があっても関係は満足ゆくものになりうることを学ぶ必要がある。こうしたことが、この抜粋のなかで生じていたのである。子どもたちは、心理療法の関係をそうしたものとしてあるがままに受け入れることを次第に学習していく。この抜粋のなかで生じた出来事が純粋に理解されるならば、ジャッキーが心理療法を受ける前にはもつことができなかった養母とのよい関係を、なぜ心理療法の終了後にはもてるようになったのかが分かるだろう。

もう一つの例は、心理療法場面においてはその愛情的な側面について、はっきりとした制限の設定が必要であるということを、よりいっそう示している。チャールズは十一歳で、識字の遅れのために臨床的援助が必要とされ連れてこられた少年である。原因として考えられた要素は、彼が病気のため小学校一年生のときに学校に行けなかったことや、大好きな妹が彼がうまくやれなかった学校の勉強をちゃんとやっていること、などであった。学校での治療教育は失敗に終わったが、クリニックでの心理士との一対一の接触では急速な進歩がみられた。その接触のなかで、次第に深い事柄が明らかになっていった。すなわち、彼をとても可愛がっていた祖父が亡くなったことや、それに続いて大好きな兄が結婚して一緒にいられなくなったことなどである。接触が深まるにつれて、彼とカウンセラーとの関係は明らかに親密なものとなっていき、それにつれて彼の識字の遅れを取り戻そうとする関心は低下した。そこでその心理士は、チャールズの学校と連絡をとった。チャールズはこのことを聞いて、怒りをあらわにした。心理士は、その憤りを当然のこととしてそのまま受容するのではなく、むしろ弁解しようとした。するとチャールズはとても怒って、次のようにいった。「ぼくは自分のことをいっぱい話しているのに、どうして先生はぼくに少ししか話してくれないの？」と。心理士は、心理療法担当者として役割のなかでこの憤りを理解し明確化しようとはせず、私のことだったら喜んで話してあげると答えてしまったのである。心理療法担当者について彼は何を知りたがっていたのだろうか？　心理療法担当者に彼が返したのは、無制限の関心と愛情を欲している一人の子どものまったく偽りのない返答であった。「ぼくは先生のことを全部知りたいんだ」と彼はいった。心理士は自分自身について多くのことを語ってきかせたが、そうすればするほど、なかでも彼女が恋人との親しい関係について話したとき、少年ははっきりと心理療法家に敵意を示しはじめた。この面接の後、彼の状況は悪化した。彼は学校をサボり、まったくやる気のない態度を示した。ついに彼の母親は（彼の希望によってか？）、そのクリニックに彼を通わせるのをやめさせた。

　この心理士が少年の肯定的感情を受容したのと同じように、その否定的な感情についてもあるがままに受容していたならば、このケースの終わり方はまったく違ったものになっていたであろう。そこでは、制限の問題があいまいで不明確なままであった。つまり、はじめは心理療法家の唯一の愛情の対象がチャールズであるかのごとく感じさせておきながら、最後には、裏切られたという感情を少年に残して別れてしまったのである。チャールズは、心理療法家が彼の入る余地のない他のつながりや関係をもっているのだから、自分のことを嫌っているのだろうと感じてしまったのであった。

心理療法家にとっての制限の価値

　ここまでの論議において、制限がクライアントにとって明確な価値をもつことが強調された。また、制限は心理療法家にとっても役立つものである、ということをここで述べておかねばならない。第一に、こうした制限はカウンセラーに安心感を与え、より効果的に機能できるようにしてくれる。制限は、カウンセラーがクライアントに対応する際に、自由で自然でいられるような枠を提供するのである。関係の明確化が不十分であると、相談者はカウンセラーに対してあまりにも過度な要求をするようになる可能性が常にある。その結果、援助を求めるクライアントの欲求に巻き込まれまいとして、カウンセラーは鋭敏に防衛し続けることになる。しかし、もしカウンセラーが自分の役割についての制限を明確に理解するなら、彼はこのように防衛的になる必要はなく、クライアントの要求と感情に対してより敏感になることができ、その関係においてクライアントが自分を再構成するために安定した役割を果たすことができるのである。

心理療法関係と権威は両立できるか？

カウンセリングの雰囲気を創出するというこうした議論と関連して、きわめて実際的な疑問が生じる。その種々の要素について概観してきたが、多くの読者はこのような援助関係がさまざまに存在する状況に適合するものであるかについて疑問を抱いているかもしれない。たとえば、教師は生徒たちとの間にカウンセリング関係を作ることができるのだろうか？　保護観察官や裁判所員は自分が受けもつ非行少年とカウンセリング関係を築くことができるのだろうか？　カウンセリングと同時に指導にも責任をもつスクールカウンセラーや生活指導担当者はどうであろうか？　社会福祉の分野における施設で働く福祉職員やケースワーカーはどうであろう？　産業界における人事担当者や産業カウンセラーはどうであろうか？　個人的な不適応の問題に関心を寄せるこうした専門家が、これまで述べてきたようなカウンセリング関係を作り、それを維持することは可能であろうか？

このような疑問に、一言で答えることはできない。私たちがこれらの場面のそれぞれを分析するとき、問題は、根本的にはカウンセリングと権威とは両立しうるかということになるのである。もし企業の人事担当者が雇用、解雇、転職などにも責任をもっているのなら、よいカウンセラーであることは可能であろうか？　もし大学カウンセラーが学生を留年や退学させることに発言権をもっているのなら、満足のいく心理療法関係を作ることは可能だろうか？　もし保護観察官が、少年が保護観察中に再度非行に走ったときに施設へ送致すべきかどうかを決定する責任をもっているならば、これまで述べてきたような意味でのカウンセラーであることは可能であろうか？

こうした問題については考察すべきことや研究すべきことが数多くある。筆者には、カウンセラーがクライアントとのカウンセリング関係を保ちながら、同時に権威を維持することはできないと思われる。つまり心理療法と権威は、同一の関係において共存できるものではないということである。この章で論じてきたカウンセリング場面についての記述に照らし合わせると、これらが両立しない理由は明らかである。その関係が権威的なものであるときには、完全に許容的な雰囲気はありえない。もしも大学カウンセラーが指導の責任を負っているなら、学生は試験でカンニングしたことを率直に打ち明けるだろうか？　学生がそれを打ち明けたとき、打ち明けられた当事者は自分がそもそも責任ある権威者であるのか、それともカウンセラーであるのかについて困難な決定をしなければならなくなる。この二つの役割を混同すると、ほぼまちがいなく学生に悪い結果をもたらすことになる。もし福祉職員がクライアントとの間に許容的な関係を作り、クライアントがいかに施設を嫌っていて、職員をたくみに欺いてきたかといったことを語るとき、福祉職員としてはどうしたらよいのだろうか？　もし非行少年が保護観察官とのカウンセリング関係を受け入れ、それまで隠していた多くの罪を打ち明けたとき、その観察官は自分が心理療法家であるのか違うのかをただちに決定しなければならない。多数の失敗例が証明するように、こうした疑問は決して机上のものではない。また、こうした疑問は権威的な役割を捨てることによって解決されるものでもない。そんなことをすれば、試験ではカンニングが横行し、カウンセラーはカウンセラーでいられなくなり、大学はいっそう権威的な指導を行わざるをえなくなるであろう。また、制限が加えられなければ非行は増大し、保護観察官はいわゆる観察官に戻らざるをえなくなる。たんなる寛大さは解答とはならないのである。

この問題については三つの部分的な解決策がある。いずれも完全に満足のいくものでないが、それぞれの利点を考えてみよう。第一は、カウンセリングの枠の一部に権威を受け入れること、と呼べるものである。この考え方は、福祉の実践のなかではおそらく十分に展開されてきたものである。この分野のケースワーカーは、自分が用いる権威的な規定と、そうした規定に抗議し抵抗するクライアントの両方を受け入れていると考えられる。そこではたとえば、あるケースワーカーはクライアントに次のようにいう。「私はあなたを受け入れます。私はあなたの要求を理解しています。法律で規定されている金額にあなたが反対であることも分かっています。しかし私は法的な制限が必要であることも分かっているし、公的な規則が正しいものであると信頼しています。何とか解決できないものでしょうか？」と。このような態度をとることによって、ケースワーカーは「あなたはこの金額を承認すべきだ」といった権威的な態度をとらなくてすむ。その結果クライアントは、自ら感じている怒りと敵意を自由に表現し、現実の状況に適応する方法を自由に選ぶことができるのである。

保護観察の分野でもこうした考えが、たとえばアフレックによって表明されてきた。[8]　彼女は、保護観察の権限を委託されている、ある機関における職員と子どもの関係を記述している。「その職員は、法廷で行われるようなやり方で子どもに権力を行使することはしない。彼女はあるがままに彼を見て、さらに一人の個人として彼を受容している。しかし彼女は、過酷なそして彼にとっては拒絶的ですらある社会も受容している。彼女はこれらの二つの側面を同時に取り上げて、何らかのバランスが保てるような機会をその子どもに提供するのである」[9]と。こうした考えに立つとき、この職員は権威を否定することなく、またたんなる同情におちいることもなく、しかし援助的であり、権威的ではない人間として自分を保持しているといえる。同じ文献からもう少し引用すると、たとえば保護観察中の面談の約束を取りつけるようなとき、こうした態度がどのように行為に移されるかをみてみよう。職員はたとえば次のようにいう。「裁判所は私たちにあなたを援助するよう求めていて、あなたが毎週面談に来ることを期待しています。あなたはそうできるかもしれないし、そうできないかもしれませんが、私たちはそれについては何もいえません。ただ、あなたがこの申し合わせに従わない場合、私たちはこの申し合わせからあなたを逃れさせることはできないので、あなたは自分の責任でそうしたということになります。これは、あなたにとってできるかどうかを試す機会なのです。あなたは問題を抱えているし、こうした機会が与えられる理由は分かっていますね。あなたが望むのなら、おそらくあなたはこの機会をいかすでしょう」[10]と。ここで子どもは、選択する権利と選択した結果に従う責任の両方を委ねられている。職員は保護観察の職務を遂行しており、子どもにその権利と責任の両方が一定の法律的かつ権威的な義務のもとにあることを子どもに説明している。しかし同時に、この職員は一人のカウンセラーでもある。子どもはこの場面のなかで、自由に態度を表現することができ、また個人的な強制から解放されているといえるからである。

権威かカウンセリングかという問題に関する第二の部分的な解決は、あるカウンセラーたちによって試みられてきたものであるが、それは二つの異なった役割を違うときに機能させることである。これはおそらく教師を例にとると分かりやすいであろう。教師は、教室においては一定の権威を保ち、一定の義務を課し、集団全員の幸福に責任をもっている。このことは、彼女が個々の生徒に向けたい態度とは矛盾するものである。しかし彼女は、教室での関係とはまったく違った、純粋なカウンセリング場面を教室の外で作ることができる。そうする場合、関係の制限の明確化が教室およびカウンセリング場面の双方で必要であり、また、十分な関心が与えられ、さまざまの態度を表現する自由があり、強制や権威的支配がないといった、カウンセリングの時間の特性が教室にもたらされることを生徒が期待しないことが条件となる。

しかし、このような二重の役割が見事に演じられている例は数多く存在する。これはカウンセリング場面で取り扱う問題が、権威的な場面で扱う問題と別個のものであるような場合に、とくにそうである。したがって、問題がたとえば親子関係に関するものであれば、教師は生徒と適切なカウンセリングを進めながら、教室では生徒との通常の権威的関係を保つことができる。しかし、生徒の根本的な問題がカリキュラムへの反発であるときには、教師は防衛的になり無力なカウンセラーとなりやすいのである。同じように大学の学生部職員は、根本的な問題が職業選択に関するものであれば効果的なカウンセリングを実施するであろう。しかし、学生の問題が学則違反に関するものであり、その職員が多少なりとも学則を守らせる責任を負っているならば、この二つの役割を十分に果たすことはきわめて困難になってしまうであろう。

第三の解決策は、結局これがもっとも見込みのあるものであるが、学校、大学、公共機関、法廷、企業などの場で、カウンセリングの機能を権力機能と区別することである。この解決策には不利な点があり、もしカウンセリングのなかで得られた自己洞察が十分に効果的なものになり、それが学校などの組織にいわば「逆影響」するのであれば、慎重に計画されることが必要である。しかしおそらくこの解決策は思ったほど不可能なことではなさそうである。学校や大学では、カウンセリングは指導や管理的計画の一部とされるべきではなく、別個の機能として確立されるべきだと考える傾向が増大している。さまざまな相談機関では、ひと昔前の記録をみると権威と援助的処置の間には何ら葛藤が存在していなかったのに、現在ではどんなケースに対しても二重の役割がとられることはほとんどない。もっとも驚くべきは、もし権威から完全に分離されればカウンセリングはきわめて効果的であるということを、企業が認識しはじめているということである。一つの顕著な例を引用する。

ウェスタン・エレクトリック社で実施された人事問題に関する慎重な研究では、工場の生産性と従業員の協調のためのもっとも重要な要素の一つは、より形式的で、よく知られている管理的関係の網の目ではなく、その下に存在する、繊細な個人的および対人関係的な網の目であることが明らかにされた。その基本的な対人関係の調和的な機能を促進するために、個人が利用できるカウンセリングの計画が策定された。そして何千もの個人面接が実施され、本書に述べるアプローチと一致した、カウンセリングの哲学と技術が発展してきた。この活動が継続されるなかで、カウンセリングは権威から完全に切り離されたのである。

> 計画そのものはまさに単純なものだったのです。訓練を受けた面接者を特定の従業員のグループごとに割り当てたのです。管理職のグループにも、非管理職のグループにもです。経験的に、一つのグループの大きさはおよそ三百人程度であるのがよいということが分かってきました。この面接者は守秘義務のもとで従業員や役職者と面接する権利をもっていますが、何かを提供するような権威はまったくなく、面接方法としては行為の勧告や助言をしないように訓練を受けています。権威があるように見えることを避けるため、彼らは人事カウンセラーと呼ばれ、わが社の産業対人関係部に所属しています。このようにして彼らは、担当のグループに対して権威的な方向での公的な責任を何らもっていません。明らかにこうした関係は、現代の企業組織のなかではまったく新しいものといえるでしょう。(11)

もし企業のなかでこうした機能の区別がしっかりと実行されうるのであれば、他の組織においても同様の方法で実施可能であるということが十分に考えられるのである。

要約

カウンセリング関係とは、カウンセラーの側における受容的な温かさと、強制や個人的な圧力を与えないことが、相談者の感情や態度や問題の最大限の表現を可能にするような関係である。その関係は十分に設定され構造化されたものであり、とくにクライアントには時間や依存、攻撃的行動に制限が設けられ、またカウンセラーは自分に責任と愛情の制限を設ける。はっきりと設定された枠のなかでの、完全な感情表現の自由というこの独特な経験において、クライアントは自分の衝動や行動様式について、その肯定的なものも否定的なものも、自由に認知し理解する。それは他の関係においては見られないものである。

こうした心理療法の関係は、日常生活におけるほとんどすべての権威的関係と異なるものであり、両立するものではない。

原注

（1）Brown, J. F. *Psychodynamics of Abnormal Behavior*, p.290. New York : McGraw Hill Book Company, 1940.

（2）Brown, J. F. *Psychodynamics of Abnormal Behavior*, p.290.

（3）支持的療法では、あらゆる現実的な目的のために、心理療法家が子どもの母親、父親、伯父、伯母になろうとするが、その長期間にわたる責任を十分に自覚して心理療法関係を結ぶならば成功の可能性がある。この問題については、巻末の Axelrode（文献の3）の論文を参照。

（4）Porter, E. H. *The Development and Evaluation of a Measure of Counseling Interview Procedures*. Columbus, Ohio : Ohio State University, 1941 (unpublished thesis).

（5）コロンビア大学教育学部の Virginia W. Lewis による未公刊の研究。この研究の詳細は本書の第二章を参照されたい。

（6）Taft, Jessie. *The Dynamics of Therapy*, p.60. New York : The Macmillan Company, 1933.

（7）Taft, Jessie. *The Dynamics of Therapy*, pp.155–156. 引用については The Macmillan Company の許可を得た。

（8）Affleck, Doris Mode. "Therapeutic Utilization of Probationary Authority Vested in a Private Agency," *Journal of Social Work Process*, vol.1, no.1 (November, 1937), pp.104–126.

（9）*Ibid.*, p.109.

（10）*Ibid.*, pp.108–109.

（11）この談話は一九四〇年の二月二十二日にセントルイスで開催された American Council of Guidance and Personnel Association の席上で、ウェスタン・エレクトリック社のホーソン実験の人事リサーチ・トレーニング部長、H. A. Wright 氏によってなされたものである。なお、より詳しい議論は、Roethlisberger, F. J. and Dickson, W. J. *Management and the Worker*. Massachusetts : Harvard University Press, 1940. の第二六章を参照されたい。

第五章　指示的アプローチと非指示的アプローチ

心理療法の過程についてさらに議論を進めるに先立って、基本的な反対論を考察しておいた方がよいであろう。その反対論は、これまでの各章で述べてきたことに対して提起されるものであり、また、以下の各章に対しても同様になされるであろう。この反対論の本質は次の点にある。それは、これまでに記述されたカウンセリングや心理療法のなかで、また前章で描かれたカウンセリング関係のなかで、カウンセラーが、その過程の結果を示す責任をまったく負わないのはどうなのかという点である。多くの読者は、これは従来行われてきたカウンセリングとは異なるものであると感じているであろう。また、これまで概説された過程によって、はたしてカウンセラーはクライアントの問題を解決できるのだろうか、という疑問を抱いている読者もいるかもしれない。こうした疑問はじつに重要であり、探究に値するものである。この章では最終的な解答を提出するのではなく、基本的な考え方を明確にさせておく必要があろう。

指示的アプローチ

本書に述べられているカウンセリングについての考えが、必ずしも考えられる唯一のものではないということを、まず率直に述べておこう。カウンセリングの過程については別の定義もあり、カウンセリング関係についても異なる定義の仕方がある。おそらく、カウンセリングの過程に関するもっとも常識的な定義は、次のようなものであろう。それは、相談者がカウンセリングの手続きに積極的に協力するとき、カウンセラーはクライアントの問題を発見し、診断し、処置するというものである。この見解によれば、カウンセラーは問題解決に大きな責任を負っており、しかもその責任はカウンセラーの仕事の焦点となるものである、とされる。このような指示的アプローチの実例をあげることで、より具体的に比較検討してみたい。

大学の補習コースに通うある学生が、初回面接を受けるために学生相談室に来談した。カウンセラーは彼女に挨拶をし、次のような会話が交わされた（録音記録による）。

カウンセラー　あなたの学籍簿や成績票などにすっかり目を通しましたよ。

学生　はあ。

カ　で、あなたはYから来たのですね。

学　はい。

カ　ルーズベルト高校の出身でしたね？

学　ええ、そうです。

カ　あなたは、どのようにちゃんと勉強したらよいか分からないので、心理学の四一一番（補修コース）に登録したといっていましたねえ。——うーん。——それで問題となるところを一覧表にしてみたんだけれど、だいぶ荷が重すぎるようですねえ。成績が思わしくない、記憶力が乏しい、といったことで悩んでいたんですね。——高校時代はどうでした？

学　はい、ちょうど真ん中くらいでした。

カ　で、在学中に専攻したのは？

学　と、おっしゃいますと？

カ　高校では大学進学の準備をしていたんですか？それとも就職準備？

学　進学コースでした。外国語と国語と歴史を選択しました。

カ　どの教科が一番好きでした？

この面接の抜粋を取り上げたのは、きわめて常識的な、カウンセリングについての典型的な考え方が表れているからである。カウンセラーは最初から、面接の完全な主導権をたくみに握っている。彼は学生に、指導のための情報をすでに入手しているということを知らせる。そして彼は、その学生があげた問題のなかから、カウンセリングに関連のありそうな問題を選び出す。なかでももっとも重要なのは、カウンセラーがその面接の過程の直接的なリーダーシップを当然のごとく引き受けていることである。その学生がとっている役割は、カウンセラーから問われた質問に答えて、正確な診断のために必要な情報をカウンセラーに提供することである。第一回目の面接の終わり頃には、カウンセリング関係はいっそうはっきりと決定されている。

カ　あなたの問題は、あなたが自分をもっと知りたいということだと思うんですよね。テストの結果は全部戻ってきますし、計画を立てることもできます。そのやり方は、毎週この時間に面接をするということです。そうすれば、あなたは、少しは自分というものがはっきりするようになるでしょう。——また、私もあなたが確認するのを援助するし、それが正しいかどうか教えてあげますよ。——（笑う）

学　ええ。

カ　それではやってみましょう。私は——私はいずれにしてもこの計画をやってみせますよ。あなたは専念できるかどうか分からない、なんていってますけどね。いいですか。それじゃあやってみましょう、どういうものか分かるから。

学　ええ。

カ　それでももし、これが原因でないとすれば、何か別のものが原因しているんでしょう。いいですね。あなたがどうなのか調べてみましょうよ。リーディングのテストはどうなんでしょうか、問題はありそうですね。

学　はい。

カ　ところで、問題を調べる場合ですね、「よし、どうしても私がやらなければならないことがここにあるんだ」というだけの決心をあなたがしなくてはね。それは、生半可なことではないでしょうけど。そしてその次には、はっきりと問題意識をもたなければいけませんよ。「私はいったいどれくらい勉強したらいいのだろうか」ってね。勉強するのはあなたなのだから。そうすれば、私のほうで何かを示してあげられるでしょうし、問題なのは歴史なのかどうか、そして、次回来るときには歴史の教科書とノートをもってきたらいいかどうかってことをね。そうすれば、私が確認してあげることもできるし、診断を行うこともできますよ。

学　はい。

カ　私はこの計画をやってみせますよ。そうしたら、私たちはどこにあなたの問題があるのかを、もっとはっきり描き出すことができるだろうと思うんです。

この面接について、その特徴をいくつか指摘することができるだろう。まず、カウンセラーが問題を決定している。この事実は、「あなたの問題は――をもっと知りたいということだと思うんですよね」という言葉のなかに表れている。カウンセラーはまた、問題の原因を発見し、診断の輪郭を決定するのが自分の責任であることも示している。「それが正しいかどうか教えてあげますよ」というようにである。彼は、今後の診断のために今何をすべきか示唆を行っており、もちろんそのあとで、クライアントの問題の修正に向けた示唆を与えるはずである。このカウンセリングの過程では、問題そのもの、そしてその原因や処置に焦点があてられている。相談者の唯一の責任は、どこまで協力するかを決心することである。それ以外の舵取りは、すべてカウンセラーが行っているのである。

本書の見解から、この面接の抜粋についてコメントを加えておこう。まず、カウンセラーによって選択された問題が、本当に学生が援助を求めているものであるかどうか分からない、ということがあげられる。残念ながら、いったんカウンセラーが問題を決定してしまうと、学生はカウンセリングに関する領域として、カウンセラーのいうことを受け入れてしまいがちである。次に、さらに重要なことは、他者から診断や示唆や処置を受けるという過程のすべては、相談者をいっそう依存的にしてしまうであろう。まして、それによって新たな適応の問題を解決することはできないのである。

このようなカウンセリングは、本書で述べてきたカウンセリング場面の定義とはまったく異なるものであるということは明白であろう。ただ共通点は一つだけあって、それは、カウンセリング場面においてはラポールと応答性が必要である、という点である。しかし、ここで取り上げたカウンセリングにおいては、あらゆる感情や態度を表現できるような自由がない。なぜなら、カウンセラーが方向を与えるために、クライアントは指示された範囲のなかでしか自分を表現できないからである。またカウンセラーの責任についても、クライアントが示す依存の程度についても、明確な制限はまったく設定されていない。そしてこのカウンセリングは、個人的な影響を最小限にとどめるどころか、ほとんどカウンセラーの説得力のうえに成り立っているのである。

指示的および非指示的観点の特性

カウンセリングにおけるこのような観点と、本書で述べてきた観点との違いはけっして理論的なものではない。先に引用した研究において、ポーターは、指示的観点をとるカウンセラーと非指示的見解をとるカウンセラーに関して、いくつかの示唆に富んだデータを提供している。[1] 彼の多角的な比較に使用された面接の数は少ないものの、その結果に一貫性が認められたことは印象的である。ポーターは、熟練した評定者に以下のことを依頼した。それは、一九ケースの録音された面接のなかのカウンセラーの応答と、そこで行われたやりとりを、後述するようなさまざまなカテゴリーに分類すること。さらにそれぞれの面接がどの程度指示的であるかという度合いによって評定すること、である。その際、評定者には次のような教示が与えられた。「この尺度上の十一という値は、カウンセラーによって完全な指示がなされた面接に対して与えられます。また、一という値は、カウンセラーが直接的にしろ間接的にしろ指示する責任を引き受けておらず、その結果クライアントが面接を方向づける責任を負わざるを得なくなった面接に対して与えられます。あなたは、カウンセラーが指示をしたり、指示をしなかったりすることで、うまく面接をしているかどうかを評定するのではありません。その面接がどれほど指示的であったか、あるいはどれほど非指示的であったか、ということだけを相対的に評価してもらいたいのです」。

この評定を終えて、より指示的な面接とより指示的でない面接とを比較したところ、ある種のパターンの違いが顕著に示唆された。ポーターの研究データを取り上げ、そこに示された事実を整理しなおしてみると、その相違について一部修正を加えた表の形で示すことができる。ポーターが研究対象とした一九ケースの面接のうち、九ケースでは比較的指示性が低く評定され、十一段階評定尺度における評定値は一・五から五・六の間にあり、指示性の平均値は三・三であった。残りの十ケースは、かなりはっきりと指示的であり、十一段階評定尺度における評定値は九・三から一〇・八の間にあり、指示性の平均値は一〇・二であった。[2] 五人のカウンセラーが指示性の低いグループに分類され、六人のカウンセラーが指示性の高いグループに分類された。したがってある一人のカウンセラーの特定の動きに影響されて、このような結果がでたということではない。どちらのグループにも、経験の豊かなカウンセラーによる面接と、経験の乏しいカウンセラーによる面接の両者が含まれており、またそれぞれ継続面接の初期、中期、終期の各段階の面接が含まれていた。これらの点においては、二つのグループはおおむね均質であったといえる。次にこれらのデータから、カウンセラーが行うある種の応答ややりとりが、どちらかのグループの特徴となっているかどうかを検討してみると、鮮明な違いが見いだされた。応答カテゴリーのうち十一個が指示的グループではるかに多く用いられ、三個の応答カテゴリーが非指示的なグループでより多く用いられていた。また、四個の応答カテゴリーは両方のグループで同程度に用いられていた。

この研究データを**表2**から**表4**に示した。なお、このデータはすべて、面接のなかのカウンセラーの部分だけを取り扱っているものであることに留意してもらいたい。クライアントの応答に関する分類は行われていない。表のなかに、ポーターが定義づけ、評定者が用いたカテゴリーの説明が示されている。その定義に具体的な意味をもたせるための簡潔な実例が、それぞれの項目に加えられている。これは研究のなかで評定者が参照できるように記述されたものである。また、それぞれのカテゴリーにおける、指示的グループ、非指示的グループそれぞれのカウンセラーの一面接ごとの平均発言回数が、表の右欄に示されている。

いくつかの重要な相違

この三つの表を考察すると、これら二つの援助的アプローチの間には、いくつかの重要な相違があることが明らかになるであろう。まず第一に、より指示的なカウンセラーほど、カウンセリング場面のなかで積極的な傾向にある。つまり、指示的なカウンセラーは、はるかに多く話をしている。カウンセラーの応答数を一回の面接あたりの平均回数で比較すると、指示的な面接では一〇七回、非指示的な面接では四九回であった。反対に指示的な面接のほうが、クライアントの発言数は当然少なくなるわけである。ポーターは、これらの面接で発言された単語数の分析を行っているが、それによると相談者の語数に対するカウンセラーの語数の比率は、〇・一五～四・〇二の範囲であることが分かった。言い換えると、一方の極ではクライアントがカウンセラーの七倍近くも話す面接があり、もう一方の極ではカウンセラーがクライアントの四倍も話す面接があったということである。これは「言葉をさしはさもう」とすればどういうことになるかを統計的に示したものである。これら両極のカウンセラーを比較すると、後者は前者のじつに二十五倍以上も多く話していたことになる。

カウンセラーと相談者の話す語数の比率と指示性の程度との間には、顕著な関連性が認められた。指示的な十ケースの面接における比率の平均値は二・七七であり、カウンセラーはクライアントの三倍近く話している。非指示的な九ケースの面接における比率の平均値は〇・四七であり、カウンセラーの発言数はクライアントの半分以下になっている。この二つ

表2　指示的グループのカウンセラー技術の特徴

項　　目	1面接あたりの平均発言回数	
	指示的グループ	非指示的グループ
1 a*　カウンセラーは、面接場面を診断的もしくは治療的意味をもつものとして規定する。（例）「私はあなたが抱えている問題が何であるか分からないけれど、一部はテストを通して、一部はこの面接を通して分かってくるでしょう」	1.7	0.5
2 b　カウンセラーは話題を指示するが、その展開はクライアントに任せる。（例）「そのことについて、もう少し話していただけませんか？」	13.3	6.3
2 c　カウンセラーは話題を指示するが、その展開は是認、否認あるいはある特定の情報提供に限定される。（例）「その科目をとったのは、いつ頃からですか？」「それはこちらの大学ですか、それとも郷里の大学ですか？」「どの課程だったのですか？」	34.1	4.6
3 d　カウンセラーは問題や、困難の原因や、訂正を要する状態などを、テストの結果の解釈や、評価的発言によって確認する。（例）「あなたの問題は、自分自身を他人と比較する機会がなかったということなんです」	3.7	0.3
3 e　テストの結果を解釈するが、問題や困難の原因などは指摘しない。（例）「ここから分かることは、大学新入生の32%がこのテスト課題をあなたよりも速く読む、ということです」	1.2	0.1
3 f　クライアントに関して、賛成、反対、驚きやその他の個人的な反応を表現する。（例）「そう！　素晴らしい！　いいはじまりですよ！」	2.6	0.6
4　カウンセラーは、問題や処置に関する情報を説明したり、話したり、与えたりする。（例）「しかしそれが唯一の理由だとは思いませんね。そのことについてよく知っている人でも、それをあまり知らない人と同じくらいに気にする人もいますからね」	20.3	3.9
5 a, b　カウンセラーはクライアントに直接的に、あるいは質問することによって、行動を提案する。（例）「仕事をやめて、できるだけ学業に時間をかけたほうがよいと思うんですが」	10.0	1.3
5 c　カウンセラーは根拠を整理、評価したり、個人的な意見を表明したり、是非を説得したりして、意思決定を促す。（例）「もちろんそれはあなたが決めることです。だけど私なら少なくとも挑戦くらいはしてみますね」	5.2	0.3
5 f　カウンセラーはクライアントを励ます。（例）「また大変なことに出くわすかもしれません。でもくじけないでください。きっとうまくいきます」	0.9	0.2

＊各項目の番号は、ポーターが研究のなかで使用したもので、評定表に記載された順序を表している。全体としては、カテゴリー1は面接場面を明確化することに関する技術、カテゴリー2は問題状況を引き出し展開させる技術、カテゴリー3はクライアントの洞察と理解を発展させる技術、カテゴリー4は情報や説明を提供する技術、カテゴリー5はクライアントの活動を見守り意思決定を促進する技術を示すものである。

表3　非指示的グループのカウンセラー技術の特徴

項　　目	1面接あたりの平均発言回数	
	指示的グループ	非指示的グループ
1 b　面接場面を、クライアント側の責任のもとで方向づけたり、何らかの決定をめざしたりする場面として明確化する。(例)「自分の問題を誰かに話すことで、もっとよく分かるようになる人もいます」	0.5	1.9
3 b　カウンセラーは、クライアントが直前の発言で表現した感情や態度を理解したことを示す応答を行う。　(例)「それであなたはとても落ち込んでいるわけですね」	1.2	10.3
3 c　カウンセラーは、直前の発言以外の、何らかの形で表現された感情や態度について解釈したり、理解するような形で応答する。　(例)「おそらく今朝はあまり来たくなかったんでしょうね」	0.7	9.3

表4　両方のグループに共通する技術

項　　目	1面接あたりの平均発言回数	
	指示的グループ	非指示的グループ
2 a　カウンセラーは、クライアントが話題を選び、展開できるようにリードする。　(例)「今朝はどんなことを考えています？」	0.6	0.6
3 a　カウンセラーは、主題の内容を理解するような形で応答する。　(例)「それで、そのテストが火曜日なんですね」「ウーム、どちらの方法もうまくいかなかった」	6.1	6.0
5 d　カウンセラーは、決定するのはクライアント自身であることを示す。　(例)「それはあなたが決めることです」	0.4	0.6
5 e　カウンセラーは、意思決定について受容や是認を示す。(例)「あなたのやり方は正しいと思いますよ」	0.8	0.6

表5　もっとも多く用いられた技術（頻度順に示す）

指示的カウンセラーのグループ	非指示的カウンセラーのグループ
1．きわめて特定の質問を行い、回答をはい／いいえ、もしくは特定の情報に限定するようにする。(34.1)	1．クライアントが今表現した感情や態度を、何らかの方法で認知する。(10.3)
2．問題や処置に関する情報を説明したり、話し合ったり、与えたりする。(20.3)	2．全般的な態度、特別な行動、あるいは以前の発言のなかで表現された感情や態度を解釈したり、認知したりする。(9.3)
3．会話の話題は指示するが、その展開はクライアントに任せる。(13.3)	3．会話の話題は指示するが、その展開はクライアントに任せる。(6.3)
4．クライアントの行動を提案する。(9.4)	4．クライアントが今話したことの主題の内容を認知する。(6.0)
5．クライアントが今話したことの主題の内容を認知する。(6.1)	5．きわめて特定の質問を行い、回答をはい／いいえ、もしくは特定の情報に限定するようにする。(4.6)
6．提案した行動を実行するように、根拠を整理して、クライアントを説得する。(5.3)	6．問題や処置に関する情報を説明したり、話し合ったり、与えたりする。(3.9)
7．訂正すべき問題や条件を指摘する。(3.7)	7．面接場面はクライアント自らの責任で利用する場であるということを示す。(1.9)

の比率を比較すると、指示的なカウンセラーは平均して、非指示的カウンセラーの六倍近くにものぼる語数を用いていたことになり、これはこの研究全体を通して現れたもっとも顕著な相違であった。非指示的なカウンセリングにおいては、クライアントが「自分の問題をできるかぎり話しつくすために」来談しているという事実が、はっきりと示されている。他方指示的なカウンセリングでは、カウンセラーがクライアントに話してきかせているのである。

これらの表を見ると、手法の違いが以下のような技術に集中していることが分かる。すなわち、クライアントを説得するとか、訂正されなければならない問題を指摘するとか、テストの結果を解釈するとか、ある特有の質問をするといった技術のすべては、非指示的アプローチよりも指示的アプローチの特徴であった。またクライアントが言葉に表した感情や行動で表現した感情を理解し、それを解釈するといった技術は、非指示的グループに特徴的な技術であった。ここでもまた、両者の基本的な対照が強く現れている。すなわち、指示的なグループでは、面接を支配し、クライアントをカウンセラーの選んだ目標に向わせるような技術が強調されているのに対して、非指示的なグループでは、クライアントが自分自身の態度や感情をよりいっそう自覚し、その結果、自己洞察や自己理解が増大するように働きかける方法が強調されているのである。

指示的なカウンセラーが、面接のなかであまりにも積極的であることは、**表2~4**の比較ではいくぶんはっきりしないかもしれない。そこで同じデータを別の方法で比較してみることにしよう。**表5**では、それぞれのグループでもっとも頻繁に用いられたカウンセリングの技術が、頻度の高い順に並べられている。ここでは各グループともに、もっとも多く用いられた技術が七つずつしか表示されていないが、これはその他の技術があまり用いられていなかったためである。この**表5**では、技術について前の表で使用された公式的な定義が、別の言葉で表現されている。各項目のあとにつけられている（　）内の数字は、一面接あたりの頻度の平均である。

表5から、われわれはある仮説的な結論を引き出すことができるであろう。もちろんこの結論が、極めて少数の面接についての研究に基づくものであることを忘れてはならない。しかし、これらは録音機を用いて完全に記録されたものであるという事実においては、高い価値をもっているといえるであろう。この仮説的結論とは次のようなものである。指示的なカウンセリングの特徴は、ある特定の回答を期待しつつきわめて特定の質問をしたり、カウンセラーが情報を与えたり説明したりする技術にあるといえる。こうした技術によって、指示的な処置面接では発言の半数以上をカウンセラーが行っているという事実が説明できる。カウンセラーはさらに、クライアントがある特定の主題についての態度を表明するような機会を与え、カウンセラーは修正が必要であると観察した問題や状態をクライアントに指摘する。またカウンセラーは、クライアントが語る主題の内容を明確にしたり、繰り返したり、認知したりする。カウンセラーはクライアントに変化をもたらすために、クライアントがとるべき行動を提示したり、その行動がやり遂げられることを保証するための根拠を示したり、自分の個人的影響力を行使したりするのである。

これに対して、非指示的なカウンセリングの特徴は、クライアントの動きが優先されることや、やりとりの大部分が、クライアントが自分の問題を話すことによって示される。カウンセラーの主な技術は、クライアントが自分の感情や態度や反応様式をよりいっそうはっきりと認識し理解できるよう援助すること、そしてそれらをクライアントが話せるように力づけることである。非指示的なカウンセラーの発言項目の半数は、これらのカテゴリーに含まれるものである。カウンセラーはさらに、クライアントが話す主題の内容を繰り返したり明確化することによって、こうした目標を達成しようとする。特定の話題について自分の感情を表明する機会をクライアントに与えることは多いが、それに比べると、情報収集といったたぐいの特定の質問をすることは少ない。ときには、クライアントが置かれている状況に関する情報や説明を与えることもある。なお、あまり用いられる技術ではないが、面接場面はクライアント自身が自分の成長のために利用する場である、ということを何度か再設定することもある。

非指示的カウンセリングについてのある計画　ここにあげ

た定式と、ウェスタン・エレクトリック社においてカウンセラーが面接を行うための指針として設定されている規定とを比較してみることは興味深い。その規定は次のとおりである。(3)

1　面接者は、知的で批判的な態度ではなく、許容的で好意的な態度で話し手に対して傾聴すべきである。
2　面接者はどのような種類の権威をも誇示すべきではない。
3　面接者は助言や道徳的訓示をすべきではない。
4　面接者は話し手と議論すべきではない。
5　面接者は次のような条件のもとでのみ、話をしたり質問をしたりすべきである。
　a　相手が話すことを援助するため。
　b　面接者との関係に影響するような、話し手の恐れや不安を軽減するため。
　c　被面接者が考えや感情を正確に報告したことを称賛するため。
　d　避けたり無視されてきた話題に議論の方向をかえるため。
　e　有益な場合にかぎられるが、暗黙の仮定を議論するため。

この規定は、助言や説得や議論が不必要であることを強調し、また、面接はクライアントのものであり、クライアントに自由に語る機会を提供しなくてはならないことを明らかに重視している。こうした点でこの規定は、本書で実際に描かれている非指示的アプローチと軌を一にするものであり、指示的アプローチに特徴的な技術のほとんどと相いれないものであることは明白である。

実践上のいくつかの示唆　カウンセラーや心理療法家がその指示性において実際に根本的な相違があるということを示そうと、筆者が不必要なまでにこだわっているのではないかと思う人もいるかもしれない。しかし、こうした相違をできる限りはっきりさせようとしてきたのは、ほとんどすべてのカウンセラーが自分のことを非強制的で非指示的であると考えたがるというはっきりとした傾向があるからである。指示性が高いと評定されたカウンセラーの大多数は、自分が面接の主導権を握っているとか、目標を選択しているとか、クライアントがなすべきことを示唆しているとか、そうするように説得しているなどとは考えていなかった。その結果、すべてのカウンセリングは基本的に同じようなものであって、技術の違いは些細なことであると考えられがちなのである。ポーターの研究は、実際はそうではないことを示しており、また、何ら根拠もないのにどんな心理療法も考え方は一致していると仮定するよりも、心理療法のより深い理解のためには、その観点の明確な対比を認識するほうがよいということを示した点で、重要な意義をもつものである。

ここに示された事実を読者が少しでも実際に検証してみたいと思うなら、逐語記録になった面接に次のようなちょっとした工夫をしてみるとよいであろう。カウンセラーとクライアントの発言をはじめから別々に読んでみるのである。するとと次のいずれかに該当することが分かるであろう。①カウンセラーの発言だけを読んで面接の要旨や全体の流れが分かるかもしれない。その場合、その面接は明らかに指示的である。②クライアントの発言だけを読んで面接の全体像がかなり十分に把握できるかもしれない。その場合、その面接は明らかに非指示的である。③カウンセラーとクライアントの発言を別々に読んでも混乱するばかりで、どちらか一方だけでは面接の要旨ははっきりしないかもしれない。その場合、その面接は指示的なものと非指示的なものの中間的なものといえるであろう。

根底にある目的

指示的アプローチと非指示的アプローチの間にあるこうした相違の背景には、カウンセリングの哲学や価値観における深い相違があり、それは重要なものと考えられる。応用的な科学の分野では価値判断が一つの役割をもっているが、それはしばしば技術を選択する際に重要な役割を果たしている。したがって、指示的カウンセリングおよび非指示的カウンセリングが暗黙のうちに目指している目的を理解しておいたほうがよいであろう。

目的における基本的な相違として最初にあげられるのは、誰がクライアントの目標を選択するのかという問題を中心とするものである。指示的なグループは、クライアントが到達すべき、望ましい、社会的に是認されるような目標をカウンセラーが選択し、クライアントがそこに到達するのを援助するよう努力する。ここでは、クライアントは自分自身の目標を選択する十分な責任をとる能力がないと考えられているので、カウンセラーはクライアントよりも優れているということが言外に意味されているのである。非指示的なカウンセリングは、たとえクライアントが選ぶ人生の目標と、カウンセラーがクライアントのために選ぶ目標とが食い違っていたとしても、クライアントに自分の人生の目標を選択する権利があるという考えに基づいている。またそこには、個人が自分自身や問題について少しでも自己洞察できるならば、この選択を賢明に行う可能性があるだろうという信念もある。このような観点は、ロバート・ウェルダーによってとてもうまく表現されている。彼は自分の考えを、その背景ゆえにフロイト派の用語を使って表現している。「フロイトの精神分析の基本的理念は……患者の内面のもろもろの葛藤に偏りのない態度を向けることである。……けっして止むことのない葛藤間の闘争に加担することなく、精神分析はもっぱら、その葛藤の無意識的な要素を意識させることをとおして、この戦場に光明と新鮮な空気を注ぎ込むことを目指している。その考えは、もし大人の成熟した自我がそこに含まれている一切の勢力を十分にとらえているならば、適切で我慢のできる、少なくとも病的ではない解決を見いだすことができるはずであり、また欲求を充足させることと、欲求を効果的に統制していくこととの間に現実的な調和を保っていくこともできるはずである、というものである」[4]。

また、非指示的な観点では、すべての人間が心理的に独立した存在である権利、自らの心理的な統合性を維持する権利に高い価値が与えられている。一方、指示的な観点では、社会的同調性と、より能力のある者がより能力の乏しい者を指示する権利に高い価値が与えられている。こうした観点は、心理療法の技術のみならず、社会哲学や政治哲学とも重大な関係をもっているといえよう。

このような価値判断の相違の帰結として、指示的なグループには、クライアントが示す問題に努力の焦点を合わせようとする傾向があることが分かる。問題がカウンセラーに認められるような仕方で解決されれば、また症状が除去されれば、そのカウンセリングは成功したものとみなされる。一方、非指示的なグループで重視されるのはクライアント自身であり、示される問題ではない。クライアントがカウンセリングの経験をとおして自分と現実状況との関係を理解するのに十分な自己洞察が得られれば、そのクライアントは自分にとってもっとも高い価値をもつような、現実に適応する方法を選択することができるのである。また、クライアントは将来起こる問題にも十分対処できるようになるであろう。なぜならその人は、自分の問題を自分で解決していくなかで自己洞察と経験を重ねていくからである。

非指示的グループのアプローチが、自分の問題をかなりの程度適切に解決する能力をもつ圧倒的多数のクライアントに適用できることは明らかであろう。この観点に立つと、確かにカウンセリングは、たとえ援助されても自分自身の困難を解決するだけの力をもたない少数の人びと、たとえばある種の精神病者や障害者、その他の人たちに対応できる唯一の方法であるとはいえない。同様に、非指示的アプローチは環境からのどうすることもできないような要求に直面している子どもや大人にも適用できない。しかし、大多数の人びとは、子ども、青少年、成人のいずれであっても、自分と社会環境との間で何らかの適応をすることは可能である。このような人びとに対しては、成長と責任ある成熟を促進するような心理療法的アプローチが多くのことを提供できるのである。

原　注

(1)　Porter, E. H. *The Development and Evaluation of a Measure of Counseling Interview Procedures* (unpublished thesis).

(2)　このようにはっきりと二群に分けることはカウンセリングの分野としてはこれまで例がない。とはいえ指示性が連続線上においてどのように分布するかを発見するためには、さらなる研究が必要であろう。

（3） Roethlisberger, F. J. and Dickson, W. J. *Management and the Worker.* p.287.

（4） Waelder, Robert, in "Areas of Agreement in Psychotherapy," *American Journal of Orthopsychiatry*, vol.10, no.4 (October, 1940), p.705. ウェルダー博士のこうした発言が、フロイト派の精神分析に特有のものであると考えられる観点を強調するためであったということは興味深い。しかし、これがあらゆる効果的な心理療法に共通する基本的な原理の一つであるということが、このシンポジウムに参加した他の学派の代表者たちによって明らかにされた。そして座長のグッドウィン・ワトソン博士は、討論のまとめとして、「どうやら私たちは次のように結論づけることができるようです。すなわち、精神分析は心理療法家が自分の価値観が患者に影響を与えることのない関係を作ることを重視した先駆であり、さらにこの二十年間、他のすべての心理療法もこれと同じ理想に向かって動いてきたということです」と述べている。(Ibid., p.708.)

第三部　カウンセリングの過程

第六章　感情の解放

　これまで論じてきたことはカウンセリングをとらえる上で重要ではあるが、カウンセリングの実践過程という見地からしてみれば準備段階の論考にすぎない。そこで、どんな心理療法においても主眼の一つであろう、感情の解放について考察してみよう。カウンセリングを行う際の重要な目的の一つは、個人の問題や葛藤の中心となっている思考や態度、また、感情や情動化された衝動を明るみに出すことであるのはまちがいない。しかし、これがそう簡単でないのは、表向きの態度や特に意識されることなく表される態度は、必ずしも重要とは限らないし、また、問題を誘発している態度だとは限らないからである。それゆえ、カウンセラーはクライアントがその境遇において抱えている根本的な問題を十分に表現し尽くせるよう、また解放の援助ができるよう、真に熟練していなければならないのである。すでに指摘したように、カウンセリングの関係そのものが、この過程をスムーズにする。本章では、クライアントがカウンセリングに有益な感情を表現する援助をするために、カウンセラーはどのように実際の面接を取り扱えばよいか考察する。

解放の促進

クライアントこそ最上の案内人　クライアントの抱える重大な問題点や苦渋に満ちた葛藤、またカウンセリングが建設的に対処しうるクライアントの心の領域を把握するもっとも確実な方法は、クライアントの感情の様式が自由に現されるままに見守ることである。特に自己を弁護する必要のないカウンセリング関係において顕著なのだが、人が自分自身や自分の問題について語るとき、それを注意深く聞くと、聞き手には話し手の抱えている本当の問題点がしだいに明らかになってくる。確かに、クライアントが悩んでいるであろうあらゆる分野を網羅して質問していけば同様な問題点が明らかにされるかも知れない。しかし、これから述べるように、これは時間的に無駄の多い方法だろうし、クライアントの問題点を明らかにするはずが、実はカウンセラーの問題点が浮き彫りになってしまうということにもなりかねない。したがって、面接のもっとも効果的な手法は、クライアントができるだけ自由に自分を表現できるよう援助し、カウンセラーはクライアントの話す内容や面接の方向性を左右するような働きかけや応答は意識的に慎むよう努めることである。

　このようにアプローチすべき理由を見いだすのは簡単だ。本来純粋に知的作用のみにかかわる問題は少なく、もし問題がそれだけであるというならカウンセリングは必要ない。もし、学生の唯一の問題が二項式を理解できないとか、心理学のテストの採点方法が分からない、あるいはクレチン病患者(cretin)とダウン症患者(mongoloid)の区別がつかなくて困っているというだけであるならば、知識を増強すれば良いだけであるのは火を見るよりも明らかだ。このような問題は知識の範囲内において解決される。しかし、適応に関する問題がこの種のものであることはまれだ。適応困難における知的な要因は驚くほど単純である。通常、根底にあるのは、認識されない感情的要因である。クライアントの感情の様式を把握し、その様式に追随してカウンセリングが進行するなら、クライアントとカウンセラーは最短でこれらの感情的要因が何であるか理解できる。たとえば、ある学生が二つの職業のどちらを選んだらよいか分からず途方に暮れているとする。自分の将来という意味では、どちらもまったく同じように好条件であるという。その学生にとっては、両者は数学的に等価値を有していると思われ、彼のジレンマは解決できないように見える。話を進めていくと、彼が二つの大学の選択に迷った時、ある友人の仲立ちなしには解決しなかったこと、また、どの映画を見ようか決められないことが多く、仲間に選択を委ねてしまうことが明らかになっていく。ここにきて初めて、彼の本当の問題は感情的要素に起因していることが分かり始める。決断しないということが彼にとっては何らかの価値を有しているという事実がしだいに明るみに出るのである。このような事実を明らかにできるのは、このクライアント以外においてない。日常生活において適応上の困難をもたらすほど重大な事柄は、禁止や制止のない会話において、自分について語る中で次第にあらわにされていくと断言してもよかろう。精神分析療法の見解でもっとも広く受け入れられているものの一つに、「すべての道はローマに通ず」ということで、いかなる表現の過程も制約なくたどっていけば、根底にある葛藤があらわになることに通ず、というものがある。ここで提唱している面接のアプローチ方法は、単にこの事実をより直接的に利用していこうとするもので、なにも神秘的なものではない。

感情への応答　対　内容への応答　おそらく、カウンセリングにおいて習得するのがもっとも難しいスキルは、話の知的な内容だけに注意を傾けるのではなく、表現されている感情に注意を払いながら応答するという技術であろう。現代社会では、たいていの大人は感情ではなく知識に対して注意を払うよう教育されている。感情的な態度はすべての言動に付随するものだということをよく知っているのは、子どもたちや詩人、あるいは「奇妙な幕間狂言 Strange Interlude」(訳注：オニールの戯曲)のような作品を書く脚本家たちぐらいである。言葉には付随する態度があることを理解させ、それを表現する援助をすることが、カウンセリングにおいては非常に効果的なのである。具体例を見ればこの点がもっと明らかになるだろう。

以下の引用を読むと、カウンセラーは、感情よりも内容に応答している。ある学生が、カウンセラーとの最初の面接で次のように自分の問題について述べている（録音記録による）。

学生　自分の勉強法や学習習慣が間違っているということはちゃんと分かっているつもりです。自分が秀才だなんて言うつもりはないのですが、こんなひどい成績を取るほどばかではないと思っています。

読者は、この学生がどういう気持ちでこのようなことを述べているのか自問してみると良いだろう。明らかなのは、彼は自分の能力と成績にギャップがあることに失望しており、その成績がそのまま彼の能力を測る真の尺度になりはしないかという不安をもっている。この感情に応答していれば、もっと問題の本質が見えていただろうが、カウンセラーは次のように応答している。

カウンセラー　きみの成績はそんなに悪いのかな？　けっこう良い方だと思ったけど。

学　平均点は二・三か二・四程度です。前学期は三・一でした。

カ　なるほど。

学　ところで、通学しながら自活するためもっとアルバイトをしなければならないのですが、他の学生も同じようにしながら良い成績を取っています。知りたいのは、なぜ自分にはできないかということです。

カ　なるほど。

学　いまだに卒業がきまっていません。今年で四年目なんですが。

このカウンセラーは、会話中、知的な反応内容に応答することで、一時的に話の進展をそらせるが、この学生は自分の問題に立ち戻り、学生の当惑と失望の気持ちはよりはっきりしてくる。カウンセリングにより援助を求めようとする決心をしたという兆しは、彼の「いまだに卒業がきまっていない」という言動からも明白になっている。こういった要素に応答すれば、もっと問題の本質を明るみに出すことができるはずなのだが、このカウンセラーは再び内容的要素、すなわち学外での仕事が成績に影響しているかという問題に注意をそらせてしまう。

カ　仕事で履修単位数を削らなければならないことも当然でてくるんでしょうね。

学　いいえ、そういうことはありません。授業を削ったことはまったくありません。

カ　そうですか。

学　というのも本当は医学部に進みたいんです。このような成績では望みは薄いのが現状なのですが。今のところ音楽を専攻しています。でも、まだ医学部に進むための条件は満たしているので、将来は医学部に行ければと思っています。

カ　なるほど。では、もし医学部に行けないとしたらどうなるのだろう。

学　おそらく音楽の先生になることになると思います。

カ　それも思ったより悪くないんじゃないでしょうか？

学　ええ、悪くはないでしょう。でも、ずっと医学を志そうと思っていたので、医学ほどやりたいと思うものが他にあるとは思えないのです。世界を救おうとか、世界を癒そうとか、そんな大それたことじゃないんです。ただ医学をやりたいと思っているだけです。

カ　そうですか、そういう望みをもつことは何にも間違ってなんかいませんよ。否定するつもりはありません。ただ、先ほどきみ自身が言っていたことですが、このまままもし医学部に行けないとしたら他にどんな選択があるのかな？　またそうなったときにきみはどう思うんだろう？

「それも思ったほど悪くないんじゃないでしょうか？」という質問は別として、このカウンセラーのコメントは、クライアントの状況を表す感情的な側面ではなく、知的な側面を扱うものになっている。クライアントは、しばらくはこれに抵抗して本当の感情をさらけ出し続けるのだが、結局この引用の結論として、学生はカウンセラーに導かれるまま仕方なく、知的な側面として音楽と医学の相対的な価値について議論に時間を費やすことになる。クライアントの行動の動機づけとなる気持ちや、彼のもつ問題のより深い部分を扱う絶好の機会が完全に失われている。

ここにある別の学生が、ある問題について悩んでいる例があるので比較してみよう。本例では、前例と違い、表現された感情について適切な応答が見られる。二回目の面接で、ポールは大学での学業成績が初回の面接時の頃より悪くなっているということについて語っている（録音記録による。項目ごとの番号は簡単に参照できるようにつけたものである）。

1　**学生**　このことについて両親に手紙を書いたことは一度もありません。今までだってこのことについては両親は何の助けにもなりませんでしたし、できることなら知らせずにおきたいのです。でも、成績について説明しなければならないちょっとしたことがあるのですが、成績はよくないのです。このことにふれずに両親に説明する方法はないものでしょうか〔つまり、彼の言動から分かるように、感情的に混乱している状況自体が、問題の原因なのである〕。どのように両親に説明すればいいか助言をいただけますか？

2　**カウンセラー**　きみが思ったことをもう少し話してくれませんか。

3　**学**　ええ、両親には話さざるを得ないと思うんです、というのは……。

4 カ　本当に差し迫った状況なわけですね。

5 学　ええ、どうにも避けられない状況です。たとえ両親がぼくの望むような受け取り方はしないと分かっていてもです。というのは、体育の授業の単位をすでに落としてしまったのです。授業に出席しなかっただけなのです。まさに怠慢の一言です。まあ、体育の単位を落とすなんてサボらないかぎりあり得ないとばれてしまうでしょう。きっと訳を聞いてきますよ。

6 カ　ご両親に説明するのはなかなか難しそうですね。

7 学　そうですね。ああ、両親は非難するのかな。きっとそうでしょう。過去にもそういうことがありました。「おまえが悪い。おまえは意志薄弱だ。真剣味が足りないんだ」と言われました。同じような経験が前にもあります。だから、そういう態度はもう改めたと両親には言ってきたのです。実際に、一学期はうまくいっていたのです。すべて良かったというつもりはありませんが、どうもうまくいかなくなっています。（沈黙）

8 カ　ご両親は理解がなく、きみの怠慢だと非難するだろうと考えているようですね。

9 学　そうですね、父はまちがいなく非難するでしょう。母の方は分かりませんが。父はですね、父はこういう経験はないので、それがどういうことなのか分からないのです。おそらく「向上心がない」なんて言うでしょう。（沈黙）

10 カ　きみは、お父さんがきみのことを理解できないと思うのですね。

11 学　ええ。父には理解できないと思います。父とは相性が合わないんですよ。まったく合いません。

12 カ　お父さんを相当嫌っているようですね。

13 学　嫌いです。しばらくは苦々しく思っていたのですが、その段階は通り過ぎました。今では父親に敵意はもっていません。ただ、なんだか恥ずかしいのです。他には言い様がないですね、あんな人が父親だというのは恥しいかぎりです。（沈黙）

14 カ　お父さんにあまり良い感情は抱いていない。

15 学　うーん、学費は出してくれていますが、（数語不明）こんなことを言うのはいやなんですが、ぼくはそう思っています。ぼくがそんなふうに思うようになったのは父の側にも大きな責任があったと思います。

16 カ　長い間ずっと深刻に感じてきたことなんですね。

17 学　そうです。（長い沈黙）

18 カ　家に手紙を書くという問題についてかなり苦しんできたのですよね？

19 学　そのことをですか？　そうですね。理解してもらうというのはかなり難しいことでしょう。両親がどんな行動に出るか見当もつきません。

20　カ　なんだか刑務所送りになる囚人みたいに感じているようですね。

21　学　（笑）まさにそうです。何て言えばいいのかな、何だか首を絞められている感じなんです。そんな感じです。

22　カ　首を絞められる？

23　学　世間にです。打ち負かされているように感じます。

24　カ　反撃できないと感じるのは、辛いですよね。（長い沈黙）その感じは以前より強くなっていますか？

25　学　強くなっていますね。先学期はこんなふうに感じていませんでした。ただ希望に満ちていました。でも、クリスマス時期に実家に帰ったときでしょうか、父と母が、ぼくの目前でひどいけんかをしたのです。でも、それほどショックだったというわけじゃないんです。だって両親は、そのようなけんかをやりかねないと分かっていましたし。そうですね、でも、あれは何らかの影響があったかも知れません。妹はちょうどそのけんかの前日に実家を後にしたので見ないですみましたが、ぼくは一部始終を見てしまったのです。

このカウンセラーの面接手法を、前の引用例のものと注意深く比較すると、非常に対照的であることが分かるだろう。注目してほしいのは、このカウンセラーはポールに応答する際、面接の方向性を左右しない中立的な応答をするか（項目2参照）、あるいは、ポールが明らかに感じていることにそのまま応じている（項目4、6、8、10、12、14、16、20、22、24参照）。これらの例のほとんどの場合に当てはまるのだが、カウンセラーはただポールが表現した態度を改めて言い直しているだけである。それゆえ、ポールの感情は明確化され、ポールは自分は理解されていると実感できるのである。一度だけだが、一連のポールの思考と感情の流れの方向性を変えている形跡がある（項目18に対するポールの返答として「そのことをですか？」とあるが、これは彼が何か別のことを考えていたことを示している）。また、これも明らかなのだが、カウンセラーは表現された感情に応答することで、両親に悪い知らせを伝える勇気を奮い起こすという表面的な問題を一通り語らせ、次第に、両親との人間関係全体におけるより根底にある敵意や葛藤を表すよう援助している。彼は面接の続きで、両親間のひどいけんかの詳細を述べ、彼の悪い性質はすべて遺伝的なものではないかと思う、と論じている。これが次回以降の面接において、さらに掘り下げて問題に対峙するための土台となるのである。

この抜粋資料を別の見地から研究するとすれば、もしカウンセラーがポールの話の内容に対して応答したとしたらどうだったか、ということについてできるだけたくさんの想定をしてみることだろう。そうすれば、クライアントの話の知的側面に応答するカウンセラーには、面接中に秩序ある進歩を示す何らかの突破口となる要素を見いだすことがいかに難しいか、一目瞭然であろう。ポールの最初の発言の後、カウンセラーは、「成績はどのくらい悪いのか？」、「なぜ両親に秘密にしてきたのか？」という質問もできただろう。二番目の主要な発言（項目5）に対しては、「なぜ体育の授業を休んだのか？」、「どういう点で怠慢だったのか？」、あるいはまた、「単位を落としたと分かったのはいつか？」と聞くこともできただろう。次のポールの発言（項目7）に対しては、カウンセラー自身の感情の動きにまかせた、知的側面に対する応答例もいくつか考えられる。また、両親にとがめられた過去の経験についてや、ポールが自分の自制心についてどう思っているか、あるいは、ポールの言う、悪くなっている、というのはどういう意味なのかということについても尋ねることもできたであろう。このポールの三回の発言に対しカウンセラーがどう応答しうるかは考えればきりがないが、ここで明らかなのは話の知的な反応内容をあげつらって応答すると、面接の方向性は予測不能となり、クライアントのパターンよりもカウンセラーのパターンに左右される度合いが強まるということである。

同じ素材でも、感情に応答するという観点から考察してみれば、結果は雲泥の差となるのである。感情に応答することを目的にするならば、カウンセラーの応答は、各々のカウンセラーによって語られる言葉はさまざまであるにせよ、クライアント側の自己表出においてほぼ同一の結果を導くことが分かる。たとえば、カウンセラーはポールの最初の発言に応じて、「きみはこの問題について、両親と正面切って向かい合うに際しての助言が欲しいと思っているのですね」と言うことで、より的確に彼の感情に応答したかも知れない。このように言ったとしても、ポールは実際の面接で表現したのと同じような反応を示していたことだろう。後のポールの発言（項目7）に応じ、カウンセラーがポールの感情に理解を示す方法はまだまだ他にもあっただろう。たとえば、「ご両親に内緒にしていたのは、ご両親がこれまでずっと批判的だったからですね」とか、「過去のすべての経験から、どうなるか察しがついているのですね」、またさらに、「ご両親にとがめられるかどうかは分からないが、きっととがめられるだろうと思っているのですね」と言って理解を示す方法もあっただろう。こういった応答は、すべてポールが段階的に表現していく感情と歩調が合っているだろうし、またカウンセラーのこういった応答は、一つ残らずポールが実際に吐露した感情や態度を引き出す助けとなっていただろう。

換言すれば、カウンセラーがクライアントが表現する態度に機敏に反応し、そういった感情を理解し、明確にすれば、その面接はクライアント主導のものになり、現れる判断材料はクライアントの問題に感情的に呼応したものになるのだ。これに反して、カウンセラーが知的側面に関する応答をすると、面接の方向性はカウンセラーの関心のパターンにそって進むため、クライアントの本質的な問題が明白になるには長い時間がかかり、しかも大変な分析と取捨選択作業を経なければならない。最悪の場合、こういった方法では、クライアントは自分の抱える問題について語ることができず、カウンセラー主導のパターンにただ従順についていくだけになってしまう。

クライアントの感情を十分に理解する技術はある程度は直感的なものだというのも一理あるが、カウンセリング教育を受ける前と後にそれぞれ録音された面接テープを検証してみると、この技術は訓練によって上達させうるものであるということもまた明白なのである。これは、効果的なカウンセリングを行ううえで大変重要な点なので、さらに他の面接例を見ながら議論したい。

テッドは大学二年生で、二回目の面接でカウンセラー側から次々に繰り出される率直な質問に答えた後、自分の所属するフラタニティー(Fraternity 訳注：男子学生社交クラブ)の人間関係において感じている不満を思う存分語り出す。彼は自分が非常に「生意気」だと思われていることを自覚し、概して他の仲間から好かれていないと感じている。以下、彼は語る(録音記録による)。

1　学生　これといってぼくにできることはないように思います、ただぼくより積極的で、しかも大部分の仲間から好かれている二人がぼくを嫌っているんです。いや、彼らは実はみんなに好かれてはないのかもしれませんが、少なくとも嫌われてはいません。で、だからこのフラタニティー自体にちょっとうんざりしていて、彼らに何が起ころうと知ったことじゃないんです。そこに食事に行くのは、夕飯なんですが、他と同じ程度の値段で他よりうまいんだったら、行きますよね！　それからフラタニティー主催のダンスパーティーに行くことは行くんですが、親愛なる同胞たちよ(非常に軽蔑的に)なんて気持ちはさらさらないんです。ただ自分自身が楽しむためですよ！　でも、時々ひどく憂うつなんです(笑)、心構えが悪いのかな。いつかそこに住めれば、そこの仲間と親しく交際できればと思ったこともあるというのに。でも……。実は、ぼくの兄が去年まで大学にいました。卒業しましたが、フラタニティーに所属していました。それほど活動的ではありませんでした。勉強は熱心でしたよ、ほとんど遊び回ることもなかったし、週末も勉強してました。ビールぐらいは持ち込んだかも知れませんが(笑)、勉強はしっかり続けていましたし、仲間たちも勉強していました。兄は決してそれほど積極的だったというわけではないんです、ぼくもだいたい兄と同じようにしてきました。勉強だけは別ですが。

2　カウンセラー　お兄さんがきみを加盟させたのですか？　お兄さんがきみを未公認会員として入会させたのですか？

3　**学**　ええ、そうだと思います。
4　**カ**　すでに正会員ですか？
5　**学**　未公認会員です。入会はしていません。
6　**カ**　入会したいと思っている？
7　**学**　そうですね、所定の成績がとれれば入会するつもりです。
8　**カ**　所定の成績とは？
9　**学**　確か平均点が二・〇以上じゃないかな。（沈黙）
10　**カ**　ああ、きみがフラタニティーで好かれない主な理由は何だと思っていますか？
11　**学**　ええと、そうだな、いろんなことを言うやつがいますよ。別に構いませんよ、まったくの見当違いですし。生まれつきのものなんだと思いますよ、だって別にわざとやってるわけじゃないんです。他のやつに聞けばまったく正反対のことをいいますよ、きっとあいつは生意気だって言うでしょう。一人いますよ、ぼくに言わせればまぬけなやつなんですが、彼ですよ、ぼくのことを嫌っているのは。でもこの支部では目立ったやつです。どちらかというと真面目で、冗談が通じないタイプなんです。だから、なんとなく侮辱してきたし、彼の前では生意気にふるまってきました。それはともかく、集会でぼくについて議論してるのをひそかに聞いてしまったんです。ヘルウィーク（訳注：フラタニティーで入会希望者の根性をためすためにいろいろなしごきやいたずらをする入会式前の一週間）だったんです。ぼくが生意気すぎると議論していました。
12　**カ**　彼は正会員ですか？
13　**学**　ええ。
14　**カ**　じゃあ、彼らはどうするのかな？　入会希望者が生意気だと思っているなら排除するんじゃないですか？
15　**学**　うーん、ぼくには直接には何もしなかったですね。
16　**カ**　きみのことを生意気だと思っているのはその彼だけですか？
17　**学**　どうかな、彼だけではないでしょう。
18　**カ**　でもフラタニティーを訪ねるときは、それほどリラックスした気分ではないのですね。
19　**学**　そうです。
20　**カ**　どのくらいの頻度で出かけていくのかな？
21　**学**　毎晩です。そこで夕飯を摂りますから。たいてい五時半ごろ行って、六時に夕飯、七時半か八時には帰ります。（沈黙）
22　**カ**　なるほど。もしかしたらきみは態度をちょっと変えるべきなんじゃないかな。もちろんきみ次第ってことになるけど。もし彼らといて楽しくないなら、一考の余地があると思います。別にそれほど参加したくないと思っているなら、話は別ですよ。

23　学　でもですよ（語気を強めて）、ぼくは他のフラタニティーには入れないのですよ。つまりフラタニティーに入りたくても入れないということです。だから、もしあのグループとうまくやっていけないのなら、未公認会員としてもぐりこんで、他のフラタニティーから美味しい汁をすってやりますよ。

この面接部分は非常に興味深いものである。というのも、感情に応答するということがどれほど決定的に重要であるかが例証されているからである。面接時のクライアントとカウンセラーのラポールは申し分ないので、テッドは抑制することなく自由に語っている。また、彼が本当に懸念している問題について語っているのも疑いないところだ。しかし、このような好材料を背景としているにも関らず、テッドは本質的な問題から二度にわたって注意をそらされており、結果としてカウンセラーはやむをえずテッドが絶対に受け入れない提案をせざるをえないと感じている。「でもですよ、ぼくは他のフラタニティーには入れないのですよ」と話す時の録音の語調の変化をみるにつけ、彼が抵抗を見せているのは明らかである。その後に続く面接では、以前のように感情を自由に表現するのを差し控えてしまっている。

疑いようもなくこの引用の決定的なポイントは項目2と項目12のカウンセラーの応答である。それぞれの場面で、カウンセラーはただテッドの発言の知的興味に関わる点に注目し反応している。そのため、せっかく表現された感情的な態度ははぐらかされてしまっている。カウンセラーはなおも続けて、項目4、6、8、14、16、20においてこのような非生産的な知的反応内容をあげつらい、面接を導いていくのである。項目10と18での応答が唯一クライアントが表現した態度に関連したものである。おそらく、もし項目2と12の時点でカウンセラーが何も言わなかったとしたら、この面接はもっと生産的に進行していたであろう。あるいは、たとえば、「きみは彼らがきみを嫌っていると思っているし、彼らにうんざりしている。でも、それでも時として、彼らの仲間に入れればなあと思っているのですね」と言って、この学生の最初の発言で鮮やかに語られた感情に応答する手もあったろう。こうした矛盾した感情が理解されていれば、テッドは葛藤する二つの態度を双方とももっと深く精査できただろうし、次いで、そのフラタニティーと関係を断つということはテッドにはとうてい受け入れ難い提案だということが明白になっていたであろう。彼が適応の問題を抱えているのは、ひとえにそのグループに対して批判的で敵対的な気持ちをもっている反面、同時に彼らに受け入れられたいと思っているからである。

以上ここでの議論を要約してみよう。カウンセラーは、クライアントの表明する考えに対し知的側面に基づいて応答すると、自らの選択で敷いた知的なわき道へとクライアントの表現をそらせてしまい、感情に強く訴える態度の表明を阻害してしまう。また、こうした方法では、カウンセラーが自らの論理によって問題を特定し、解決することになり、浪費が多くなりがちであるばかりか、その論理はクライアントの真の状況を反映したものではない場合が多い。他方で、カウンセラーが語られた内容ばかりでなく、表出された感情に絶えず注意を払い、主として感情的な要素に基づいて応答すれば、クライアントに自分は深く理解されているという満足感を与えるばかりか、さらにクライアントの感情の吐露を促進し、ひいてはクライアントの適応問題の原因となっている感情の根幹が何であるのかをもっとも効率的に、きわめて直接的に探り当てることになるのである。

関連研究　以上述べてきたことについて実証を期待するのは現状ではなかなか困難であろう。しかし、前述のポーターの研究データは実証の可能性を暗示してはいまいか。もし、ポーターの研究における指示的な面接および非指示的な面接が、一連の面接の過程をそれぞれの段階に分けて考えてみるという視点で考察されたらどうだろう。すなわち、クライアントと初めて接触する初期段階、中期段階、そしてカウンセリングの最終局面をなす後期段階に分けてみるのである。こうしてみると、ある示唆に富んだ傾向があることに気づくであろう。こうした傾向は**表6**に見て取れる。たとえば、面接場面を明確にしようとするカウンセラーの応答数は、予想どおり、面接の終結時においてはほとんどゼロまで減少するのが分かる。これは、指示的、非指示的のどちらのカウンセラー

表6　初期、中期、後期別カウンセラーの応答*

	面接ごとの平均		
	初期	中期	後期
面接場面を明確にしようとするカウンセラーの応答			
非指示的カウンセラー ……	5.6	1.0	0.5
指示的カウンセラー ……	6.0	0.7	0.3
問題を引き出し、発展させるカウンセラーの応答			
非指示的カウンセラー ……	14.0	10.6	5.5
指示的カウンセラー ……	49.7	46.7	45.0
カウンセラー対クライアントの応答比率			
非指示的カウンセラー ……	0.69	0.45	0.28
指示的カウンセラー ……	2.24	3.74	2.44

＊表中のデータはE. H. ポーターの未公刊の博士論文（*The Development and Evaluation of a Measure of Counseling Interview Procedures*）に示されている数値を再構成したものである。

グループにも言えることである。

問題となる事態を誘発しているものはいったい何なのかを探ろうとカウンセラーが発する応答数について、全体的に考察を加えてみると、非指示的カウンセラーは明らかな傾向を見せるが、指示的カウンセラーにはこれといった傾向はない。非指示的カウンセリングにおいては、面接場面の初期段階にはこの種の問題を探ろうとする応答が多いのだが、面接が進むにつれクライアントが自分の問題をますます正視し、その解決に目を向けるようになると、この種の応答数は減少する。一方、指示的カウンセリングにおいては、カウンセラーは面接の最終局面においても、初期段階と同じく問題の本質を探るために悪戦苦闘し、終始応答数は減少しないのである。こうした解釈は確かに仮説的なものにすぎないが、応答数の割合の視点からこの調査結果を見るとある程度納得できる。非指示的カウンセラーは、面接の初期段階においてクライアントとほぼ同様の役割を果たしているが、面接が進行するにつれ、クライアントが自分を自由に表現し、自らの問題を解決しだすと、カウンセラーの量的役割はだんだん減少していく。しかし一方、指示的カウンセラーは何が問題かを定義し、クライアントの話を先導していく際のイニシアチブを握ってしまっているため、それを続けていかなければならず、面接の後半においても前半同様の、あるいはそれ以上の役割を担っている。非指示的カウンセラーの方がクライアントが自ら取り組める問題を見つける援助をすることにおいて成功率が高いようである。それが実際には指示的なカウンセラーは、自ら見いだした問題に、それがクライアントの問題であろうとなかろうと取り組み続けるのである。研究対象の面接例の数の制約上、こうした研究事実をもってしても確証というより示唆の領域を超えないが、こうした研究は心理療法過程の謎を解明する理論的研究にヒントを与えている。

否定的感情に対する応答　すでに述べてきたように、クライアントの感情の様式を辿っていくということが、クライアントとカウンセラーが対処すべき根本的な問題についての相互理解を樹立するもっとも早道である。しかしながら、この道はそう簡単に見極められるものではない。カウンセラーは習慣となっている思考態度を改めなければならない。読書するとき、知人と話すとき、講義を聞くときの発想とは違うのだ。カウンセラーは、語られる話の表面的な内容はもとより、感情の機微にも配慮しなければならない。しかし、実際にこれを実行するとなるとしばしば起こる問題がある。以下これについて論評したい。

雇用者、両親、先生、あるいはライバルや敵など、他人に対する敵意を認知し、それを意識的に表現させることは、一般にカウンセラーにとってさほど難しいことではない。しかし、クライアントの否定的な態度がクライアント自身やカウンセラーに向けられているような場合は、クライアントへの同情心からあわててクライアントをかばってしまったり、カウンセラーが自らの防衛にやっきになってしまうことが非常に多いのである。このような場合でもカウンセラーはどちらにも加担せずに、そういった感情を意識的に表現させる方がずっと得策なのだ。ここで特に重要なのは、カウンセラーは自身の役割は鏡のようなものであると認識することである。つまり、クライアントに鏡に映る真の自身の姿を示し、クライアントが新たに認知したこの自画像を利用して自身の再構築を促すのである。

クライアントがすっかり失望しているとき、自分は「ダメだ」と感じているとき、恐怖で圧倒されているとき、自殺を考えているとほのめかすとき、自分がまったく不安定で、依存してばかりいて、適応性がなく、愛される価値がないと思っているとき、つまり自分に対する否定的な態度を表すとき、経験の浅いカウンセラーは、状況を誇張しているだけだと説得しようとしがちである。おそらく誇張しているだけだろうし、このようにカウンセラーが言うのも知的な面では論理的であるのだが、これでは心理療法にはならないのだ。こういった状況では、クライアントは、どれだけ客観的に物事の良い面を並べ立てられても無益だとしか感じない。どれだけ自殺をすべきでないという理由をあげつらっても自殺しようと考えている自分はごまかせないのである。可能性がほとんど無いにもかかわらず自分が精神的な異常を来たすのではないかと心配しているのだ。クライアントがこのような感情を抱いていることを率直に直視させ、感情の正体を理解させ、そういった感情を実際にもっていることを認めさせる。カウンセラーがこうしたことを促進できれば本質的な援助ができるのだ。そして、もしクライアントが何もこれ以上自分は役立たずだとか、異常だと言い張る必要はないのだと感じれば、もっと気楽に自分をとらえ、自分の中にある肯定的な資質にも目を向けるのである。

前述のポールのケースにこのような状況を示す例がある。ポールは、とても知的ではあるが外見はあまりパッとせず、身長と体力は平均以下である。以下はポールとの初めての面接での会話である（録音記録による）。彼は自分を異常であるとみなす根拠について語っており、続けて自分に対する外見以外にまつわる否定的な態度をも表現していく。

学生　あの、自分は劣っているのではないかと思っています。個人的にそう思うんです。

カウンセラー　きみは自分には能力がないと確信している、そういうことですか？

学　そうです。（沈黙）

カ　もう少しそのことについて話してくれませんか。

学　ええ、つまり、人類学にちょっとした興味をもってきました。特に犯罪人類学なんですが。（沈黙）そのう、ずっと、ずっと他人の体格を比べているのですが、ぼくの体格はどうも劣っているようです。そうとしか思えないんです。そうなんです。それで、各個人の行動はもしかしたらその体格の反映なのかもしれない、と感じるのです。そう信じています。フートンの読み過ぎでしょうか。(笑) フートンをご存知ですか？ (カウンセラーは頷く) ご存知だと思っていました。(1)

カ　そうすると、他人の体格をみると自分は劣っていると思ってしまうんですね、つまり下の下だというふうに。

学　ちょっと違います。そこまでは言っていません。

カ　でもきみは標準よりずっと下なんでしょう？

学　そうです (笑) ぼくが感じているのはまさにそういうことです。それで、自分の心を変えるには何らかの根本的な根拠がないとだめなんじゃないかと思うんです。

カ　そして、経験上それ以外の方法では誰もきみを納得させることはできないと感じている。

学　そうです。(沈黙)

カ　きみがそんなに確信しているということは、おそらく他の何らかの経験に裏づけられているんでしょうね。

学　そうだな、ええっと、どうしてそう思うようになったんだろう？ (沈黙) どうしてそんなことに関心をもつようになったか正確には思い出せませんね。自然の成り行きじゃないでしょうか。体格に興味をもつようになったはっきりしたきっかけはないと思いますが。成長の過程でそういった路線で考えるようになってしまったんだと思います。今まで生きてきた人生ではっきり覚えているのは、いっさいがさっいが体格と結びついてたということです。初めは体重を増やしたかったんです。体重を増やして体重計の目盛りを一気に上げてやろうと。またあるときには背を伸ばしたかった。幸せは身長に比例するとまで思っていました。(笑) 今考えるとばかげたことなのですが。

カ　当時は本気で信じていたわけですね。

学　本気でしたよ。(沈黙)

カ　そういうように考えるようになった心当たりは？

学　ええと、たとえば、ぼくは小さかったので、大きな人が羨ましかったのです。昔、そのう、まわりの子どもに殴られていました。でもやりかえすことはできませんでした。何か関係があるかも知れません。やられてばかりでいつも恨んでいました。この経験が関係しているのかな。

カ　敗北した経験をたくさん抱えてきたんですね。

学　そうなんですよ。挫折を繰り返してきました。

(沈黙)

カ　その辺のことをもう少し話してくれませんか。

面接はなおも続き、ポールは自分がなぜ個人的、社会的に適応性に欠けるようになってしまったのか、その要因となる経験についていくつか具体的例をあげて語り、どれほど強く「場を仕切る人間」になれればいいと思ってきたかを語る。

カ　でも実際には自分はトップに立てるような人間ではないと感じている。

学　そうです。そんな器ではありません。もちろん、トップに立たなければならないと思うような理由はありませんが、本来自分がいるべき場所にいないのには何か理由があると思うのです。つまり、自分は今のポジションに甘んじるべきではないと思うのです。

カ　そうすべきではないと？

学　そうです。(沈黙)

カ　あなたが培ってきたことを考えるともっと報われていてもおかしくない、そういうことですか？

学　そんなところです。能力はあるんです。ありますよ。たとえば、数学についてはコツを心得ています。そう思います。だって数学では他の生徒よりよくできるし、そういっても差し支えないと思います。

カ　そうすると、周りのほとんどの学生よりずっと優れた点が少なくとも一つはあるということですね。

この引用にはいくつか重要な要素があるので論評を加えたい。自分に対する否定的な感情が受け入れられるにつれ、彼は自分の中に長所もあることに気づきだすのである。自分についての最悪の感情を正面から見据えるにつれ、たとえすべての自己非難があたっていたとしても、それでもなおそれが全体の姿を構成しているわけではないという建設的な実感をもつに至るのだ。興味深いことは、また典型的なことでもあるのだが、カウンセラーがポールの態度を誇張し、自分自身で「下の下」だと思っているかのごとくほのめかす場面でポールは異議を唱える。これは、自分自身に対する自己評価が完全に否定的なものではないということをすでに物語っている。また、自分は価値のある存在であるという証しを暗々裡に求め、「ぼくが感じているのはまさにそういうことです。それで、自分の心を変えるには何らかの根本的な根拠がないとだめなんじゃないかと思うんです」と述べているのも興味深い。カウンセラーがその根拠を与えようとしてもまったく虚しい結果に終わったであろう。ポールが恐れや欠点を感じる、心に巣くう暗闇を見据え、そういった感情が受容されうると気づきだして初めて自力で心を変えるための根拠を見つける勇気を奮い起こしたのである。

また、この面接によってカタルシスの経験が自己洞察をもたらしうることが分かる。ポールの感情が認知されるにつれ、そうした感情を作り出したのはどういった経験だったのかをあらわにすることができる。すなわち、これが徐々に自己理解を導く過程なのである。

もう一つ重要な点は、ポールが自分の欠点に苛まれているかぎりは彼の「場を仕切る人間」になるという欲求からは逃れることができないという事実である。彼の感情が全体像のなかの単なるいくつかの要素に過ぎないということが冷静に受容されて初めて、欲求を差し引いて考えることができる。「トップに立たなければならないと思うような理由はありませんが、本来自分がいるべき場所にいないのには何か理由があると思うのです」。こちらの方が無理のない目標であり、完璧を目指すというより過程を重視した、生産的ではるかに葛藤の少ないものである。

両価的(アンビバレント)な感情に対する応答　経験の浅いカウンセラーはクライアントの情動化された態度に敏感であろうと試みるのだが、はっきりした気持ちはともかく、両価的な気持ちを手際よく扱えないケースが多い。すでに述べたテッドの例（127頁参照）はこうした両価的態度を扱った絶好の面接例である。クライアントが自分の気持ちの中で葛藤している場合、たとえば、愛と敵意、関心と反発、あるいは、難しい二者択一を迫られているなどの感情が表現される場合、これは明らかに両価的態度の現れであるとの認識を示すことがきわめて重要である。次のような発言は、こういった認識を示すのによい例となるだろう。「ビジネスの世界に進むべきだと思っているけど、本当にやりたいのは音楽なんですね」、「お父さんを苦々しく思っていても、実は大好きなんですね」、「助けを求めたいと思っても、とてもじゃないけど無理だと思ってしまうことがあるのですね」、あるいはテッドのケースのように、「フラタニティーは嫌っている。でも同時に本当は加盟できたらいいのになあと思っているのですね」。このように両価感情が具体的に説明されると心理療法は一歩前進するのである。そしてクライアントがこれをはっきりした選択のできる葛藤だと感じたときには、葛藤は半ば解決したも同然なのである。他方で、こうした両価感情の一面しか容認しないと、心理療法の進展を妨げることになる。テッドのケースでは、カウンセラーは、テッドはただフラタニティーに対して批判的なだけであろうという憶測のせいで、グループからドロップアウトしてしまうかもしれないという彼の不安のあらわれを見落としてしまっている。また、もし親に対する微妙な愛情表現がなされたとしても、カウンセラーが敵意の気持ちだけしか認知していないとすると、クライアントはこういった肯定的な感情を十分に表現できずじまいになってしまう。したがって、両価的な態度は、肯定的な感情あるいは否定的な感情と同様、できるだけ制約なく検討されなければならない。なぜならクライアントの問題解決はそういった気持ちを明確化することを通してもたらされるからである。

カウンセラーは表現される感情が互いにまったく矛盾していたとしても当惑する必要はない。もっとも重要な両価性を構成しているのはこうした矛盾した感情であることが多く、それが葛藤の源になっているからである。たとえば、ある学生がもっとも辛辣な言葉を使って父親を表現したとする。父親を嫌悪しているのだ。常に父親を恥じてきたのだ。彼の人生を台無しにしてきた適応できないという気持ちは、父親の常軌を逸した、不快で、人をばかにした非難の数々のせいで形成されたものだったのだ。しかしながら、父親への嫌悪についてばかり語る数回の面接の後、彼は、父親の科学に対する好奇心、因習に囚われないこと、また彼にはない母性からの独立心について敬服していることに徐々に気づきだす。こういった態度は矛盾を表すものである。ただし、どちらが正しく、どちらが間違っているという類いの見地から言っているのではない。どちらも本当の感情なのであり、この学生は敵対する気持ちは意識していたが、称賛の気持ちは公然とは認知していなかっただけである。カウンセリングの場でこの二面性がはっきりするにつれ、このクライアントは、父親との関係を感情の面でずっと現実的な評価を下せるようになり、以前は原因不明と思われた葛藤を手放すことができたのである。

感情が表現されるにつれ、カウンセラーが、その感情に適度に共感的な同一化と是認を与え、また批判や否認の応答を控えれば、クライアントは自ずと適応問題の解決を阻害している隠れた矛盾した感情をあらわにするだろう。

カウンセラーに対する態度　真のカウンセリングの実践においては、クライアントはカウンセラーやカウンセリング場面に対し、何らかの表現形態で肯定あるいは否定の感情を示すことが多い。カウンセラーが、こういった表現は個人としてのカウンセラー自身に向けられているのではなく、その時クライアントに与えられている苦痛や満足感が反映しているという観点から、カウンセリング体験そのものに向けられているのだという事実を完全に理解し容認していれば、より効果的に状況に対処できるようだ。

肯定的な態度が表現される場合、カウンセラーがしなければならないことはほとんどないだろう。つまり、こうした肯定的な態度は偶発的な事態の一部なのだと受け入れることぐらいであろう。たとえば、ある思春期の少女との面接で、彼女はかなりの頻度でそういった発言をしている。後述するが、全体としてのカウンセリング体験に向けられているものもあれば、男性の心理士に向けられているものもあった。

三回目の面接のはじめに、彼女は、多くの問題に悩まされているが、そういった問題に正面から取り組むのはさほど困難ではない、「というのは、この面接に期待してるからです」と述べている。

四回目の面接の初めには、「この面接に期待し始めています」と言う。

この面接の最後には、「いやだわ、これからというときなのに、まだ終わりにしたくありません」と言う。

五回目の面接では、まったく正反対の気持ちを表している。「本当のことを言うと、面接を始めて以来ずっと気分があまり良くないのです」。

同じ面接で、その直後にはこう言っている。「もっといろいろ話したいので、とにかく水曜日が来るのを待つことにします」。彼女は再び面接の時間が短すぎると感じている。

六回目の面接の終わりにカウンセラーが「時間です」と言うと、「また、その言葉ね！　その言葉は大嫌いです」と答えている。

七回目の面接中、父親に宛てた手紙について触れ、その一部を読み上げる。感情的に言葉をつまらせ言う。「私は『それがきっかけとなって心理士になるかもしれません』とも書き加えました。そんなふうに書くつもりはなかったんです。そんな考えが浮かぶなんて思ってもいませんでした。でも週末を通じてずっと思っていたのですが、どうやら、それが私の欲求すべての総括のようなものではないのかと。結局のところ、博士号が欲しいと常に思ってきたし、何か人のためにしたいとずっと思ってきました。たぶん、いつの日か心理学の博士号を取って先生を驚かせますよ」。カウンセラーはこれに答えて、ここでの体験は自分自身や他の人びとをより深く理解するのに必ず役立つし、将来心理学の仕事に就こうが就くまいが、それが大切なことなのだと告げる。

前記のような反応は、カウンセリングの初期および中期に起こるかなり典型的な肯定表現である。面接過程の最終局面で見られる肯定的な表現については後述することにする。

クライアント側からの思いやりや親愛の情に応答する際、重要なのはクライアントにたとえ気持ちが変わっても罪の意識を抱く必要はなく、いつでも自由に気持ちを改めても構わないのだという余地を残しておいてやることである。「今は私に対して温かい気持ちを感じていますが、敵意を感じるときが来るかもしれませんし、また、もうこの関係は必要ないと感じるときが必ず来るでしょう」。おそらく、これをそのままクライアントに説明するようなケースはめったにないだろうが、カウンセラーのいかなる応答もこの心得が常に後ろ盾になっていなければならない。

カウンセリングの経験全般に対する否定や敵意ある態度は、約束の時間に遅れてくるなどの行為によって示される場合もある（ただし、時刻表どおりにはいかないバスのせいで遅れたのをクライアントが抵抗してる証拠などと早合点してはならない）。あるいは、時間がこないうちに早く切り上げようとする行為の場合もあろう。また時として、たとえ、良いラポールがすでに構築されていたとしても、自らの問題についてうまく論じられないのが原因でこういった態度を表してしまうクライアントもいる。通常、こういった抵抗が起こるのはカウンセリングの過程は痛みをともなうものだからである。クライアントが目を背けたくなる素材も意識の土俵に引っ張り出さなければならない。困難な決断も下さなければならない。当然、カウンセラーとカウンセリング場面は何か敬遠すべきものとなってしまう。このような態度がはっきり現れた場合、否定的な感情を明るみに出すのと同じ方法で認知するのが最良の策である。これについては次節にて実例をあげ論考したい。

心理療法における抵抗という題材については、これまで多くのものが書かれてきた。しかしながら、筆者はそのほとんどの意見に賛成しかねる。そこで、他の仮説を提示するが、心理療法への一般の理解が深まるにつれてその真偽が試されることを期待したい。この仮説とは、カウンセリングとカウンセラーに対する抵抗は、心理療法にとって必然的なものでも、期待すべきものでもなく、これはひとえにクライアントの問題や感情表現をコントロールする技術が未熟なことから生ずるにすぎない、という立場にたつものである。より厳密に言えば、クライアントがまだ正視する準備ができていない情動化された態度に対して、治療過程を簡単にするために性急に議論してしまうカウンセラー側の賢明でない試みから生ずるのだ。この仮説の真偽はともかく、こうした「手っ取り早い手法」が治療上しばしば失策を招いており、これについては別途次節で論考するのが良かろう。

面接の過程にともなうさまざまな危険性

カウンセリングに関する心理学的な訓練をほとんど受けていないカウンセラーを雇っている学校、大学、またその他の機関で行われる場当たり的なカウンセリングは種々さまざまであるが、こういった心理療法面接中の誤りを証拠をもって指摘するのは困難であるし、その効果に評価を下すことは、それにも増して難しい。それゆえ、ここではこういったカウンセラーの誤りやその誤りが導いた帰結については特に論考しない。本書で論じているカウンセリングは、そのような無責任なものではなく、より秩序だった進行過程である。何か進行を妨害する要素があればすぐに指摘できるのである。このカウンセリングにおいて人格を再構築することはより効果的であり、その意味でその際の誤りはより深刻であり、有害である。したがって、カウンセリングの段階ごとの深刻な誤りになりかねない処置上の誤りについて指摘しておくことは意義深いのである。

たいていの場合、「徹底的に話し合う」という手法は失敗の少ない有効な手段である。カウンセラーが正しい方向に進んでいるか疑わしいと思ったときには、とにかくクライアントに語らせるとたいていうまくいく。しかしながら、そこには一つの危険性もともなうので、少し詳しく見てみよう。

表出されない感情の認知　カウンセラーはクライアントの感情に敏感に応じなければならないという点はすでに強調してきたが、加えて重要なのは、クライアントがすでに表現した感情のみを言語化して認知すべきだということである。クライアントはたいてい何らかの態度を有しており、それは言動から読み取れたり、カウンセラーの鋭い鑑識眼を通して判断できるものもあろう。まだクライアントが話題にしていないこうした態度を認知することは、もしそれほど深刻に抑圧されていない態度であれば、心理療法の進行を促進するかもしれない。しかしながら、これが抑圧された態度の場合、カウンセラーによる指摘はクライアントにとって強大な脅威になりかねないし、憤慨や抵抗を生みかねない。また、ことによるとカウンセリングを打ち切ってしまう事態に追い込む場合もあるだろう。次に、成功と失敗の二つの実例を検証し、より具体的に論考しよう。

次の会話は、前述の十二歳の反抗的な少女、サリーとの四回目の面接の模様である。彼女は、当初の面接に比べれば、ずっと気楽に話をするようになっている。

サリーは突然口を開け、手をあてて言った。「いけない、忘れてたわ」。私は「何を?」と尋ねた。「居残りしなきゃいけなかったのに。今朝、何も話すことができなくて、四十五分居残りすることになってたのに、うっかりしてた。ああどうしよう。なんて説明したらいいかしら? もし居残りしなければならないときに、さぼってしまったら、その週に二、三日泊まらなければならないの。でも居残りはそんなに悪くないかもしれないわ。とってもたくさん生徒がいて面白いの。不良少年も多くて、いたずらしたり、先生に口答えしたりするのは面白いわ。でも私はそんなことはしないけど」。「でも、きっとたまにはそういうふうにしたいと思うこともあるんじゃないかな」と私は言った。彼女は私が批判的なのかどうか確かめるため顔を上げると、「そのとおりなの」と白状して言った。「たぶん、あなたはあえてそんなことはしないし、そんなことをするなんて行儀のいいことではないと思っているけど、それでもそれ以上にやりたいと思うことがあるんじゃないかしら」。彼女は「そうです」とうなずきながら答えた。

このカウンセラーの最後の二つの所見は、自己洞察力ある推測に基づいてなされたものである。サリーはそれまで、先生に「口答え」したいという欲求は認めていなかった。こうした反抗的な態度が存在すると想定できたのは、このカウンセラーが彼女の全体的な状況を把握していたからこそである。しかしそれでも、この場面ではカウンセリング関係を損ねたという形跡はまったく見当たらず、このカウンセラーの認知のおかげで、この隠れた感情を急速に意識できるようになった。興味深いのは、この段落の直後で話題が変わっていることである。しかし、この対話は録音記録ではないため、なぜこのようなことが起こったのか正確なところは定かでない。いずれにしても、この例が示しているのは、クライアントが表していない敵対的な感情をカウンセラーが率直に認知していて、しかもこのことで心理療法の過程は、判断しうる限りにおいては後退していないということである。仮にこう言っても差し支えないと思うが、本例はラポールがしっかり確立していて、しかもこの反抗的な態度は深く抑圧されていたわけでなかったからこそカウンセリング関係を損なうことはなかったのである。

サムは卒業間近の優秀な高校生である。彼はカウンセリングを受けに来たが、表向きの理由は大学に行くという前途について話し合いたいということだった。しかし、自由に話す機会が与えられると、彼が一番大学に行きたい理由は、家から離れられるよい機会だからであるということが明らかになった。続いて、両親との軋轢について語り、また家族が崩壊してしまうかもしれないことにつき非常に多くを語った。[2] このような状況で自分は「のけ者」にされていると言う。

次に、二回目と三回目の面接のかなり広範囲にわたる引用を検証する。というのも、このカウンセラーは情動化された態度に鋭敏に応じているのは明らかであるにもかかわらず、結果は思わしくないという、カウンセリングをとらえる上では貴重な例だと思うからである。失敗理由は明らかだと思われる。つまり、カウンセラーがまだ表出されていない感情をあまりに性急に認知しようと動いてしまったことにあるようだ。この行動がサムを驚かせ、恐怖心と抵抗心を植えつけてしまう。すぐ明らかになるが、三回目の面接で彼はいっそう抵抗を強め、面接を打ち切ってしまうに際し、最高点に達する。

二回目の面接は何気ない会話で幕が開き、カウンセラーは前回話し合った家族の状況について言及する（録音記録による）。

1　カウンセラー　前回話し合った全般的な問題について何か思うところはありましたか？（沈黙）

2　学生　ああ、ええ、いえ特には。（やや長い沈黙）母が仕事をしようと考えています。見つからないとしても、他の手を考えるでしょう。彼女はできることならあの問題にはっきりとした決着をつけようとしてるのです。

3　カ　お母さんはかなり本気で家を出ようとしてるんですね？

4　学　ええ、本気です。まちがいありません。チャンスがあれば今日にでも出ていくでしょうし、いつか必ずそういう日が来るでしょう。ところで、母親は社会福祉指導員なんですが、いつも誰彼かまわず依頼者の話ばかりしているので、みんなイライラしてます。（沈黙）

5　カ　きみはおそらく、お母さんはきみより依頼者にばっかり気を取られていると感じてるんじゃないかな？

6　学　うーん。まあ多少は。よく分かりませんが、でも、それで悩まされているとかそういうことじゃないんです。母がぼくのことを好きなのは分かっていますし、ただ、ちょっと度を超しているものですから。でも理由は簡単です。つまり、母はそれに没頭しているんですよ。

7　カ　ちょっとした家族状況からの逃避のようなものだとは思いませんか？（沈黙）お母さんが出ていくことに関してお父さんは全般的にどう思ってるのだろう？

サムはこれに答えて、両親がしたけんかについて具体的に話し、カウンセラーはこれについて批評する。サムは自分の気持ちを以下のように要約する。

8　学　自分が偏見とかそういった見方をしてるとは思いません。経験から分かるんですが、父は、ただ人とうまくやっていくことができないんです。母は違いますが。これも妙なんです。だって父は人を相手にする仕事をしてるのですから。でも、父は人を見下す傾向があるのです。（沈黙）

9　カ　お父さんがきみを見下すから抵抗しているのですか？

10　学　ぼくのことは軽視してないと思います。いや、少しは見下してはいるでしょうが、他の人を見下すのとはちょっと違っています。なぜなんでしょう、父はほとんどの人のことをまるで馬鹿者か何かのように言っています。理解できませんよ。だってほら、ぼくは嫌っている人なんかいませんし、まあ、一人や二人はいますが。皆何かしらいいとこをもっているじゃないですか。

11　カ　でもきみはお父さんを完全に嫌っていますよね、違いますか？

12　学　いいえ、厳密にはちょっと違います。父親を嫌いになりたいわけじゃないのです。でも、父は嫌いに仕向けるようなこと以外ほとんど何もしてくれないんです。

13　カ　きみはふつう父親と息子という関係であれば当然だと思うようなことをしたいんですね。でも、まったくもってできないのですね。

14　学　そうです。でもどうすればいいのか分からないのです。まあ、その、子どもをもつ父親が子どもと遊んだりするのは聞かされてきましたが、父がしてくれたことと言えば、コートを取って、表で遊んでこいと言うだけでした。当時は何も分からなかったのです。何とも思いませんでした。ただ、これが普通なんだと思っていました。でも……。（沈黙）

15　カ　ここ数年ですかね、何か違うと思い始めた。

16　学　そうなんです。外の世界に出て、自分の周囲を少しばかり見渡してみると、何か違う状況に気づいたのです。（沈黙）父はすべて母親のせいにしました。（沈黙）

17　カ　同じことを聞きますが、きみはやはり、どちらかと言えば怒っていますね。そうでしょう？

18　学　そうです。（沈黙）ああ、ぼくはすべて分かっているのですが、でもどうしていいか分からないのです。

19　カ　おそらく、できることはあまりないでしょう。お父さんとお母さんの関係についてですが。でも、きみ自身ができることはあるでしょう。たとえば、実際どう感じているのか整理することはできるでしょう。自分の感情をしっかり認識して、感じていることを率直に受け入れるんですよ。それができれば、そういう感情と妥協して、我慢してなんとかうまく付き合っていくことはそんなに大変なことではなくなりますよ。

20 学　いや、自分がどう感じているかは分かっているつもりです。（沈黙）父と一緒に住む必要がなくなれば、きっと父を好きになるだろうと期待してるのです。よく言うでしょう、離れれば離れるほど思いは募るとかなんとか。（沈黙）父はクラブかなにかに入ってくれればなと思います。誰とも付き合わないなんておかしいです。まったくですよ、誰かから電話で一緒に何かしようと呼び出されても、「ごめん。今頭痛がして」とか言って断ってしまうんです。だから、もう二度と電話は来ないのです。ボーリングも何もしません。ぼく自身ボーリングは好きじゃないから父にして欲しいとは思いませんが、少なくとも。うーん、どうなんでしょう。自分は教会にすら行かないくせにぼくには行けって言うんです。

21 カ　お父さんのきみに対する態度が気にくわないだけでなく、お父さんの他の人との関係についても誉められたものじゃないと思っているのですね？

22 学　そうです。友達を連れてくるといつもぼくを困らせるんです。

23 カ　お父さんはわざと困らせることもあると感じている。

24 学　そうなんです。わざとやっているのは分かってるんです。ちょっとしたまちがいを注意したりして何度も友達の前で恥ずかしい思いをさせるんです。

25 カ　それで、きみはそれに腹を立てる。

26 学　たぶんそうやってぼくを良くしようとしてるんでしょうが、まっとうなやりかたとは思えません。（沈黙）父はぼくが芸術を好きなのも気にくわないようです。（弱々しい笑い）ぼくが父の若いときのようでないからといって、女々しいと思っています。父は農場で育ったのです。（沈黙）

27 カ　お父さんのそういう気持ちに苦しんでいますか？

28 学　いいえ、父が近くにいなければどうってことはありません。うーん、父がそばにいなければ、もうこれ以上そんなことは考えないと思います。でもそばにいればぼくが気づかざるをえない方法で何かやるように思うんです。

29 カ　それでぜんぜん落ち着かないわけですね。

30 学　そうです。父がそばにいないときはいいんです。ああ、気が狂ってしまうかもしれないなんて思っているわけじゃないんです。そんなのはもっとひどい状態のことを言うのでしょう。もっとひどい状態の人をたくさん知っていますよ。

このクライアントがカウンセラーの批評に抵抗を示しているのは明白である。この面接はなおも同じ路線で継続される。つまり、カウンセラーは彼の行動について、受容されていない知的に分析された解釈を加え、より面接を掘り下げようと努め続けるのだ。[3] 三回目の面接で、なんでも話したいことを話すようサムに提案すると、サムは芸術における創造の衝動とは、という抽象的な議論を始め、彼自身の問題についてはは話したいという意志はまったく見せなかった。ここで、ちょっとした沈黙があり、カウンセラーは直接的な質問を差しはさむ。

31 カ　お母さんは仕事についてどんな決断を下したんですか？

32 学　まだ探している最中ですが、きっとすぐ見つかるでしょうね。よく分かりません。（長い沈黙）母は議論が好きで、一番よくやるのは、クラッカーを買うときはいつもなんですが、なんでなんだろう、父は丸いクラッカーがいいと言うし、母は四角い方がいいと主張する。これ以上あさはかな議論は思いつかないでしょう？（無気力な笑い）

33 カ　それは明らかにばかげてるように思います。でも何の意味があるんでしょう？

34 学　ああ、それぞれが自分のやり方を押し通したいんですよ。（沈黙）単純なことです。（沈黙）中にはなかなか味のある議論もあるんですが、そんなのと比べれば意味ないですね。うーん、こんなことはあまり話したくないですね。

35 カ　でもずいぶん悩んでいるんじゃないですか？

36 学　はい、でもあまり話したくないんです。話したところでどうにもなりませんから。

37 カ　何かできることがあるんじゃないでしょうか。

38 学　うーん、一番いい方法は、当たり前のことだと思い込むことですかね、たとえば、時には雨は降るものだというように。でも、（口ごもりながら）雨が降るのはそれを止める方法を考案しようとする前なんですよね。

39 カ　そうですね。でも、きみに変えられることが一つあるんですが。それはこの状況がきみにとってどういう意味があるかということです。どうもきみはこの状況をとても心配しているようなので。

40 学　いや、特別には心配していません。もうそういう心配は克服しました。まだ名残のようなものはありますけど。それで、何か異性との交際が必要なんじゃないかと感じるんです。そうすれば両親はもうぼくとはまったく関係なくなると思います。

感情を認知する際、効果的な技術と害を及ぼす技術の間に存する、微妙だが決定的な紙一重の違いを学びたいカウンセラーは、このサムとの面接例を詳細に研究するとよいだろう。カウンセラーの誤りとクライアントの応答の間には、一定のパターンが存在することが分かるだろう。まず第一に、このカウンセラーは、サムがまだ表現していない態度があるのではないかという鋭敏な推測をする。したがって、サムが父親の態度に憤慨していることを直感的に認知し（項目9）、この感情をはっきりと明るみに出している（「お父さんがきみを見下すから抵抗しているのですか？」）。この言明が正しいことは言うまでもない。サム自身が父親との交わりが欠如していることを語ることで十分に言明されている（項目14および16）。しかしながら、彼の深い感情の吐露が十分になされていない時期尚早な段階でカウンセラーがあわてて反応してしまった結果、実際には、部分的にはそのとおりだと認めざるを得ないと感じていたにもかかわらず、彼はこれを否定してしまうのである（「ぼくのことは軽視してないと思います」）。認める準備がなされる前に、カウンセラーがこの深く根ざした感情をどんどん明るみに出してしまうため、サムの抵抗も増していくのである。

カウンセラーの発言の項目5、9、11、17、27、29、35、39、および、この直前直後のクライアントの発言を検証してみるならば、すべてこのパターンを踏襲していることが見て取れるだろう。カウンセラーがまず先に、まだ表出していない感情的な態度に対し言葉による認知を与えてしまっているのだ。後の会話ではその認知が正しかったことがうかがえる。部分否定による返答がなされているからである。（「そうです……でも」項目18、「いいえ……でなければ……ではありません」項目28他）。クライアントは次いで、さらに進んでこうした感情を表現していくが、この引用の最初の方に見た率直な感情表現はすっかり鳴りをひそめ、ビクビクした、用心深い話しぶりである。こうした経緯が何度も繰り返された結果、感情を表すことへの抵抗、制約のない会話への警戒、ひいては現状からの逃避となってしまう。三回目の面接では、一般的な抽象論を展開することで、彼自身の抱える問題から逃避している。その後、あからさまにそういうことは話したくないと言って問題から逃げてしまうのだ。さらには話題を変えることで逃避をはかろうと努める（項目40）。最終的には、面接から完全に離れることで問題から逃げ出してしまう。次回面接には姿を現さないのである。

カウンセラー側の視点から見る、という公式を変えれば、ほとんど数学的な正確さをもって状況は一変する。希少な例だが、このカウンセラーが項目21、23、25に見られるように、すでに表出された感情を正確に認知するとき、サムは感情をより掘り下げたかたちで吐露するのが分かる。たとえば、項目21および23のカウンセラーの発言はサムの感情を見事に反映している。父親に対する幻滅、父親に感じる誇りの欠如、父親が故意に苦悩と苦痛を与えているという感情だ。いずれのケースでも、こうした認知がさらなる感情の吐露に結びついている。項目25の発言もサムの感情をしっかり踏襲しているが、言葉以上にカウンセラーの声の抑揚がそれを物語っている。サムはこの場面でさらなる自己表出をしている。

もし、この実例が、クライアントに深い感情を時期尚早に直視させようと試みることの危険性を証明しているならば、クライアントの態度と常に「伴走する」ことで、ほぼ確実により有効なカタルシスを導けるという事実もまた真なのである。もし、カウンセラーがクライアントの感情面での表現に敏感で、あまり先を急がず、表現されるものとペースを同じくして応答できれば、こころの奥底に潜在する問題を、より完全に、しかも建設的に表出させることはほぼ約束されていると言えよう。

さほど重要ではない誤り　感情の解放のコントロールを阻害する要因は他にもいくらでもあろうが、これらの要因は心理療法の進行の遅延理由になりこそすれ、前節で論じられた誤りほどは深刻な結果を招くことはなかろう。たとえば、カウンセラーがクライアントの感情を完全に読み違えたとしよう。クライアントは、誤った意図的な決めつけを何より嫌うが、もしカウンセラーが自分の誤りを素直に容認し、それ以上その尺度で議論しなければ何ら害になることはない。むしろ、この種の誤りが上塗りされると、クライアントは自分は理解されていないという気持ちになり、カウンセリングの進行を遅延させるのはまちがいない。

とりわけ経験の浅いカウンセラーがしばし当惑するのは、示される態度が、問題との関わりの中でどういう位置づけになるのかいっこうにはっきりしない支離滅裂な論調で、自分の抱える問題を語るクライアントの存在である。このような場合、ぜひ知っておいてほしいのは、完全に中立的な応答さえしておけばたいていの場合、感情をもっと明確にしてくれる他の表現形態を導きだせるということだ。たとえば、「どうもまだ分からないのですが」、あるいは、「それについてもう少し話してくれませんか？」などは中立的な応答例である。

しゃべりすぎるカウンセラーというのも本節で論じる誤りの範疇に入るというのは、前述してきたことを踏まえれば察しがつくであろう。カウンセリングをもっとも効果的にするためには当然だが、表現されるべきは、クライアントの態度であってカウンセラーの態度ではないのである。

特殊な諸問題

ここまでは、カウンセリングの初期段階のほとんどすべてのケースに当てはまる諸問題につき考察を重ねてきたが、まだ論考すべき特殊な諸問題が残されている。第一に、助けが必要と感じていないのに無理やりカウンセリングを受けさせられるというクライアントの場合、どうすれば感情の表現および解放を促進できるかという問題である。

抵抗するクライアント　思春期のとても反抗的な少女を初

期段階でどのように扱ったかという非常に示唆に富んだ実例をご記憶のことと思う（第三章、65頁、サリーとの面接を参照）。この引用を再検証すれば、ここにもっとも重要なカウンセリングの技術が潜んでいるのが分かるだろう。第一に、もっとも顕著なサリーの感情は、その動作や身振り、またその発言ばかりでなく沈黙からも分かるのだが、カウンセラーに対する敵対心と、彼女が抵抗しているすべてのことに対する敵対心である。この感情に対して十分な認知が示されている。クライアントが面接に抵抗を示しているのを認知し、カウンセラーがそういう感情をもっても構わないのだと明白にしたことで、カウンセリングの障害となるこうした敵対心はほぼ除去されるに至るのである。第二に、サリーのように、クライアントが完全に抵抗している場合は、ある程度の中立的な論調の会話（訓練中の学生との間では、筆者はこれを「おが屑」と呼んでいる）が必要である。こうした会話があれば、敵意に満ちたばつの悪い沈黙を必要以上に長引かせずに済むからである。このカウンセラーが本質的に言っているのはこういうことだ。すなわち、「きみが私を嫌っているのは知っているし、ここに来るのが嫌だというのもよく分かります。私はきみの態度を理解できますし、当然のことだと思いますよ。きみさえよければ、苦痛のない話をしたっていいし、何か重要な話をしたいと思うかもしれませんね」。こうした態度が終始維持され、クライアントの敵対心がちょうどよいタイミングで理解され、受容されれば、クライアントに自己を語らせることはきわめて容易になるのだ。こうしたアプローチが成功するか否かは、第三章で論じた要因に左右されることは言うまでもない。こうした中立的な態度で臨む面接が二、三回続いた後、初めてクライアントが感情を表すに至るということもあるだろう。カウンセラーが、面接が成功裡に進んだのかどうか判断に迷うのはよくあることだ。これはカウンセラーの根気が尽き、問題を詮索しだすとよく起こる現象である。こんなことをしても、診断上の貴重な情報は得られるかもしれないが、クライアント自身に起こる心理的な再編成をもたらすことはないだろう。

答えを求めるクライアント　駆け出しのカウンセラーの多くが大失敗するのは、自分の抱える問題を提示し、「さてどうしたらいいでしょう」と実質的な答えをせがむクライアントの扱いである。このようなクライアントが実際には回答を欲していないということは、経験からばかりでなく、録音記録による面接実例からも再三再四にわたって立証されてきた。これは場数を踏んでいないカウンセラーには容易には受容しえない事実なのだ。このような問いが発せられるのは、カウンセラーを味方につけて、すでに受け入れたいと思っている答えを引き出すためか、あるいは感情的に受け入れがたい回答を得た場合にカウンセラーを敵対する象徴として利用しようとするときのどちらかだということは、そういう現場を何度か実際に体験してみるまで理解できないものなのだ。

三回目のサリーとの面接は興味深い、説得力のある実例である。サリーは学校について感じていることを屈託なく表現している。彼女は文法を学ぶなんてばかげた無益なことだと思っている。また、角度を知って、その影と角度から木の高さを言い当てるなんて滑稽だとも言う。彼女は以下さらに続けて言う。

「なんだってこんなこと勉強しなければならないのかしら。役に立つのかしら。物の高さなんか知って実際にいいことなんかあるんですか?」。この時彼女は片膝でいすに立つような格好で、私の方に身を乗り出して非常に熱心に話していた。「何か実際に役に立つという例を知りたいんでしょう」と私は言った。「何かあれば教えてもらいたいわ」と彼女は言った。サリーに私が質問をはぐらかしているとの思いをもたせることを懸念し、またせっかく築かれ始めたラポールも二人の間にさらに安定した基盤を構築しないかぎり長続きしないという思いから、私は質問に答えることにした。そこで私は言った。「そうねー、たとえばキャンプ旅行に行くとするでしょ。そんな時、川を渡るにはどのくらいの距離があるか知りたいと思うこともあるんじゃないかしら。そういう場合にこの方法を使えばきちんと答えがでるでしょう」。彼女はそれにどんな価値があるのか疑っているように見えた。そして、「つまらない。目分量でもいいじゃない」と彼女は言った。

もし、クライアントが遠慮せずに本心を打ち明けられるようになっていて、カウンセラーが、カウンセリング体験を学校の教室のような場に変えようと努めた場合、サリーに限らず多くのクライアントがやはり同じように「つまらない」という反応をするであろう。もう少しこの面接の行方をたどっていくと、なぜサリーがそのような質問をしたかが分かる。数学について質問したサリーの真の目的は、カウンセラーが彼女の味方につくのか、それとも母親の味方につくのか見抜くためだったのである。

面接を切り上げるときに、「今日は学校でのことについてあれこれ話したけど、あなたは嫌いなことにについてずっと『不平』を言っていたわね。学校じゃそんなことは話せないでしょ。だって先生たちに聞かれたら軽い罰じゃすまないわ」と私は言った。すると彼女は実感を込めて、「まったくだわ。できっこないわ!」と言った。

さらに私は続けて、「でもたまには不満を発散するのはいいことなんじゃないかしら。そう、ここで私と話すときには話したいことは何でも話していいのよ」と言った。サリーはそれに答えて、「あら、時々他の友達と話すこともあるわ。それからお母さんにも。でもお母さんときたら、(憤慨して)学校で習うことはみんな正しいと思い込んでるのよ！」と言った。

もしカウンセラーがサリーの最初の質問に対し、学校で要求されるものはたいていばかげていると答えていたとしたら、サリーは家に戻り、このカウンセラーの意見を母親に対抗するための盾として利用していたであろうことは明らかである。学校の正課は役立つものであるという見解を崩さないことで、カウンセラーははからずも母親の味方をすることになるのだが、ここでサリーのカウンセリング環境に対する敵意が多少増幅している。つまり、どちらに加担しても、サリーが学校との関係、あるいは母親との関係に対してより建設的な姿勢を打ち立てられるようにするというカウンセリングの目的を達成するという点で進歩はないのだ。

さらに別な実例を見たければ、本章の前半で取り上げたポールの面接例も本節の主旨を裏づけるものである（123頁）。ポールは両親との対立問題を語り、「どのように両親に説明すればいいか助言をいただけますか？」と尋ねている。ここでカウンセラーは、ポールが自分自身どう考えているのかもう少し話してみたらどうかと促す中立的な応答をする。この応答のおかげで、彼の腹はすでに決まっていて、両親にははっきり告白する予定であるという事実が明らかになる。しかし、もしカウンセラーがそうするように助言していたら、ポールはその結論の責任をカウンセラーに押しつけ、強制的にそうした行動を取らなければならないと感じていたかもしれない。また、もしカウンセラーが両親には告白すべきでないと助言していたら、この少年はひどい混乱に陥ってしまっていただろう。

既に結論を出していたに違いない学生、ノートを持参し、自分の子をどう扱ったらいいか教えろとせがむ母親、こうしたきわめて人間くさい難問は必ずしも気楽に取り組めるものではない。しかしながら、扱いの原則、つまり本書で述べるすべての仮説と首尾一貫した原則は単純明快である。要するに、クライアントは自分の問題に対する答えを見出すことで満足を感じるだろうが、クライアント自身に問題に対処する能力と欲求がなければ、現実的に見つかりうる答えなどないということをしっかりと認識することである。

これを例証するものとして、第二章で述べた十歳の息子ジムとの間に問題を抱えるL夫人との五回目の面接を挙げよう。五回目の面接の頃までには、L夫人は、理解力という点で格段の進歩を見せているが、面接の幕開けは一瓶のインクをめぐる息子とのとんでもないけんかについての話で始まった。息子のジムはそれを学校に持っていきたかったが、彼女はそんな必要はないと思った。息子は傲慢な態度を取り、インクを隠したので、彼女は息子をたたいた。彼女はさらに続ける（録音記録による）。

クライアント　それで、私、インクを出すように言ったんです。でも息子はいやだと言いました。だから言いました。「さぁ、インクを出しなさい。それとももう一度ひっぱたかれたい?」。それでもインクを隠したままだったので、(笑)もう一度ひっぱたいたんです。そしたら気が動転して、ほとんどヒステリーを起こしました。どうなんでしょう。何の罰も与えないで見過ごすべきだとは思えなかったのです。でも一方で、たかがインク一瓶で家の中にこんな騒ぎを起こすなんてとも思いました。どう思いますか? どうすればいいのですか?

カウンセラー　うーん、一つ決まった特別な答えがあるとは思えませんね。このようなケースすべてに当てはまるような答えという意味ですが。事態がひどくなるころにはあなたもきっとすっかり気が動転してしまっていたんでしょうね。

ク　ええ、完全に取り乱しておりました。それで……。

カ　二人ともひどく興奮していましたけど、少なくともあなたが言うように、始まりは些細なことだったはずなのにと思ったことでしょう。

ク　後で主人に話したんですよ。あの子ったらすっかり動転して、それで、すすり泣かんばかりでしたよ。呼吸を整えるのも困難でしたから。私は息子を二階に連れていって、お風呂に入れてバスタブで遊ばせてやりました。そうするとたいてい気が落ち着くものですから。それでボートか何かを渡して、体を洗ってやり、食後の後片づけをしている間中ずっと遊ばせておいたんです。それから後片づけが終わってから主人に話しました。きっとすべて私のせいなんです。インクを持っていくことぐらいはじめから拒絶しなければ良かった。でも、一度拒んでしまったものですから、主張を通さなければいけないような気になってしまったんです(笑)。

カ　なるほど。一度やりだしたことは最後まで一貫してやり通さなければいけないという気持ちですよね。よくあることだと思いませんか?

こうした状況はよく起こるものである。問題が発生し、母親は「どうすればいいのですか?」と答えを欲している。カウンセラーが質問に答えるのを避け、代わりに母親が示す感情に対して、「あなたもきっとすっかり気が動転してしまっていたんでしょうね」と応答したので、この母親はさらに話を進めることができたし、また彼女自身、息子以上ではないにせよ、同程度の落ち度があったと認めることができたのである。ここで母親が見せた変化に対してさほどの意義を感じないなら、最初の面接でこの母親が息子に対して抱いていた敵対心と、息子の方に落ち度があるとすっかり思い込んでいたことを思い出して欲しい(母親の示す態度の例は、第二章、38頁参照)。カウンセラーの発言には、しつけに関する入れ知恵があるかもしれないが、とは言え母親の質問に対する根本的な回答はまったくしていない。自分自身も息子同様に落ち度があったという偽りない理解を示すという態度の変化を通して、自ら根本的な答えを見出したのである。今後どのような問題が起ころうと、より繊細で、より建設的な二人の関係を約束するのは、ここで見られた根底的な感情の柔軟性である。カウンセラーが、母親がこのように根本的な答えを見つけられるように導けたのは、全知の権威という役割を演じることを差し控えたからにほかならないのだ。

励まし――励ましは励ましたるか？　心理療法の原理を解説したものはさまざまだが、クライアントが苦悶にとらわれないようにするためには、クライアントに対する励ましが必要であると説くものは多い。ここで一言解説を加えても良いだろう。カウンセラーがクライアントの感情にうまく「伴走」し、それを正しく認知および理解し、まだ表出していない態度を明るみに出すという失態を避けている状態においては、言葉による励ましは不要であり、役に立たない。ただし、クライアントが社会的に受け入れられ難い衝動や態度について話しているときに、クライアントに常に与えられている基本的な励ましが一つある。それは、クライアントのもっとも「ショッキング」な告白をカウンセラーが何の驚きもなく受け入れるという行為によって示される励ましである。多くの場合、それ以上の励ましが必要になるとは思えない。励ましがテコ入れのために必要になるのは、サムのケース（140～145頁参照）で見られたように、クライアントの心の準備ができる前にその通常は意識されていない抑圧された態度を明るみに出してしまうという大失態を演じてしまったような場合だけである。

指摘すべきは、どのような場合であれ、唯一助けになることが裏づけられている励ましとは、自分は異常であるとか、孤立しているのではないか、という思いからクライアントを救済してやれるものだけだということである。そのような問題で苦しんでいるのは自分だけではない、あるいは自分だけが葛藤著しい欲求に悩んでいるわけではない、と知れば、罪の意識や不安は軽減するであろう。

これに反して、取るに足らない問題であるとか、思っているほど異常ではないとか、あるいは問題の解決は簡単だ、といった楽観的な励ましは心理療法には極めて悪影響を及ぼす。このような励ましはクライアント自身の感情を否定し、そんな感情は存在しないと断言すれば、クライアントの抱える懸念、葛藤、罪の意識を完全に会話にもちだすことはほとんど不可能である。どれほど励まそうと、そういった感情が存在するということは拭い去れない事実なのである。

その他の手法

慣れ親しんだ紙と鉛筆によるテストのみならず、インクのしみでつくった模様、絵、人形劇など、さまざまな手法により、人格研究の分野における知識は進歩してきた。心理療法を促進するための、あるいはより深い真の問題直視を保証するための手法は何かあるだろうか？　筆者が思うところ、まだそういった手法はほとんどないが、この分野のさらなる研究を促進するために有効なものには注意を喚起すべきである。特定の技術が、首尾一貫した見解の代用となることは決してないが、もし適切に選択されれば、こうしたアプローチの実行手段となるかもしれない。

不思議に思われるかもしれないが、沈黙を利用することはこうした技術の一つである。初回の面接での長い沈黙や静寂は、役に立つというよりばつの悪いものになりがちである。しかしながら、その後面接が続くにつれ、基本的なラポールが確立されていれば、カウンセラー側の沈黙はもっとも役立つ手段となり得る。面接中、クライアントが特定の話題について表現に詰まることは多い。これは、態度を完全に言語化しきったか、さもなければたいていの場合、その時表現しようと覚悟のできているものについては言い尽くしたという状態である。だから沈黙が訪れる。そこで、新しい質問をしてカウンセラーが話題を変えるのは既に述べたように、いずれかといえば収穫の少ない分野へ話の流れを導くという危険性を背負うことになる。これに反して、もしカウンセラーが、面接のメモを取り続けたり、煙草に火を点けたり、他の瑣末な動きによりその場にばつの悪い緊張感を作らず、ただそのままに待てば、再び会話の口火を切らなくてはという責任感はクライアント側に残ることになる。こうした状況から、もっとも意義深い会話に発展するケースは多い。クライアントは、沈黙を破るために何か言わなければと感じ、一番最初に心に浮かんだ話題が自分の問題に重要な関連があると気づくようである。

ここで手法と呼んでしまうと堅苦しくなってしまうのだが、この手法は確かに有効である。しかし、もちろん誤用される可能性もある。カウンセリングに抵抗しているクライアントに対しては役立たないようである。しかしながら、クライアントが抱える真の問題を面接現場に持ち込むことが困難であると感じているような場合には有用なのである。録音記録の実例から判断できるのだが、実りの多い沈黙は、カウンセラーがお互いにきまり悪い思いをしないような環境を維持できている場合、時として六十秒も続くことがある。

次回面接までの間の時間に、クライアントに、書くことで自分を表現するよう推奨しているカウンセラーもいる。短い自叙伝、あるいは、ある一定の場面で感じたことを書かせるのである。筆者が思うに、このような作文は、その場で感じている感情へ専念するというより、むしろ知的な議論をするのに向いているのではないかという懸念もあるが、そういったものを利用するのも有益なのかもしれない。考えるべき話題や観察することになっている事態をどう見るかについてなど、次回面接までの「宿題」として与えるカウンセラーもいる。このような課題を与えることは、非常に指示的で、本書の見解とは異なるが、それでもクライアント自身の感情に基づいたものであれば役立つであろう。チャセル(4)はこの種のかなり指示的な課題を利用し、クライアントにチャセルの作成した「経験変数記録 Experience Variables Record」を与え、次回面接までに学べるようにした。この記録は、クライアントの過去と現在の状況のさまざまな局面、たとえば、家族、社会的集団、異性関係、職業的適応といった局面と感情の相関関係に関するたくさんの質問からなっている。次回面接時には、クライアントはそれらの質問から思い浮かんだものの中からどれを選んで話をしてもよいのである。

成人や若者に適用できる遊戯療法については、まだ取り上げていなかったのでここで論じておく必要があるだろう。この治療法は感情や葛藤を容易に、象徴的に表現できる方法を提供するもので、もしこうした技術が大人にも適用できるとすれば、有効な手段となりうるだろう。筆者は、指人形を効果的に用いて、ある若い女性たちに劇を演じさせ、彼女たちが微妙に隠し持っていた葛藤を無意識に行動に表すよう仕向けたという実例を知っている。マレーとホンバーガー(5)は、大人は玩具を使って劇を演じるという状況では、かなりの程度まで情動化された態度をあらわにする、ということを示した。このような手法は、今後さらに発展するであろう。こうした技術は、クライアントに自らの態度をすっかり自由に表出させる、気軽で快適なやり方を提供するという点で援助的なものである。

遊戯療法との類似点

すでに指摘したように、本書では、たとえば遊戯療法のような個々のアプローチ自体については詳細に論じるつもりはないが、一般的な治療過程を例証し明確にする要素を含む種々のアプローチについては論じていきたい。もっとも顕著な類似点を見出せるのは感情を表現するということに関してである。典型的な治療例を遊戯療法を通して考察すると、遊戯療法は言語を通して行われるカウンセリングと非常に似通っていることが分かるだろう。つまり、人間関係の構築において、否定的感情と肯定的感情を認知すること、禁じられ抑圧された態度を完全に表出させること、および自己洞察によるある一定の処方が漸進的に取得されていくという点において共通点があるのだ。遊戯療法は非言語的な媒体を利用するため、ある意味では進行過程がいっそう明確である。

バラックの四歳の少年とその両親の心理療法についての描写が興味深いので、以下に引用する。このケースには、カウンセリングについて系統立てて説かれてきたほとんどすべての主要原理がちりばめられている点で注目に値しよう。両親は明らかに援助を必要としており、心理療法が進んでいく。このとても現代的な保育園において先生と遊ぶ環境を見れば、それがカウンセリング関係で必要とされる寛大さと思いやりにあふれたものであることが見て取れるが、同時にそれだけでは事態を構築することができないことをも示している。態度が受容され認知されるにつれて、徐々に感情が掘り下げられていくのが顕著に表れている。攻撃性と敵愾心の度合いはきわめて強大だ。疑いもなく抑圧が巨大だからである。結果として表れる肯定的な感情は劇的で印象的だ。この解放が行動に与える効果は興味深い。本事例はバラック自身の言葉で語られるのが最善であろう。

レイモンドは四歳二カ月で保育園に入園し、三学期間在園した。入園当初から引っ込み思案であった。口をきかない。遊ばない。自分の周りで起こっていることにまったく無感覚のようだった。小児科医によると、体には特に異常は見当たらなかった。母親の報告によれば、家では何時間もただ座ったきりで動こうとしないときがあり、誰も触れることのできないような殻に閉じこもっているようだった。母親は、彼が話さないことを心配していた。

適応障害を起こしている一番の原因は、両親がお互いに極度の緊張関係にあることにあったかもしれない。両親はカウンセラーにお互いに憎しみ合っていることを公然と認めた。しかし、彼らは、あからさまには争わず、かわりにさまざまな思いを「抑制している」のだと言う。母親は気晴らしに酒を飲み、息子に暴力をふるい、夫に対して抱いている敵意を八つ当たりのはけ口として息子にぶつけていた。

両親は一人ひとり別々に行われた面接で、それぞれが相手に抱く敵愾心を打ち明けた。彼らは、話し、怒り、どなりちらした。そして、カウンセラーに対し、数限りない悩みを吐き出した。感情を吐き出し続けるうちに、確実に精神的な安定を増し、ほぼ半年経つころには、うっ積していた怒りも捨て、以前とは異なる共通基盤のもとで、お互いを受け入れられるほどまでになった。

両親はまた、息子を違った見方で受け入れられるようになった。母親は、もはや息子を「顔を真っ赤にして怒る」ことはなくなった。物事を以前より快く受諾できるようになり、忍耐力も増した。しかし、息子の方は、母親の過去の情動をあまりに強烈に投入していたので、彼女の変化を受け入れられなかった。

最初から、彼は集団の中でも話し合いの場面でも、特別な機会が与えられた。しかし、最初の数カ月は偶然のアプローチ以外にはすべてに恐れを抱いていた。彼のしてきた経験を解放するには、何か道具を使わないかぎり不可能なのは明らかであった。しかし、しなければならないことはほとんどなく、制約はこれにもまして何もないという環境の中で、彼も気楽さを感じていたようだ。そして、次第に一人の先生に目立った信頼を寄せるようになっていた。しかし、彼女を前にして、信頼の念をなんとか表現するようになったのは、三学期に入ってからのことであった。仲間から離れて、大人と二人きりになっても恐怖におびえないですむようになったのはこのときが初めてである。

「ピーピー、ピーピー」と言いながら、悪賢い顔つきで、大騒ぎして、その先生のタイプライターのキーを叩いたりする、反抗の影を宿した子どもだった。

その後、その先生と過ごす期間に、さまざまな遊びを一通り経験した。粘土で大便を作り、攻撃性を表した。この期間を過ごした部屋のリノリウムの床の上に何度か、実際に大便をしたことすらあった。また、露出的になり、ペニスを繰り返しその女教師に見せ、彼女の目前で自慰行為をしたりした。そしてついに、粗末な粘土の人形を作ろうと女教師に援助を求めた。

人形は彼にとっての母親となった。その母親をたたき、踏みつけ、排尿を浴びせ、ペニスでつつき、また腕、脚、頭をもぎ取ったりもした。

女教師は、終始すべてを受け入れる姿勢をくずさなかった。彼女が繰り返し言ったことは、子どもというものはしばしば、母親に対して心中恥ずかしく思ったり、腹を立てたりするものであり、彼の気持ちは理解できるし、そうした気持ちを引き続き伝え示してもいいのだということである。女教師を叩こうとしたり、粘土を塗りつけようとしたことが数度あったが、彼女はここでは制限を設けた。というのは、もし危害を象徴する行動を許せば、二人の関係が危険にさらされると感じたからである。完全に信頼を寄せている人に危害を加えることで、捨てられるという激しい恐怖感を植えつけてしまうかもしれないし、耐え難い不安や罪の意識を芽生えさせてしまうかもしれないのだ。

ある日とうとう、母親の人形を噛んだり、切り刻んだり、押しつぶすなどひどい大騒ぎの末、彼は突然緊張を解いた。彼の声に同情を示す調子が帯びたのは初めてであった。「ああ、死んじゃった。かわいそうな意地悪なおばさん」。

そして、ばらばらになった粘土の母親の人形を拾い上げ、優しく囁いた。「かわいそうに。ひかれちゃったんだね。救急車を呼んで。かわいそうな意地悪なおばさん。本当に死んじゃったよ」。彼は人形をそっと叩いて言った。「中に何があるのか見てみよう」。そして、ひっかいて人形の中身を開いた。「ああ、血だ。血が流れてる。救急車に乗せなきゃ」。再び人形を拾い上げ、「ぶちたいわけじゃないんだよ、ママ」と言うと、先生の方を向いて、「ママをちゃんと元どおりにして」と頼んだ。

先生は粘土の人形を修繕しながら、古い意地悪なお母さんは死んでしまったようだが、今度はきっと彼が望んでいる新しいお母さんに生まれ変わると説明した。

新しいお母さんを抱きかかえると、新しい優しいお母さんと呼んだ。先生が急いでつけ直した脚の一つが取れてしまうと、彼は拾い上げ、自ら新しい脚を作り注意深く元のようにくっつけた。こうした行動は遊びの中で母親に対して初めて示された、優しく、思いやりのある、肯定的な表現である。帰宅時間になると、以前のように人形を壊すことはせず、優しく粘土の容器にしまい、そっと油布を掛け、「さあどうぞ」と優しく言ったのだ。

確かに古い母親に対しては敵愾心をぶつけていたが、少なくとも新しい母親を受け入れ始めたのは確かであろう。

行動にも明らかに大きな変化が見え始めた。もはや言葉につまらなくなり、自分の権利を護り始めた。引きこもり、服従していた反動として非常に積極的になった。ばかなことをしたり、金切り声をあげる頻度が減り、愛情のこもったアプローチによる応答を受け入れられるようになった。概して言えば、ずっと緊張の少ない、より開放的な、自然な人間に生まれ変わったのである。(6)

本ケースで述べられたような遊戯療法での経験をみると、さらに確信が増すのだが、心理療法とは、まぎれもなく過程そのものである。すなわち、ある一定の基本的な傾向をたどる過程である。工場の従業員、思春期の高校生、クリニックを訪れる親、遊戯療法を体験している子どもたち、そして職業相談を受けに来る若者、種々さまざまな場面でこうした傾向が現れるのを見るにつけ、この確信はさらに深まるのである。

カタルシスの効用

クライアントにとって、何の制約もなしに表現するということが真価をもつということは、既に見てきたすべての引用例についていちいち触れてきたわけではないが、十分想像がつくだろう。こうした真価は長きにわたって認知されてきたので、ここで言及しておくだけでいいだろう。

第一段階として、クライアントは、抑制されてきた感情や態度からの情動的な解放を得る。身体的弛緩や身体的緊張の解放がしばしば認められるが、これはこうしたカタルシスに付随するものである。緊張が生みだした感情から一度自由になると、自己や自己の状況をより気楽にかつ客観的に眺められるようになる。

クライアントはまた、自由に表現できる機会を得ると、多くの場合かつてないほど適切に自己の状況を探究できるようになる。情動的な要因が極めて少ない場合ですら、自己防衛的な姿勢をとる必要がないよう配慮された雰囲気の中で自己の問題を語れば、とるべき適応策を明確にし、問題や難局の全体像の輪郭を正し、自分の感情に裏打ちされた真の価値に、可能な選択肢を与えるという方向に向かうのだ。

このように明らかにされるのは、クライアントを取り巻く状況ばかりではない。クライアントの自己理解も明白になる。自由に自分自身について語るにつれ、正当化や否定をすることなしに、自分自身のさまざまな側面を直視することができるようになる。たとえば、自分の好きなものと嫌いなもの、敵愾心と肯定的な愛情、依存心と独立心、認知されていなかった葛藤や動機づけ、あこがれと現実的な目標などである。現実生活のプレッシャーの中ではこういったものを直視することなどほとんど不可能だろう。いわば、自衛の「第一戦部隊」とでも言うべきものがいかなる状況でも維持されなければならないからだ。他方、カウンセリング関係においては、自己防衛しなければという制約がないため、クライアントは初めて「第一戦部隊」の背後に回り、ありのままの自分を眺めて真の評価を下す機会を得るのである。

この慣習にとらわれない自己、つまり隠された自己がカウンセラーに気楽に受け入れられることが分かるにつれ、クライアントはまた、その時点まで明かされていなかった自己を自分のものだとして受け入れることができるのだ。クライアントは、不安、心配、適応性に欠けるといった思いの代わりに、自分の強さや弱さを現実的で、伸び伸びとした成長のための進歩の出発点として受け入れられるようになる。自分でないものになろうと死に物狂いで奮闘する代わりに、ありのままの自分でいること、また自分独自の成長の可能性を発掘することに大きな利点を見出すのだ。

カウンセリングという位置づけの中で、カタルシスが心理療法に効果があると言われる所以は、こうしたカタルシスの有用性に他ならない。カウンセラーは個人個人が自分をはっきり表現できる雰囲気をつくろうと努める。一方、クライアントは、自分の内側にある新しい力、つまり今までは自己防衛反応を維持するために費やされていた力なのだが、この力が、表現をしていくという行為を通して、解放されていくことに気づく。

たとえ、カウンセリングがクライアントに自由に表現させるという段階で止まってしまったとしても、なおそのカウンセリングは建設的に役立ち得る。ここで述べられるカウンセリングが、短いカウンセリングにも非常に好ましい結果をもたらすのはこうした事実があってのことである。カウンセラーは一回の面接では限界があり、十分な援助はとても無理だという状況に直面することがよくあるが、こうした場合、完全に指示的なカウンセリングをしてしまうことが非常に多い。というのは、時間が限られているので、カウンセラーは見たままに性急に問題を把握し、忠告し、説得し、指示を与える。この結果、十中八九最悪の結果を招いてしまうのだ。しかしながら、もしカウンセラーがこの限られた時間を有効に使い、クライアントに自分の態度について自由に「語り尽くさせる」ことができれば、成功は自ずと約束されたも同然である。確かにクライアントは自分の問題に対する人為的な「解決策」は何一つもたずに立ち去ることになるのだが、それでも心の中ではどういう状況なのかという輪郭がはっきりと整理され、選択肢が明確になり、他人が自分を理解してくれ、自分のもっている問題や態度にかかわらず自分を受け入れてくれたという励ましの安堵を得るのである。そうしたクライアントは、自分の置かれた状況にしっかり対峙することができるようになる。これに反して、生半可な忠告をもらったが、そのすべてはとうてい受け入れられず、多くの行動は間違っていたという思いを残したまま、ますます自分自身に確信がもてずに面接を終えて帰っていったクライアントはそういかないのである。

要 約

本章では、カタルシスの過程の周到な探究、および面接による治療的処置においてこうした局面を導く段階で発生する諸問題の考察に努めてきた。提起されてきた見解の簡潔な要約は論点を系統立てる助けとなろう。

効果的なカウンセリングおよび心理療法を実践する際のカウンセラーの主目的の一つは、クライアントを援助し、適応問題や葛藤の源となる情動化された態度を自由に表出させることである。この目的を遂行するために、カウンセラーは、クライアントに制約なしに感情を吐き出させるべく、さまざまな方法を取るのだ。カウンセラーは主として、クライアントの表現する知的な反応内容よりも、感情の反応内容に応答し、言葉による認知に努める。この原則はいかなる種類の情動化された態度に対しても効力がある。たとえば、敵意、落胆、恐れなどの否定的態度、また、愛情、勇気、自信などの肯定的態度、さらには両面価値の矛盾を含んだ態度にも適用できる。このアプローチは、クライアントの感情が自分自身に向かっていても、また他人に向かっていても、ひいてはカウンセラーやカウンセリング関係に向かっていようが信頼に足る。それぞれのケースでカウンセラーが目的とするのは、表出した感情をまずクライアントの問題の一要素、あるいはカウンセリング関係の一要素として率直に受け入れ、認知し、応答することである。クライアントが表現することができない抑圧された態度を、言葉に出して認知することは避けるべきである。

この過程でクライアントは、これまで抑圧されていた感情から情動的に解放され、自分の置かれている状況の基本的な要素に対する意識を高め、自分自身の感情を率直に、恐れなく認知する能力を増すのである。こうした過程を探究することにより、状況は明確になり、自分の種々の反応の相互関係を見出し始める。これが、自己洞察の始まりであり、起点である。次章ではこの自己洞察について考察したい。

原 注

(1) ここはカウンセラーが感情より内容に応答しがちな場面である。カウンセラーはフートン理論の真偽について議論を進めることもできたであろうが、それはまったく無益であろう。この学生は劣等感をもち、それゆえ、その劣等感をさらに肯定し強化してくれる知識を読書から引用しているのだ。もしフートンの書籍で理論的に納得できなければ、自分が劣っていることを証明してくれる何か他の資料を探すだけだろう。だから、このカウンセラーはこうした根本的な問題には決して触れようとしないのである。

(2) カウンセラーは、表向きの問題は往々にして真の問題ではないということをもっと認識すべきである。もし、このカウンセラーがサムの問題は「教育ガイダンス」問題であると性急に類別し、大学入学に関する情報などを提供するだけであったとしたら、面接は真の問題にまったく触れることなく終わっていたであろう。同じことは「就職指導」にも当てはまる。人間とはわれわれが考えるほどそう簡単にすっきり分類できるものではない。「職業」問題は実は異性間の対立であったり、大学の履修選択問題が実は自殺への恐怖という問題だと判明したということもありうるのだ。問題を一つのカテゴリーに機械的に分類して解決を図り、他の問題には目をつぶるようなカウンセラーなら要らない。必要なのは人が適応できるよう援助できるカウンセラーである。

（3）面接実例は第二章（29～30頁）参照。
（4）Chassell, Joseph O. "A Clinical Revision of the Experience Variables Record," *Psychiatry*, vol. I, no. I (February, 1938), pp. 67–77.
（5）Murray, H. A., *et al. Explorations in Personality*. New York : Oxford University Press, 1938, pp. 552–582.
（6）Baruch, Dorothy W., "Therapeutic Procedures as Part of the Educative Process," *Journal of Consulting Psychology*, vol. 4 (September–October, 1940), pp. 170–172.

第七章　自己洞察の成就

情動化された態度を自由に表現するということは、クライアントにとって貴重であるのはまちがいないが、これだけでカウンセリングや心理療法を成功裡に導くための過程がすべて語り尽くされたわけではない。これは前章の内容からもすでに明らかだと言えるのではないだろうか。それまで抑制されていた感情を語るという経験がもたらすのは解放感だけではない。必然的に自分自身を何かしら違った認識で見られるようになるのである。このことは、先に引用された実例からも明らかである。遊戯療法を通して自分の感情を解放した、あの子どものケースですら例外ではない。彼は、次第に新しい行動に順応し始め、新しい役割を果たすことをその行動によって示し始める。本章の目的は、こうした新しい認識、一般に自己洞察と呼ばれるもの、についての考察に着手することにある。ここで誤解してほしくないのは、自己洞察はカタルシスの経験から離れて存在するものではなく、密接に関連し、カタルシスを基盤としているものだということである。

自己洞察として分類される経験についての、より詳細な説明や意味は本章の結論部分に譲るとして、この用語は、さしあたり、自分自身の経験に新しい意味を認知すること、と定義しておけばここでは十分だろう。原因と結果に新しい関係を見いだすこと、行動による兆候がもつ意味に新たな理解を加えること、人の行動様式を理解すること――このような学習が自己洞察の構成要素となる。

この過程を効率的にかいつまんで論じるのはいささかやっかいである。主として断片的に起こる事象であるし、よしんば一度に起こったとしてもきわめて稀なことであるからだ。このような学習は、部分的に表されるか、あるいは行動と言葉に半々に表されるようである。これは深い感情を伴った学習であり、知的な内容による学習ではない。それゆえ、言語で明確に表現される場合もあれば、されない場合もある。それでも、自己洞察はカウンセリング過程において大変重要な局面であるため、最大限の配慮をもって緻密に考慮するに値する。また、あまり理解されていない局面でもあり、ひどく誤解されやすくもある。それゆえ、理解を現実に即したものにするために、相当な量の実際の面接データを入念に研究するのが賢明であろう。

クライアントにとって自己洞察がもつ意味

過去の事実を新たな関連づけで見直すこと　自己洞察という事象をさまざまな切り口から検証するために、まず簡単な例――微細な例なのだが――を見てみよう。R夫人は話し好きで、他を圧倒するほど多弁な母親である。息子のアイザックは十三歳の知的障害児だ。全体的な状況は、臨床家からみればごくありふれたものである。少年に知的障害があるのは明らかで、心理テストによれば八歳児の知能レベルであることが判っている。建設的な援助を阻害している最大の問題は、この母親が息子に知的障害があることを決して認めようとしないことである。説明不足のせいではない。数々の専門家が入念に事実を説明してきたが、目立った効果がないのである。しかし、母親がそうした状況を受容する際の感情を話す機会を得ると、自己洞察し始める。初回の面接の後半の抜粋をみればこれは明白である（録音記録による）。母親は、息子の健康を管理するため、また勉強させるため、どれほど苦心しているか語っている。

カウンセラー　奥さんはすべての負担を一人で背負わなければと思われているのではありませんか？　息子さんに、ご飯を食べさせなければとか、勉強させなければ、また、サスペンダーをさせなければ（鎖骨にひびが入っているため）とか、すべてについてです。

クライアント　どうでしょうか。今日が過ぎ、明日が過ぎ、そしてどうなるのでしょう？　気づいたらこうなっていたんです。あの子はすっかり大きくなっていて、でもあの子に何ができるというのでしょう？　何もできませんよ、絶対に。あの子は自分ではできるようになると言うんです――「いったいどうなってしまうの？　このままじゃ、読むことも書くこともできるようにならないわよ」と言えば、あの子は「トラックの運転手になれるさ。パイロットにだってなれるし、床を張るのだっていい。ブラインドを掛ける仕事だってできるよ」って言うんです。自分ができることを何だかんだ主張するんです。だから私、「読み書きができなきゃパイロットなんかになれやしない。文字盤だってたくさんあるのよ」って言ってやるんですけど、飛行機のことなんかまったく分からないものですから、何も教えてやれないんです。

カ　そういったことを息子さんに勉強させてやりたいと思っても、息子さんには全部はできないだろうとお思いなんでしょうね。

ク　あの子ができないなんて信じているわけじゃありません。そりゃあ、母親の立場で見ていますから、盲目的になっているところはあるかもしれません。いや、親ばかなのは分かっています。でも、あの子ができないなんて思いません。アイザックにはちょっと頑固なところがあるとは思います。でも、本当のところは、彼はきっとできるんだと思うんですが、どうなんでしょう。

カ　でも何年も必死で学ばせようとしてきたんですよね？

ク　でも十分じゃなかったのかもしれません。

カ　逆にあまりに熱心すぎたんじゃないでしょうか。

ク　どうなんでしょう、分かりませんわ。小児科の専門医を訪ねたんですが、お医者さんは二つ質問した後でこう言ったんです。「では、家に連れて帰って、好きなようにさせてあげてください」。それで私は言いました。「もし何か息子におかしなところがあるなら、なぜはっきり言ってくれないのですか？」。（声を荒らげながら）本当のことが知りたいんですよ、そうすればどうすればいいかはっきり分かるでしょうし、腹を決めなきゃいけないってことが分かるかもしれないでしょう。そしたら、大工でもセメント工でもなんでも雇わせてやるわ！　本当のことをおっしゃって！

カ　（同情して）もう本当のことはご存知なんじゃありませんか？

ク　（とても静かに、まったく違った声の調子で）知りたくないんです。そんなこと信じたくないし、知りたくもありません。（目から涙があふれる）

この場面でいったい何が起こったのだろう？　それがなぜ、どのように生じたかについてはこれから検証するとして、ここでもっとも重要な事実は、まず母親が見慣れた事実をまったく新しい位置づけでとらえていることだろう。ここで彼女は問題に関する新たな事実を知ったわけではない。問題自身は依然として揺らぐことのない客観的な現実として存在している。しかし、彼女がそれを見据えるにつれ、問題は明らかに変化しているのだ。初めは、ずっとそうであったのだが、彼女に必然的に影響を及ぼしているにせよ、問題は何か彼女の外部に存在するものとしてとらえられている。問題は彼女の息子であり、彼の頑固さであり、また何の助けにもならず真実を語ろうとしない医者たちなのである。しかしまったく突然に状況が一変する。問題は、本人も自覚しだしたように、彼女自身の態度にあり、また本人自らが適応できないと思っていることにあるのだ。ひとたびこれが問題全体から切り離せないものだと気づくと、彼女自身の事態に対する行動も必然的に変化せざるを得ないのである。

自己洞察がクライアントにとって何かしらの意味をもつことは、多くの事例から見てまず疑いのないことである。そうした意味は、過去の事実を新しい見方で眺められるほど解放されていく過程に、また、あたりまえだと思っていた態度の間に新たな関連を見いだすという経験や、見慣れた事象に含意があるのを進んで受容するといった行為に見いだされる。R夫人のこの変遷を見て分かるように、このような自己洞察は、他人に意見されて得られたものでなく、彼女自身が成就した一つの経験なのである。

漸進的に増す自己認識　以上見たような自己洞察の事例は、自己認識の全体過程から言えば第一歩にすぎないということはいくら強調してもしすぎることはない。自己洞察は、新しい物の見方に耐えうる心理的な強さを身につけるにつれ、漸進的に得られるものである。手元の録音記録の実例の中に、このテーマを総括するような漸進的成長を裏づけている一瞬をとらえた例を見つけた。十歳の息子ジムとの間に問題を抱えるL夫人の実例はすでに幾度となく示してきた。夫人の面接での会話から察するところ、彼女は現状における自分の役割をほとんど認知するに至っているのだが、それを認める言葉はついぞ聞かれずじまいで終わっている。彼女が勇気を振り絞って何とかこの新しい物の見方を受容したのは一週間後の次回面接時であり、ここで七日前にほのめかしはしたが最後まで語りつくせなかった思いを全部吐き出すのである。二回目の面接の前半に、これはまれなことなのだが、夫人がジムが見せてきたある善行を誉め称える場面がある。これをきっかけに、罰を与えねばと思うほどのひどく迷惑な行為と、時折見せる「善い」行いについての議論に発展することになる。面接は以下さらに続く（録音記録による）。

カウンセラー　息子さんはどちらの思いが強いんでしょうか？　つまり、お母さんは自分のすることは全然認めてくれないと思っているのか、あるいは彼の心の奥底ではお母さんはぼくを愛してくれていると思っているのでしょうか？

クライアント　さあ、どうでしょう。実際のところどう思っているのでしょうか。どんなふうに息子に話しているということなら分かっていますが。でも、もちろん最近はそんなことは言わないんですが、以前は私たちが彼のことを愛していないとよく申しておりました。私たちがあの子をいちいち叱っていたからです。だから、息子がそんなことを言うときは、私はきまってこう言いました。「ねえ、聞いてジム。もしあなたのことを愛していなかったら、あなたが何をしようとかまわないのよ。好きにすればいいんだし、もし愛していないんだったらあなたが何をしようが私には関係ないでしょう。あなたがどうなろうと気にもしないでしょう。でもね、私はあなたに立派な人になってほしいのよ」。

カ　人は時として、いいことをしたからとか、しないとかの行動とはまったく関係ないところで、ただちょっとした愛情を見せられただけで喜んだり、いい気分になったりするものですよね。（沈黙）

ク　（ゆっくりと）きっと、あの子を正しい方向に導こうとあまりに夢中だったものですから、そんな余裕がまったくなかったのかもしれませんね、ですからその——私は生来そんなに愛情の深い人間じゃないんです。誰に対してもという意味ですよ。（沈黙）母が常々そう申しておりました。母親に対する愛情が足りないって。自分の母親にでさえキスなんかしませんでした。弟はしてました。だから私は弟ほど母親を愛していないんだとよく言われたものです。そんなこと全然気にしませんでしたが。

カ　もっと愛情を表現したいと時々思うんじゃないで

しょうか？

ク　（クスクス笑いながら）いいえ、思いません。（長い沈黙）

彼女が思わず、「きっと、あの子を正しい方向に導こうとあまりに夢中だったものですから、そんな余裕がまったくなかったのかもしれませんね、ですからその――」と自分の考えを思わず口に出して言う場面では、スローモーションカメラで検証するかのごとく、この母親に自己洞察の機会が訪れているのが見て取れる。明らかにこの思いの結びは、「愛情を示す」だろうが、L夫人は、この言動から察するところ、自責の念を直視し受容することができないのである。彼女は攻撃されていないにもかかわらず、自己防衛のために話題をすり替えている。L夫人は自分は愛情を示せないこと、ジムに対する態度は自分自身が母親に対して示していた態度と何ら変わりないことを立証しないと気が済まないのである。カウンセラーが、彼女が舌足らずに飲み込んでしまった言葉を最後まで吐き出させるべく手を差し延べようとすると、自意識過剰ぎみに笑い、そんな考えはまったくないと言う。残りの面接時間中ずっとこうした考えを二度と取り上げようとはしないのである。

しかしながら、翌週にはこの目覚め始めた気づきが成長し始める。彼女がこの気づきに対して防衛的な姿勢を取り続ける必要がなかったからである。真の自己洞察は必ずそうなのだが、防衛的な姿勢を取らないで済むということが新しい方向をもたらす際に有力な要因となるのだ。次の面接で、夫人は、ジムの状態が良くなっていること、夫が激しくジムを批判しないよう守ってやっていること、彼女自身あまりくよくよしなくなっていることを語るが、それればかりでなく、面接がまさに終わろうとする頃に、一週間前に言いかけて飲み込んでしまった言葉に立ち戻り、最後まで言いきるに至るのである。夫人は言う。「たぶん息子にとって一番よいのは、悪いところを直そうとされることではなく、優しさや愛情や思いやりをもって接してあげることなんでしょうね。そうですね、確かに私たちは、あの子の悪いところを直そうとすることに追われていて、何か違ったことをする余裕がなかったんです」[1]。ここにきて夫人は、彼女自身の愛情が欠けていたこと、つまり彼女の罰したいという欲求がジムの問題を引き起こしていたという事実をしっかり見据える境地に至るのだ。

自己洞察の発展をもっと的確に示している実例をゆっくり検証したい向きもあろうが、第一に、本事例では面接を重ねるごとに、どんな攻撃に対しても、それが直接的であろうが間接的であろうが、自己防衛は不要なのだという確信が彼女の中で徐々に深まっている。こうして得られた解放感のおかげで、自分の置かれた状況での役割を感じ始めるが、カウンセラーが思いをもっと話しやすくしてやろうとすると、敢えてすべて言葉にしようとはせず、そうした気づきを否定してしまうのである。翌週その新しい気づきを行動に移してみたことからくる満足感のおかげで、それを完全に言葉に表す勇気をもつことになる。

指摘するまでもないだろうが、彼女自身が問題を引き起こしている役割を担ってしまっている、という完全な受容は、自己防衛の一環として気楽に語られる言動とは雲泥の差がある。クリニックを訪れ、「うちの子は悪い子なんですが、それというのもみんな私が悪いんです」と言う母親は多い。このような言動は、単なる知的な自己防衛手段としてはもっとも都合のいいものである。こうした母親が、実際に子どもの問題を引き起こしている役割を担っているのは自分なのだと心の底より感じるとき、それはまったく別の体験となるのである。

自己認識と自己受容　自己洞察の発展は、個人の果たす役割の認識ばかりでなく、自己に内在する抑圧された衝動の認識をしばしば伴う。人は、自分の中に、ある態度が存在することを見てしまったが、それを否定しようとする限りにおいて、防衛的な性質をもつ代償的な態度を抱え続けることになる。もし早い段階で、こうしたあまり誇れたものでない感情を直視し、自分の一部として認めることができれば、防衛的な反応をする必要はなくなる場合が多い。

コラのケースは、この種の自己洞察の発展を示す好例であろう。コラは十七歳の思春期の少女で、家庭での始末に負えない行いが理由で継父により相談所と家庭裁判所に連れてこられた。母親は病弱で、病院と療養所の入退院を繰り返している。そのため継父がコラに対する責任を一身に引き受けているのだが、彼女のボーイフレンドたちに嫉妬したり、娘に直接的な性的関心を示すような振る舞いをするなど、彼女に対する特異な態度を示していた。家庭での軋轢が限界に達したとき、コラは裁判所により養護施設に入れられ、その後まもなく家庭裁判所に通っていた時期に数回面接したことのある心理士に会えないかと申し出た。やってくると、彼女は家庭のことについて話したいと希望したが、会話の大半は継父に関する事に費やされた。彼女が養護施設にいるときでさえ行動を監視すること、またボーイフレンドとちょっと会うだけで継父が非常に取り乱すことなどを憤慨しながら語っている。以下面接は続く。

とうとうカウンセラーは切り出した。「どうしてこうした一連のことが起こったと思う?」。コラはこれに答えて、「お父さんが卑劣だからよ。なんでお母さんが止めないのか分からないわ。なんでお母さんは信頼しきっちゃってるのかしら」と言った。そして、カウンセラーは続けて言う。「あなたがここに来て以来ずっとお母さんと話を続けているんだけど、お母さんはこの件について話をしている。お母さんは知っている。たぶんいつかあなたに説明すると思う。お母さんと私が話したことを話そうか?」。コラはこれについてまったく興味を示さなかったが、語り続けたのは継父の問題行動についてのみであった。「お父さんは私にただ家にいてほしいのよ。私に仕事を手伝って欲しいんだわ。嫉妬しているのよ。そう言っている人もいるわ。学校の生活指導の先生もそう言ってた。前に話したの覚えてますよね。なんで私に嫉妬なんかしなきゃならないのか分からないわ。何に対して嫉妬してるのかしら。私が男の子と出かけると嫌がるんです。何て説明したらいいのかしら。お父さんはいつも周りにつきまとっているわけじゃないとは思うけど、いたりいなかったり。イタリア人と出かけると機嫌が悪いのよね。焼きもちを焼いてるのよ。理解できない。もしお父さんが私ぐらいの年齢の男の子だったら、一緒に私と出かけたいってことでしょうけど、お母さんと結婚しているのよ。そこが理解できないところ。普通の男の子だったら一緒に出かけようと言ってくると思うんだけど、お父さんはそうは直接は言ってこない。でもただそう言っているように振る舞うの。まるで私と出かけたいと思っているようにね。なぜかしら、そんなことあってはいけないのよ。お母さんと結婚してるんだから。想像もできないわ」。彼女の動揺は激しくなり、ずっと押し黙ったまま、いらだち、そわそわしだした。

カウンセラー　「もう少し話してくれるかな」。

コラ　「なんて言えばいいのか分からない。そんなことお母さんに対する裏切り行為じゃない。だってお父さんはお母さんと結婚してるんだから。お母さんに対して誠実じゃないわよ。私はお父さんのこと何とも思ってないのに。なんでお父さんがそんなふうに思うのか分からない。私に触ろうものなら、気が狂っちゃうわ。お父さんはお母さんに夢中みたい。そうだと思う。お母さんが入院してるのはお父さんには辛いことだっていうのは分かるわ。でもそうだとしたら、何で私に絡んでくるのかしら？　私たちの知らない人と出かければいいのに。私たちが知らない女の人とね」。

カウンセラー　「どうしてお父さんは特にあなたにじゃなければならないんだろうね？」。

コラ　「私がお母さんによく似ているからだとは思わない。人は似てるっていうけど。お父さんも似てるって言ってる。でも私は似てるなんて思わない。似てるのかもしれないけど、他に言いようがないわ。何かぞっとするわ。だって自分の母親に似てるからなんて。唯一の理由は私がお母さんを思い出させることだわ」。

ここでコラは、自分の母親がいかにすばらしいかを語り、さらに続ける。「お父さんはお母さんと結婚しているんだから、そんなふうに感じるべきではないのよ。お父さんも何か言えばいいのに、何で私に八つ当たりするの？　ちゃんとお母さんがいるのに。なんでお母さんを全力で愛さないの？　きっと私の方が若いし、健康だからとかそういうことね。セックスなんてできるはずないでしょ。だって、そうじゃなきゃ……」。（ここで長い沈黙）「お父さんがお母さんと全然性生活がないのは知ってる。だって、お母さん病気だから。こんなこと口にするのすらいやなの。何か他に話すことないのかしら？」。

会話はこの調子でさらに進んだが、話はほとんど継父と継父の行動について終始した。二日後、コラは次の面接に訪れた。

コラが入って来たとき、とても落ち着いているように見えた。「まだ当惑してる。考えに考え抜いたんだけど。あってはならないことに思えるの。とても信じられない。意味はなんとなく分かるんだけど、だってつじつまが合うし、でもそれでも信じられないの。つじつまが合うっていったって、なんでそんなことにならなきゃいけないのかしら？」。

カウンセラーは物事がなぜそうなるのかということを理解できたとしても、それを感情的に受け入れられない場合があるということについて説いた。するとコラが言った。「それが現実に起こっていることが信じられないの。そんなことが現実に起こるなんて考えたこともなかったわ。とにかくこんなことは考えられないの」。

カウンセラー　「考えられないっていうのはどういうこと？」。

コラ　「信じられないかもしれないけれど、でも現実に起こっているのよね。人がそんな気持ちをもつなんてことが信じられないの。だってお父さんは不潔だわ。そんなこと考えただけでもぞっとするわ。そんな教育は受けてこなかった。女の子なら誰でもそう思うのは当然でしょ。そんなことがあるなんて。私の継父がそんなこと考えてるなんて。私、お母さんに似てなんかいない。なんでお父さんはそんなふうに思うのか分からない。何て言えばいいのかしら」。

面接の残り時間、コラは家族の軋轢について、また自分が一度も家に帰りたいと思ったことがないことについて語った。コラはその後二回分の面接をすっぽかした。自己洞察の発展に伴う苦痛が面接の約束を守らなかった最大の要因ではないかと考えるのがまったく自然の流れであった。したがって、次に彼女がやってきたのはその二週間後のことである。

コラは面接時間を勘違いしていたと説明している。「わざと忘れたわけじゃないの。たまたま忘れただけ。前回ここで話したことをずっと考えていたんだけど、つじつまは合うわ、でもまだ信じられない」。

カウンセラーは言った。「前回、あなたはこうした状況を引き起こしているのは何かあなたの側にも原因があるんじゃないかという質問に答えようとしていたよね」

（このような内容は前回の面接記録には記されていない。もしカウンセラーがこのような質問をしていたとしたら、コラが面接をすっぽかさざるを得なかった原因はこの質問のせいであることは疑いようもない）。

コラ　「そんなの分からないわ。ぜんぜん思いつかないもの」。

カウンセラー　「お母さんが入院していたときは、お父さんが身の回りの世話をしてくれたり、物をくれたり、色々なところに連れていってくれたりしたんだよね。あなたは嬉しかったんじゃないかな？　どうやってそれを表現したのかな？」。

コラ　「ああ、私、飛んだり跳ねたりして大喜びだったわ。抱きついてキスしたこともあったかもしれない。嬉しいとそんなふうにすることもあるのよ。お父さんにキスして大騒ぎしたこともあったわ」。

カウンセラー　「あなたは誰か別の人に何かをして喜ばせたことはあるよね？　そんなときどんなふうに感じた？」。

コラはしばらく考えて、養護施設の保母にしたいくつかの例を挙げた。「保母さんが喜んだとき、とっても気分が良かったわ」。コラはしばらく考えて言った。「そういうことがあった後は、ちょっとの間だけど保母さんをもっと好きになった」。

カウンセラー　「きみとお父さんが一緒にいて、お母さんが入院しているときの話に戻ろうか」。

コラは継父が彼女にしてくれたこと、特にいろいろな場所に連れていってくれたことについて語った。「お父さんはそういうことをして、お母さんを喜ばせたんだわ。私のためじゃなかった。私は喜んでそれを表現した。お父さんも喜んだ。だってお母さんが喜んだもの。お母さんが喜ぶとお父さんは喜んで、もっといろいろなことをしてくれたわ。それでお父さんに対して感じたの、英雄崇拝ね。いいえ、それはちょっと正しくないかな。ちょっと違うわ。お父さんを素敵だと思うこともあれば、嫌いなこともあった。お母さんと結婚してることに焼きもちを焼くこともあったかな。お父さんをありがたく思ったけど、その一方でお父さんが私にいろいろしてくれるのは私の当然の権利のようにも思っていた。違うわ。やっぱり英雄崇拝なんかじゃなかった。うまく言えないけど。私が喜ぶことをしてくれたのよ。サンタクロースのようなものだったんじゃないかしら。誰だって他人が自分のために何かしてくれたら、ますます期待するようになるでしょ。そうすると期待される方の人はちょっとうんざりするのよ。だからどうすればやってもらえるか学ぶの。私がしたのはそういうことじゃないかしら。どうすればお父さんにいろいろしてもらえるか学んだのよ」。

カウンセラー　「たとえばどんなことをしたの？」。

コラはきまり悪そうに長い間黙っていた。「さて、どうかしら。いろんな策略があるの。お父さんを外に連れ出すのは難しいことじゃないわ。家でじっとしてるのは好きじゃないから。いろんなことをしたものよ。たとえば、女の子の友達を一緒に連れていきたければ、お父さんが好きそうな子を選べば皆を連れていってくれるわ」。コラは長い間沈黙したので、カウンセラーはじっと待った末に言った。「他には?」。

コラ　「そうね、たとえば声を和らげて説得力のあるような調子にして、幸せそうな表情を浮かべるの、そうすればお父さんはいろいろしてくれると分かってた」。彼女はなおもこのことについて語ったが、困惑はますますひどくなっていった。

カウンセラー　「男の子にどこかに連れていってもらいたいときはどんなふうにしたのかな?」。

コラ　「かわいらしく、無防備に見せたんじゃないかしら」。そして急いで付け加えて言った。「いつもこういうこと意識してやってるわけじゃないの。でもたぶん無意識でそうしてるんじゃないかしら。そういう表情の作り方を心得てるのよ。でもお母さんにだけは効かない。特に、お父さんにいろいろしてもらうために考えに考えてあみだした方法なの。こんな状況になったのはわざとじゃない」。彼女は、継父が彼女のことをとても好きなのは、自分のお母さんと同一視しているからだという議論に立ち戻り、再び「ありうることだけど、信じられない」と言った。

カウンセラー　「あなたはこの状況が嫌いじゃないんじゃない?」。

ここで長い沈黙があった。コラははっとし、落ち着かなくなり、そして躊躇した。「いいえ、でも私、お父さんにかまってもらいたいの」。彼女は長い間黙っていた。

この場面でのカウンセラーのアプローチはいささか強制的で、指示的過ぎるきらいがあるものの、ここで発展した自己洞察はかなり興味深いものである。まず、コラは継父が彼女に性的な興味をもっているという事実と、その結果生ずる継父の嫉妬深い行動の理由をはっきりと直視している。しかしながら、彼女自身が継父の彼女に対する特別な関心を促進していること、また彼女自身が継父に年上の「恋人」としての役割を継続させるために、あの手この手の策略を採っていることを徐々に認知し始めるのである。興味深いのは、彼女の自己洞察が継父の行動のみに限定されている間は、継父に嫌悪感をもち「だってお父さんは不潔だわ」と語っていることである。一転して、こうした状況での感情を率直に受け入れられるようになると、もはや辛辣な言動は失せ、継父に対する極めて両価的な態度を正面から見据えるようになるのである。この最後の面接において、引用した部分の直後に、カウンセラーは、「お父さんに対してどんな気持ちを抱いている?」と尋ねる場面がある。コラは、「そうね、サンタクロースのような、でも大嫌いで、でも大好きってところかな」と答えている。

こういった心にある葛藤が、カウンセリングによって明かされるようなケースでは、反抗、性非行、無断欠席などの兆候となる行動がより鮮明に明かされる。また、真の自己洞察がいかに重要であるかますますはっきりする。コラがある程度の自己洞察を成就するまでは、いかなる試みも虚しい結果に終わっていた。しかし、自己洞察を発展させるにしたがい、より大人としての役割を担うことができるようになり、葛藤の裏返しである攻撃的な行動を取らなくても済むようになった。

この自己洞察の結果真っ先に得られたものは、継父との人間関係をより明快に理解することであった。しかし、その後、よりダイナミックな自己洞察が成就され、彼女の中で禁忌となっていた感情を認知することができ、彼女と継父の双方が問題を引き起こす原因を演じていたという事実を認識するに至るのである。

自己洞察の発展過程　以上見てきた例は、断片的に起こった自己洞察を説明したものであり、カウンセリングの全過程を通して発展する自己洞察についてということとなると必ずしも十分な説明とはならないだろう。次に挙げるバーバラの実例は、自己洞察が多様に、そして豊かに発展し得ることを示すのに、また面接が続くにつれて自己洞察の質が深まり重要度が増すということを示すのに、最適な例なのではないだろうか。

バーバラは十六歳の高校生で、厳格な宗教的しきたりをもった家庭に育った。父は宗教の仕事に従事し、バーバラは学術的で学者的な業績をもつ父親をとても尊敬していた。父親はそれほど愛情を表に出さない厳格な人であったが、バーバラの優秀な学業成績には誇りをもっていた。バーバラの社会的生活は極めて限られていたが、それは両親の規制のせいではなく、彼女自身が宗教的理由で思春期にありがちな社交的なつきあいをほとんど良しとしなかったからである。高校二年のとき彼女はいわゆる「ノイローゼ」になる。それは突如として彼女を襲い、恐怖と圧迫感を伴い彼女をひどく苦しめていた。学校に行くことができず、医者の勧めでしばらく親戚の家に預けられた。ノイローゼになってから数カ月した頃、彼女はクリニックに助けを求めた。バーバラはある心理士と十二週間の間に十六回のカウンセリングの機会をもち、多くの問題を解決した。その後は家に帰ることができ、うまく学校に復帰することができたのである。この記録はすべての面接を綿密に網羅しており、入念に検証された。以下に引用する部分には、自己洞察が増していく過程がはっきり分かるような場面、またカウンセラーがクライアントにさらなる自己洞察をもたらすために状況を解釈しようと努める場面、など典型例がふんだんに盛り込まれている。不完全で半信半疑の自己洞察が完全で確かな自己洞察に発展していく過程が非常にはっきり示されている。もちろん、面接の実録を載せるのは紙面の都合上不可能であるが、自己洞察が明白である会話の実例を見れば、重要な論点がはっきり示されていることが明らかになるだろう。

第一回および第二回面接　自己洞察を示す例は見当らない。

第三回面接　バーバラは自身が常々抱えてきた責任感について語っている。バーバラは言う。

「つかもうとすればどんな好機も私の意のままなんですよ。あらゆる機会にあらゆるものを獲得したいんです」。カウンセラーはこれを評して言った。「完全でなければいやなんですね？」。バーバラはそれに答えて言った。「そうなんです。普通『人にはそれぞれ何かしら欠点がある』って言いますね。でも私はそうは思っていませんでした。そんなふうに考える理由が見当らなかったのです。どうも私ならすべてのことを完璧に成し遂げられると思っていたようです。たぶん、（深く考え込んで）たぶん、理想があまり高すぎて重荷になっていたのでしょうか。これがノイローゼの原因なんでしょうか？」。カウンセラーは彼女が考えていることを問いただすと、彼女は、おそらくそれが何かしら関係しているのではないかと感じていると語った。

第四回面接　バーバラは、男友達に対しては、兄弟に対して感じるような関心しか感じたことがないと語ってきたが、そんな時彼女がひどく嫌っていた女子が、ある男友達との間に「恋愛風を吹かせて」割り込んできた。以下、面接記録は続く。

躊躇したが彼女は言った。「好き嫌いを話さなければいけないんですか？」。カウンセラーはこれに対し、「どう感じているかを話していけばもっと整理されていきますよ」と答えた。彼女は言った。「一人だけ好きな人がいます。L――に住んでる男の子です。D――に引っ越したとき、その子がいないのを寂しく思ったんです。たぶん彼も私のことを好きなんじゃないかな。よく分かりませんが。もちろん、結婚したいなんて考えてません。そんな対象としてみたことはありません。名前はフランクと言います。昨夜ジャックとやって来ました。ジャックというのは私にダンスを教えてくれることになっている男の子です。フランクとはまるで兄妹のような間柄でした。以前はよく家に遊びに来てましたし、妹も私も彼のことはよく知っているんです。彼のことが好きで、L――から引っ越してからも彼のことをずっと思い続けています」。

カウンセラーは、「おそらくそういった感情はダンスや髪を結うことと関係があるんじゃないですか」と言った。「たぶんあるでしょう。昨日髪を切ろうかどうか考えている時、何かフランクのためにするような気がしたんです。でも、そんな考えはすぐ忘れようとしましたが」と言って彼女はちょっと照れ笑いをした。「恋愛感情なのかしら。認めたくはないけど。気持ちを抑えようとしてるのかしら」。

その後の言動はいささか混乱し長い沈黙があったが、彼女は言った。

「こんな感情をもつ前は、自分をコントロールできると確信してたんです。完全に心や気持ちをコントロールできるものだと思っていました」。カウンセラーはこれについて話し合い、心や気持ちを完全にコントロールできるなんてことはありえないということを彼女は今徐々に学んでいるところなのだと言った。そして、彼女が閉ざそうとしている部分も彼女自身の一部だということを理解するのはなかなか難しいことだと言った。そしてバーバラは言う。『自分らしくありなさい』ってモットーありますよね。よく言われたものですけど、その意味がよく分かっていなかったんです。自分自身になりたいなんて思っていなかったし、自分らしくということがどういうことなのか分かっていなかったのだと思います。ずっとそんなふうに行動してきたので、どうすれば自分でいられるのか良く分からないのです」。

第五回面接　自分の学校の先生と意欲に満ちた知的な生き方について話す機会があったことに触れ、バーバラは言った。

「その先生はそれを深い思想だと言いました。私は高尚な見解と呼びました。きっとこういったことを考えたりすることからしばらく離れた方がいいとおっしゃるんでしょね」。カウンセラーは、「そういうふうに言って欲しいの？」と聞いた。バーバラは、「そうね、そう言われようが言われまいが、とにかく私はそうすると思います」と答えると、カウンセラーは、「すばらしいですね」と評した。バーバラは続けて、「私、随分変わりました。なぜでしょう。以前は若者は『軽薄』すぎるって非難していたのに。今じゃ帰りに、時々何か見ようか、映画でも見ようかな、なんて思っています」。

第六回面接　バーバラはかなり躊躇したが、ある晩にあったことを話した。

「フランクとの兄弟のような関係がちょっと変わってしまったんです。何度か私にキスしたんです。それで事態が変わってしまって」。彼女はさらにこの事件について語り、付け加えて言った。「たいていの女の子は男の子を追いかけまわしていますよね。よく分かりませんが、私もフランクのために何かしてあげたいという気があるんです。彼のためなら何だってできそうです。もちろん、結婚の対象としてなんて考えていません。なぜって、まだ若いし。きっと恋しているんでしょうね。でも、愛イコール結婚ですよね。どうなんでしょう。頭では理解しようとするんですけど、どうも脈絡がないんです。フランクが私の理想かということなんですけど、なぜかしら、確かに彼はいい人なんですが、私の理想にかなっているわけじゃありません。(沈黙) こんなこと最初はまったく言っていませんでしたね。でも今ではもっとも気がかりなことなんです」。カウンセラーはこれに対し、「心の奥底にある気持ちを語るのは簡単なことでじゃありませんよね」と言った。

同じ回の面接の別なところで、カウンセラーは彼女が進歩を示していると称賛している。それに対し彼女は言った。

「すべてについて徹底的に考えてみようと思っていたんですが、結局何もできませんでした。最近は自分が感じるままに行動しています。感情に任せて突っ走ろうというのではないんです。ただ、したいと思うことをもっとしようということです。だから前回の面接のときにフランクについて話そうと決めていました」。

その後、彼女は裁縫を始めるつもりだと言っているが、そういった趣味は以前は軽蔑していたことであった。カウンセラーは彼女が確かに変わりつつあると評し、加えて言う。

「家を離れた時は幼い少女のようでしたよ」。バーバラはこれに対し、「そう思いますか？　私は今、かえって若返っているように感じます」と言った。カウンセラーは答えた。「家を離れたときは、無理して大人のように振る舞おうとする幼い少女だったと思うんです。でも今はすっかり成長して、自分らしく年相応に振る舞おうとしている」。すると彼女は笑って言った。「きっとそうなんでしょうね。あの、水曜日の面接の後、欲しかったジャケットを探しに街中を歩き回ったんですよ。家に帰ってから、その書き込みができるジャケットがとても気に入りました。女の子はみんな着ていますよ。皆ジャケットに自分の男友達の名前をずらりと書き込んだり、夢中になってることを好きに書き込むんです。もちろん、私は以前には買いませんでした。軽々しいと思ったんです。自分の中に楽しみたいという気持ちもあったと思うんですが、それを見せたくなかったんでしょうね。だから水曜日には買おうと決めていました。見つけるまで街中を歩き回らなければなりませんでした。足はほとんど水ぶくれでした。でもとうとう手に入れました」。入室の際に椅子の上に置いておいた無地のリネンのジャケットをカウンセラーに見せて言った。「ほらね、まだ何も書いてないでしょ。でも今度来るときまでには何か書きますよ。きっとたくさん書き込むと思います」。彼女は襟の部分を指さした。「この辺りに『銃禁止』って書くつもりです」。

第七回面接　バーバラは心理士になる決心をしたと言い、カウンセラーに親近感を感じていることを表す。

「もちろん、確かに私は女です。でも心理学をやって成功した女の人っているのかしら？」。カウンセラーは、指導的地位についている女性はたくさんいると言い、さらに続けて、「自分が女性であると考えるのが嫌なんじゃないですか？」と言った。「そうなんです。どうも男性的性質に対する憧れが強すぎて、男だったらいいのにと思ってるところがあるみたいです。きっと誰かが私を矯正してくれて、私だって素敵な女性になれるってことを教えてくれなきゃだめなんじゃないかしら」。

その後、彼女は次のように言っている。

「ノイローゼになった頃、お医者さんに私の考え方はまるで三十代の男性みたいだと言われ、それをある種の褒め言葉のように受け取りました。おそらく、女でしかいられないのに男になろうとしていたんでしょう」。

第八回面接　バーバラはふと、野心があってもいずれは挫折し、そのうち「収まるところに収まる」だろうと言う人もいたと言った。

「そうしなければならないんでしょうか？　野心なんてもつものじゃないんでしょうか？　もっと自分が感じるままに行動しようと思っているんです。でも、感じているままのことをすれば、私はどうなってしまうのでしょう？　そんなことを考えるとわけが分からなくなってしまうんです」。カウンセラーは、彼女が成し遂げてきた成長はただ自分の思ったとおり行動するということにあるのではなく、自分の感情を喜んで受け入れるということに表れているのだと説明した。そして、以前は常に、楽しみたいとか、社交的でありたいという欲求を、自身にはないものだと否定していたのだと指摘した。彼女は性的感情や恋人が欲しいという欲求を否定してきたし、魅力的に見せたい、あるいは髪形を同年代の女の子のようにショートヘアにしたいなどの欲求を否定してきたのだ。しかし今は、こういった感情をすべてもっているという事実を受け入れるところまで達したのである。もちろん、これは何もすべて自分の衝動にしたがって行動していくということを意味するわけではなく、今後は、自分自身を、あるいは自分自身がもっている感情を恐れることはなくなるだろうということを意味している。カウンセラーは最後に次のように言って締めくくった。「一年前、あなたは会議であの少年と話し合おうとしなかったんですよね（彼女が以前に話題にしていた出来事）。彼に興味があった、あるいは彼に魅かれていた、とは認めようとはしなかったけど、今なら分かるでしょう。もちろん、これからあなたがすることは、単に衝動にまかせて行動することではなく、そういった関心をどこまで追って進んでいきたいか決めるということなんです」。彼女は笑って、確かにあの少年にどの程度魅かれていたかなんてことは、とてもじゃないが認められそうにはなかったと言った。そして、「でも、確かに最近はもっと男の友達が欲しいと思っています」と言った。すると、カウンセラーは彼女の発言に付け加えて、「さらに、男友達に知的な好奇心だけでなく、恋人としての関心もあるということを喜んで認めるんですよね」と言った。

第九回面接

バーバラは言う。「初めてここに来たとき、子どもの話をしましたが、子どもは嫌いだって言いましたよね。なんでそうなのかちょっと分析したいんですけど」。彼女は小さな子どもが嫌いなのだが、実際には子どもたちは彼女のことが好きらしいのだと言う。「おそらく、そんなふうに嫌うのは多かれ少なかれそうしなくてはいけないことみたいなんです。たぶん、いつのまにかそんなふうに感じてしまうのだと思います」。

第十回面接　バーバラは、今後どのように勉強していくかについて不安をもっており、必ずしも最高の成績を取れるわけではないと語る。

カウンセラーは、「まだ何か始めると完璧じゃないといやだと思ってるんじゃないかな？」と評する。彼女は答える。「うーん、そういうふうに思っているところがありますね。本に出てくるような理想的な少女になろうとずっと努力してきましたから。年上の人たちにはいつも好かれています。年上の人たちや子どもたちにはいつもいろいろとよくしてあげるので、皆私のことを好きなんです。私にとっては、若い人たちが問題なんでしょうね」。カウンセラーはこの事実を解して、彼女が年上の大人や子どもたちに喜んでいろいろしてあげるのは、自分と同年代の友達とうまくやっていけないと分かっていることも一因なのではないかと言う。彼女は言う。「おそらくそうでしょうね。たぶん男子たちは、以前の私のような宗教に関心がある人間なんか好まないでしょう。私はただやさしい考えをもった女の子だったんです。ねえ、私の言ってること分かりますよね?」。

第十一回面接　バーバラは今後どのように勉強していくかについて語り、特にラテン語やどの学問分野に力を入れていくかなどについて強調して話した。

カウンセラーは、学問も目標の一つには違いないだろうと言った。しかし、カウンセラーは、ここでの一連の面接すべてを通じて、彼女がもっとも満足感を示したのは、彼女が同年代の若者と同じだと感じられるようなことをしようと決心したときだったということを彼女にもう一度思い出させた。つまり、あのジャケットを買おうと決めたこと、髪形のこと、あるいはダンスをする計画などについてである。

彼女は一瞬沈黙し、そしてカウンセラーにというより、自分に言い聞かせるように語りだした。「そういうことにうつつを抜かすなんてばかげてるんじゃないかな。他人はそんなこと評価しませんよ。ただ見せびらかすためにするんじゃないんです。価値があるようにみえるかもしれないけど、たぶん、まったく『牛のエサ』みたいなものでしょう」。彼女は話をやめ突然笑いだした。「いったいどこでそんな言葉覚えたんでしょう?　『牛のエサ』だなんて!」。

第十二回面接　面接の半ばに彼女は笑いながら言う。

「四回目の面接だったかしら、フランクについてちょっと感情がこみ上げるようにして話しましたよね。まったくばかげてみえたことでしょう。今じゃまったくどうでもいいことのように思えるんです。D――に戻るときに、彼とは別れてもいいような気がしています。ここを去る前に彼とは一度会いたいと思っていますが、でもいったん戻ってしまえば忘れてしまうような気がします。ちょっと前までは恋愛の殉教者みたいだったのに。先生もそう呼びたかったんじゃないですか。今じゃ、あの時の自分が笑えます。初めは絶対克服できないと思っていたのに。今では、家に戻ったら彼の代わりに誰か他の人を探すだろうと思っています。そうは言っても、心の中では彼には好感を抱き続けると思いますけど」。カウンセラーはこの問題全体を通して彼女の取り組み方は素晴らしかったと励ました。

第十三回面接

バーバラは尋ねる。「何かまだしっかり見据えていない問題がありますか?」。カウンセラーは完全に直視していない問題があるかどうかは自分自身が一番良く知っているのではと答える。「そうねえ、結婚に関する問題ですね。結婚に関してはまだなんとなく混乱してるんです。自分自身で何を望んでいるのか分からないし。何だかはぐらかしたい気分なんです」。彼女はかなり混乱した様子で、子どもに対する複雑な思い、出産に対する恐怖、結婚が自分の生涯の仕事を妨げるのではないかという恐れについて語っていく。そしてちょっとためらったが、どれだけ自分が変わってきたかについて述べる。彼女はたまたま二、三の実話雑誌を見つけ、それを読むのを楽しんでいるという。「もし、通りすがりに、がっちりしたハンサムな人とすれ違えば、私だって魅かれます。自分自身、何を求めているのかよく分からないんです」。

そのすぐ後に彼女は言う。

「ずっと男の子とのつきあいが好きでした。セックスというのじゃなくて、心と心のつきあいという意味です」。彼女は躊躇したが切り出した。「ええと、ちょっと言いたいことがあるんですが、たとえば、髪形をいじるとき、男になりたいか女になりたいか選択しなければならないとしたら、今はどっちを選んだらいいか迷うでしょう」。

それから、ノイローゼになったときの経験を少し語り、さらに続ける。「きっと男になりたかったから、それで心を強調しようとしていたのかもしれません。なんとなく男の心を混ぜ合わせようと努力してきたんですよ」。

彼女は話をやめ、途方に暮れた。「女が嫌いだったんです。男が好きなんです、だって男になりたかったんですから」。カウンセラーは「男の方が女より上だと感じたのかな」と言った。彼女は答えた。「そうです。精神的に優っています。男は女よりずっとしっかりしているように見えます。女であることをうまくごまかしたかった。だから知的な面を伸ばしたかったんです。できると思ったんですが、それでノイローゼになってしまって」。カウンセラーはこれを受けて、「おそらくあなたは今、女でいながら、同時に精神的に優れた人物になるということを学んでいるのではないでしょうか」と言った。「ええ、以前は私を構成するものは肉体ではなく心だったんです。できる限り現実から逃避しようとしていました。そういった態度が何か関係していたのだと思います」。

面接の終わりに近づく頃、彼女は言った。

「数カ月前のある雑誌に、男性と女性のどちらの傾向があるか測るようなテストがあったんです。やってみると、一つの項目を除いてすべて女性的傾向を表しているという結果でした。あのときは本当に気が狂いそうになりましたよ！」。

第十四回面接

「前回来たときは、それほど話が進みませんでしたね。でも帰りのバスで考えたんですが、とても深い意味があったんです。今、細かなことがたくさん頭に渦巻いているのですが、近いうちにすべて先生に打ち明けちゃおうと思っています」。

第十五回面接　バーバラは面接中終始、家に帰ったときに直面するであろう問題について語っている。

「友達がきっと尋ねると思うんです、『具合はどうなの？』って。それがいやで。私が感じてることなんて分かってもらえないし、もし具合がいいと言えば、なぜ土曜集会に出ないのかと不思議がるでしょう。今生きている場所は新しい世界のように感じています。かつての私とはもう違うんです。土曜集会で祈りを捧げるように周りから言われてきましたが、今は聖徒らしい、敬虔な態度はもういいって感じです。今朝一カ月ぶりに聖書を読んだんですが、何だか様子がまるで変わってしまったように思えました。まったく新しい違った意味をもっているように響いたんです。未だ、完全主義には変わりありませんが、でもちょっと違った意味での完全主義なんです。以前は、聖書を読めば、ダンスや他のことをすべきじゃない理由を探したものですが、今は違って見えるんです」。

面接が中盤にさしかかった頃、バーバラは言う。

「自分が女性であることについてもう一度考えてみました。言葉にうまくできるかどうか試してみますね。私は女性です。それは受け入れようと思います。運命としてではなく、服従の精神としてでもなく、最善の結果という意味においてです。もし神様がいるのであれば、神は私を天の配剤として女にしたのでしょう。男のような望みを満たそうとするより、もっと良い女性になれますとも。自分にない何かを追い求めるより、自分らしく、自分にある才能を伸ばすことできっとずっと素晴らしいことができるでしょう。これを挑戦として受け入れようと思います。男になりたいという気持ちはもうほとんどなくなったように感じています。ただ私自身になりたいんです。料理も学びますし、上手くなりますよ。芸術的料理を作ってみせますよ」。

分析の試み　バーバラの自分自身に対する認知は、このカウンセリング経験全体を通じて絶大なる変化を遂げたことは、ざっと眼を通しただけの読者にとってすら明らかであろう。こうした新しい認知の分析と分類を試みると、四つの範疇に分かれるように思える。自分の能力や究極的な達成目標に対するより現実的な考えを受け入れられるようになった。抑圧されていた社会的な欲求を受け入れることができるようになった。異性への欲求を認められるようになった。女性としての役割を完全に拒絶することから、それを完全に受け入れるように転じた。これらの四分野のそれぞれにつき、自己認知が認められる一連の場面をできるだけバーバラ自身の言葉を借りてリストにすれば、彼女が経てきた過程を明快にしてくれるだろう。読者は引用された面接資料と照らし合わせ、こうした一連の自己認識が正確に反映されているかどうか確認するのもいいだろう。

Ⅰ　目標達成に対するバーバラの見解

第三回面接　おそらくこういった理想があまり高すぎて重荷になっていたのでしょうか。

第四回面接　以前は完全に自分をコントロールしたいと思っていましたが、今は自分らしくありたいと思っています。

第五回面接　高過ぎる理想は捨てようと思っています。

第八回面接　途方もない野心をあきらめるのは本当の損失なんです。ただ私自身でいるのであれば、いったいどこに行き着くのでしょう？

第十回面接　以前は「やさしい」理想的な女の子になりたかったのですが、今はありのままの若者になりたいんです。

第十一回面接　以前の目標はあまりに高尚で強力で、「牛のエサ」みたいなものなのですね。

Ⅱ　社会的自己に対するバーバラの見解

第五回面接　「軽薄」すぎる若者が嫌いです。今は私にも「軽薄」な欲求があることを認めています。

第六回面接　以前は威厳のないばかげたリネンのジャケットを着ている女の子を見下していました。今は本当の私はいつも同じことをしたがっていたことを認めます。

第十回面接　同年代の若者と仲良くやっていきたいんです。

第十五回面接　もう敬虔すぎる聖徒のような人間でもないし、社交的な傾向をもちあわせていることを恐れません。私はすっかり変わりました。

Ⅲ　異性への興味に関するバーバラの見解

第四回面接　恋人風を吹かすのが嫌いなんです。でも本当は恋愛じみたところがあるのですね。

第六回面接　愛イコール結婚ですよね。恋愛はしたいけど、結婚はしたくありません。それともしたいのかしら？

第八回面接　男の子に興味はあるし、恋人も欲しいです。今はそう認められます。

第十二回面接　私がしていたのは幼ない恋だったと分かりました。今は本当の愛に発展する新しい出会いを楽しみにしています。

Ⅳ　女性であることに関するバーバラの見解

初期の面接　子どもが嫌いなんです。結婚したくありません。男だったらよかったのに。じゃなきゃ男のようにふるまえたらいいのに。

第七回面接　女性であることがずっと嫌でした。たぶん誰かが私が女であるべきだと確信させてくれるでしょう。

第九回面接　子どもが嫌いというより、きっと好きなんです。

第十三回面接　女性でいたくありません。でも女性でいたいのです。もし私に選択権があったなら、もう確信がもてません。本当はすごく女らしいんじゃないかな。

第十五回面接　私は女なんだわ。女になろうとしてるんだわ。楽しみだわ。

以上は確かに発言の羅列ではあるが、徐々に発展した自己洞察が新しい方向づけをもたらしたということを示す方法としては効果的であろう。あるいは、もっと専門的な用語で説明することもできる。カウンセリングを通し、バーバラは変化し続ける。初めは、完璧でなければならない、男でなければならない、社交的な活動はなるべく控えなくてはならない、と感じ、恋愛的なことは嫌いであった。しかし次第に、無理のない目標達成をめざし、社交的な活動を求め、異性との接触を楽しみにし、女性としての役割を受け入れる人間に変化し続けるのである。このような変化を、目標の変化、動機の変化、抑圧の解放、という観点から説明しようが、あるいは自己認識の変化、という観点から説明しようと、この変化がきわめて重要な事実だということに変わりはない。こうした変化こそが最大限の注意を払うべき非常にダイナミックな説得力をもった変化の過程なのである。

これまで示されてきた自己洞察を表す引用例を見比べてみると、自己洞察がクライアントにとってどういう意味をなすかは、それぞれの例ごとに異なっていることが分かるだろう。バーバラの例で言えば、過去の諸事実に新しい関係を見いだす、ということを意味するだろう。彼女は、一方でノイローゼでありながら、他方ではあまりに崇高な理想を追い求め、男になりたいという欲望をもつが、この相容れない要素に関連を見いだすのである。あるいは、異性に対する抑圧された態度と衝動を直視し、受け入れるということを意味するとも言えるだろう。また、自分の演じてきた役割を正面から見据え、認知することを意味する場合もあるだろう。こうした変遷をカウンセラーの見地から検証すれば、心理的な経験の重要な連鎖により得られる他の状況も自ずと明らかになるだろう。

カウンセラーはいかに自己洞察の発展を促進すべきか

主要な手法　バーバラのケースで説明されたような、自己の新しい方向づけや自己改革は、カウンセリングの主要な目的であり目標であることは言うまでもない。そこで、当然のことながら、カウンセラーはどうすれば自己理解、つまり新しい目標への自己の再方向づけを促進することができるか、という問題が提起されるのである。しかし、その答えを聞けば、熱心な学習者は必ずや失望するであろう。クライアント側に自己洞察をもたらすための主要な手法とは、カウンセラー側に、最大限の行動というよりも、最大限の自制を要求するものだからである。その主要な手法とは、前章で述べられたように、自己洞察的な理解が自ずと発露するまで態度や感情の表現を促進し続けることである。自己洞察は、遅れて表れることが多く、ときとしてカウンセラーが自ら、自己洞察を与えよう、もたらそうとしてする努力がかえって自己洞察を阻害してしまうこともある。しかし、気持ちをそのまま表現できるよう促進しようとする面接のアプローチさえ守っていれば、自己洞察は遅れて表れることもなく、また阻害されることもないのである。

バーバラのケースでは他にもさまざまな手法が用いられているのは確かだが、ここで議論する手法、つまり、もっとも深遠で役立つ自己洞察、また自己の再構築にもっとも効果的な理解とは、彼女が自発的に表出したものそのものであるということに言及したい。それゆえ、カウンセラーの主目的は、クライアントから自己防衛的態度や、態度を明るみに出すべきではないという思い、また、カウンセラーが批判、提案、命令をするのではないかという不安、を取り除くよう援助することにある。もしこの目的が達せられれば、クライアントは正当化や自己防衛をすることなく、現実の中で自由に全体状況を眺めることができるようになるのだ。こうして初めて、クライアントは関係全体をはっきり見据え、それまで自己の中に隠されていた衝動を認知することができるのである。

この行動方針は、カウンセラー側に大きな自制を強いることになる。理由は簡明である。クライアントがカウンセリング面接において、自分自身をより自由に表現していくにつれ、カウンセラーがクライアントの問題に対する自己洞察を発展させ始めてしまうからである。一回目や二回目の面接が終わるころには、主要な応答パターンが比較的明らかになることは少なくない。精神科医であれ、心理士であれ、教育カウンセラーであろうが、はたまたソーシャルワーカーであろうが、どんなカウンセラーもその応答パターンをクライアントに告げたり、クライアントの性格について講釈したいという耐え難いほどの誘惑にかられるものである。起こりがちな反応の種類についてはすでに見てきた（第二章、29～30頁参照）。その解釈が正確であればあるほど、より自己防衛的な抵抗に遭遇しやすいのである。そうなると、カウンセラーおよびその解釈は、クライアントには何か恐れるべきものとなってしまうのである。機が熟さないうちに、こうした解釈を加えてしまいたいという誘惑に屈しないこと、また自己洞察とは押しつけられた経験ではなく、自然に成就されるべき経験だと理解することが、カウンセラーにとっての重要な進歩のための段階なのである。

実のところ、経験の浅いカウンセラーは、自己洞察を促進するための解釈的な手法や特殊な手法はまったく利用しないほうが安全であるし、その方がうまくいくと言っていいだろう。もしカウンセラーがクライアントの態度を十分認識し、感情を明快にする過程を援助し、自由な表現を促進すれば、新しい自己洞察は自ずと表され、カウンセラーは表現されるままにそれを認知することができるからである。しかしながら、クライアントの自己洞察の発展を促進し、また自己理解の範囲を拡大させるために、カウンセラー側でしなければならない努力が存在することもまた確かであり、こうした努力は検証するに値するであろう。

諸関係を明確にする手法の例　一定の条件下では、クライアントがすでに表現しつつある内容について解釈を加えても構わない場合がある。その解釈が完全にクライアントが発した言葉に基づいている場合、また、その解釈がクライアントがすでに自ら知覚しているものを明確にするだけのものである場合は、このアプローチは成功するであろう。この種の解釈例はすでにバーバラの第八回面接にて掲示されている（173～174頁参照）。カウンセラーは、バーバラは以前は社会的、性的な感情をもっていることを否定していたが、今や彼女はそれを自分の一部として受け入れることができるようになっていると指摘することによって、バーバラが面接中にもちだしたさまざまな内容を要約しているのである。バーバラはこの解釈を受容するだけでなく、さらに拡大している。こうして受け入れられることこそが大切なのである。もし、解釈が受け入れられない場合、抵抗を生んでしまい、心理療法の真価を非常にあやふやなものにしてしまう。

こうした実践的なカウンセリング手法をより具体的に検証をするために、二十代後半の若者、ハーバート・ブライアンの第四回目の面接例を取り上げてみたい。[2]ブライアン氏は、さまざまな神経症の症状を訴えてクリニックを訪れた。器質性の原因が不明の身体的痛み、無気力になってしまう嗜眠的な倦怠感、そして彼がいうには、神経症のせいで成功の機会をすべて逃してしまうことに悩んでいた。彼は、優れた哲学的精神に富み、広範な心理学書を読破しており、心理学的専門用語を不自由なく、また正確に駆使した。初期の面接では、抽象的で知的な専門用語を駆使して彼を悩ます問題について論議を重ねた。第四回目の面接で、彼はふと言った。「男としての、精力的な役割」を演じることを阻害されそうになると、いつも神経症の症状に逃げ込む傾向があり、そうするとある意味でまったく気分が楽になるというのである。そして、症状を取り除くために過去にしたあらゆる努力を振り返った。さらに語り続け、下記に引用する面接場面では自らの選択肢をはっきり認識していることを示す。つまり、神経症をこのまま抱えていくか、それとも健全な適応を目指して苦闘の道を選ぶかという選択である。引用例を読めば、このカウンセラーがいかに自己洞察の発展に寄与しているかに気づくであろう。カウンセラーは、ブライアン氏の表明する感情を明確に認知し、選択を明確にし、直面している状況における諸関係を解き明かしている（録音記録による）。

カウンセラー　それで今にいたって、そこであなたは――

クライアント　はい、そこでぼくは、先生を訪れようと決心したんです。前にいいましたが、ぼくの感じだと、ぼくの努力は心からやったものとはいえません。もしそうだった――もし心からの努力をしていたら、努力は実っていたと思うんです。ぼくがやっていたことは、いわば少数派(3)の機嫌を取るような無駄な努力だったわけです。なので先生のような人だったら、ぼくが自分を変化させることができる手がかりへの道を示してくれると思ったんです。

カ　少なくともその手がかりの一部は、今日話されたことからすると、自分がしようとしている選択についてはっきりと認識する、ということにあるようですね。つまり、あなたは確かに、責任をもちながら、そして満足と不満足の両方を感じながら前進するか、それとも症状をもったままで一生を過ごすというもっと楽な可能性に後戻りするか、この二つの違いについて、今までになくはっきりと話されているということです。

ク　前回の分析によると、それはこういうことになるんですね、ぼくはこの神経症の症状をもっと楽しむけれど、それを尊重はしなくなると。

カ　はい、それはなかなかいい――

ク　いい方をかえると、ぼくは今、自分を尊重することにもっと価値を置きはじめているんだと思います。そうでなかったら、何とも思わないはずです。

カ　そのとおりでしょう。それは――えーと――初めてここに来たときにあなたは言っていましたね、状態はこのとおりだけど、この姿に変化をもたらす動機づけはいったいどこからくるんだろうか、と。それを変える動機づけの大部分は、この状況全体のどの側面を永続的な基礎として保ち続けたいかということについて、あなた自身がもっとずっと明確に認識するということなのでしょうね。

ク　ぼくはその点で自分を欺く巧妙な哲学的方法を知っていますが、それもお話しすべきですね。もちろん、一人の哲学者として、ぼくは価値観を評価する方法なんてまったくないことを知っています。ある価値観が他の価値観よりも優れているなんて言おうとすれば、常に結果は次のいずれかになるんです。一つは論理的な同語反復で、同じ考えを言葉をかえて繰り返して言うようなことです、「ええと、これこれだから、こっちの価値観のほうが優れている」というように。本当に言っていることは、その価値観は優れているから優れているんだ、ということなんです。もう一つは、ある種の命令のようなものになってしまうことです――「この価値観は、神が優れているというから優れているのだ」というような神聖な命令か、あるいは、ある種の自然法則的な命令で、いずれももちろん哲学的には証明できないものです。ですから、ぼくは自分が、えーと――自分が知的により望ましい価値観を大切にしていることに気づいたとき、つまり、自分がよい役割を大切にしていることに気づいたときに、ぼくの別の部分が、「いいか、おまえはその価値観がいいなんて証明できないんだぞ」と言うんです。ぼくにはこうした哲学的な倒錯傾向があるので、もし証明できるのなら――もしも宇宙規模の物差し、つまり、宇宙規模で絶対的なものがあるのだったら、えーと――敬虔な人の神への絶対的信頼に匹敵するようなものですね――それがあるのだったらぼくは、ある価値観が明らかに他の価値観よりも優れているという哲学的証拠をもてるわけです。でもぼくは、そういった哲学的証拠なんてもてないのは分かっていますし、少なくともそういった証拠に出会ったことはありません。われわれには価値観の正しさを証明することはできないんです――われわれは常にそう思っていなければならないんです。一人の哲学者として、先生はぼくの意見に同意してくださると思っています。

カ　一人の哲学者としてかどうかは分かりませんが、確かに私は、あなたの意見に同意します。というのは、そのような状況では、ある価値観が他のものよりも優れている、と言えるような証拠があるとは思えませんから。

ク　宇宙のどこにも見当たらないんです。それはすべて、われわれ自身のなかに存在しているに違いないんです。

カ　それは、本当にありのままの自己に戻ってくるものなんでしょうね？　そこには、二つの道があって、あなたはどっちに行きたいのでしょうか？　それは個人的で、しかもたぶんまったく哲学的でない選択になるんでしょう。

ク　はい。言い換えると、ぼくは――宇宙をたよりにして「さあ、お前はこの二つの道のどっちがよいと思うのか？」なんて言えないんです。ぼくには――

カ　いうことはできるでしょう。そうしている人はいますが、ただそれが本当に解決してくれるものであるかどうかは疑わしいでしょうね。

ク　はい。ぼくの考えでは、人が本当に変化するとき、多くの人たちは神のためにそれをやっていると考えるようですが、本当は自分のためにやっているんです。そのー（考え込んで）、たぶんぼくは、宇宙から何も必要としないんです。

カ　あの、自分のなかに十分たくわえてきたものを試すチャンスなのかもしれませんね。

ク　はい。それはすばらしい見方ですね。その——えーと、ぼくが二つの道のいずれかを選択することを正当化しようとして、哲学的に何か重要なものを探していたことは、絶対に見つからないと自分が知っていたものを探していたということなんです。

カ　ええ、はい。

ク　というのは、ぼくには、一つの道を選べというような宇宙的使命はけっして見つからないと分かっていたんです。そしてぼくは、自分の動機づけの欠如を合理化するために、宇宙的使命の欠如を利用していたんです。

カ　何の束縛もないときには、あなたの自分についての理解にはまったく誤りがありませんね。

ク　あの、それがまず第一のことなんでしょうね——汝自身を知れ。

カ　そのとおりでしょう。

ク　ぼくがこれからやろうとしているのはそのことなんです——自分の価値観の証拠を求めるのではなくて、もっとも自分を尊重できて、しかも満足の得られるような価値観を身につけて進んでいくことです。

カ　あなたが心から望むようなものをね。それは本当の選択でしょうし、それぞれの人がそれぞれの道を進むんだと思います。ご存知のように、人生を回避すること、つまり、何かを作り上げてそのなかで満足しているような、外に出かけて闘ったり責任を引き受けたりしないという満足があるんです。ある人たちはそういう道を選びます。でも一方では、より険しい道を進む満足もありますよね。

ク　ぼくは、宗教的な条件づけが、ぼくを宇宙からのサインのようなものに依存するようにしてしまったと思うんです。もともと、ぼくは神の賛意に依存しなければならなかったんです。ぼくのなかに個人的にあった神なるものへの信仰が喪失した後、今度は自然とかそういったものからのサインを求めるようになったんです。でもぼくは、外部からの正当化に頼らずに、自分の価値観を身につけることを学ばなければなりません。その価値観とは結局、本当に自分が望んでいるものということです。

(間)まったく、辛い闘いだと思いますよ。

カ　私もそう思います。率直にいって、私もそう思います。

ク　それは、ロータリー・クラブの会員がいっているような、「さて、私のよりよい判断が思いどおりにことを運ぶだろう」といった楽観主義などとは違います。

カ　違いますね。

ク　そんなことだとは思いません。

カ　そうですね。私が思うには——えーと、私が思うには、あなたの経験の全体はそれがとても難しい選択であることを示しているのではないでしょうか。

本例は、カウンセラーとクライアントが協力することにより、深い自己洞察を生みだしていることを鮮やかに表した例である。この引用部分の最初のカウンセラーの応答は、面接の初期段階にクライアントが表した感情に対する認知であるが、同時に、クライアントがどちらを選択すれば満足できるかという選択を迫られているという事実に対する明確な解釈を与えたものでもある。受け入れられたことで、ブライアン氏に重要な理解がもたらされることにつながっていく。神経症の症状を享受しているが、尊重はしていない、という子どもと大人の欲求で揺れ動く基本的な葛藤を見事に表した発言から分かるように、重要な理解がもたらされているのだ。カウンセラーが、選択を迫られているという考えを繰り返し述べるにつれ、クライアントは幾分後退し、成長を促す道が神経症の症状に逃げ込む道より優っていることは決して証明できないと指摘している。そして、このいささか落胆した感情が受け入れられ認知されると、クライアントは徐々に何よりも深い自己洞察を醸し出すようになるが、これが、選択は彼の内側にある、自分自身に成長と独立の能力がすでに備わっているのだという思いに至らせる原動力になっていくのであろう。

本例は、自己洞察を発展させるためのカウンセラーの応答としての模範例である。クライアントに受け入れられていない解釈はまったくなされていない。カウンセラーの応答の大部分は、クライアントがすでに発展させつつある自己洞察を単に認知し強化するものである。留意すべきは、こうした過程を踏襲していけば、ブライアン氏が、「宇宙規模の物差し」を求めることは現実的な選択の遅延に加担するだけにすぎないという理解に直面したときのように、得られた自己洞察は直ちに新しい局面で再び適応されるということである。カウンセラーは、さらにクライアントの選択には関らないよう努めるが、神経症とつきあいながら問題から逃避することを選んでも、もっと成熟するための道を選んでも、いずれの場合も満足感は得られると指摘している点にも注目して欲しい。先に指摘したように、真の心理療法とは、すべての個人に内在する成長と正常な方向に向かう衝動に基づく動機づけに立脚しているのである。こうした衝動が積極的な選択を可能ならしめるほど強大で、選択がはっきり見えてこないかぎり、心理療法が成功するかどうかは疑わしい。

カウンセラーが自己洞察の促進に用いる手法は、このように繊細なものであり、また、解釈の成功と失敗の境界線をどこで引くべきかの判断は困難であるため、カウンセリングの手法についてさらなる例を見てみよう。これから掲げる実例において、カウンセラーは、性急な結果を求め、自発的な自己洞察表現を待たず、より率直な解釈に走る傾向がある。そのため、全体的な結果は必ずしも満足いくものにはならず、自己洞察がある程度まで発展していくのはほぼ確かなのだが、それが完全で永続的なものかは疑わしいという疑問が残る。

ポールは、すでに先の引用例でも登場した学生であり、二回目の面接で自分の望んでいない音楽と文学的な才能を親から受け継いだが、望んだ才能は何も授けられなかったと言っている。音楽や文学的な関心は情緒的なものだと言って嫌っている。少年時代にこうした趣味は「女々しい」と言われ馬鹿にされ、恥をかいた経験があるのだという。面接は以下続く（録音記録による。番号は参照しやすいよう付されている）。

1　カウンセラー　まわりの仲間と同じようになれて、感情に流されなければ、もっと幸せだろうと思うんですね。

2　学生　そうです。もちろんそうなりたい、というか、もうこうした不安はこりごりなんです。（沈黙）いかなる状況でも冷静沈着で明晰な思考ができるようになりたいんです。

3　カ　ところが実際はそうではなく、自分では情緒的だと思っているわけですね。

4　学　気がおかしくなりそうですよ！（沈黙の後、笑いだす）

5　カ　それについて随分と考えたんですね。きみにとって理想の人とはどういう人ですか？

6　学　うーん、そうですね、科学者のような人ですかね。ぼくの考える理想の人です。できれば物理学者とか、科学、物理の分野とか、技術者がいいですね。建築や利便性の高いものを作って社会に貢献するような人です。何でもモダンなものが好きなんです。

7　カ　情緒的なものでなく、物質的なものを扱う人ですね。

8　学　そうです、何か実体的なものですね。

9　カ　そうすると、実際とは違った自分になることで、この問題を解決したいと真剣に思っているわけですね。

10　学　そうです。だから工科大学にいるんです。自分をですね、何というか、試す機会なんですよ。この分野で実際に才能があるかどうか見極めるんです。ぼくの才能もそうばかにしたものでもないんですが、良い技術者が兼ね備えているべき非常に根本的なものが、ぼくには欠けているようなんです。つまり、冷静沈着で、粘り強く頑張り、ふと心に浮かんでくるようなことには惑わされない、というような性質です。良い技術者は感情には流されません。そんなことは技術者には最悪なんです。感情に流される技術者なんていうのは良くないんです。

11　カ　とすると、ある意味、きみが工学の分野に進んだのは絶好の訓練になると思ったから、そうなんですか？　情に流されないようになるために。

12　学　そうです。

13　カ　工学に興味があるというよりは、おそらくそうした理由で工学を選んだわけですね。

14　学　ええー、純粋な興味もなかったわけではありません。多少ですが、それは本当です。でも、大部分はまったくぼくが言ったとおりの理由で選びました。それがほとんどすべてですね。

15　カ　問題は本当の自分になりたいのか、なりたくないのか分からないということにあるとは考えていないと思いますが、その可能性はないかな？

16　学　はっ、どういうことですか？

17　カ　いや、ただどうかなと思ったんですよ。きみは必死で自分ではない人間になろうとしてますよね？

18　学　はい。自分に満足していないのですから。

19　カ　今の自分には価値がないと。

20　学　そのとおりです。もし誰かがぼくの心を変えてくれない限り、そういうふうに考えると思います。

21　カ　（笑）なぜなんだろう、それじゃまるで誰かがきみの心を変えてくれるのを願っているように聞こえますが。

22　学　（極めて冷静に）そうです。だって他に解決方法が分からないのですから。

23　カ　別の言い方をすれば、実際の自分はまったく違うのに、冷静沈着で、情に流されない技術者になることは極めて困難な命題だと自覚しつつあるということですね。

24　学　図星です！　そうなんです、とても難しい命題なんです。不可能でしょう。でも、不可能と考えるのが嫌いなんです。

25　カ　嫌いだというのは、実際のきみ自身には価値がないと感じているのも一因なんですね。

26　学　はい。

27　カ　本当のきみ自身がしたいことはたとえばどんなことなんだろう？

28　学　ええと、そうですね、数学に興味があるって言いましたよね。それも一つです。あとは、人類学にも興味があります。同時に、音楽にも魅かれます。あとは、以前は小説も好きだったんですが、今はどうでもいいですね。あー、でもぼくには書く才能もあるんですよ。それが恥ずかしくて。

29　カ　その二つの才能を恥じている。そして人類学への興味を自分がだめであることを証明するために利用してきたんですね。

30　学　（笑）ある人類学者にものすごく影響を受けてきたんですよ。フートンですが。

31　カ　きみは今、大きな難題に直面しているんだと思います。この問題は誰しも人生のある時点で直面しなければならない問題なんです。つまり、本当の自分を発見して、自分自身であろうとするか、あるいは別の第三者になろうとするかです。（長い沈黙）

32　学　自分自身になろうとはまだ思えません。

33　カ　ええ、それはよく分かりますよ。繰り返しになりますが、それがきみが決めかねている問題なんです。実際のところ、自分自身にはなりたくないと思っていますよね。

34　学　そうなんです。（沈黙）

35　カ　そうとはいえ、技術者になりたいとも確信がもてないでいる。

36　学　うーん、というか、なれないだろうと思っているのです。今のままでは。らちがあきません。

上記面接におけるカウンセリングの手法を検証してみると、自発的に発生する自己洞察は見当らないことにまず気づくであろう。ポール自身が、自分のおかれている状況に新しい側面やパターンを自ら、援助なしに見いだすという場面はないのである。ポール側の発言で唯一自己洞察を帯びていると思われるものは、カウンセラーが指摘した関係づけを受け入れる発言のみである（例として、ポールの応答項目22、24、26参照）。カウンセラーの手法は、おおまかに、三つのパターンに分類できよう。まず第一に、毎回成功しているとは限らないが、ポールの表した感情を認知し、反映しようと努める応答によって、自己洞察が促進されていることである（項目1、3、7、19、33、35参照）。第二に、ポールが別の場面で表した感情と関連性のある示唆あるいは指摘を行っている。たとえば、ポールは情に流されやすいと言って自分自身を否定し、自分の理想として実体的なものを扱う物理学者をイメージしていると言っているが、これに対しカウンセラーは、「そうすると、実際とは違った自分になることでこの問題を解決したいと本気で思っているわけですね」と言い、関連性があるのではないかと指摘している（項目9参照。この手法の他の例としては項目11、23、25、29、31参照）。第三の手法は、すでに面接の土俵に上がっている態度は、実はポールの行動の基礎になっていないのではないか、という解釈を提起することである。この例は、「問題は本当の自分になりたいのかなりたくないのか分からないということにあるとは考えていないと思いますが、その可能性はないかな？」というカウンセラーの発言である。この発言はある意味正確な解釈のように思える一方で、これはまだポールが表現する準備ができていない要素を基礎としている。この発言は何とか受容されてはいるが、この受容がポールの中で掘り下げられていくかは疑わしいし、変化の原動力となるかどうかも疑わしい（類似手法として項目13、17参照）[4]。

関連を明確化する手法の利用　以上述べてきた諸手法の原理を要約すると次のようになる。自己洞察と自己理解は、これらが自発的に起こる場合にもっとも効果的である。カウンセラーが、クライアントを自由にして、明晰に自己が抱える問題を見据えられるような状態にもっていくことができれば、もっとも価値ある自己洞察がクライアント主導で発展していくのである。カウンセラーは、すでに成就された自己洞察にさらに系統立った説明を加えたり、クライアントが到達した新しい理解を明確にしてやることで、この過程をさらに促進できるだろう。クライアントの眼前に存在する、取りうる行動方針の選択肢を吟味し、理解をさせる援助もできるだろう。これに加え、クライアントが率直に語った話の内容に対して、明白な関連づけや応答パターンを示唆するのも良かろう。こうしたパターンや関連づけがクライアントに受容され、再び適用される範囲において、クライアントが自己洞察にさらなる要素を加えることは確実である。しかしながら、カウンセラーは、クライアントの表現した感情ではなく、カウンセラー自身の状況判断に基づいてクライアントの行動を解釈することは避けるべきである。このような解釈は抵抗にあいやすく、真の自己洞察の成就を遅延させかねないのである。

以上、このように系統立てて説明すれば、自己洞察を促進するカウンセリングにおける手法に関するここまでの知識が整理されるように思う。ここで述べられたことは、多くの現場のカウンセラーに入念に吟味されることが望まれる。つまり、実際のカウンセリングの現場で、さらに自己洞察を発展させるにはどうすべきかという研究視点での評価が望まれる。

注意事項　この論点から離れる前に、特に経験の浅いカウンセラーのために、いくつか注意事項を挙げておきたい。分かりやすいように箇条書きにする。

1　カウンセラーは、確信がない場合はいかなる解釈もしないことがもっとも無難である。

2　解釈を加えるときには、クライアント自身が使った用語およびシンボルを利用するのがもっとも適切である。もしバーバラが髪形をショートにするかしないかで葛藤しているなら、もしポールが情に流される自己と科学的な欲求とのギャップに問題を感じているなら、カウンセラーが用いるべきはここに表れている言葉そのままである。クライアントがすでに自分の考えを述べる際に使っているシンボルであれば、より簡単に、より純粋に受け入れられるのである。

3　すでに表現されている態度を扱うのがもっとも適切である。まだ表現されていない態度に解釈を加えるのは明らかに危険である。

4　解釈について議論しても得られるものは何もない。もし解釈が受け入れられない場合は、受け入れられないということ自体が重要な事実なのである。その解釈は撤回すべきである。

5　もし真の自己洞察が得られたら、クライアントは自発的にその自己洞察を新しい分野に適用するであろう。もしこのような事態が起こらない場合、自己洞察を成就したのはカウンセラー側であってクライアントではないことが分かるのであり、これは望ましい結果ではない。

6　クライアントがきわめて重大な自己洞察を成就した直後には、カウンセラーは、クライアントにぶり返しの症状が表れる場合があることを心得ておかなければならない。自分の欠点や自分の反応が子どもじみた性質を帯びているのを認知するのは、たとえそれが段階的なものであれ、辛い作業である。このような段階においては、クライアントは反動で初期の面接で見られたような会話に逆戻りしてしまう傾向がある。つまり、自分の直面している問題がいかに困難であるとか、前進するのは不可能であるとか、ここまでのカウンセリングに対する不満などを再び語りだす傾向があるのだ。このような場合、カウンセラーは成就された自己洞察に満ちた態度に戻らせようと説き伏せるのではなく、単にクライアントの落胆した感情を認知し、受容することが非常に大切である。もしカウンセラーが忍耐強く理解を示せば、これが成熟への成長過程の苦闘からの一時的な後退にすぎない、ということをクライアント自らがすぐにしっかり証明してくれるであろう。バーバラは、自己に対する非常に重要な自己洞察を成就し、前向きで重要な決断を下した後、五回目の面接でぶり返しの症状を見せ、不満を口にしている。「本当のことを言うと、面接を始めて以来ずっとあまり気分が良くないのです。ここに来た最初の週が一番気分が良かったんですが、先週の土曜日以来すごく惨めな気分なんです」。この回の面接は全体的に収穫は少なく、バーバラが自分を哀れんでいることが分かるだけである。しかし、続く面接では再び前進を見せる。こういった不規則な進歩は心理療法にはつきものなのである。

自己洞察とは

さまざまな自己洞察の発展が明白に表された実際の面接例を検証してきたが、ここでその用語がいったい何を意味するのかという論点に立ち戻りたい。自己洞察について論じるとき、次のように、書き手によって言い回しはさまざまである。自己洞察は認知の領域に再編成をもたらす。自己洞察は新しい関連性を見いだすことにある。自己洞察は蓄積された経験の集大成である。自己洞察は自己の再方向づけを示すものである。これらすべてが正しく言い当てているように思う。どの言い方も、自己洞察は本質的に新しい認知である、という事実を強調しているようだ。自己洞察としてひとまとめにしている認知にはいくつかのタイプがあるようである。

関連性の認知　まず第一に、予め知られている事実に関連した認知がある。たとえば、L夫人は、ジムをしつけるために自分がどれだけ苦労してきたか、ということを十分承知している。だからジムに対する敵意ある感情を語るのである。しかし、状況を話していくうちに、ジムは母親の注意を引くためにさまざまなことをしているのだと気づくようになる。そして、こうした諸要素を新しい関連性の中で理解できるようになるのである。つまり、彼女自身が愛情を与えることを排除し、叱ることばかりに夢中になることで、結果的に彼の問題を作り出すことに加担してしまっているという理解である。彼女はこうした事実を、新しい関連性、新しい輪郭、そして新しい形態において見据えられるようになっていくのだ。

知的な領域で、こういった現象が起きるのはよく知られている。こういった現象は、込み入った問題を解くときにしばしば見られる。さまざまな要素が観察されているうちに、突如として解決に導く新しい関連が認知されるのだ。この体験は「なるほど!-体験(“Aha!” experience)」と呼ばれることがある。突然の理解のひらめきを伴うからである。こういった種類の認知がカウンセリングと心理療法中に起こり得るのは、カタルシスの過程を通して自己防衛から解放されている場合のみであることは明らかである。認知領域の再編成は、このように感情的に解放された状態でなければ起こりようがないのである。

こうした関連性をクライアントに説明して時間の無駄を省く代わりに、なぜクライアントが自分自身でこうした新しい理解に到達するのを気長に待たなければならないのだろうか? すでに指摘したように、このような知的なアプローチが役に立たないのは体験上分かっているのだ。しかし、なぜ役に立たないのだろう? いつもの答えではあるが、知的な受容ばかりでなく、感情的な受容が求められているからである。このことが心理学的な見地から正確にはどういう意味をなすのかについては、まだ完全に明らかにはなっていない。おそらく知的な領域についても同じことが言えるであろう。たとえば、ある雲が「長い鼻をもった落ち込んだ老人」に見えたとしても、われわれが自分自身でそのように気づかなければまったく意味をなさない。つまり、双方がお互いに伝達を望んでいるこのような単純で具体性のある状況ですら、認知を伝達することは不可能なのである。このように考えると、新しい認知がそう簡単には起こりにくく、防衛的な反応が起こりやすい情動的な態度の領域では、カウンセラーからクライアントへの認知の転移がいかに難しい過程であるか容易に理解できよう。それゆえ、こうした新しい認知は、自発的に発展することが自己洞察へのもっとも近道であろうことは一目瞭然なのである。しかしながら、まだ答えのないままの問題は山積みであり、情動化された態度における自己認識の変化については種々の実験的研究が早急に望まれているのである。

自己の受容　自己洞察の進行上、次に取り上げるべき要素は、自己受容、あるいは認知の専門用語で言えば、あらゆる衝動にまつわる認知、である。カウンセリングの場がすべてを受け入れるという雰囲気につつまれていれば、クライアントはどんな態度や衝動でもよりたやすく認知できるようになる。日常に見られるように、社会的に受け入れられない感情、あるいは自己に対する理想からはずれた感情を否定するような必要に迫られることはない。それゆえ、コラは継父に対する性的求愛を帯びた態度を認めることができたし、バーバラは自分の理想と葛藤しながらも、社交的で、威厳を無視した、ばかげた振る舞いをしたい衝動があったことを認めることができたのだ。ブライアン氏は神経症の苦痛から満足を得ていたという事実を正視することができた。クライアントは、通常考えている自分自身とこうしたあまり価値のない受け入れにくい衝動との間に関連性を見いだすことができるのである。それゆえ、蓄積された経験の統合をもたらすことができ、分裂した人間ではなくなる。つまり、いかなる感情や行動にも関連性を見いだせる健全な個人になるのである。

選択要素　自己洞察には、さらにあまり認識されていないと思われる要素がある。真の自己洞察は、より納得のいく積極的な目標の選択を伴う。神経症のブライアン氏は神経症を享受する現在の満足感と、成人としての満足感のどちらを選ぶかをはっきり見据えたとき、後者の選択に向かう。L夫人は息子を罰することから得る満足感と、より気楽で愛情に満ちた関係から得られる満足感を考えたとき、後者を選ぶ。バーバラは男性になろうと格闘する満足と、女性になることによって達せられる満足を明確に認識し、後者を選択する。心理療法は、個人がより大きな満足感を見いだし、長い目で見ればより報いのある行動方針を取り入れる援助をするにすぎない。カウンセラーは、たいてい無理やりクライアントに満足感をあきらめさせるがごとく努めてしまいがちであるが、より有意義な価値が提起されない限り、こんなことはまったく不可能である。

　このような選択行動が「創造的意志」と呼ばれるものである。もしこの用語がある状況において介入する何らかの神秘的な力であると定義されるとすれば、われわれの心理療法の知識からはこのような仮説に根拠を示すことはできない。しかし、これを複数の満足感を求めることに直面したときの選択行為ということに限定すれば、この用語も何らかの意義をもち得るだろう。

　別の言い方で説明してみよう。不適応者は、何らかの満足をもたらす行動的な反応をする。完全な満足ではないにしろ、基本的な欲求を充足する反応である。落胆し、他人や周囲の環境に恐れを抱いているために、即効性はないものの永続的な満足を与え得る他に取り得る行動方針を明確にあるいは客観的に考慮することができないのである。ハムレットの場面にたとえればこう言えるだろう。

> ……決心が鈍ってしまう、
> まだ知らぬ世界へ旅立ってわざわいに遭遇するよりは、
> 今の苦しみに耐え忍んでいたほうがまだましなのではないかと。

> ……puzzles the will,
> And makes us rather bear those ills we have
> Than fly to others that we know not of.

　カウンセリングにおける関係とは解放であり、脅かす関係でないからこそ、より客観的に選択肢を考慮し、もっとも深遠なる満足感を提供する選択を可能ならしめるのである。ここにおいて初めてカウンセラーは、自分が生物学的で社会的な強力な力と結託していることを知り、この力が成長し成熟した大人となることを満足に値するものにする原動力となっていることを知るのである。一般に、成長して大人になることは、子どものままでいることや成長から逃避するよりも価値あるものだという事実が心理療法を成功に導くのである。

この選択にはさらに別の局面があることに触れておきたい。カウンセリングにおける自己洞察は、即効性はあるが一時的な目標か、あるいは遅れて現れるものの永続的な目標のどちらを選ぶかという選択を伴う。この点で、特定の状況において行使される「創造的意志」は、子どもが高価なローラースケートを買う目的で、安易にアイスクリームを買うのを控え、少額の金を貯金しようとする決断と何ら変わりない。満足を先送りしても、より大きな満足を得られる行動を選択するのである。たとえば、バーバラは他の若者を軽薄で、威厳がなく、交際上手だと非難し、自己満足ともいえる即時の満足感を得る。自分は彼らよりずっと完全に近い人間であると考えることによって得る満足感である。しかしながら、自己防衛なしに自由に選択できる状況になると、迷うことなく、集団の一員として社会的活動に携わることによって得られる満足感を選ぶのである。社会生活に順応する過程へと踏み出す第一歩が困難で痛みを伴うものであることが分かっていながら、また報いは先延ばしされることを知りながらも、こうした選択をする。またブライアン氏の場合は、神経症の症状を通して現実の生活や責任から逃避することから生じる満足感を明確に理解している。しかし、それでも半信半疑ながら、即効性はないが長い目で見た満足感を得られる大人としての成長の道程を選択する。

この自己理解という第三の要素を理解すれば、自己洞察はクライアント自身によって成就されなければならず、教育的手段や指示的なアプローチによっては達成されないものだという結論が最終的なものであると納得するであろう。これは、誰もクライアントに代わっては選択することはできないということに関連している。もしカウンセラーがこうした限界をしっかり認識し、表現された態度を理解し、論点を明確にし、しかし選択に影響を与えないよう努め、ただクライアントの支えになれれば、クライアントの選択は建設的で、さらにその建設的な選択が積極的な行動の実行に生かされる可能性を著しく増すことになる。

自己洞察から生じる積極的行動

自己洞察が発展するにつれ、そして、クライアントを新しい目標に向かわせる決断がなされるにつれて、こうした決断はクライアントを、実際に新しい目標に導く行動をとることへと向かわせる。こうした行動は、成就された自己洞察が真のものであるかどうかの、まさに試金石と言えるものである。もしこうした新しい方向づけが自発的な行動によって強化されることがなければ、その自己洞察がその人格に深く根ざしたものではなかったことは明らかである。

実際のカウンセリングにおいては、自己洞察には必ずこうした積極的な段階が伴うものである。カウンセラーは外面的な判断でこうした段階は重要ではないかもしれないと早合点すべきでない。重要なのはその方向性である。こうした行動の絶好の実例はバーバラのケースに見られる。この実例は特に意味深い。というのは、こうした一連の行動の全体像が明確に記録されているからである。つまり、バーバラがまったく前進を見せない状況から、大変な苦闘を経て、実際に行動を起こし、新たに選ばれた目標に向かって前進していくことを通して満足を得るまでがはっきり描かれているのである。こうした重要な感情の変遷は髪形をショートにするかしないかということにすべて表れている。カウンセリングに精通していない人にとっては、このような問題はさして取り上げるべき意味もないように思われるかもしれない。バーバラの各々の面接から集めた些細ではあるが非常に重要な決断について書かれている資料記録そのものに語ってもらうのが一番いいであろう。

第二回面接　バーバラは言う。「世間に疎いということについてなんですが、ノイローゼになる前は妹と映画に行ったのは数えるほどしかなかったんですけど、最近はよく行きますよ。いいことだと思います。今はちょっとお化粧もしています。髪もアップにしています。このままでいいかどうか。髪を切ろうかどうかと考えてるんです。教会では女性の髪は長くあるべきだと言うし、母も長くしておいて欲しいみたいです。でも短くすれば六十歳というより十六歳のように感じられるんじゃないかしら。気分がよくなるのなら喜んでカットするつもりなんですよ」。

「以前は突然良くなるんじゃないかと思ったんです。ベッドに横になって考えたものです。『きっと五分後には何かピンときて、すっかり良くなるのよ』って。でも今は分かっています。徐々に良くなるんだろうって」。

カウンセラーはこれに同意し、すべては髪を切るのと同じように決断次第なのだと言う。

「もし決断しなければならないのなら、長いままにしておきます。でも切れば良くなるというのなら、母も賛成してくれるに違いありません」。彼女はさまざまな言い方でこうした考えを繰り返し述べる。「私に決めて欲しいと思っているのではありませんか?」とカウンセラーは言う。彼女はこれに答えて、「もし切ることで良くなるのであれば、喜んで切るんですけど」。

第三回面接　「髪のことなんですけど、まだ切るべきかどうか決めかねています。そんなに早く決めなきゃいけないんでしょうか?」。カウンセラーは笑って、彼女はまだどうにかしてカウンセラーに決めさせようとしていると指摘する。「そうですね、美容院に行こうと思ってるんです。それで、一番似合う髪形について助言してもらおうと思っています。切った方が似合うと思うんですけど。切ればきっと気分も変わると思いますが、気分を変えたいのかどうか分からないんです。きっと若返って見えると思うんですが、気分は老けきっています」。

カウンセラーは若くなりたいのかどうか決めかねているのだと指摘する。

第四回面接　面接の初めに彼女は言った。「昨日はまたひどく落ち込みました。グランドでボール遊びをしてたんですが、前にお話ししたようなひどい気分に見舞われてしまったんです。それはひどかったです」。（沈黙）「私きっと髪を切りますよ」。彼女はさらに美容院に行こうと思っていること、どのようにカットしようかと思っているかについて話した。「きっとそれでそんな気分になってしまったんだと思うんです。ひどい気分でした。誰も私がそんなふうに落ち込んでいるなんて気づいてくれないんです。それで何事もなかったように振る舞い続けました」。

第五回面接　最初に話したのはまたもや髪についてのことだった。「父と母が言ったんですが、髪を切っても構わないそうです。でも私もとにかく切ろうと思っていたんです。おかしいですね、あんなに考えに考えたのに、初めてここに来たときはとてもじゃないけど決められないと思っていました。でも今はすぐにでも切ろうと思っています。どんな気分がするかすぐ分かりますよ」。

第六回面接　「髪を切って以来ずっとこの面接を待ち望んでいました」。彼女は新しいスタイルがどう見えるか、まだ馴染んでいないがいずれ慣れるだろうと弁明した。「今回は少女のような服を着たいと思っていました。見て下さい、足首までの短いソックスを履いて、もってるもので、一番幅のあるスカートを履いてきたんですよ」。彼女は立ち上がってスイングスカートを見せた。「ただ若く見えるようにしたかったんです。気分が全然違います。昨日は気分が良かったですよ」。彼女は髪を手でかき分け、とても女性らしい動作で毛先を巻き上げた。

この事例でも、他の同様な心理療法で見られるように、クライアントは、熟慮する段階は客観的な重要性を超越した象徴的な価値をもつことに完全に気づいている。バーバラは初めは、自分が若く、陽気で、社交的になるべきか否かをカウンセラーの責任において決めて欲しいと願っている。そして、第三回面接で自分でその可能性を探ってみようと一時的に決心するが、しかし依然として髪をカットすることが象徴するであろう新しい生活への適応をしたいのかどうか確信がもてないでいる。三回目と四回目の面接の間に、自分で決断を下すが、しかしそれは難しい決断であったため、また昔の神経症のひどい症状をぶり返してしまう。この過程はまさに苦闘であり、彼女は落胆する。第五回面接の頃までには、この決断を同化し、気楽に考えられるようになっている。続く面接では積極的な行動を起こし、それがどういう意味をもつのかを完全に理解する。それが意味するものとは、若返り、女性らしくなり、抑圧から解放され、違った人間になり、違った目標に向かって進んでいくということである。この行動に伴う満足と自分には健全な目標に向かっていく能力があるのだという自信の増大が、決断を迫る他の分野に進んでいく際にも重要な推進力になっていくことに疑いの余地はない。

L夫人の心理療法についてもある程度詳しく追ってきたので、この母親のカウンセリング面接の例を自己主導的な行動の別な例として見ていくのも良いだろう。ある面接中、一回目の面接のときほど激しくはないものの、ジムの振る舞いについて文句を言っている場面がある。次に引用するが、夫人はジムは始末に負えないと言い、彼の注意を引こうとする行動を見過ごすことはできないと言う。しかし、徐々にそうした行動を大目に見ることができるかもしれないが、なかなかそれは難しいだろうと認め始める。続く次の面接では、こうした方針を試してみたが大成功だったと語っている。興味深いことに、夫人は依然としてこの方針を押し進める全責任を取ることに戸惑いを感じ、それはカウンセラーの提案だと言及する。下記引用は、積極的な行動が徐々に表れている記録部分を二カ所抜粋したものである。

彼女はさらに続けて、息子の彼女を悩ます行為について語り、「母親には耐え難いもの」だと言った。そして、「やりたいままにやらせておくべきなのでしょうか？」と尋ねた。私は、「もしやりたいままにさせたとしたら、どうなりますか？」と応じた。彼女は言った。「今朝はちゃんと服を着ていましたが、土曜日は普通パジャマのまま朝食に下りてきます。そして、二階に戻って何か読むものをもって、またベッドにもぐりこむんです。あとはたいてい掛け布団とベッドカバーをベッドからひっぺがして部屋中引きずり回して、山のように積み上げて、二階をめちゃくちゃにしてしまうんです。だから彼を追っかけ回して服を着させて、部屋を整理させようとします」。そこで私は、「あなたがそういう反応をするものだからそれで満足しているんでしょう」と言った。

「先生ならどうなさるんですか？　朝から家の中がめちゃくちゃだなんて耐えられない」と彼女は言った。私は、彼の遊び部屋についてちょっと聞いてみると、彼女は、「違うんです。二階全部です。めちゃくちゃにされるのは息子の部屋だけじゃありません」と言った。「そういう状況で何かできそうなことはありませんか？」と私は聞いてみた。「うーん、ただ好きにやらせておいて何も言わないってことでしょうか。ただ家中をめちゃくちゃにさせておくというか」（彼女の口調にはそんな解決法にはまったく賛成できないという思いが、また仮にやってみたところで、上手く行かないだろうという思いが感じられた）。私は、「でも、まだそういうやり方にはものすごく抵抗があるんでしょう」と応じた。彼女は、あまり気が進まないと答えた。「息子はもう大きいんですよ。そんなことをする歳じゃないんです」。私が、「時として年がいもない行動を取る人もいるもんですよ」と言うと、彼女は、「なるほど、そうかもしれませんね」と言った。

彼女が沈黙したので私は言った。「あなたが嫌がることをすることに対して息子さんはどのように感じているんでしょう？　自分で感じることは分かりますよね。気が動転し、恐らく憤慨するでしょうし、たぶん息子さんに敵意を感じるでしょう。だってすべきじゃないと思うことばかりするんですから」。しばらく考え込んでいるようだったが、彼女は口を開いた。「何と言って良いものか、どんな言葉で表せば良いのか分からないんです。でも、息子は悪魔のような、勝ち誇ったように感じていると思います。私が嫌だと知っていてするわけですから、ある種の『ざまあみろ』といった気持ちなんじゃないでしょうか。間違っているかもしれませんが」。「でも、息子さんがそういうふうに感じているのではないかと見えるわけですね」と私は言った。すると彼女は、「そうです。そんなふうに感じているに違いないと思います」と答えた。彼女の様子から判断して、そういった状況で息子がどのように感じているのだろうかということについて分析したり考えを巡らせたりしたことは過去にはなかったようであった。

彼女がそれについて考えを巡らせ黙っていたので、私は言った。「あなたの気持ちも、息子さんの気持ちもすべてがあなたの感じていることといっしょくたになっているようですね」。すると彼女は言った。「おそらく、もし放っておいて、息子のやりたいようにさせて、まったく追いかけないとしたらですが……でもそんなふうに息子のやりたい放題にして、家中めちゃくちゃにさせて、いつもめちゃくちゃのままにしておくってことがどういうことなのか想像できません」。私は、「そうですね。もちろんそんなふうにさせっぱなしなのは難しいことでしょう」と言った。彼女が「おそらく、もし放っておいて」と言ったが、この言い方は、以前にずっと感情的な口調で、試してみても良いかもしれないと言ったときよりも、そうした考えを受け入れている言い方であるように感じた。それを実行に移すという考えを実際に受け入れているようには見えなかったものの、今回は実際にそれを考慮しているようであったし、進んでそうしようとしているようであった。

続く面接で、彼女は以前には半信半疑で話していた息子の扱い方を実践しだしているようなことをほのめかした。

面接中、夫人は言った。「前回先生が提案したことを試してみました。もしジムが服を着ないで朝下りてきても何も言わなかったらどうなるんでしょうって聞かれましたよね。今朝、マジョリーが下りてきて朝食をとりました。ジムには下りてきなさい、なんて言いませんでした。彼の部屋を横切ったとき、ベッドカバーを積み上げてあったのを見ても全然気にかけませんでした。それで、マジョリーが朝食を半分済ませた頃にあの子は下りてきたんですが、服をちゃんと着て食卓につきましたよ」。これには彼女もとても気を良くしたようだったが、私はただその感情を認めることだけに留めておいた。

クライアントに指示的な提案をしてきたカウンセラー（したことのないカウンセラーなどいないだろうが）にとっては、ここで述べられたような積極的な行動と、指示的な提案に伴う不承不承の不完全な行動との間には、雲泥の差があると感じられることだろう。後者においては、提案は完全に無視されるわけではないが、クライアントは直接的な提案や助言に応じるために、行動を遅延させてしまうのである。クライアントは提案に対し、部分的には実行に移すが、肝心な点は実行しないものである。カウンセラーの目的をくじくような方法で実行するのだ。いいかげんに実行し、失敗だったと報告するのである。カウンセリングによって自己洞察を成就し、新しく選ばれた目標に沿った行動を規定できるほど解放されたクライアントの行動とは歴然の差がある。そこにはいいかげんさもなければ、人に命令されて初めて起こす行動とも違い、しっかりした段階を踏んで前進し、クライアントも結果に満足するものである。カウンセラーが予め暗示を与えることはほとんどない。クライアントはただ積極的な行動をし、それを報告する。クライアントがまるでこう言っているようである。「自分で状況をコントロールできるようになりました。今は新しい目標に向かって励んでいます。先生の力添えなしにやっていける状況を楽しんでいます」。こうした態度こそ、心理療法が真に目指すものなのだ。

こうした積極的な行動には、独立心は成長していくという意味があり、カウンセラーはその重要性をしっかり認識すべきである。クライアントが恐れることなくカウンセリングを終了してもよいと考え始め、自分の独立心にますます満足感を感じられるようになるのは、クライアントがこうした新しい行動を新しい目標として明確に見据えるからである。この問題を検証すると、カウンセリングを建設的に終結させるための全般的な問題に行き当たるが、これは次章に譲ることにしよう。

要　約

すべてを受容するというカウンセリング関係のなかで、クライアントの感情と情動化された態度が自由に解放されるなら、必然的に自己洞察が生じる。自己洞察の発展は、ほとんどの場合、自発的に起こるものである。ただし、細心の注意を払い、うまく解釈の手法を駆使することで自己理解の領域を拡大し、その明確性を増すことは可能である。

クライアントの自己洞察は漸進的に発展し、一般に理解は重要度の低いものから高いものへと進行する。自己洞察に伴い、以前は認知していなかった新しい関連性、自己のあらゆる面の積極的な受容、目標の選択が初めて明確に認知される。

こうした新しい自己認識とそれに伴う新しい目標に続いて起こるのが、新しい目標の達成のための自己主導的な行動である。こうした前進は、たとえ些細な問題に関連したものであろうと成長にとってはもっとも重要なことである。こうした前進がクライアントに新しい自信と独立心を養い、その結果、さらに発展した自己洞察がもたらす新しい方向づけを強化するのである。

原　注

（1）この発言は第二章（43頁）に引用されている。

（2）このケースは、本書の第四部にその全体が収録されている。ここに取り上げた抜粋は、第四部の317頁以下のやりとりからのものである。

（3）彼は以前に自分の中にある「少数派」は健全な衝動であり、また「多数派」は神経症的な衝動であると語っている。

（4）引用された四つの例は、一連の解釈手法のうちのどれかに当てはまる。サムの例（第二章、29～30頁参照）では、解釈は、非常に直接的で、カウンセラー単独でなされ、クライアントは全面的な抵抗を示している。ブライアン氏のケース（182～185頁）では、自己洞察はほぼ自然発生的に起こり、解釈も最小限で、自己洞察は本物である。ポールとバーバラのケース（169～179頁、185～188頁）はこれらの中間に位置し、ポールのケースはサムのケースに、バーバラのケースはブライアン氏のケースにそれぞれ近い。

第八章　終結の段階

クライアントが前章で論じてきた自己洞察と自己理解を得るにつれて、カウンセリング関係の質に明確な変化が訪れる。クライアントの緊張は減少し、自分の直面する問題に対してより自信をもって取り組むことができるようになる。カウンセラーに依存しようという態度は目立たなくなり、カウンセラーと共に取り組んでいこうという姿勢がはっきりしてくる。その関係は完全に協力的なものになり、そうした関係の中で、カウンセラーもクライアントも今後より大きな独立を成就するための次なる段階について話し合うのである。クライアントは自分をありのままに受け入れる能力を発達させてきているので、自己防衛的な態度は減り、提案や助言をより建設的に評価できるようになる。ただし、治療のこのような段階においてさえも、提案が与えられることによって多くの効果があるかどうかは疑わしい。クライアントは新しい目標に到達するために役立つ知識を欲していることが多く、カウンセラー自らこうした知識を提供することもできるし、あるいは参照すべき他の情報源を示すこともできるであろう。

再教育の範囲

一定量の再教育が行われるのは、カウンセリングの終結段階においてである。この用語はカウンセリングを論じる上で広く使われており、過度に強調されすぎている感がある。本書で述べるクライアント中心の心理療法においては、クライアントを再教育することによって問題の解決を図ろうとする試みはなされていないことを指摘しておきたい。クライアントの問題がカウンセリングを通してすべて解決するとは期待できないし、またそれが望ましい目標だとも想定していない。満ち足りた生活とは、問題の存在しない人生にあるのではなく、絶えず果敢に問題解決に臨むことから得られる満足感を与える一貫した目的と根本的な自信が伴った人生にあるのである。心理療法を通して得られるのは、この一貫した目的であり、人生や障害に立ち向かう勇気である。それゆえ、クライアントがカウンセリングの面接から得るものは、必ずしも問題に対する整然とした解決策ではなく、問題に対して建設的な方法で立ち向かう能力なのである。したがって、再教育とは、時として提言されるような、人生全般における個人の再訓練といったものではない。むしろそれは、クライアントの自信を築き上げ、カウンセリングの助けを借りない健全な方法で苦境を乗り越えていくことを可能にする、新しい自己洞察を応用するためのための十分な練習なのである。こうした再教育の経験とは、主として、自己洞察の拡大を成就し、また起こされた積極的な行動をさらに押し進めることである。ある女子大学院生の例であるが、彼女の人生は常軌を逸した父親に常に支配されてきた。しかし、彼女はこの事実を把握し始め、より独立した行動方針を選択する。彼女は、彼女自身にとってもうれしいことだったが、ついに自分のために自分の収入から車を買う計画について、混乱も涙も興奮することもなく父親と話し合うことができたのである。この状況をうまく処理したことで、大人としての自信を驚くほど深めたのである。ある既婚男性の例だが、彼は度を超した心配性で、過酷な要求をする母親との関係に多くの問題を抱えていた。しかし、彼はとうとう動揺することなく母親の訪問を受け入れられるようになり、敵意を抱くことなく健全で建設的な姿勢で母親の希望に反論できるようになった。彼はこの事実に喜びを見いだしている。その優柔不断さゆえに八方ふさがりの学生の例では、彼は突然、最終的に選んだ専攻分野に進むために特別試験を受けなければならないという状況に追い込まれた。「でも以前やったようには振る舞いませんでした。走り回ってどうしたらいいか人に聞きまわったりはしなかったんです。ただ、あちこちに行って、事実だけを集めました」。彼は人に頼らず、より大人としてこの状況に取り組んだことに大きな満足感を得ている。また、自分の実力よりずっと下の仕事に甘んじることによって、根本にある葛藤から逃避しようとしてきた男性の例だが、彼は自分の行動から大きな自己洞察を得ている。面接の終結段階で彼は言った。「勇気を出して正面から難局に当たってみました。総支配人のオフィスに行って話をしたんです。二時間も話しました。前にもここで申し上げたように、どうして最終的に肉体労働に就いたのか、自分のやりたい仕事を決めるのにどれほど大変であったかなど包み隠さずすべて総支配人に話したんです。肉体労働を続けるのではなく、頭脳労働をしたいと説明しました。どうも分かってくれたようで、経理の仕事に就かせることができるかもしれないとほのめかしていました。今日電話があってもう一度会うことになっています」。実際の経験に裏打ちされた再教育こそ、もっとも重要であり、カウンセリングの終結段階の重要な位置を占めるものである。

もう一例見てみよう。ある学生の例である。彼は、職業選択の問題に悩んでいたが、自分のそれまでの混乱が何であったのか理解し、明確な選択を行う。職業訓練のための商業コースに進むことに決めるのだ。その後の面接で、こうした新しい自己洞察を行動にうつし、自分の進む新しい分野の特別な課題を自らに課し、カウンセラーを驚かせている。学問的に挫折していた、面接が始まった当初の状況を考えると、このような前進は非常に大きな意味をもっている。以下の引用（録音記録による）は短いが、こうした積極的な行動の一端を示すものである。

学生　あれ以来、最近はこのことについてずっといろいろと考えてきました。この仕事（自活のためのアルバイト）を終えたら、経済学を課外でもう少し勉強してみようかと思っています。課外読書は経済学に時間を割きたいと思っています。何か経済学についてのレポートを書いてみようと思うんです。自分の勉強のためだけにです。そうすれば主体性をもって読書に取り組めるでしょう。おそらくそういうことを始めれば、漫然と図書館に行って何か読もうというよりはずっと多くの本を読めると思うんです。

カウンセラー　きみは、今、自分の勉強について何か責任感のようなものを感じ始めているんじゃないかな。つまり、そういう自分自身に課した授業以外の課題をこなすことで何かを得られると感じているんじゃないかな？

学　そうですね。

カ　もし今の仕事を辞めたと仮定して、いや実際に辞めた場合もそうだろうけど、きみが計画している課外学習に充てる時間はもっと増えることになるんだろうね。

学　そうですね。何か始めてみて面白いと思ったら、おそらく仕事よりもそっちに時間を割くようになると思いますよ。まともなレポートを書くにはノートをとらなくちゃならないかもしれないし。きっと大いに得るところがあるでしょうね。

カ　そうすると学問的な問題はうまく解決に向かい始めていると感じているんじゃないかな？

学　はい。これまで学校にいたときよりずっと自分に自信がついたと思います。

この自己主導型の行動と前章で自己洞察による成長として述べた内容とどこに違いがあるのかと問われれば、答えは根本的な違いはないということになる。クライアントはこのような積極的な行動を取り続け、カウンセリングが終了した後もそうした行動を続けていくであろう。終了間際の面接で重要なのは、クライアントが援助なしにやっていけるという自信をもてるほどの自己洞察を成就させることだけである。再教育が役割を果たすのは、クライアント中心療法ではこの範囲に限定されるのである。

カウンセリング面接の終結

クライアントにとっての終結　カウンセリングが成功裡に進行しクライアントが新しい選択をするにあたり、自分を明確に理解し適切な行動でその選択を強化していくとき、カウンセリング面接をいつかは終える可能性もあるという考えが心に浮かぶのは必然的なことである。こうした可能性に向かうとき、クライアントは成長の経験をするごとに、両価的な態度を見せるのが普通である。もしカウンセラーの元を離れれば、すべての問題が再発し、対処できないのではないかという恐怖を感じるのである。もし来談しなくなれば、カウンセラーはがっかりし恩知らずと思うかもしれない、という恐れをあからさまに見せることも多い。同時に、自己洞察が進み自己理解が深まると、さらなる問題に援助なしに取り組みたい、またカウンセリングの助けから独立したい、という欲求が生じる。こうした深い両価的感情がさまざまな形で見え隠れするのがカウンセリングの終結段階の特徴である。

クライアントよりもカウンセラーが先に、もうほとんど独り立ちできると認知し、もう援助もほとんど必要ないと言う場合、クライアントは以前の症状を改めて示して反応することがある。以前の面接で話し合っていた恐れ、懐疑、混乱、葛藤が、まるで重大な関心事のごとく再びよみがえってしまうのだ。経験を積んだカウンセラーなら理解するだろうが、これはカウンセリングによる支援がなくなってしまうことへの不安がもたらす一時的な現象である。

同様に、カウンセリングの終結段階において数々の新しい問題をもちだし、すべての問題はカウンセラーの援助なしには解決できないというような反応を見せるクライアントもいる。こうしたケースでは、もしカウンセラーが、クライアントが助けを必要としており、こうした問題はクライアントには余りあるほど大きなものだと感じているということを率直に認知したことを示しさえすれば、依存的態度の再発はかなり短期間でおさまるだろう。独立と成長による満足感は、依存した状態にとどまることによる慰めをはるかに凌駕するものであり、クライアントはカウンセリングをやめるという問題を直視する準備が整うのである。こうした動揺や不安は小さな子どもが家庭の庇護から離れて初めて学校を経験するときの恐れや不安と変わりないし、あるいはまた、重責ある地位に昇進したばかりの人が不安定な感情をもつのと同じである。オットー・ランクが仮定する、人の誕生時にさえ類似した心理的な動揺が生起する、という説の正誤は依然憶測の域を出ないが、成熟に向かうほとんどの精神的な成長にはこのような不安がつきまとうことは周知の事実である。

クライアントを独立させるような自己洞察が発展した後でさえ、本人が見せるこの基本的な両価性は、正しく取り扱われれば、真の心理療法的な収穫となり、さらなる成長をもたらす要素になりうる。カウンセラーが、カウンセリングを終了することに対するクライアントの喪失感と、また自らの問題に対処しようとする積極的な独立心への欲求を、表現されるままにクライアントに認知させる援助をすれば、こうした認識はクライアントにとっての新鮮な自己洞察の源になる。依存したままでいるか、あるいは自分自身に対し全責任を負うか、という選択に直面すると、クライアントはこの選択を自分のものとして、後者を選ぶものだ。そして、あまり葛藤することなくカウンセリングを離れる見通しを予期でき、自信を失うことなく面接を終えることができる。

成功裡に進んだ心理療法面接の終結段階には必ず健全な喪失感と残念な気持ちがつきものである。これは自然なことであり、また多かれ少なかれカウンセラーとクライアントの双方に感じられることである。親密でお互いに理解した関係が築かれてきたからである。その関係はクライアントにとっては極めて重大な意味をもち、カウンセラーもそのような関係に満足を見いだすものである。個人が成長発展を遂げる姿を見届けるのはとりわけ喜ばしいことである。そのような関係の解消に際し残念に思うのはまったく無理からぬことであり、カウンセラーはこの事実を認識し、クライアントの気持ちはもちろんのこと、自分自身が感じている気持ちも認めるのが賢明である。

興味深いことに、多くの実例で見られるのだが、カウンセリングが終わりに近づくと、クライアントが示すカウンセラーに対する関心が変化していくことがある。クライアントが自分自身が成熟したと感じるにつれ、心理的にカウンセラーと同等な立場になるのだ。また、関係が解消されるという思いを直視するにつれ、初めてカウンセラーに対して個人的な関心を抱くようになる。クライアントは個人的な事柄について質問する。たとえば、カウンセラーの健康状態、何処に住んでいるか、時事問題についての意見、また好みについてなどだ。日常的な友人として今後も関係を維持しようと考えるクライアントもいるだろう。カウンセラーは自分に対するこうした肯定的な感情を容認すべきであるが、ほとんどの場合、日常的というよりは心理療法を基盤にした交際に留めておくのが賢明だろう。J夫人の面接例は、カウンセラーがこうした状況をうまく扱った好例である。J夫人は治療のために娘のパティと共にクリニックを訪れていた。J夫人とカウンセラーは、カウンセリングを終了することについてすでに話し合っており、最終面接日の最後に次のようなやりとりがなされた。J夫人はパティの学校にまつわる今後の実質的な問題について話してきたが、そうした問題には対処できるという自信を示す。

彼女は目に涙を溜めて言った。「いやですわ。もうここにうかがうのが最後だなんて考えるのは」。カウンセラーはこれに、「私も同感です。寂しくなります」と答えた。J夫人は頷いて言った。「家に一度ご招待したいと思っているのですが。家族にも会っていただきたいし、紹介したいのです。ぜひそうさせてください」。カウンセラーは答えた。「私もぜひそうしたいですね。ただここで知りあいになったからというだけじゃなく、素敵な方だからですよ」。J夫人は頷いて、「私もそう思っておりました」と言った。カウンセラーは続けて言った。「でも、ご招待を嬉しく思うからこそ言えるんですが、お受けしない方がいいと思うんです。以前あなたがおっしゃっていたように、友達関係に仕事をもち込むことはできないんですよ。もし今後お役に立つことがあるとしたら、必要なときにお役に立てるよう、このクリニックでお待ちしていた方がいいように思うんです」。J夫人は家族のこともすでによく知っているので遠慮する必要はないと主張した。カウンセラーはそう見えるかもしれないが、おそらくそううまくいかないだろうと答えた。

そうこうするうちに時間切れとなり、二人は握手をして、再度お互いの共同作業はとても楽しいものだったと確認し合った。

カウンセラーが面接をうまく扱っている場合は、面接の質が徐々に低下したり、途中で打ち切られたりすることはまずあり得ない。面接の最終局面は、他のどの局面とも同様にクライアントにとって重要であり、はっきりとした輪郭を保ち、役立つものなのだ。面接が「次第に色あせ」、意義を失いがちになり、約束をすっぽかすような形で終わってしまう場合は、カウンセラーはクライアントの感情をどこか十分に認知できず、応答できなかったという自覚症状をもつものである。

終結段階に生じる問題の対処――その一例　心理療法面接の最終局面に生じる典型的な問題にカウンセラーはどう対処すべきかをより明確にするため、女子高校生のバーバラの例を再度取り上げて説明したい。バーバラが自己洞察を発展させる過程は前章で述べた。彼女の場合、面接の終了が他に類を見ないほどはっきりしている。バーバラは心理士との面接中、ずっと実家を離れて暮していたが、いつかは別の町にある自宅に帰らなければならないと覚悟していた。以下の抜粋には、カウンセリングを終えることについての気持ちが徐々に変化していく様子がよく描かれている。抜粋部分すべての主要テーマは、面接の終了についての問題である。来るべき面接の終了の可能性について初めて言及したのは第八回目の面接であった。

第八回面接　バーバラは、今住んでいる場所のこと、また今後数週間のうちに起こるであろう変化について語りながら、面接はあとどのくらいで終わるだろうかと心を巡らせる。あまり父親に経済的な負担をかけたくないのである。会話中、いつまで面接に通えばいいのか気にしているように見えた。カウンセラーは実家に帰り、自分のやるべきことをやり、人生を再開する準備ができたと思えたら、面接も終わるときなのだと言った。また、今の調子ならあと数週間もあれば十分だろうと言った。彼女はこの発言に満足しているようだった。カウンセラーは付け加えて、「あと二、三回の面接で完成の域に達するかどうか見てみましょうか?」と言った。すると彼女の表情が途端に変わった。「それでもう終わりという意味ですか?　いやです。そんなに急がせないでください。必要とあらばいつまでだって喜んで続けますよ。必要ならたとえあと半年だって。あと三回ですべて終わらせなければならないと考えると、終わりにしたいとは思わないんじゃないかしら」。カウンセラーは、今後長期にわたって強制的に面接に通わなければならないと考えて欲しくないという理由でちょっと質問してみただけだと言い、彼女を安心させ、次回面接は次の水曜日がいいか、それとも土曜まで延ばすか尋ねた。彼女は水曜に来たいと言った。

この例には、カウンセリング面接を終結する際によく見られる両価性が見事に例証されている。バーバラはいつかはカウンセリングを終わりにしたいと思えるほどに自己洞察を発展させ、独立心を養ってきたのだ。しかし、その時期がもうそこまで来ていると思うと、感情の別の側面が全面に押しだされるのである。まだ十分な独立心を養っていないことは自覚しており、もし急いで結論を出せば、「終わりにする」という決心、つまり問題を解決するという今の決心を阻害するかもしれないことを正しく認識している。次の面接に早く来たいと望んでいることは重要ではないだろうか。彼女が面接の終了についての話題を再びもちだしたのは、十一回目の面接の終了間際であった。

第十一回面接　面接時間が終わろうとする頃、カウンセラーは彼女が見せてきた進歩をねぎらった。彼女は、「思っていたよりカウンセリングをやめる時期が近づいているのかもしれませんね」と言う。カウンセラーもきっとそうなのだろうと同意する。彼女はさらに、「でももちろん、これが最後の面接だとしたらとても耐えられないでしょう」と言う。カウンセラーは、彼女が次回も来ることに同意し、決めたばかりの次回面接の日取りを確認した。

バーバラは、今や自身の独立心を十分発達させているので、面接をいずれ終了することを考えてもほとんど恐れなくなっている。今、目前で行われている面接が最後であって欲しくないというのが唯一の懸念である。その後、カウンセリング面接をやめることについては、十四回目の面接の終了間際まで口にしないが、今度はカウンセラーの方からその話題をもちかけている。

第十四回面接　カウンセラーは、面接時間も残り少なくなってきたので少し今後のことを話し合おうかと言う。加えて、「いつごろ実家に帰る心の準備ができそうですか?」と尋ねる。バーバラは躊躇することなく答えた。「もう間もなくだと思います。解決すべき問題があと二、三あるだけです。きっとあと一、二回こちらにうかがえば解決すると思います」。カウンセラーは、問題がすべて解決することなどはどんな時にもありえないものの、問題に対してどう取り組んでいくかという新しい方法をきっと学んだはずだと指摘した。彼女は同意し、問題を抱えたまま実家に戻っても大丈夫だと言った。そしてあと二回面接をすることにした。

彼女が建設的な態度を取れるようになったこと、また自分の能力に自信をもち始めたことは極めて明確である。次の面接が始まり、残すところあと二回しかないと思うと、彼女の勇気も一時的に減退する。

第十五回面接　かなりくつろいだやりとりの後、彼女はしばらく沈黙し、そして口を開いた。「今回はすべて打ち明けようと思っていたんですが、どうしても考えをまとめる時間が十分じゃなかったようです。最近はあまり気分がすぐれなくて、それでますます悩んでいます」。カウンセラーは、前回同じように落ち込んだときには理由を話すことができたことを思い出させた。彼女は、「何で今ごろそんな気持ちにならなければならないのか分からないんです。どうしてなのかしら？　分かりますか？」と言った。カウンセラーが、「家に帰るのはどんな気分ですか？」と尋ねると、楽しみにしており、そうした気持ちが日々ふくらんでいると答えた。カウンセラーはそれとなく、そうした気持ちの一方で、家に帰るということはまた、さまざまな問題に直面するということでもあるのではないかと言った。しばらくこの件について話し合うと、またしばらく沈黙した。「今回の面接については本当にいろいろ考えてました。ほとんど夢に見るくらいに。この部屋に飛び込んで来て、笑って、なんて想像してたのに、今は泣いているんです。ただ胸が一杯になってしまって。どうしたのかしら。きっと過敏になってるのね」。カウンセラーは、「意義深い経験をしているときは、それがいつか終わってしまうなんてなかなか想像できるものじゃありませんよ」と言った。

この抜粋にはいくつか興味深い点がある。カウンセリングが終わってしまうという現実に直面し、バーバラは、基本的にはそれを受け入れながらも、カウンセリングに固執している自分に気づく。カウンセラーは初めその態度を未来に対する恐れであると解釈するが、バーバラはこの解釈を否認する。カウンセラーが、実際に感じているのは人間的な喪失感と後悔なのだと認知すると、バーバラは前に進むことができたのである。先の引用部分に続き、家に帰る計画について話し合い、新しい自己洞察を明確に示す発言をする。そして、面接の終わりにかけて総括的な気持ちを言葉に置き換えようと努める。この部分の記録を次に引用しよう。

彼女はもうカウンセリングを卒業し、巣立つときだと認めた。そして理論的な質問をした。「心と人格というのは違うものなのでしょうか、それとも同じものなのでしょうか？　以前は相容れないものだと思っていたのですが、すべて一体になったものが自分なのではないかと」。カウンセラーはそれに答えて、その質問は定義次第によってまったく答えが異なるものであり、大切なのは自分は心と人格が一つになってできていると感じていることであり、感じるままに進んでいくことだと言った。さらに彼女は、「ばらばらになることもあるけれど、だいたいにおいて心と人格が一つに調和しているように思います」と言った。そして、機嫌よく部屋を後にした。

最終回の面接では、先の面接ほどの感情は見せていない。彼女は、自分の変貌を他人がどう見ているか、また家に帰るのをどれほど楽しみにしているか、語る。そして、数年来のたくさんの友人との集まりについて話す。

第十六回面接　「友達がみんな言うんですよ、『すっかり変わったね』って。その後、二日目の晩に私のところにやってきた男の子がね、『まさかこんなに見違えちゃうなんて。すっかり仲間に溶け込んだ感じだね』って言ってました。私がすっかり変わって見えたみたいです。『人間的になった』とまで言ってましたよ。以前は自分は他人よりずっと優れているという振る舞いをしていたと思いますが、今じゃ女の子たちはもっとこの町にいて、彼女たちのパーティーにも来てくれればいいのにって言ってます。きっと男の子とキスとかしちゃうパーティーじゃないかな。実家に戻ればこんなパーティーはないでしょうね」。彼女は以前より社会に順応し、同年代の友達にもずっと好かれるようになっていると感じると言う。

最終回の面接がまさに終わろうするときにだけ、再びカウンセリング体験にしがみつこうとする傾向がほんの少しだけ見られたが、彼女はそういう気持ちをきっぱりと手放した。

時間切れとなったが、彼女は依然として面接を長引かせようと試みる。再び自分の手元のメモに目をやり、忘れていることを思い出そうとする。カウンセラーは、「いつまでだって話し続けていいんですよ、そうでしょ?」と言うと、彼女は言った。「そうですね。でも聞きたいことはすべて話したと思います」。そして、面接の締めくくりとして、自分自身の中で改善したと思う点について語り始める。「以前はただ成績や成功にしか興味がなかった私が、今じゃそういうことと友達と楽しく過ごすことは両立できることだと考えています。新しく出直します。友達はきっとそんなこと知る由もないだろうけど、みんなと楽しみたいと思います。もうみんなとは違うとか、自分の方が優れているなんて考えません」。そしてこれまで受けてきた援助に対し、カウンセラーに心からのお礼を言い、別れを告げた。

バーバラの引用を読むと、一連のカウンセリング面接が成功裡に締めくくられたことが手に取るように分かる。バーバラは十分な独立心と自信を養うと、すぐに何の懸念もなしにカウンセリングを卒業しようという気になっている。彼女は、完全に独り立ちするという考えに恐れを抱いていたが、毎週の面接で直面してきた他の問題と比べれば、なんなく取り組むことができ、自分のものにすることができる問題だと理解している。徐々に面接から離れてもいいという境地に達し、この決意を貫き通す。確かに、彼女の言葉どおり、「胸が一杯になってしまって」とも感じるが、こうした気持ちは一時的なものに過ぎないと容認している。カウンセリングの進行にともない、自らが明確に見据えてはっきり選んだ健全な目標に向かって、物事に対処できる人になる援助をするというカウンセリングの望ましい目標が達成される。彼女の問題がすべて解決したわけでもなければ、他人が立てた目標を達成させようという試みなどまったくなされていない。自分の問題に取り組むことを困難ならしめ、より有能で成熟した人間になるための足枷となる葛藤から自らを解放できたのである。自分の行動に関する完全な自己洞察をまだ成就したわけでもなければ、これがカウンセリングの目標でもない。彼女は、現状の問題に取り組み、必然的にさらなる成長を促す、言わば「実用的な自己洞察」というべきものを成就したのである。将来においてさらなる助けが必要な時が訪れるかもしれないが、彼女が成した感情的な成熟を考慮すれば、この可能性はきわめて低いだろう。

カウンセラーの役割　前掲の例を読めば、心理療法を健全に締めくくるためにカウンセラーが果たすべき役割はかなり明確であろう。しかしながら、こうした終結段階でのカウンセラーの役割の諸要素をもう少し総体的な形で述べたほうがいいであろう。

大切なのは、カウンセラーがクライアントの見せる進歩に注意を怠らないことであり、独立心が増していくのが明確になり次第、いずれ訪れるカウンセリングの終結を考慮することである。もしこれがなされないと、クライアントは、カウンセラーは自分が巣立つのを望んでいないのかと感じてしまうかもしれない。下記のJ夫人の最終面接の例では、夫人は自分の娘をいかにうまく扱えるようになったかについて語り、「今では状況はすっかり変わっている」と強調した。

長い沈黙があった。カウンセラーは言った。「スムーズに事が運ぶようになってきていますし、うまくいっているようですが、あなたとパティはあとどのぐらいカウンセリングを受けたいと望んでおられるのでしょうか？」。J夫人は笑って、「私も同じことを考えていたんですよ」と言った。その後少し話し合った後、あと一回で面接は終了する取り決めをした。

カウンセラーがこの件を率直に言葉にしたことで、J夫人がある種の安堵を感じたのは明らかである。

すべての問題が解決しているわけではないからといって、また自己洞察が完成されていないからといって、クライアントを引き留めようとすべきではないことは改めて言うまでもないことだろう。クライアントが適切な目標を選択し、その目標に向かう勇気と自信をもてば、自己理解の効果と目標を達成しようとする行動の効果は減じるどころかカウンセリングを終了した後も増大するのである。カウンセラーは、自分の個人的な満足を、クライアントの自立を阻害することではなく、クライアントの成長過程の中に見いだすべきことを肝に銘じなければならない。

著名なところではランクのように、時として心理療法面接の終結段階には意図的に時間制限を設けるべきだと主張するカウンセラーもいるが、これは賢明ではないように思える。カウンセリング面接の締めくくりは、主としてクライアントによって決められるべきであり、カウンセラーは、カウンセリングの終結に関する問題を再び明確にする援助をすべきである。ひとたびこうした問題が明確になれば、クライアント自身がより賢明な選択をすることは明らかだと言ってさしつかえない。

概して、カウンセリングの終結は、カウンセラーが想像するより遅くなることは少なく、想像していたより早く訪れるケースの方が多いようだ。未解決の問題ばかりに気を取られて、クライアントが再び「独立独歩でやっていく」準備が十分に整っていないのではないかと考えがちである。終結段階の面接の進行速度は、それまでの面接よりずっと早いので、カウンセラーはすべての要素の重要性を十分に把握しそこねることも少なくない。非常に多くの進歩が見られ、大きな自信が示されるので、カウンセラーは、クライアントが直面しているすべての問題の解決を見るようなこの種の面接が続くことを楽しみにし、こうした進歩や自信は既にカウンセリングの終結が近く、さらなる援助は必要なくなる前兆であることを忘れてしまうことがあるのである。

クライアント側から見たカウンセリング

最後の面接で、時折クライアントはカウンセリング経験がどういう意味をもっていたかを言葉に表そうと努めることがある。こうした自発的な表現は興味深いものである。本書で述べられてきた見解を確かにするものだからである。今までにないような経験をし、クライアントは、自分の言葉でその経験を説明しようと努めるが、これは自分が得た価値を明確にするための実感から来る言葉である。こうした発言は非常に短いこともある。ある若い男性は、以前の生活は、自分が無能だという感情にとらわれていたため文字どおり損なわれていたと言うが、「今では自分が何をしたいのか分かっていますし、自分の考えに自信がついたように思います。妻の目にも私が変わったと映っているようです」と言う。ある女性は、夫婦間の問題と環境に適応できない息子の問題に悩んでいるが、カウンセリング経験から得たことすべてについて、次のようにコメントしている。「かかりつけのお医者さんのところに行くのとはまったく違いますね。この問題についてお医者さんに話してみたのですが、うまくいきませんでした。ここでは、誰も急かせたりしないし、何の助言も偏見もありませんよね」。この発言はきわめて意義深い。というのは、この女性は初期のカウンセリング面接時には、カウンセラーは、クライアントがどうすべきか指示しなければならないし、問題に対する答えを与えなければならないものだと言ってはばからなかったからだ。

ある青年期の女性は、カウンセラーが自分にとってどういう意味をもっていたかについての見方を述べ、くわえてカウンセリングの過程に関する自分の考えを次のように述べている。

「先生が私にとって何であるのかずっと考えてきました。まるで私そのもの、つまり私の一部分、のようですね。たとえていうと、振り子のようで、人ではないみたい。まるで自分に話しかけているようなものなんです。でも誰かが聞いてくれていて、一緒に考えてくれようとしてるんです。積もりに積もった思いから逃避しているわけではありません。助言を貰いに来ているわけでもありません。いえ、助言を求めていることもあります。でも、そういうときは自分でも助言してもらいたがっていることに気づいています。先生が人間になってしまうと困るんです。先生のすることは、人に話をさせて、同じところで煮詰まらないで、前に進めるようにコメントしてくださることですよね。だから私、先生のことを振り子だと言うんです。考え方がすっかり変わったでしょ。初めてお会いしたときは先生は人間でした。随分嫌いましたよ、だって痛いところばかり突くんですから。でも今は分かります。必要なときは人間になってくれるんですよね。そうじゃないときは、鬱憤をはらしてくれて、私が決心できるように話しかけてくれる存在なんですね」[1]。

彼女は、カウンセリングを「人に話をさせて、同じところで煮詰まらないで、前に進めるようにコメントする」過程であると描写しているが、これは表現を解放する局面とその過程でのカウンセラーの役割を簡明に表したとても貴重な発言である。そして、カウンセラーとは「鬱憤をはらしてくれて、私が決心できるように話しかけてくれる」存在だと結論づけ、さらなるカウンセリングの本質的な役割を、つまり明確に選択される場を創造することだと付け加えている。

ところで、カウンセリングがクライアントに理解されるということをおそらくもっとも雄弁に物語っている発言を手元の録音記録に見つけたのだが、それはある学生との成功裡に終わった一連の面接の最終回から抜粋したものである。この学生は、ためらいながら、つまずきながら、また自分にとってまったく新しい経験を説明する言葉を手探りで探している様子がありありとうかがわれるが、満足であったカウンセリング経験の本質的な要素の大部分を何とか総括している。

学生　そんなところじゃないかと思いますが。とりあえず今考えているのはそんなところです。

カウンセラー　いいでしょう。われわれの取り決めは覚えていますね。つまり言うべきことを言い尽くしたらあせらずに……

学　次回までですね。

カ　次回の面接までです。そして、もし特に言うべき事がなくなったら、当然ですが、とにかく来てみて、すぐに終わりにするのです。

学　分かりました。ええと、そのう、今ちょっと申し上げたいことがあるんです。うまく言えないんですが、とにかく楽しく味わっていることなんです。つまり、ええ、もし誰かにこういうことを話すと、それは自分の心の中ではっきりするんです。本当だったら心の中にしまっておいた事、見ぬふりをしてきたこと、見ぬふりだってできるような事をです、簡単に。でも、思い切って扉を開け、人に言う勇気があれば、その人がここにいるときに、それは、それはどうでもいいことのように思えるかもしれません。でも大きな声で言って、それを聞けば、それについて考えさせられるし、行動を、それについて何かしらの行動を起こすようになるんです。

カ　そうするとそれは役に立っていると思っているのですね。

学　ええ、もうまちがいなく役に立っています。

注目して欲しいのは、この文法的に混乱した発言が、このクライアントにとって心理療法がどんな意味をもつのか、何と鮮やかに物語っているかということである。その意味とは、クライアントがそれまで「見ぬふりをしてきた」抑圧された態度の解放であり、「大きな声で言って、それを聞けば、それについて考えさせられるし」という発言に表れているように、自己と現状への明確な対峙であり、そして最後に「何かしらの行動を起こすようになる」と言うように、積極的な行動を起こすための勇気である。このような発言が示唆するものとは、カウンセラーによる状況を構成する努力やカウンセリング上の指示的な行動を差し控える努力が、新しい方向性を設定する上で非常に役立つこととしてクライアントにゆっくり容認されるということである。このことは、われわれが追究している手法こそが、カウンセラーに認知されるばかりでなくクライアントにも感じられ、経験される真の進歩の帰結だということを明確に示唆しているように思われる。

特殊な問題

カウンセリング過程の適当な期間とは　実際的な問題に関心をもつ読者の多くは、まず、「それはどのくらいかかるのか？」という問いを発するだろう。もちろんこの手の問題に簡単で手っ取り早い答えは存在しない。カウンセリングの過程の期間は、不適応の程度、カウンセラーの技術、クライアントの援助を受けるための準備度、そしてわずかであろうがクライアントの知性によって左右される。とはいえ、このあいまいな説明でこの問題を片づけてしまわなければならないわけでもない。

カウンセリングの過程の長さは、カウンセラーによる対応の精妙さと正確さに直接的な関係があると信じるに足る根拠があるようだ。カウンセラーの失敗によって自由な表現の発露が阻害されない場合、情動化された態度が正確に認知された場合、また自己洞察が厳選された解釈によって増大する場合、クライアントは六回ないしは十五回の面接で自分の問題をコントロールできるようになるようで、五十回とはかからないようだ。こうした数字はあくまでおおまかな概算にすぎないが、心理療法の進歩には明らかにリズムが存在するようで、週一回の面接で三カ月で完結することが多く、一年かかるということはないようである。不適応や神経症がそれ程深刻ではない場合は、クライアントが自分が援助が必要だということに気づくのに二回、四回ないしは六回の面接で十分な場合が多い。ただし、このような場合は心理療法過程のいくつかの段階は短縮された形をとるようである。

筆者が確信するに、カウンセリング面接が上記の回数を大幅に上回ってしまうほとんどの場合、心理療法過程は、カウンセラーのアプローチのおかげというよりも、むしろカウンセラーのアプローチを物ともせずに何とか切り抜けられたというのが概して正しいということである。成熟と成長に対する個人の動因が非常に強力なため、このようなケースでは、途中に大きな扱いの誤りがあっても、それを物ともせずに成功することが多い。この確信は録音された面接記録の綿密な検証を通じて裏づけられたものであり、その記録を調べれば、本書ですでに論じたようなカウンセラーの失敗により遅延された例が少なくないことが分かるだろう。このような失敗は、面接全体を通じて、クライアントが今にも表現しようとしている重要な態度の表出を遅延させる。不用意にカウンセラーに妨害されるため、こうした態度は次回以降の面接で表現されざるをえないのである。たび重なるこのような大失敗はカウンセリング面接を決定的に長引かせるであろう。どういうわけか、不幸にも、面接数と面接の深さに直接的な関係があるとする意見が増えている。これは必ずしも真実ではない。それどころか、近道をしようとすると、クライアントを急がせることになり、改善のための面接数はほとんど確実に増加する。一連の心理療法のカウンセリング面接を成功裡に導く最大の近道は、最高の技能でコントロールされた、完全なまでにクライアント中心の面接である。

こうした論評は同時に精神分析に対する、とりわけフロイト派の分析に対する、疑問を提起することになっていることに気づくかもしれない。フロイト派がしばしば誇る学説は、真の心理学的な方向づけは毎日の面接を数年続けなければならないというものである。筆者は、ある一派の思想が他派に対して長所をもつなどということを議論するという試みは本書全般を通じて差し控えてきたし、ここでそうした議論を始めたいとも思わない。しかしながら、おそらくそうした疑問が提起される可能性はあり、有益な答えが見つかるかもしれない。フロイト派の分析の目標は何であろうか？　個人が独立できるように導く手段を与えることなのか、それとも個人の人格について完全な構造図を獲得する手段を与えることなのだろうか？　その目標は健全で自己主導の行動なのか、それともすべての行動の原因についての完全な自己洞察なのだろうか？　フロイト派の分析では、本書で述べてきたクライアント中心療法に比べて、先入観を伴った解釈を押しつける試みによって、心理治療が早まるというよりも遅延がもたらされているのではないだろうか？　フロイト派の分析は、より念入りな分析技術によってある程度短縮されるということはおきないのではないか？　こうした疑問は批判を意図したものではない。ただ、カウンセリングの過程における価値の重要な指標として、その期間の長さをやみくもに崇拝することに対して疑問を投げかけたにすぎないのである。

カウンセリングの終結段階における失敗　本書全体に一貫する命題は、カウンセリングにおける失敗は、心理療法的アプローチとしてのカウンセリングを適切に管理するという基本原則を十分考慮することによって避けられるし、また、心理療法の過程を適切に取り扱うことにより避けることができる、というものである。とはいえ、カウンセラーとて人間であり、失敗は起こりうると認識しておかなければならない。カウンセリングにおける失敗は、大変な害を及ぼすことになるか、未来に少なくとも希望を残す方法で対処されるかのどちらかであろう。この問題についてもう少し詳しく見てみよう。

クライアントがカウンセリング面接に援助を見いだすことができない状態に陥ってしまう理由はいくつかある。このような失敗の原因でもっともありがちなのは、カウンセラーの接触の仕方がまずいためだということは疑う余地もない。日々仕事に忙殺される中で、善意さえあれば、入念な技術がなくてもなんとかなると非常に安易に考えられているふしがある。そうではないという厳しい教訓をカウンセラーは繰り返し肝に銘じなければならない。しかしながら、失敗の理由は何もカウンセラー側にばかりあるわけではない。もっとも起こりがちな原因は、そのクライアント自身がカウンセリングを受ける候補者として、そもそもふさわしくなかったという一言に集約されよう。成長に対する環境的な障害が抗しがたいほどである場合もあるだろうし、生活状況をコントロールする能力がまったく欠如しているために効果的に変わることができない場合もあるだろう。おそらく判断ミスだったのだろうが、ある若者が、比較的親から独立しているという判断のもと、カウンセリングを受けることになった。しかし、時間が経つにつれて分かったことは、実は彼の両親も含めた双方の面接が必要であり、そうしていれば成功したかもしれないということだった。カウンセリングの失敗のすべてとまでは言わないが、ほとんどのケースは、明らかに次の二つの主要なカテゴリーのどちらかに分類される。すなわち、クライアントがカウンセリングの援助を受けるのにまったくふさわしくないか、あるいは、クライアントが自分を見つめ、自ら積極的な行動を起こすための十分な援助がカウンセラーによってできていないかのどちらかである。

経験を積んだカウンセラーなら誰でも、失敗に終わってしまった面接の原因を特定できるだろう。場合によっては、クライアントは不快になり、ますます反抗的になり、カウンセラーに対して敵意を抱き、その後面接が続いても、何の改善も援助ももたらすことができない。するとカウンセラーは、間違った方向に進んでいると感じ、さらなる努力を尽くし、さらなる圧力を加えて問題を攻略しようと努めるものである。こうなるとクライアントは二度と戻ってはこない。こうしたカウンセリングは「協力の不履行」ということで打ち切りになる。クライアントがある程度有望な進歩を見せるが、次第にカウンセラーへの依存を深めてしまうという場合もある。不満を抱いたカウンセラーは、自分がどれほどクライアントの人生を左右する責任を負ってしまっているかに驚いて、クライアントを遠ざけようとするのである。こうなるとクライアントが見えなくなり、面接はぞんざいになる。しまいには、自分の人生は自分でなんとかするものだと主張するようになり、関係は断たれ、そしてカウンセラーの途方にくれた罪悪感だけが、何かがなされたという証しとして残るのみである。

失敗に終わるカウンセリングのほとんどの場合、カウンセラーとクライアント双方が、本来あるべき進歩がなされていないことに気づいている。その理由を分析できないまま、お互いに自己防衛的になり、相手を罰するような態度を取り、かくして面接は打ち切られ、双方に多大な損害を残すことになりかねない。しかし、こうした悪化の一途をたどるカウンセリングは、たとえ失敗の原因がカウンセラーの分析能力を超えている場合でさえも回避できるものなのである。

カウンセリングが紛糾していると思われるとき、つまり、なぜこのような抵抗に遭遇しているのか、なぜクライアントは進歩を見せないのか、また、なぜ最初の頃の面接に比べて状況は悪化しているのか分からない状態に陥っているときには、最初の一歩は当然考えられる原因を調べることから始まる。こういうときこそ、このクライアントにとって良かれと信じて行っているカウンセリングにまちがいがないか注意深く考察し、また、自分でつけた面接記録を入念に検討し、自分のまちがいを発見することに努めるべきである。あまりに指示的すぎなかったか？　クライアントが自分の感情を吐露することを何かしら阻害していなかったか？　あまりに成果を急ぎすぎていなかったか？　思慮のない解釈を加えてこなかったか？　クライアントの立場でなく、自分の立場で問題を解決しようとしてこなかったか？　このような問題がなかったか、また本書で既に考察されてきた他の問題についても細密に検証すべきである。多くの場合、原因が見つかり、改善できるものである。大いに励みになることに、人が成長したい、困難から抜け出したいという切望は非常に強いので、たとえ多くのまちがいが為されようとも、不十分なカウンセリングが施されようとも、まちがいが正され建設的な結果が得られることもあるのである。失敗の原因を徹底的に検証するということに遅すぎるということはないのである。

しかしながら、現実的には、カウンセラーは自分の仕事に対して近視眼的になり過ぎ、また防御的になり過ぎるため、自分の過ちを容認できない場合があることを知っておかねばならない。こうした自分では自覚していない点を発見する際に、いつも上司や同僚の助けを得られるわけではない。つまり、カウンセラーが理由を発見するための善意の努力にかかわらず失敗に終わることもあるのである。さて、こういった場合どうすればいいのだろう？

カウンセラーとクライアントが防衛的な行動をとることを防ぐには、両者が失敗を素直に認めることが非常に重要である。カウンセラーが実際に以下のように言うのだ。「どうも成果が上がっていないようですね。おそらく私が未熟だからでしょうし、あなたの側に何かしら気の進まない部分があるのかもしれませんね。とにかく、誰かを責めるというのはやめるとして、でもよい結果が得られていないのは事実ですね。どうでしょう、面接を中止しましょうか？　あるいは、もう少し満足がいく結果が得られるかもしれないという望みをもって、もうしばらく続けてみたいですか？」。このように状況を明白にした発言こそもっとも効果がある。クライアントがカウンセラーを責めなければとも思わなくなるであろうし、また事態を打開する可能性が開かれる場合もある。

この結果、カウンセリング面接が打ち切りになってしまう可能性もあるが、その場合は双方合意のもとにである。たとえ終わってしまっても、別れははっきりしており、敵意や罪悪感を伴うことはない。クライアントはいつか気軽に戻ってくるかもしれないし、あるいは、他のカウンセラーの方が助けになると感じれば、そちらに行くであろう。他方で、カウンセリングの進展を妨げていた障壁が何であったのかがはっきりし、それゆえ新たな心理療法の発展のよい機会になる場合もある。著者は、ある母親との一連の面接を思い出すが、今考えると、そのカウンセリングは非常に手際の悪いものであった。その母親の息子に対する態度がまったく進歩を見せなかったので、カウンセラーは、面接は実りがないようであるし、おそらく中断したほうが賢明ではないかと率直に言った。母親はこれを受け入れたようで、その場を去ろうと立ち上がりながら、「先生は大人の心理療法をやられたことはあるのですか？」と言ったときには、すべてが終わっていたかに見えた。しかし、やったことがあると答えると、母親は座りなおし、結婚生活の不満のすべてを打ち明け始めた。その不満こそが、息子を誤って扱う根本原因であったが、臨床面接の表面上の理由が息子のためとされているあいだは、このことを打ち明けるのをはばかっていたのだ。換言すれば、状況が手詰まりになっていることが明確に語られ、容認される場合、クライアントもカウンセラーもあまり感情的にならずにそのことを受け入れることができ、解決への道を見つけることができるかもしれないのである。そうではない場合でも、少なくとも敵意や罪悪感が最高潮に達しているという状態を避けて面接を打ち切るということはできるであろう。

一つ注意をしておきたい。もし進歩が見られない場合、カウンセリングを長期にわたって引き延ばしてはならない。もし、数回の話し合いの後面接を綿密に考察してみて、意義のある進歩や治癒の方向性に変化がなければ、面接を打ち切るかどうか検討すべきである。経験の浅いカウンセラーの意見とは逆に、失敗に終わる面接は成功例の目安となる制限時間を超過しがちである。同様に、ほとんど変化なく繰り返される面接は一般的に失敗の傾向がある。このような場合、もっとも良いのは、行き詰まりの原因を発見しようと努め、もしうまく行かない場合は、カウンセリングを中止することである。このように終わってしまった面接は失敗ではあれ、さらなる葛藤を生みだすことはないし、クライアントが別の機会にまた援助を求める道を閉ざすことはない。

要　約

クライアントが自己洞察と自己理解を深め、人生に新しい方向を与える新たなる目標を選択するにつれて、カウンセリングは終結段階に入るが、この段階はある独特な特徴をもつ。クライアントは、新鮮な自己洞察を増し、新しい目標に向かい積極的に行動するにつれて自信を深める。自信が増すと、カウンセリングを終えたいと望むが、同時に支えを失うことを恐れる。こうした二面性がカウンセラーに認知されると、クライアントは自分の目前にある選択をはっきり見据え、自分の問題を独力で扱えるという確信を築くことができるようになる。カウンセラーは、準備ができ次第この関係を卒業していいのだという自由な思いを促進することによってクライアントを援助する。通常、カウンセリングは双方にある種の喪失感をもたらして終わるが、同時に、独立は成長に向かう健全な進歩であるという相互認識も伴う。カウンセリングが成功裡に終わらなかったとしても、建設的な形で終わることも多い。

心理療法の過程の長さは、クライアントの不適応の程度や他の要因と同様に、カウンセラーのクライアントを中心に据え続ける技術に左右されるところが大きい。

面接の終結時では、クライアントはカウンセリング環境がいつもと異なる構造をなしていることにはっきり気づいており、自分の成長のために面接をいかに利用してきたかを明白に理解していることが多い。クライアントの自発的な発言が本書の論旨に説得力を与えている。つまり、クライアント中心のカウンセリング関係は、他のいかなる関係でも為しえないダイナミックな力を解放するのである。

原　注

（1）"Intensive Treatment with Adolescent Girls", by Virginia W. Lewis, *Journal of Consulting Psychology*, vol. Ⅳ (September-October, 1940), p.184 からの引用。

第九章　実践上の諸問題

前章までは、カウンセリングがその目標を成就するための拠り所となる過程を明確に分かりやすく読者に伝えようと努めてきた。その目的は、この過程には一貫性と因果的連鎖があり、その展開は予測可能で規則性のあるものであること、しかも個々の局面は客観的な研究の対象となり得るという正しい認識を進展させることであった。このように、カウンセリングの本質的な原則に焦点を合わせてきたため、提起されてもおかしくない多くの問題がここまで無視されてきた。カウンセリングの本質的でない局面に注意をそらす問題や、カウンセリングの概念から離れた問題、また推測の域を出ない問題は避けてきた。しかしながら、心理療法の過程の通覧を終えた今、カウンセリング一般に関する、とりわけクライアント中心療法に関してしばしば提起され常についてまわる実践上の諸問題を取り上げてみたい。すべての問題に答えることは不可能だが、そのいくつかを取り上げることで適切な考え方を促す一助になればと思う。次に掲げる問題は順不同であるが、もっとも重要で根本的な質問だけは最後に挙げた。読者が興味のある分野をどこからでも選べるように、見出しごとに個別の問題として述べていく。

一回の面接時間はどれくらいが適当か？

この問いに答えるために必要な実験に基づいた情報はもち合わせていない。それが、十五分であろうが、三〇分、四五分、あるいは六〇分であろうが、一般に知られている制限が存在するということの方が、実際の面接の長さより重要であることは確かなようだ。ウェスタン・エレクトリック社のカウンセラーは、態度を十分に表現することを主たる目的として平均八〇分の面接を行うが、著者は一回の面接が一時間以上というのは賢明ではないと考えている。

一時間にわたる面接には、とりわけカウンセリングを始めた当初は、意義のある素材がふんだんに盛り込まれることもある。しかし、感情が表出され、面接が自己洞察の成就と新たな進歩への決意を中心に回り始めると、クライアントはその時間の一部を自分が苦闘している真の問題から逃避する会話に充てる場合も出てくる。このような場合は、クライアントは、面接時間の終了間際になって初めて自分の考えを表し、矛盾した思いに結論を下すことがある。短い面接が長い面接と同等の成果を見せるのはこのようなケースである。この問いは、複数の面接を録音し、実験的なカウンセリングを施さないと答えがでないであろう。

面接の間隔はどれぐらいあけるのが適当か？

この問題もまた実験的な研究が必要である。次回の約束があまり近すぎないほうが良いというのは明らかなようだ。古典的な精神分析学でいうところの毎日面接すべきという議論には論理的に正しい根拠はないようである。クライアント中心ではなく相当カウンセラー中心の面接でない限り、毎日面接が必要などということはあり得ない。数日あるいは一週間おき程度の面接がもっとも効果的のようだ。この間隔は、成し遂げた進歩をわがものにし、新しい自己洞察を成就し、成長したいという新しい衝動を満たす行動を起こす好機となるものである。

面接の約束が守られないときの対処法は？

指示的なカウンセリングが行われている機関の多くでは、面接の約束が守られないケースが全体に占める割合は大きいようだ。筆者が、本書で論じてきたクライアント中心療法では約束が破られることはほとんどないと言うと、信じてもらえないかもしれない。しかし、これは事実である。病気になることもあろうし、交通機関がマヒすることもあろう。しかし、クライアントは、こうした障害が起こるとカウンセラーに連絡する。カウンセリング自体に失敗がないかぎり、連絡なく約束が破られることはないのである。

約束が破られた場合、カウンセラーが取るべき重要な二つの段階がある。第一は、記録を、特に最後の面接の記録を、調べてみることである。抵抗を生むような押しつけがましい手法を取っていなかったか？　あまりに時期尚早な解釈を加えていなかったか？　クライアントの準備が整う前に難しい選択を迫らなかったか？　クライアントが面接を終結する準備ができるほど進歩していたという徴候はあったか？　そして、この新しい自立性について認知も受容もされなかったのではないか？　約束を守らなかった、あるいはカウンセラーに連絡しなかった原因となるものがきっと見つかるであろう。

第二に、できるだけクライアントが戻りやすい環境を作ることである。同時に、もしクライアントが戻ってこないという選択をした場合でも、カウンセラーはそうした結果も受け入れるものだとクライアントが感じられるよう援助することである。この段階を遂行する上で手紙は有効な手段となる。次のような言い回しの短い手紙で表現したらどうだろう。「水曜日の面接にいらっしゃらなかったので、もしかしたらもう話し合いを続けることを望んでおられないのではないのかと思いました。このような話し合いを続けたくなくなるのはよくあることです。しかし、まだ面接をご希望でしたら喜んで時間をお取りします。いつでも気軽にお電話ください。お互いに都合のいい時間を決めましょう」。これは模範的文例として示したのではなく、留意すべき点を示したものである。カウンセラーは失望を示唆していない。そうするとクライアントは、何かしらカウンセラーに協力することができなかったとか、カウンセラーが望むから面接に行くという間違った印象をもってしまうからである。この手紙には次の約束は書かずに、クライアントに主導権を残しておくのだ。クライアントが援助を望むかどうかはここでもクライアントの責任において決定してもらうのである。これがこの手紙の主旨なので、もしクライアントがまったく返事をしなくても、面接の約束を破ったことに関する罪悪感は最小限で済むであろう。もし後日クライアントが援助を必要としたときには、気軽に戻ってくることができるという意味で、これは重要なことである。

カウンセラーは面接中にノートをとるべきか？

どういうわけかこの問いは、多くのカウンセラーを悩ませているようだ。心理療法の成功は適切な記録と直接的かつ決定的な関わりがあると言い切ってもよかろう。カウンセリングに従事するということは、繊細で微妙な要因を扱うということである。忠実に過程を記録すればするほど、実際に何が起こっているのか、またどのような誤りがなされているのかをより正確に特定することができる。これが正しいことは、まさに本書が多量に引用している録音による面接記録の著しい教育的効果からも明らかであろう。カウンセラーが異口同音に必ず口にするのは、自分自身の行った面接を聞き返すことがカウンセリングの訓練でもっとも教育的な経験であったということだ。批判的なコメントが与えられなくても、建設的な批判の恩恵にあずかることができるという点できわめて教育的な経験だということである。

それゆえ、可能であれば、面接中にクライアントの発言ばかりでなくカウンセラーの発言も含めた完全なメモを取るべきであることは言うまでもない。発言を要約し、略記した対話形式のものが有用であることはすでに証明されている。

ノートを取ることがためらわれる基本的な理由についてはまだ触れていなかった。カウンセラーは、「わざとじらそう」としているのではないかとクライアントが考えはしないかと恐れるのである。こうした恐れはカウンセラー自身の罪悪感から起こっている。もし「わざとじらそう」などとしていないのであれば、また、もし面接はクライアントが自らを援助することを学ぶ場だと純粋に意図されているのであれば、その目的を説明しさえすれば、クライアントはノートを取ることを意に介さないであろう。カウンセラーがこのように言うのもいいだろう。「話されることを私が書き留めても、気になさらないといいのですが。これを後で見て、われわれが何を成し遂げてきたかよく見直してみたいんです」。著者の知り合いのあるカウンセラーは、クライアントに、望むならいつでもそのノートを見ても構わないと言っている。ノートを見せて欲しいとカウンセリングの終結期に時折頼まれることがあるが、その結果クライアントは自分が達成してきた進歩に対する非常に明確な自己洞察を発展させる。

このノートはどの程度まで書き取られるべきか、あるいは完全に書き留められるべきか、また、どの部分を保存すべきかということはさらに難しい問題である。どのカウンセラーに対しても言えることだが、自分が扱ったいくつかのケースについては完全に記録を書き留め、綿密に研究すべきである。しかしながら、保存ということに関しては、面接のノートは多くの機関で作業記録としての役割を果たしており、長期保存用の記録としては、カウンセリングの終結時の簡単な要約で十分であろう。つまり、提起された問題、直面した論点、得られた自己洞察、用いられた積極的な手法を要約したものである。しかし、二人のカウンセラーが同一ケースを担当しているような場合、たとえば、一人が親を、もう一人が子どもを担当しているような場合は、それぞれがお互いの仕事を完全に把握しているべきである。こうした情報は通常完全な記録から得るのがもっとも好ましい。一般には、このような問題は、その目的が主として訓練や研究にあるのか、あるいは純粋に援助の提供にあるのか、機関の目的と機能によって必然的に決定されるに違いない。前者の方がより完全な記録が求められる。

クライアントが虚偽の発言をしたらどうするか？

カウンセリングの実際を論ずるとき、これほど頭を悩ませる問題はない。環境に適応しえない者の原因分析の研究をする場合であれば、その発言が客観的に真実か否かを知ることは時として重要かもしれない。また、違法行為者の研究をする場合であれば、ある違法行為を犯したにもかかわらず否認しているのか、あるいは本当に関与していないので否定しているのかを知ることは、原因分析のための問題の処方に違いが出てくるだろう。しかしながら、カウンセリングに際しては、このような客観的な事実はまったく些細なことである。心理療法にとって唯一重要な事実は、クライアントがカウンセリング場面にもち込むことができる感情だけである。

したがって、クライアントの発言が「真実」か「虚偽」かどうかは気づかう必要はないのだ。クライアントの情動化された態度こそが重要な要素なのである。たとえば、ある学生が、教授が自分に対して偏見をもっていたためにその授業の成績が悪かったと言うとき、それが「真実」かどうかは重要でない。むしろ、彼が虐げられていると感じている事実の方が重要なのである。自分の感情を吐露する機会が与えられると、その事実をより正確に評価するようになり、結果として客観的な真実を知ることになるかもしれないが、こういったことはカウンセリングには必ずしも必要なことではない。

もちろん、客観的な事実を明確にしようとするために利用される面接もあるだろう。こうした意図は、たとえば、法律的な面接であれば正当であろうが、カウンセリングや心理療法の場合は別である。よいカウンセリングの例ではほとんどの場合そうなのだが、完全な記録にはクライアント側に、その態度について、事実について、あるいは双方についてはっきりと矛盾した発言が多く見受けられる。ほとんどは、まだ人格が統合していない個人の内面に存在する矛盾した態度が表れたものである。相反する欲望の動的な両局面を表しているのである。もしカウンセラーがこうした矛盾に知的に挑んだ場合、クライアントがそうした態度を一体化する人格統合を成就する援助はできないであろう。

料金はカウンセリングに影響するか？

料金を取ることが適切ではないカウンセリングは多い。たとえば、高校生を相手にする場合、自分では料金を払えないので親に払ってもらうことになるが、これでは彼が必死に払拭しようとしている依存性をかえって強めてしまうことにもなりかねない。他方で、クライアントが大人の場合、あるいは親同伴の児童相談の場合、料金が心理療法に占める意味は大きい。所得水準に見合った料金を払うということは、クライアントが真剣に援助を受けに来ているという意志の表れであるだろうし、また他人の援助を受け入れる際に自尊心を維持する手段でもあろう。

料金を請求する場合にもち上がるカウンセリングの価値についても問題がいくつかある。まず第一に、もし料金を請求する場合には初回面接時に率直に話し合うべきだが、料金の設定については、クライアントがそれを受け入れるか否かを決められるという責任の所在をはっきりさせる。これはクライアントが新しい方向に踏み出す第一歩であり、自分の抱える問題に対峙するために要する努力の大前提となるものである。第二に、料金を払うということは成長を早めるための動機づけになる。面接一回ごとに料金を払うことで、クライアントは可能なかぎり遠慮なく話そうとするし、また、最短で自らの進歩を促そうと努める。また心理療法の目的が達せられた場合にも、料金を払っていれば、依存や感謝の気持ちをもつ必要がない。援助に対する支払いは済んでいるのだ。双方の努力があってその過程は成し遂げられたのである。

強調すべきは、個人の経済事情に応じて適切に支払額が定められれば、こうした利点が必然的に生じるということだ。クライアントが必要不可欠な生活費を相当切り詰めなければ払えないような負担は、心理療法の足枷となるのは言うまでもなく、面接を継続する大きな障害となる。筆者が所長をしていた相談所では、子どもをカウンセリングに差し向けるすべての親と料金について話し合うのが慣例となっていた。料金がたとえ一回十セントであろうと、まったくの無料であろうと、熟練したケースワーカーの管理下でこうした話し合いを事前にもつことで、クライアントは受けられるべきサービスを最大限に享受しようと思う機会を与えられる。

相談やカウンセリング・サービスはどの学生も均一料金で受けられ、自分の必要に応じてサービスを受けられるような学生相談サービスもある。これはサービスを財政援助するよい方法であることはまちがいなく、学生は自分が受ける援助について料金を払っているという自尊心を感じることができるという利点がある。しかしながら、前述したような利点はない。

この料金に関するかいつまんだ議論の締めくくりとして、指示的でないカウンセリングは、料金を請求するしないにかかわらず成功裡に遂行されるということをはっきりと主張しておきたい。この点で、必ずと言っていいほど料金のかかる伝統的な精神分析とは異なるのである。ここで論じているカウンセリングは、クライアント自らが過程に寄与するカウンセリングである。全体的な心理療法の過程は、一貫して自尊心の基盤となる自主性を重んじたものである。それゆえ、クライアントはお金を払わなければならないという義務感に縛られることなく援助を提供してくれる雰囲気を、建設的な方法で活用することができるのである。筆者の見るところ、過程や結果について料金を支払うクライアントと支払わないクライアントの間に大差があるとは思えない。

クライアント中心のカウンセリングでは、注意を集中したり、研究したり、記録をとるようなことはしなくていいのか？

指示的タイプのカウンセリングに慣れた人は真面目にこうした質問をする。この質問の答えは、非指示的手法を学ぼうと訓練を受けているカウンセラーに聞いてみるのが一番いいだろう。こうしたカウンセラーは、クライアント中心療法の方がはるかに大きな努力を要すると証言している。カウンセラーがあまり喋らないということは、より考えなければならない義務があるということである。常にクライアントの感情に留意し、成長を促すために、攻撃の道具としてではなく援助的な道具として言葉を用いることは、カウンセラーに多大な緊張を強いる。

本質的に、クライアント中心のカウンセリングは、心理療法面接を科学以前の段階から引き上げようと努めている。つまり、誠意さえあれば「なんとかなる」という段階から抜け出し、カウンセラーのものであれクライアントのものであれあらゆる表現が、成長を阻害するか促進するかのいずれにおいても、クライアントの精神的な成長にとって重要であり影響を与えるものであると認知される段階へである。したがって、記録はより完全であることが望まれ、しかも、その記録は活用されるためのものであり、単に見せかけのものではない。面接と面接の間には、こうしたノートや記録を注意深く検証しなければならない。クライアントはどのような感情を表現してきたか？　どのような認識の誤りを犯してきたか？　流れの速い面接の中で、ぼんやりとしか重要性が感じられなかった発言の意味の全容は何なのか？　クライアントは次回の面接にどのような態度で臨むだろうか？　もしカウンセラーが前回の面接を詳細に検証し、次回の面接が進むであろう方向性を把握していれば、真の感情にさらに敏感に反応するであろう。

録音記録を綿密に調べれば、ほとんどのカウンセリングやいわゆる心理療法は、蚋（ブヨ）を肉切り包丁で解剖するようなもの、あるいは巨大な耕作用トラクターで小さな苗を耕すようなものだということがはっきりと証明されるだろう。絶対に肝に銘じておかなければならないことは、面接中に起こりつつある変化は非常に微妙なので、多くの人間関係に見られるように「力ずくで」扱われると、成長のための潜在力は完全に摘み取られてしまうということである。このような微妙な力の作用を理解するためには、つまり、こうした力があるということを認知し、それと協調を図るためには、最大限注意を集中し、研究し、そして状況を把握した完全な記録をとることが求められるのである。

短時間の面接でもカウンセリングは成り立つか？

この問題はすでに六章（156〜157頁）で触れた。ここでは、本書で述べられているようなカウンセリング関係は、面接時間が短時間しか取れないような場合にこそ、特に重要だということを重ねて説明するだけにとどめる。短時間の面接においては、指示的なアプローチの方が優位に見えるというのはまったくの偽りである。もし、少しでも人生の複雑さについてきちんと理解できていれば、一時間やそこらでその人の人生の構造を把握するのはどだい無理な話だと分かるだろう。この限界を容認し、エホバ的な自己満足の役割を演じることを控えれば、たとえ短時間であっても必ず明確な援助を提供できる。クライアントが抱える問題や感情を自由に表現させ、自分が直面している問題をさらに明確に認識させることは可能なのである。もしクライアントを指導しようとすることにその時間を使えば、カウンセラーは、単にクライアントの人生に不当に干渉する結果生じるであろう混乱、依存、怒りを見ることはないということのみに満足するだけであろう。

友人や身内をカウンセリングすることはできるか？

この問題は、特に経験の浅いカウンセラーからよく聞かれることが少なくない。どうすれば、困っている友達や、ルームメート、あるいは妻や夫を効果的にカウンセリングできるかというのである。こうした他人を助けたいという願望は自然であり、立派なことである。しかしながら、他人を助ける方法についてははっきりした考えがなくてはならない。

前章までに明らかにしてきたように、カウンセリングが効果的なのは、主として、カウンセラーが感情的に状況にあまり深く巻き込まれることなくクライアントの感情を認知でき、意識的な考察をし、クライアントの自己洞察を増大させることによって自らの行動方針を明確にできるという理由からである。感情的に巻き込まれれば巻き込まれるほど、カウンセラーとしてこうした機能を発揮できなくなるということは明らかである。夫は妻に対して満足なカウンセリングはできないだろう。親友が親友でありながら同時にカウンセラーでもあるということも不可能であろう。夫は、理解のある夫となり、率直かつ思いやりをもって、自分と妻の双方の問題を見据えることの方が大切である。友人は、よい友人であり続けることがもっとも助けになるだろう。同じものの見方を共有し、理解のある聞き手として、また感情的な支援の拠り所として行動するのだ。こうした場合、カウンセリングを通して得られた自己洞察は、双方が感情的に巻き込まれている状況にあるということを十分に認知した上で利用されるとすれば、役立つものとなるだろう。

それほど近しい関係でない場合、たとえばカウンセリングの援助を探しているちょっとした友人のような場合は、もし心理療法的接触が、友人としての時折のつき合いとしっかり区別されていれば、満足に遂行されるであろう。

ここでの議論は四章で述べた考え方を再度強調しているにすぎない。カウンセリングにおける関係は、友人関係や他のいかなる親密で感情的な結びつきとも異なるものである。さまざまな関係を混同しても得られるものはない。親としてなら、よい親子関係を築こうとするだろうが、必ずしも親が子どもにとって最良のカウンセラーだということにはならない。友人と強い愛着の絆を築くこともあろうが、もしカウンセラーでありかつ友人でもあるように努めたところで、カウンセラーとしても友人としても意に満たないものとなるだろう。医者でさえ妻や子どもに手術は施さない。完全に客観的になれないことを知っているからであり、他の状況なら下せる正しい判断を下せるかどうかの自信をもてないだろうことが分かっているからである。これとまったく同じ理由がカウンセラーにも当てはまるのだ。

それどころか、友人や身内のためにカウンセラーの役を買ってでるべきだと感じるような状況では、相手を「すっかり変えたい」と望んでいるからだという場合が非常に多い。この事実だけですでに真の心理療法ができないことは十分明らかなのである。

精神測定とカウンセリングにはどのような関係があるのか？

精神測定テストはどんなカウンセリング過程にも必要不可欠な要素だと考えている人がいる。このように考えている読者にとっては、テストについてほとんど説明がなかったことに戸惑いがあるかもしれない。精神測定手法をどう用いるかについては、事例史（第三章、74〜77参照）をどう活用すべきかという議論同様に、心理療法の過程に関する理解が進歩していることを考慮して慎重に再検討されなければならない。ここでは、敢えてこの問題についての最終回答を出すことはせず、さらに適切な研究を促すであろう試験的な回答にとどめる。

精神測定テストが測る能力、学力、適性、興味、性格的特性、適応性が環境に適応できない個人の診断的研究に純粋に役立つことに疑いの余地はない。不適応の学童の診断評価、法廷に立つことになっている若年もしくは成人の違法行為の研究、また就職志望者や新兵を適性や技能に基づいて分類するための研究など、この種の研究は当然のことながらすべて精神測定テストによって得られる情報に大いに依存している。次に述べることには、この種の研究におけるテストの偉大な価値を疑問視する意図はまったくない。

カウンセリングにおけるテストの位置づけはそれほど明確ではない。一連の心理療法的接触を始めるにあたってテストを利用するのが得策ではないのは、完全な事例史を利用するのが得策でないのと同様である。もし心理士が完全なバッテリー・テストを用いて仕事を始めるのであれば、クライアントの抱える問題に解決策を提供することを含意することになる。本書では一貫してこれは真の「解決策」ではなく、クライアントを本来の意味で救うことにはならないと論じてきたし、こんなことをすれば、クライアントは憤慨するか、あるいは過度に依存的になってしまう結果になる。

テストがカウンセリングの過程にまったく役に立たない、と言っているのではない。カウンセリングの終結段階において利用されれば、また、特にクライアントのリクエストに応じて利用されると、大変効果的な場合が多いようである。たとえば、ある学生が自分の職業選択の問題を理解するようになり、前に進む準備ができているとしよう。しかしながら、賢明な選択をするに際して、自分の興味や適性についての十分客観的な現状を把握していないと真剣に主張するかもしれない。このような場合、カウンセラーは、職業的な可能性を明らかにするために利用できるテストがあることを紹介できるだろう。この学生はこのテストを受けたいと思うだろうか？もしテストを受け、その結果について話し合い、自分自身に対する理解に関する評価を行えば、結果はきわめて建設的なものとなるだろう。

バーバラについては第七章で面接記録を引用したが、彼女はとうとう知能テストを受けようと決意した。彼女が「強力な」知的野望があると語っていた面接を始めてまだ間もない頃、自分の真の能力について質問したことがあった。テストを受ける可能性をほのめかしていたが、また怖がってもいた。テストを受けることで自分の野望の基盤が打ち砕かれるかもしれないし、能力がないことが証明されてしまうかもしれないと感じているのは明らかであった。後に、自分自身をより受け入れられるようになると、テストについて以前ほど恐れることなく言及し、面接の終結時にはテストを受けたいとはっきりと要求した。テスト結果は、優秀ではあったが、並みはずれて優れたものではなかった。しかし、彼女はその結果を受け入れることができた。もしテストをもっと早い段階で受けていたら、カウンセラーは彼女の知的なレベルについての評価をもっと早く入手していたであろうが、バーバラはその結果に希望を挫かれるか、テストの成績に関して自分を正当化せざるを得なかったであろう。もし結果が知らされなかった場合は、しきりに結果を知りたがったであろう。

テストが心理療法的に機能するのは、カウンセラーにとっての情報としてというよりも、クライアントの切実な要求に応じて利用されるときである。ある学生が、現在の専攻分野より経営学を専攻したいと決めた。しかし、実際に経営学を専攻する適性があるだろうか？　テストを受ければ答えを出すのに役に立つだろう。ある高校生は、適応障害と闘ってきたが、今は大学進学能力があるかどうが知りたいと望んでいる。テストの結果は彼が決断する上で役に立つかもしれない。

今述べたことにテストを適切に用いるための手がかりがある。効果的な心理療法という見地から、クライアントが決断を下す際に、あるいは積極的な行動を起こす際に、建設的に活用できたときに、テストは価値を有するのである。カウンセラーに情報を提供するための道具としての活用についてであるが、クライアントがカウンセリングの対象として適しているかどうか初めに決定する、という一つの例外を除いては必要ないと思われる。この場合、事例史の活用と同様に、クライアントが第三章で規定した基準を満たすかどうか決定するための事前の調査が必要であろう。このような事前の調査は心理療法を幾分難しくするかもしれないが、カウンセリングのアプローチと環境的なアプローチのどちらが重要視されるべきか疑わしいような場合には用心が必要である。

テストとカウンセリングの関係についてのこの試験的な回答は、以下のように要約できるだろう。合理的なテストの活用は別にして、テストが賢明に利用できるのは、通常はカウンセリングの後半であり、自己洞察を成就させるさらなる情報、自分が果たすべき積極的な進歩に明確な方向性を与えるさらなる情報を真に求めるという用件を満たす場合である。この位置づけが、多くの機関で行われている現状の実践を根本的に変える出発点になることは明らかである。

クライアント中心のカウンセリングは職業相談や教育相談のような分野にも適用できるか？

この分野で働いている人びとの多くにとって、ガイダンスとは相談に来る人に情報を与えることを意味している。ガイダンスを求めに来る人は、さまざまな就職口の情報を与えられたり、科目、難易度、学位を取るための必要条件に関する情報を与えられる。職業、教育、適性に関するテストの結果など、自分自身についての情報を与えられることもあるだろう。このような教育方法は目的に適した人びとに対しては賢明であることは言うまでもない。ガイダンスを求めに来る人が、正常に適応していて、単にさらなる情報を必要としている場合、必要な情報を提供する教育は役に立つ。

すでに指摘したように、カウンセリングは、葛藤している人、環境に適応できない人、自分自身や周囲の環境と苦闘している人などに特別に施されるものである。職業について悩んでいる人、教育について適応できない人、あるいは職業上、教育上の失敗で葛藤している人にとっては、クライアント中心のカウンセリングは大いに役立つものである。「ガイダンス」と呼ばれるこうした一般的な教育上の援助を提供する機関や施設はすべて、必要な者が利用できるように、カウンセリングの機会をもまた提供すべきであると考えるのは筋の通った話だと思える。

このような特定のタイプの適用に加え、個人がより自立的で成熟した選択ができるようになるための方針として、本書で概説した原理は、有能な人が無能な人を導くということを含意する「ガイダンス」と呼ばれるすべての仕事に深い示唆をもたらす。ほとんどのガイダンスが、独立した精神的な成長を促さない原理や手段に基づいていても実施できることは確かである。心理療法の分野での研究成果を、関連はあるがそれ自身特定の可能性と限界を併せもつ他のさまざまな分野に適用するためには、さらなる考察が求められているのは明らかである。

カウンセラーとしての資質とは？

カウンセラーを評価する場合、人格的資質と専門的資質の両方が問題となることは言うまでもない。専門的な訓練については次節で考察するので、ここでは人格的な資質を論じることにする。

カウンセリングを論じると、理想のカウンセラー像はある種の心理学のスーパーマンとして描かれることがある。つまり、全知全能で、つまらない反応をする凡人とは一線を画した存在である。しかしこれは非現実的な見方である。成長して良いカウンセラーになるには、何らかの人格的資質が存在するはずである。しかし、こうした資質が、よい芸術家や一流のパイロットになるために必要になるであろう資質より稀な資質であると信ずるべき理由などない。本書で述べてきたクライアント中心のカウンセリングについて言えば、これは非常に的を射ている。確かに、指示的なカウンセラーには何でもできる資質が求められる。手元の録音記録を調べただけでも、こうしたカウンセラーは、歴史の勉強の仕方、両親とうまくつきあっていく方法、民族的な差別問題の解決法、また適切な人生哲学など多様な問題を自信をもって解決しているのが分かる。別の記録によれば、こうしたカウンセラーは結婚の適応問題、職業選択の問題、しつけの問題、また事実当惑している人が直面するであろうすべての個人的な悩みを解決している。カウンセリングに対してこのような姿勢で臨むカウンセラーには神業のような豊富な知恵が望まれるのは明らかである。しかし、目標がこれに比べると控えめで、クライアントが問題を自分で解決できるようクライアントを自由にする援助をすることを目的とする場合には、カウンセラーに必要とされる属性は、人間のもつ能力の範囲で対応できるものである。

カウンセラーに必要な資質としてまず第一にあげられるのは、人間関係に敏感であるべきだということだろう。この資質を納得いくように定義するのは難しいが、ほとんどの対人関係に当てはまることである。他人の反応に鈍感な人や、自分の言動が他人に喜びや苦痛を与えることが分かっていない人、また自分と他人の間や友人同士の間に敵意や友情があることに気づかないような人は、一人前のカウンセラーにはなれないだろう。こうした資質は伸ばすことができるのはまちがいないが、もしある程度の社会的感受性をもちあわせていないのであれば、カウンセリングの分野に進もうと努力することに前途があるかどうか疑わしい。他方で、他人の反応に生まれつき敏感な人、教室にいる生徒たちの中から沈んでいる子どもを言い当てられる人、表面上は何気ない議論の裏に潜む個人的な敵意を感じ取れる人、父母の一方は友好な親子関係を築いているが、もう一方は緊張関係にあることを示す微妙な行動の違いに敏感である人、こういう人にはカウンセリングの技能を身につけるための生まれながらのよい素地がある。

この社会的な感受性を基礎的な資質とすると、優れたカウンセラーには不可欠な態度は他にもある。以下こうした態度について簡単に説明する。ここでは、子どもを扱うカウンセラーを対象に説明するが、これは大人を扱うカウンセラーにも同じように適用できる。

客観性　一般的に容認されていることだが、心理療法家として役に立つためには、臨床家は客観的な姿勢をもっていなければならない。このことはさまざまな表現で説明されている。たとえば、「統制された同一視」、「建設的な平静」、「感情にとらわれない態度」などである。臨床実践において使われる用語は、厳密な科学の分野で使われる場合と多少定義が異なる。そうした概念には、共感することへの適度な理解力、純粋に受容的で関心ある態度、道徳的判断の介入や動揺や恐れを寄せつけない深い理解力が含まれている。こうした態度を備えた人物は、一方ではギリシャ神話のジュピター神のような性向をもった非情で無関心な人物とは一線を画す。また、子どもの問題に夢中になり過ぎて、まったく助けにならないきわめて同情的で感傷的な人物ともまったく異なる。最初の説明に戻ると、客観性とは、子どもを悩ませている感情や問題に理解をもたらすに足る子どもと共感した「同一視」の度合いのことであり、理解をもたらしたからといって心理療法家によって「統制される」同一視ではない……[1]。

個人に対する尊重　有能な心理療法家の第二の資質は、子どもの完全性を真に尊重することである。子どもが自分自身で選択した目標に向かって、自分のやり方で成長を遂げるために真の援助をしたければ、心理療法家はそうした成長を促す関係を構築しなければならない。矯正しようとする熱意に満ちた心理療法家や、無意識に子どもを自分の描くイメージに当てはめようとやっきになる心理療法家には、こうした関係を築くことはできない。子どもをあるがままに、その子自身の適用レベルで受け入れ、自分の問題を自分で解決できるような自由を与えてやる意欲がなければならない……[2]。

自己理解　心理療法家の人格において不可欠なもう一つの要素は、自己を正しく理解し、自分に顕著な感情の様式や自分の限界と短所を正しく理解していることである。こうしたある程度の自己洞察をもちあわせていないと、自らの偏見や感情で歪曲され偏りがちな状況を認識することはできないだろうし、なぜ納得いくように扱えない子どもや問題が存在するのか理解できないであろう。子どもの問題に関して、徹底的な理解と客観性を求めるなら、心理療法家は自分の人格に対してある程度の自己洞察をもちあわせていなければならない。(3)

おそらくこの程度の自己理解は訓練中の指導を通して十分に身につけられるだろう。訓練中のカウンセラーは、自分で事例を扱うにつれて、自分では見えにくかった弱点や情緒面の要求、またこれらを満たす方法にますます気づくようになる。スーパーバイザーが、訓練の過程において、訓練中の者が自らに対する自己洞察を発展させる援助をする機会はそれほどない。しかし、訓練中のカウンセラーがこのような援助の必要を感じる場合、スーパーバイザーと訓練生の間にカウンセリングの関係を伴うことはめずらしくないだろう。

心理学の知識　最後に、カウンセラーは、人間の行動、また身体的、社会的、心理学的な反応決定因に関する完全な基礎知識がなければ、心理療法家として満足な仕事をなすことはほとんど期待できない。この資質を一番にもってくるのは一見理にかなっているように見えるが、精神医学と心理学の知識を十分備え、この知識を応用する卓越した知的能力をもってしても、それだけで心理療法の技能が保証されるものではないことは、どんなクリニックでも経験上明らかであろう。心理療法家の本質的な資質は、すでに指摘したように、主として知的な資質の領域よりもむしろ態度、感情、自己洞察の領域に属するものである。

カウンセラーの訓練はいかにあるべきか？

この問題には多くの専門家が着目している。最終的な答えを出そうなどという試みは僭越であろう。しかしながら、主要な趨勢については意見の一致を見ており、ここで指摘してもよいだろう。十分な訓練過程の典型として以下のコースが含まれるべきであると思われる。

1　人間関係の分野で奉仕することに興味があり、すでに概説した人格的資質をもつ個人を、カウンセラーとして訓練するために選抜する適切なプログラム。

2　人間関係の根本的な理解を促す基礎的な研究。社会学、社会心理学、人類学のコースがあればこうした要求を満たす援助となるだろう。グループワークや授業での経験、あるいは産業関係の分野での経験もこの点で貴重である。

3　個人の心理的成長と適応の理解を促す基礎的なコース。訓練期間の大部分はこうした課題に割かれるべきである。この点で個人の生物学的な成長に関するコースも大切なのは確かだが、発生学および発達心理学、つまり児童、青年、大人の心理学における学習は特に強調すべきである。人間の適応のダイナミクスに関するコースは、さまざまな適応問題（家族や夫婦間の適応、職業上の適応、また異常性の問題や非行その他への適用）の学習のための基礎作りに役立つ。

4　研究方法について訓練するコース。これはカウンセラーが、自分や他人の仕事を評価するための適切な技術を身につけ、進歩のための堅実な基礎固めをするためのコースである。

5　カウンセリングの技術を身につけるコース。このコースでは、カウンセリングや心理療法に対するさまざまな見解に習熟できるようにする。

6　カウンセリングを行い、資格をもったスーパーバイザーによる詳細な批評と評価をしてもらう機会に富んだ実践指導を経験できるコース。

こうした訓練はどこで受けられるかと問われれば、専門職の訓練を行う機関であれば部分的には訓練が受けられるだろう、というのが答えである。特に、ソーシャル・ケースワーク、臨床心理学、臨床精神医学、教育指導に関わるものの中には、カウンセリングの仕事に関わる訓練を行おうと真剣に活動している職業団体もある。こうした職能団体がカウンセリングのための専門的な訓練を施す際、それぞれに独特な長所と短所がある。ソーシャルワーカーは、監督つきの実践経験を養う分野で特に成功を収めている。しかし、基礎知識の習熟と研究の分野では弱点がある。他方、心理士は基礎的な知識を養う上では最高であり、研究に関しても十分な訓練が施されるが、最近までカウンセリングについては十分なコースがなく、不可欠な監督つきの現場経験の機会がほとんどもてないのが弱みである。今後の発展という見地から、心理士は、前述の他の職能団体以上に、個人の心理的問題に絞った訓練に今後さらに集中することが重要であろう。ソーシャルワーカーは、厚生行政、社会福祉の法制面などの訓練に多くの時間を割かなければならない。精神科医は、数年にわたる訓練期間中、人間の器質的な問題に多くの時間を割く。教育指導の分野で働く者は、教育行政を理解するために多くの時間を費やさなければならない。臨床心理士だけが、自由に個人の心理学的発達と心理学的適応の理解を得るための訓練に専念することができるのである。精神科医の正常人の心理学的発達に関する基礎的な訓練が貧弱なのは周知のとおりである。個人の器質的な問題に多くの時間が割かれるために、心理学的な側面を学ぶ時間が十分ではないことがハンディキャップとなってきた。しかしながら、精神医学の訓練は、病院実習期間に与えられる相当な程度の実践的な経験においては特筆されるが、もっとも良い場合には、若い精神科医がしっかりした監督の元に訓練を受けられる一方で、最悪の場合には、お世辞にも奨められないような大ざっぱな心理療法に対するアプローチを身につけてしまいかねない。教育指導の分野では、適応をもたらすための環境的な方法が注目されてきた。しかし、教育機関に非常に多くのカウンセラーが雇用されているにも関らず、カウンセリングのアプローチは比較的注目されてこなかった。

　もちろん、前述の概括はすべての場合に当てはまるものではない。ただ、この分野で働く思慮深い人は皆、環境に適応できない人たちのカウンセリングをするための、理想的な準備を提供する専門的訓練方法には唯一の大道など存在しないと認識していることを指摘しておきたかったのである。人間の適応問題に対する新しい種類の専門的訓練と、この問題を扱う際に役立つ専門的な技術が現在必要とされており、これらが達成される日がいつかくることであろう。

原　注

（1）Rogers, Carl R. *The Clinical Treatment of the Problem Child*, p. 281.
（2）*Ibid.*, p. 282.
（3）*Ibid.*, p. 283.

第四部　ハーバート・ブライアンのケース

はじめに

本書の後半は今までにない試みである。これはカウンセリングの過程について、一人の人とともにやりとげたそのままを録音機器で記録した完全な報告である。筆者の知るかぎり、このような報告はこれまでに公表されたことがなく、文字どおり初めての試みであるといえる。もちろん事例史という形では、さまざまなものが入手できるのではあるが。ここ十年の間に、とくにソーシャルワークの分野では援助的処置についてのケース報告が数多く公表されてきている。これらの報告では、使用したさまざまな手法についてかなり十分な記述がなされ、また少なくともケースの要約が記載され、場合によっては面接の一部についてその対話の記録が載せられている。しかし、一連のカウンセリング面接の素材をすべて取り上げるということ、つまりクライアントの発言はもちろんカウンセラーの発言もすべて記載し、語られた言葉をすべて含んだ記録を記載し、歪曲も期待も何ら影響していない記録を記載するといったこと、このようなことはまったく初めての試みである。こうした試みは、筆者や多くの協力者たちが録音機器を利用して心理療法面接を録音してきたことによって可能になったものであり、また、一つの完全なケースを公表することにより、こうした報告が今後もっと広く行われ、活用されることを願って行うものである。

カウンセリングの科学的な進歩は、われわれが適切なデータを適切に研究するときに初めて可能となる。現在までのところ、われわれは適切なデータを入手してきたとはいえない。面接の報告はどれも不完全なものであり、しかも面接者のバイアスによってかなり歪曲されているものが多い。また簡潔な例示は科学的な観点からは十分なものとはいえない。それは、ただたんに簡潔であるばかりでなく、明らかに、ある点を証明するためだけに選択されたものだからである。必要なのは完全な面接の素材である。それによって学習者が心理療法の進展をじっくりと念入りに学習することが可能となるようなものが必要なのである。こうした素材が、このハーバート・ブライアンのケースによって提供されるのである。

ケースの選択　どんな個人も、すべての人の典型であるとはいえない。ブライアン氏は、一人の成人であり、子どもでも親でもない。彼の問題は、ある神経症的な問題であり、犯罪の問題や、教育上の課題を抱える学生の問題ではない。彼は、彼自身に特有なさまざまの困難を抱えている一人の人間であり、その困難は他の人が抱えているものと同様ではない。しかし、本書の見解からすれば、このことはそれほど大きな不都合ではないのである。もしもカウンセリングが問題を解決することとみなされるならば、さまざまな問題をどのように取り扱ったらよいかを示すために多数のケースが必要となるだろう。しかし、カウンセリングとはクライアントが自己洞察を発展し、新たな方向へと人生を再び踏み出していくことを可能にするような環境を創出することであると考えるならば、一人のカウンセラーがあるケースにおいてこうした環境をどのように創り出しているのかについての例示は、すべてのケースにおいてカウンセラーがいかにこのような環境を創出することができるのかということの典型であるといえるだろう。したがって、次にあげるケースが、けっして「典型的」な人としては記述できないある個人のケースである、という事実について何ら弁解する必要はないだろう。

ケースの素材の準備　以下にあげる面接は、すべて録音機器で録音し、その録音を文字におこしたものである。本人の身元を特定する情報を削除し変更する必要はあったが、それ以外はまったく編集されていない。幸いブライアン氏（むろんこれも実名ではない）は、自分の問題を一般的な用語で表現する傾向があったので、こうした編集はほとんど必要なかった。

この素材の利用法　読者がこの素材を建設的に活用する方法はいくつかある。第一にそれを、面接に沿って生じる動きや進展についての「感じ」を得るためだけの、心理療法面接の一例として読んでもよい。読者が書き添えられている注やコメントを参照しなくとも、ただ記録された素材だけをたどることができるような形で印刷してある。第二の利用法は、この素材を、研究のための一つの基礎とみなすことである。カウンセリングの進展に沿って変化するカウンセラーとクライアントの反応の変化、クライアントの自己概念の変化、さらには、クライアントのある種の発言と関連していることの多いカウンセラーの発言のありようなど、これらは明らかに研究される可能性をもつものといえるであろう。第三の利用法は、付記されたコメントを参照しながら、各回の面接を注意深く読むことである。本書に書かれた原理を身につけたいと思うカウンセラーは、この方法が有益であることに気づくであろう。なぜなら、われわれが論議してきたカウンセリングの過程のさまざまな局面が、このケースのなかに実際に現れているからである。第四の利用法は、自分の技術を検討し改善したいと望むカウンセラーにとって、おそらくもっとも有意義なものであろう。クライアントの各発言を読んで、それにつづくカウンセラーの応答を紙で隠して「自分だったらどう応答するだろうか？」と自分自身に問うのである。そうすることで、一つの本物の面接場面そのものを実体験することができる。しかも、実際の面接では生じるかもしれないプレッシャーや焦りを感じずに、そうできるのである。よく考えて自分の応答をつくり、それをこのケースのなかでカウンセラーが行っている応答と比較し、どちらがより良いかを考え、カウンセリングに関して自分がもっている原理に照らして両者を評価すると良いであろう。これはおそらく、真剣に専門的な関心をカウンセリングに寄せている人がこうした面接の素材を利用するうえで、もっとも有益な方法であろう。

このケースについて　前置きはこれくらいにして、ハーバート・ブライアン氏を紹介しよう。彼は二十歳代後半の青年で、援助を求めて一人の心理カウンセラーを訪れた。彼は自分の問題について援助してほしいということ、また、自分の問題は根が深いと思うということを語った。彼は自分の困難を語りはじめたが、カウンセラーはそうした話し合いは正式に約束してからにしたほうがもっと時間がとれるのでよいだろう、ということを彼に伝えた。その後の約束を取り決めるのは多少困難であったが、合意にいたることができた。

　これだけ紹介すれば、第一回目の面接に読者を案内するのに十分であろう。というのも、そのときカウンセラーの手元にあった情報はこれですべてであったからである。しかしその後になって、ブライアン氏がとても優秀で、また明らかに神経症的な青年であり、さらに豊かな表現力と知的な関心を有していることが分かった、ということを付け加えておいたほうがよいだろう。彼のもつこの最後の特性は、面接をとくに価値あるものにした。彼は、おそらく、多くのクライアントがもっていながら、しかし、ほとんどはっきりと語ることができないような態度について言語化できていたのである。

　伝統的な観点からすれば、ブライアン氏は扱いにくい個人であるとみなされるかもしれない。彼は広く心理学書を読んでおり、またさまざまな心理学用語を知っていて、それをしばしば用いている。彼は以前にも、援助を求めたことがあった。言語障害をもつ人たちのための施設に通ったことがあり、また、学生時代には援助を求めて大学のカウンセラーを訪れている。さらに、自力で自分の問題から脱け出すために、自己催眠やいくつかの他の技術を試してみている。それゆえ彼は、カウンセリングについて未経験の個人ではなく、すでにこうした援助を試みており、援助を求めていることを自覚してこのカウンセリング場面に入っているのである。

第一回面接

一日　土曜日

＊各面接をとおして、カウンセラー（カ）とクライアント（ク）の応答を容易に参照できるように、それぞれ通し番号をつけた。その番号はコメントの記載にも対応している。

カ1　さて、昨日は私たちがいっしょにやっていけるかどうか、いろいろと話し合ったわけですが、あなたの気になっていることがどんなことなのか、私にはまだよく分かっていませんが、できるだけはっきり分かりたいと思っています。どうぞ話を進めてください。

ク1　そうですね、それをできるだけ正確に伝えようとすると、ぼくはそれをブロッキングと呼びたいんです。つまり遮断ですね、それがいくつかの面に現れるんです。

カ2　ええ、はい。

ク2　その――幼児期の頃に、このブロッキングの症状が言葉を話すときに、とても強くぼくの意識にあったんです。小学六年生頃まで吃音があったんですね。それから、大人になって、性的な場面でのブロッキングに気づいたんです。でもそれは――覗きをするという窃視症的な場面ではそれがないんですが、セックスの場面でだけなんですね。たびたび、そこでどうにもならなくなってしまったんです。それから下腹部に不快な緊迫感があって、何だか、それはたとえていうと、冷たくて固い斧みたいなっていうか、何かそんなようなものがリビドーを圧迫してブロックしてるみたいなんです。

カ3　はい。

ク3　それから、もう一つ興味深い見方があるんですが、この否定的な感情は最初、ぼくの胸のあたりで起こっていたんです。何だか胸に、鈍い冷たい痛みみたいなものがあったんです。手が冷たくなって、動悸がしてくるときもありましたし、まあ、それはブロックされた状況でですが。そうすると今度は、その感情が下のほうへ降りはじめるんです。これ以上はうまくいえないんですが。つまり、たぶん実際に――つまり下の方へ降りていくもののように、ぼくはその感情をとらえているんです。

カ4　なるほど。そしてそれは、以前よりももっとあなたを苦しめるようになっているのですか？　それとも、以前と変わりはないのですか？

ク4　よく分からないんです、どういったらいいのか。ぼくは以前とっても苦しんでいたんです、吃音のことで。今は以前ほどひどくはないんですけど。ぼくはいつも、えーと――いつもとってもひどく――とってもひどく、つっかえていたんです、しゃべるのに。えーと――当時ぼくは何とか――何とか――ぼくはそのことを忘れようとして、とにかく何とかそれを無理に無視しようとして、しゃべり続けるようにしたんです。たとえ、それがぼくにとってはものすごく緊張するような状況であっても。

カ5　ええ、ええ。

ク5　だけど――えーと、その後は、その実際の感情そのものが何か――その、その感情が何か――何かしら、何ていうか、位置が変わったし、圧縮されてしまったようなんです。つまり、その感情が強くなって下の方へ動くにつれて、ますます圧縮されるようになったっていう感じなんです。もちろん、これはぼくの感覚なんですけども。

カ6　ええ。なるほど。

ク6　胸のあたりにあるときはただ、何か漠然とした冷たい鈍い感情のようなものだったんですけど、それが下の方へ降りていくにつれて、だんだん強くなったんです。しかも、それがときには我慢できないくらいになるんです。まるっきり抑えつけられるみたいっていうか、どうにも生きていけないみたいにブロックされちゃうんですよ。

カ7　何か本当に痛いという感じ、ということですね？

ク7　はい、そうです。

カ8　うん、うん。

ク8　するとそこで、時々、ちょっとの間ですけど、不思議とそれが消えることがあるんですね。だからといってべつに特定の観念があって消えるわけじゃないんですが。するとぼくは解放されて、今度はとっても元気が出てきて、とってもいい気分なんです、そういうちょっとの間は――もちろんそんなときっていうのは――そうですね、月に一日か二日ですが、実際にそういう感情から解放されているのは。でも、ぼくには全然分からないんです、いつそういう時期がやってくるのか、あるいはいつ悪い時期が――

カ9　それであなたは、確かにそれがあなたの生活の幸せな状態の多くをブロックしているような感じがする、といっているのですね？

ク9　実際にありとあらゆるところで――どんなことを取り上げてもいいんです。人に会うのが嫌になるんですよ――写真の仕事で注文を取りに歩くのが嫌になるんです。どんなことをするのも、ひどく嫌になるんです。ダンスをするのでさえ。普段はぼくはダンスがとても好きなんですが。でも、ぼくのブロッキング、言い換えるとインヒビション、つまり制止ですね、何と呼んでもいいんですけども、それが強力にのしかかってくるときは、ぼくにとってはダンスをするのも難儀なんです。分かるんです、そういうときは自分の音楽の才能にも違いが出るんです。調子のいい日だったら他の人たちが歌っているのにハーモニーを合わせて歌えるんですが。

カ10　ええ、ええ。

ク10　ちゃんとハーモニーを聞きとれるんです、そういうときには。でもブロックされるときには、音楽の才能を失っちゃうみたいですし、もちろんダンスの才能もなくなってしまいます。とってもぶざまでぎこちない感じなんです。

カ11　なるほど。それで、仕事でもレクリエーションでもブロックされているような気がするのですね。

ク11　何もしたくなくなるんです。ただゴロゴロ寝てるだけですよ。何をしてもまったく楽しくないんです。

カ12　何をすることもできないと感じる、そういうことでしょうか？

ク12　そうですね、実際にちょうどこんなふうに（腹部をさしながら）圧迫を感じるんです。できるだけ近いいい方をすれば、えーと——ぼくのダイナモ、つまりぼくのエネルギーの発電機を完全に押さえつけるんです。

カ13　なるほど。それであなたは——それがあなたを苦しめているんだけれど、それは身体的なものではないということを、確かに感じているのですね？

ク13　そりゃあ分かってますよ、身体的でないっていうことは。まあ、分かっている理由はいくつかあるんですが——一つにはぼくは詳しく身体検査を受けました。それからもう一つには、それが消えるってことですね。しかも、まったく突然に消えるんです。三十秒もしないうちに完全に変わってしまうんです。

カ14　そうなんですか？（間）そういうときのことを話していただけますか？

ク14　そうですねえ、重苦しい感じが消え去るんです。でも消え去るときにいつも決まった観念的対応があるわけではないんです。つまり、何か関係ないことを考えていたっていいし、あるいは自分で効果があると思うような自己分析をやっていたっていいんですよ。またときには、ある考えが解放に役立つことがありますが、そうかと思うと、まったく同じ考えが——まったく同じ自己分析が、全然役に立たないこともあるんです。

カ15　なるほど。だからあなたは、それが消えたり現れたりするのを自分ではどうすることもできないと感じているんですね。

ク15　はい。ぼくの印象だと、この全体的なことは——ぼくの意識的な思考とは全然関係のないことだし、ぼくが意識的にどうこうできることでもないんです。ただ、さっきいったように窃視的な状況にあるときは別ですけど——気分が悪いときでも、外をながめたら女性が服を脱いでいたとしますね、そうするとぼくは気分がよくなるんです。

カ16　そんなときには、圧迫感や苦痛といった感情はまったくないんですね。

ク16　ないです。まったく不思議なんですが、それだけはいつも確かなもののようで——

カ17　それが何か手がかりのようなものに思えるんですね。

ク17　そうですね、そう思います。それで、ときにはぼくはセックスを楽しむことができるんですが——ときには全然楽しめないんです——まるで機械的な過程のようで——まったく快感が得られないんです。

カ18　それで、そういう状況では、そういう感情や困難から解放されるかどうかはまったく分からないのですね。

ク18　そのー、ぼくには前もって分かるんです、気分が悪い日だと何をしてもうまくいかないってことが。でもその困難が消え去ることがあるんです、しかも、確かに突然消え去るんですね。そうするとぼくは何とかやっていけるんです。

カ19　つまり、そういうふうになるかどうか分からないんですね。しかし私が理解しているところでは、あなたがおっしゃった窃視的な状況ではかなり確かに――

ク19　そういうときはいつも幸福感がありますよ、そうなんですよ。

カ20　それで、あなた自身それが何らかの手がかりだと考えたのですね。何かそれと結びつくようなものというか、その起源のようなものについて、思い当たることがありますか――

ク20　そうですねえ、その起源をたどることはできると思います。ぼくがまだ幼いころ、小学一年生のときだったんですが、ぼくの家に女子学生が二人下宿していまして、それで彼女たちはよく、ぼくにからだをみせてきたんです。つまり、ぼくは彼女たちが本当にわざとやってたんだと思いますが、それでぼくはすっかり性的な刺激を受けたんです。

カ21　それはいつだっておっしゃいました？　何年生？　何年生のころとか、とおっしゃいましたね。

ク21　一年生です。

カ22　そうですか。

ク22　当時五歳くらいでした。それがぼくの一番最初の性的快感を知った形なんですが、それがある空想のようなものと結びついたんです。それでぼくは、もっと突っ込んで分析したのですが――実際の感情は、代償的な露出症のようなものなんですね。つまり、その女の子が実際にぼくに見せるために露出してるって分かると、ただ偶然だっていうよりも、もっと快感が強いわけなんです。

カ23　ええ、ええ。あなたはそのさまざまな面をかなり分析されたのですね。それについて、あなたの考えをもっと話してくれませんか。あなたはおそらくそれがその起源のような気がする、というふうに――

ク23　その、もちろんそのことは肯定的な感情の説明になるでしょう。では否定的な感情を説明してみると、ぼくはとってもヴィクトリア風の清教徒的なやり方で育てられたんです。母はあるとき、ぼくが友達と話をしていただけで、ぼくをムチで叩いたことがあるんですよ。母はそれをとっても恐ろしいことだと思ったんでしょう。ぼくたちはその、いろんな動物や生き物の交尾のことを話してたんですけど、母はもう、とんでもないことと思ったんですね。今でも覚えてますけど、母はまるでドラマのクライマックスを作り上げるみたいに、ぼくを追い込んだんです。「虫のことを話していたんでしょう？」、それから「動物のことも話したの？」、そして「人間のことも話したの?」って。クライマックスまで作り上げて、ぼくをムチで叩いたんですよ、事実をいっただけなのに。ぼくが思うには、そのときぼくはそれを口にするのがいけないことだったら、行動に移すのはもっといけないことだと思ったんでしょう。それから、ぼくの父がはっきりと禁欲的な考えをもっていたのは確かです――中世的な考えなんですが――「肉体の禁欲的苦行」っていうようなことです。父は若いころ断食をしたりして、自分の精神をもっと高めようとしていたようです。もうそうしたことからは卒業したようですけど、若いころはそういう面ではかなり激しかったんです。それは父の母親からきていることだと思います。祖母はそれこそすごいカルヴァン主義者だったんで――トランプやダンスなどには絶対反対だったんですよ。父はまったく祖母にとり込まれていました。祖母が父の人生を支配していたんだと思います。

カ24　それであなたは、ご家族が何かしらあなたの問題の原因であるように感じているのですね?

ク24　まあ、心理学的には、それからもちろん哲学的にもそこまでたどれるでしょう、おそらく。でも、そうですねえ、これは完全に条件づけの問題だといえるんじゃないでしょうか。でもぼくには分からないんですが、条件づけに気づくことが心理療法に効果を及ぼすんでしょうか。それともさらに何かが必要なのでしょうか。ぼくは幼児期の出来事を何もかも意識的に思い出して、意識下から意識へともってこれたら解放されるんだと考えていたんですが、でも、ぼくはまだ何かを思い出していないのか、どうしても思いつかない何かがあるのか。今までのところ思い出したり実感しても、役に立ったことがないんですよ。

カ25　今までやってみたことはどれ一つとして、あなたを問題から解放してくれなかった、そういうことですか?

ク25　そうです。不快な幼児期のエピソードを思い出すと、かえって悪くなるようなんです。だからぼくは――

カ26　そうすると、あなたはこの問題とともにとても長い間過ごしてきたのですね。それでどうして、それが今悪くなってきてるんでしょうね? どうしてあなたは、それを今はっきりさせようとしているんですか?

ク26　その、それがもう耐えられないところまできてしまったんです。今のままでは生きているよりも死んだほうがましだって思うんです。

カ27　今のままでは生きるより死んだほうがましだと思うのですか? そのことをもう少し話していただけませんか?

ク27　あの、希望はもっています。もちろん、人間はいつも希望を頼りに生きているんです。

カ28　はい。

ク28　でも――ぼくは意識の上では自殺衝動とか、そんな考えはもっていません。ただその――理性的にみたら、ぼくは思うんですが、ぼくは――ぼくの人生はプラスとマイナスでいうと赤字なんですね。そしてぼくは赤字のままで生き続

けたくないんです。（間）

カ29　あの、もっと詳しく話していただけませんか、どうして――どんなふうにそれが、死んだほうがいいと思うことがあるくらいに、あなたをブロックするのか？

ク29　そうですねえ、その感覚をもっと正確に話せるかどうか分かりませんが、それはもう――とてもひどくて痛い重さで、まるで斧が腹部全体を押さえ、押さえつけてるみたいで、ぼくはほとんどその位置も感じとれるんですが、それがぼくを徹底的に圧迫するという感じなんですね。つまり、ぼくのダイナミックなエネルギーの根源をすっかり押さえてしまうので、どこでどんなに努力しようとどうにもならないんです。

カ30　それがあなたをダメにしてしまって、何もできなくしてしまうのですね。

ク30　はい。うーん。しかもそれは身体的にもあるんです。歩いているとき、気分が悪いときは、お腹が痛いときのように前かがみで歩くんですが、実際痛みがあるんですね、心理的には。

カ31　そうですか。で、それは、あなたを半人前の人間にしてしまうわけですね？　仕事も半分こなすのがやっと――

ク31　はい。文字どおりぼくのなかに斧があるというんでしょうか。それがまさに、ぼくのエネルギーの中核にあるという感じで――あの痛みをともなって、ブロックされ圧迫されているんです。それは深いところにあるものなんです。逆にいうと、解放されると深いところでエネルギーがあふれ出る感じがありますから。

カ32　調子がいいときは――とてもいい感じがするんですね。

ク32　そうです、ええ、そうなんです。とてもダイナミックで――ぼくの頭はとても速く回転するし、万事うまくいくんです。何をやってもうまくいくんですよ。

カ33　あなたが欲しいのは、そういうダイナミックな自己をもつ時間をどうしたら増やせるのか、その方法なんですね？

ク33　ええ、そうです。いつもそんなふうでありたい。ぼくにはどうしてそうなれないのか、そのわけが分からないんです。これはすべて心理的なことだし、それを突き止めたいんです。

カ34　そうですねえ、こんなふうにするのも一つの方法だと思うのですが、それがあなたをブロックするとき、つまり、何か――たとえば仕事をしているときとか、また、何かほかのことをしているときの、そのブロッキングの起こり方をもう少し話してみるということです。

ク34　そのー、そのブロッキングはあまりに全般にわたっていて、どんなことを取り上げてもいえるんです。先生は、そのブロッキングがどんなふうに起きるのかという話を進めたほうがいいと思うんですか？

カ35　いえ、そうではなくて。でもあなたは、何かしたいと思っても、それが本当に何一つできないようにしてしまうような気がするのですね？

ク35　調子の悪い日には、何も手がつけられないんです。でもそれは怠惰といえるようなものじゃないんですね。第三者にはそんなふうに見えるでしょうけど。実際には動けなくされてるんです。つまり、ぼくは自分のなかに葛藤がある感じなんです。内部へと向かう強い感情が起きるんですが、衝動と制止があまりに的確にブロックされ、その後は惰性で均衡が保たれるんです。

カ36　エネルギーは十分にあるけど、その均衡のなかで失われていく。

ク36　そうです。ぼくはそのことにはしっかり気がついています。

カ37　あなたは、そんな感情がたくさんの葛藤を生みだしている、といっていますが、それについてもっと話していただけませんか？

ク37　その、ぼくはその調子のことをいったんです。そのエネルギーの調子のことで、ぼくがどんなにエネルギッシュになりたいと思っても、例の制止がそのエネルギーを押さえつけてしまうんです。つまり、もしも——そのー、ぼくにそういう気持ちがあるときには、誰かがパーティをやりたいといったとしても、仕事があったとしても、読みたいものがあったとしても、知的な問題について考えようとしても、なぜかまったく手がつかないんですよ。でも、調子のいい日だったらどんどんやれるんです。だから余計に、気分の悪い日はやりきれないんですね。だって解放されているときだったら、ちゃんとやれるんだってことが分かっているものですから。

カ38　あなたは調子が一番よいときは、自分の能力や業績は本当に一流だと感じるんですね。

ク38　ぼくは書いたものがあるんですが、それがM大学の教授に気に入られたことがあったんです。今はもう、書くこともブロックされているんです——書くことだけは最後までブロックされずにいたことの一つだったんです、ついでにいいますと。ぼくは大学三年くらいまではちゃんと書くことができたんですが、それもブロックされてしまったんです。

カ39　なるほど。書くことさえできなくなった時期があったんですね？

ク39　はい。それからぼくは書けなくなりました、ときどき気まぐれに書くことを除くと。でも書くのは好きなんです。そしてたぶん、ぼくの最大の野望は——小説を書くことです。ぼくはM大学で小説の書き方の授業をとったんですが、とても好きでした。Aの成績をとりましたよ。

カ40　では、どんなことで書けなくなったのでしょうか——つまり、ある時点までは書けたわけですよね。

ク40　書けなくしたのは、ある感情だったんです。つまり、この病気についてのぼくの印象なんですが、それはある感情で——不変の観念的パターンなんてまったくないんです。それはただ覆い隠された感情なんです。

カ41　そしてだんだんとその感情が大きくなって、書けなくなったということですね？

ク41　ぼくには、それがそこまで大きくなったのかどうか、それともその量的な増加とは無関係にその感情に影響されるようになったのかどうか、よく分かりません。

カ42　なるほど。では、おそらくその感情は書くことにもっと焦点化されるようになったのでしょうね。

ク42　そのー、書くこともそのなかにとり込まれて、それもまたブロックされてしまったんですよ。

カ43　それでだんだんその輪が大きくなって、あなたがしたいと思うことは何もかも、そのブロックされた活動の輪のなかに入ってしまったんですね。

ク43　窃視は別ですけどね。

カ44　ということは、窃視から得られる満足感だけが、今ではたった一つ、確かにあなたに満足を与えてくれるものなんですね？

ク44　まあ、そうですね、それと食べ物でしょう。

カ45　食欲はあるのですね。はい、ええ。

ク45　はい。でもとてもひどい状態になると、食欲も相当減退しますけどね。ただそんなことはそれほどはありません。

カ46　あの、こうして一緒に話し合いながら、このことについてかなり十分に検討してみたいと思うのですが——えー、それがあなたにとってどんな意味をもっているのか、また、なぜいろんな状況であなたをブロックするのかを見つけだして、そしてどういうふうにそれを取り扱えばいいのかだんだん分かってくるのではと思うのですが。私はこんなことを考えて——

ク46　自分を分析してみると、確かにぼくには、それにしがみついていたいような衝動があるんです——それは——

カ47　どんな衝動なのですか？

ク47　自分の制止を保持していたいという衝動です——矛盾してますけどね。ぼくはその衝動からある種の内面的な満足を得ているんですよ、確かにね。

カ48　あなたは、自分ではそれにしがみつくのは嫌なのだけれども、しがみつくようになるある種の傾向をもっている、という感じがしているのですね。

ク48　それでもちろん、その傾向は常に証明されているんです——ぼくは心理的な変化についてこんなふうに思っているんですが——もしもある人が本当に心から変わりたいと思えば、その変化は自動的に起こるはずです。もちろん、それはちょっと同語反復的ないい方でしょうけど。よく分かりませんが。こういうことについてのぼく自身の印象は、いや直観っていうほうがずっと正確でしょうけど、その人が本当に変わりたいと思えば、変化は起こるんです。だから何か理由があるにちがいないし、あるいは、何かがあるにちがいない——で、ぼくはある感情的な何かがあって神経症にしがみついていると感じられるんです——その何かがぼくの神経症を放棄しようとしないんです。

カ49　あなたは、もしも自分がそれから抜け出したいと心から思うならば、きっとそれから抜け出せる、そう感じるんですね。
ク49　そのときは抜け出せると思います。でも、そこでは抜け出すということを、心から抜け出すというふうに定義しているんで、どうも同語反復になってしまいますね。
カ50　そうですね。うーん。でもあなたは、時々、それにしがみつきたいという一定の傾向を確かに感じている、といいましたね。そのことについて、あるいは、それを感じるときのことをもう少し話していただけますか？
ク50　ぼくはそれと闘っているんです。しかし、力の限り闘っていないことは分かっているんです。ぼくの人格の他の面が、その状態を維持し続けたがっているんです。その、要するに、これはすべてぼくのなかで起こっていることで、また、ぼくの家のなかでの戦争とでもいいましょうか。
カ51　あなたの問題の一つは、誰が、何が、あなた自身の家のなかにいる敵なのかを発見することなのですね。
ク51　そうです。何だかある種の隠れた手がかりがあって、それが圧迫に力を供給しているような気がするんです。しかもそこには――ぼくの感じですと、それはある覆い隠された衝動で、もっと正確にいえば、ぼくは論理に対しては免疫があって強いみたいですが、しかし必ずしも変化に対しては免疫があるわけではないと思います。というのは、つまり、論理以外にももちろん、いろんなことがあるので――
カ52　言い換えると、あなたは、論理的に自分を説き伏せてそこから抜け出すことができなかったし――誰もそんなことはできない、ということですか？
ク52　そうです。言い換えると、ぼくはこんな印象さえ受けているんですが、ぼくはそれがどのくらい困難なことであるか十分に認識しているし、また、たとえぼくが――たとえ抜け出すための新しい考えが出てこなかったとしても、そんなことは変化とはなんの関係もないと思うんです。つまり、もちろんぼくは、ある説得の理論をもっています。もちろん、それは哲学の領域でのことですが。でもぼくは、誰一人、論理や推理で説得される人間はいないって思ってるんです――変化するのは底に流れている情動であって、論理というのは、要するに、一つの合理化なんですね――コートをかける洋服掛けみたいなものですよ。
カ53　つまり、あなたは、誰もこの状況からあなたを説得によって抜け出させることはできない、と感じているんですね。
ク53　そうです。ぼくはこのことについての論理は、すでに知っていると思います。でも、知っていても治るわけではありません。それで結局、分析とは――精神分析はおそらく威信の問題でしょう――威信による説得です。ぼくが先生を信頼できるとしたら、先生はぼくよりもそのことについて知っているはずだからなんですが――論理は別としまして――つまり、論理ではぼくは先生と同等だと思うんですが、でも先生はぼくよりも優れているはずなんですよ、情動を変えるような技術をもっているということでは。

カ54　つまり、あなたがだんだん私を信頼するような状況になっていけば、私はあなたに何らかの変化をもたらすことができるかもしれない、でもそういうことは自分だけではうまくできそうにない、と感じているんですね。

ク54　そのー、こんなふうにいったらどうでしょうか。今、ぼくの性格の一部は変わりたいと思っているんですが、それは少数派なんです。これからその力のバランスを変えなければならないんですが、どうやってそれを変えるか——どうやって過半数を獲得するか——ぼくには分からないんです。ぼくはいくつかの技術を自分に試してみたし、M大学である人と多少は話し合ったんです。そしてこんなふうに思うんです——どうもちょっと哲学的になっていくようなんですが——どういったらいいのかなあ？——どうにもならないようなもの、つまり否定派の比重が圧倒的に大きいような状況に置かれたときに、どうやって人間はその状況を変える動機づけを手に入れればいいんでしょうか？

カ55　あなたは、そのことをかなり分析できたと感じているんですね。自分のなかの力のバランスだと気づいておられる——

ク55　でも自分一人の力ではやりとげることができないんです。

カ56　そうですね。確かにあなたは、知的には現状をじつによく分析されていると思います。また、自分一人の力ではどうにもならないと感じることももっともなことでしょう。でも、一緒にこのことを探っていくと、少なくともあなたははっきり決心することができますね。今と同じ相手に投票するのか、それとも、別の相手に投票するのか——

ク56　まあ、別のたとえをするなら、ぼくはすごくエネルギーをもっていて、エネルギーをたくさん貯えているんだっていう感じがあるんです——そこで今やりたいのは、その否定派を肯定派につかせることなんですよ。それは一挙両得だと思うんです。そしてきっと、いったんボールが転がりはじめたら、どんどん転がっていくと思うんです。でも否定派が強力だと、どうやったらボールは転がり出すんでしょうか？

カ57　あなたは——今日でなくてもいいんですが、その否定派の者たちとはいったい何なのか、考えてみたらどうでしょう？

ク57　まあ、ぼくがこれまでに分析したところですと、それはあらゆるところを覆いつくしている感情のようなものなんです。先生がおっしゃるのは、ぼくにその感情の意味するところが話せるか——それには何か観念的な面があるかということですか？

カ58　もっと話を具体的にしたほうが先に進めると思いますよ。たとえば、あなたはダンスが好きだとおっしゃいましたね。ところがそこでもまた、それが突然現れて、あなたがダンスを楽しむのを妨げるわけですね。そうですね、そのことをもう少し話していただけますか——つまり、ダンスをしているときの気持ちとか、どんなふうにそれは——

ク58　うーん。そうですね、ぼくはとても音楽が好きなんですが、とくに創造的な音楽、つまり即興的な音楽ですね——そのときミュージシャンは楽譜を見ないで——目を閉じて感じるままに演奏するんです。ぼくはそういう創造性が好きなんです、それから力強いリズムも。そしてダンスをしてると、そういう表現形式がぼくに満足を与えてくれるんです、ブロックされてないときは。でもぼくは——

カ59　ええ、はい。あなたはリズムのある表現が好きで、ダンスの音楽的な面が好きなんですね。

ク59　ぼくは世界中の人びとをダンスびいきにしようとは思っていませんよ——ダンスは必ずしも優れた形の活動ではないので——つまり、ぼくは、その、ぼくはダンスが優れているとは全然思っていないんです。私たちの価値観はプライベートで絶対的なものですから。私たちの価値を測れるような宇宙的な物差しなんてないんです——つまり、好きか嫌いかのどちらかしかありません。好き嫌いを道徳の問題としてもしょうがないですからね。一つの楽しみの形式が他の形式よりも優れているわけではないし、だからといって劣っているわけでもないでしょう。言い換えると、ぼくは価値観を哲学的に評価しないようにしているんです。もちろんみんな心理的にはやっていますけどね。ぼくは思うんですが、昔ラテン人たちが「好みに議論の余地なし（De gustibus non disputandum）」といったのはこのことだったんではないでしょうか。感情に関しては——合理化すべきじゃないし——評価すべきでもないんです。その手段を評価することはできるでしょうが、でもぼくには分からないんです、どうやって——

カ60　あなたは、自分の考えなどが哲学的にどんな意味があるのかを考えるのが好きなんですね？

ク60　そうです。ぼくは哲学することに無上の歓びを感じるんですよ。友達が何人かいるんですが——何時間でも座り込んで哲学論議するんです。

カ61　本当にそれが好きなんですね。

ク61　はい。とくに（ある学派の名前をあげる）です。ぼくはそれにはとても関心があるんです。

カ62　そうですか。それで、哲学的なことを論議しているときにはどうなんですか、そのブロッキングの問題は——解放されているんでしょうか？

ク62　いいえ。それがとても悲しいんです。だんだん哲学に熱が入ってくると、ぼくは全然しゃべれなくなっちゃうことがよくあるんです——たぶん先生は、ぼくがどんなに口ごもっているか気づいておられるでしょう。その、ぼくが口ごもるのは言葉を探してるからじゃないんですよ、それは何というか——その、そういうふうに見えるようにしたいんです、こういうのを人は保護色とか隠蔽色などというんでしょうか。

カ63　そういうふうにして、少しばかり自分自身を防衛しているのですか？

ク63　そうです。ぼくは、自分が正確な言葉を探しているように、みんなに思わせたいんです――注意深い思考家なんだっていうようにね。でも実際には自分が何をいいたいのかは最初からちゃんと分かってるんで、流暢に話せるときにはとても正確な言葉が歯切れよく出てくるんです、言葉を探したりなんかしないでも。

カ64　それで、そういう状況にあるときには、ブロッキングのために、最上の流暢なあなたになれない。そしてそういう状況では、言葉がつまるということは、つまり、基本的には――

ク64　その、そうですね。どうもそのようで――その、それ以外のブロッキングは起こらないんですね。話すこと以外は何もやってないんで、ですからそれが問題なんで、もちろん、それが問題なんだってことは自分でも気づいてるんです――というのは、もちろん思考は――ぼくの思考もまた、ある程度ブロックされますが――というのは、両者は同じ歩調で進むようなんです。流暢に話せる時には、円滑に考えることができるんです。

カ65　はい、ええ。

ク65　ところが、明快に思考できるときでさえ、話すことがブロックされることがあるんです。こんなブロッキングは起こるはずがないんですけどね。ある哲学的な論議をしているときに、とても腹がたつんです、自分が他の人たちのように流暢でないと。だって自分は他の人たちに負けないくらい知的であるのに。自分のいいたいことは同じように主張できるんですけど、ただ実際の言葉の表現ができないんです。

カ66　もしもあなたが、他の人たちと同じように表現できたら、他の人たちと同じくらい、あるいはそれ以上にうまく論議ができると思うんですね。（間）では、そのこと全体について何か他に、思い当たるようなことはありませんか？

ク66　そうですねえ、話したのは――音楽と、仕事と、セックスですね。繰り返しになりますが、それはどうも普遍的に作動してるみたいに感じます。

カ67　それで、そのことでとても失望した感じがあるように見えますが。

ク67　こんな感じです――それがぼくを、自分のよい状態よりもかなり低いところに抑えつけるから、それでぼくは、それが本質的な問題だと思うんです。――その、もちろん、もしぼくが想像力もなく、知的でもないんだったら、たぶん――その、分からない、どうもうまくいえないんですが。おそらく人は皆、自分のよい状態を実際の自分よりもずっと高いところに考えているのかもしれませんね。でも、比較は別問題として、ぼくは――ぼくは基本的には、自分を他人と比較することはあまりしたくないんです。ぼくはただ、自分自身の人格をできるだけ充足させたいだけなんです。

カ68　しかもあなたは、自分のなかでは十分に自信をもっている――

ク68　そうなんです。ぼくは自分が今までになしとげたよりも、はるかに大きな可能性をもっているんです。芸術的な面で、また、知的な面でも――

カ69　これまでのあなたの人生のあらゆる面は、そのブロッキングによって妨げられることさえなかったら、本当に傑出していたはずだった、ということですね。それからまた、あなたがいうように、何らかの理由でそのブロッキングをある程度もち続けている、と感じているんですね。

ク69　何らかの衝動があるんです――何か理由があるんです、どうしてこの否定派が支配してるかには。ですから、ええと、ぼくがこの否定的な感情と闘っていても、ぼくには分かってるんです、その戦士は少数派なんで否定的な感情の相手にはなれないことが。

カ70　闘う前から負けることが分かっているのですか？

ク70　でもぼくは希望をもっています。この制止を解放してくれる手がかりみたいなものに出会うだろうって。いや、というか、ぼくは希望をもちやすい人間なんです――時々どうしてなのか――ぼくはとても不幸だと思うんです、相対的にですけどね、でも時々変に思うのは、なぜか自分がとても快活、ある意味では快活なんですね――というのは、ぼくには希望に満ちた快活な傾向があるんで、ですから友人たちはみんな、ぼくをとっても幸せな人間だと見ているんです。でも自分では分かっています、自分が何年もの間耐えてきた――ただもうみじめなだけだっていう、ものすごい単調さに恐れおののいて――毎日そういう気持ちをもちながら。それから夜だって、ぼくはよくうなされて、そんなときは眠っていても全然休息にならないんです。

カ71　なるほど。ええ、ええ。

ク71　だからぼくには悪夢の霊がついていて、年がら年中ぼくにつきまとっているように感じるんです。ときには耐えられないくらいに。

カ72　はい、ええ。ずっとやられているんですね。でも、ずっとやられていても、あなたは――自分が出口を見つけられる、あるいは、自分なりのやり方で闘い抜くことができる、そう感じているのですね。

ク72　空想のなかでは、ぼくはいつも自分がもう治っていて、目標を達成しているんだって想像してるんです。ぼくは悲観的な空想はしないんです。ぼくが作り上げているもう一人の自分は治っている自分なんです、ぼくのいろんな可能性を実現しているような。

カ73　はい。空想のなかではどのようなことをなし遂げているのですか？

ク73　そうですね、書きたいですね――それに音楽的でありたいし、ダンスもやりたいし、美しい女性を見わけられる人間になりたいし、それから、そこそこ裕福な生活水準をもちたいですね――まあ、年収二万五千から五万ドルくらいかなあ。

カ74　ということは、あなたは一般的に高い――

ク74　自分ではできると思うんです。ぼくにはそうすることができるんだって、ぼくにはよく分かっています、実際にそれくらいのことをやれるときがあるんですから、このことから解放されているときにはね。それで、そういうことはごく短時間なんですけど、そういうごく短時間のうちに達成していることを換算して数式にあてはめると、もしぼくが常に完全に解放されているとしたらぼくにどれくらいのことができるか、分かるんです。

カ75　だからこのブロッキングを差し引くと、あなたは本当に成功するだろうというわけですね。

ク75　それは、ちょっとロータリークラブみたいないい方ですね。少しぼくの立場を明確にすると、ただ名声だけを欲しているような、そんなブルジョワ的な野心なんかぼくにはありません。ぼくって人間は、もしも自分が欲しいものさえ得られたら、世間が喝采しようと非難しようと、そんなこと眼中にない、そんなやつなんです――ぼくがぼく自身の最高裁判所なんですから。

カ76　はい、ええ。

ク76　でも――その、おそらくそんなことはあまり重要ではないんでしょうね――よく分かりませんが。

カ77　そうですねえ、重要なのではないでしょうか――あなたはあなた自身の――あなたがいうように、あなた自身の標準をもっていて、それで自分がすることを測っている――

ク77　もしぼくが小説を書いたとすると、お金になればいいんですが、でもお金にならなかったとしても、それはそれでいいんです、ぼくがその作品に満足できれば。お金のほうはそれほど大事じゃなんです。

カ78　はい、さて、あなたの現状の全体をよく話していただきました。おそらくこれくらいが、私たちが一回のセッションで話し合える限度だろうと私は思います。

ク78　ぼくが思うには、たぶん、要約すると、その起源は性的なものなんですが、しかし性的なブロッキングは、あまりにも基本的なブロックなので、それが一切をブロックしてしまうんです。こういういい方は先生にとってはあまりにもフロイト的に聞こえるのかもしれませんが、でもぼくは、性はダイナモみたいなものであって、ほかのいろいろの活動のエネルギー源でもあると思うんです。

カ79　そのー、私たちがそのことにどう取り組んでいくのか、私はこんなふうにいってみたいんですが。もっともうまく取り組むためには、あなたが次にいらしたときに、もっとも気になっていることや、そのときもっとも自分を悩ませていることなどについて、そのいろんな面を取り上げるといいと思います。性的な面かもしれませんし、かなり違うことかもしれませんが、いずれにしても、取り上げることはそのときの最大の関心事なので、私たちはそれに取り組みながら、探索しましょう。おそらく私たちは、あの否定的な圧力がいったい何なのか分かってくるかもしれません。つまり、この力の均衡に含まれているのはいったい何なのか――何らかの理由であなたは、このつらい問題をもち続けていたいと思っているようですが、それはなぜなのか、それがもう少しはっきりすれば――そうすれば私たちは、一緒に先に進めると思います。

ク79　その、ぼくはなぜ、自分がそれをもち続けたがっているのか、分かっていると思います。それは、窃視の快感のためなんです。というのはぼくは、それがないと窃視から楽しみが得られないってことが分かっているからなんです。逆に、それがないときには、ぼくはセックスの快感を味わえるんですが、ところがそれがもどってくると過去のセックスを思い出しても全然快感が湧いてこないんですよ。

カ80　ええ、はい。

ク80　言い換えると、思い出すというのは、過去においてじゃなくって、現在においてなんです。なので神経症的なときには、ぼくはある経験を快感とともに思い出せないんです。その経験がたまたま、ぼくが解放されていた快適なときのものであったとしても。

カ81　ええ、分かりました。それは参考になります。あなたにとってそういう価値があって――それによってあなたは――問題があるときに、それが現在のように悪いものであっても、ある種の満足感を得られる。それがなかったらあなたは――

ク81　うんうん。それから今いったことをもう一つの角度から見ると、窃視つまり覗きはいつでもやれますが、セックスはそういうわけにはいきませんからね。おそらくそれが一つの理由なのかもしれません、なぜぼくが神経症にしがみついてるのかってことの。窃視的な空想はいつでもできますから。

カ82　ええ、はい。

ク82　確かにこの――この制止は一つの恐怖なんです。そしてぼくは、性行為に対してヴィクトリア風の恐怖を自分がもっていることを認めますし、そしておそらくヴィクトリア風の概念でいえば、たぶん窃視は実際のセックスほどひどいものじゃないでしょうから。

カ83　だからあなたは、そのことであまり罪悪感を感じない――

ク83　うん、うん。その、それはもっと強力で――

カ84　――しかも処罰される恐怖も少ない――

ク84　――それと罪悪感も。こんなふうにそれを図示してみることができるかもしれませんね。（頭を指して）ここと（胸を指して）ここは、ぼくはちゃんとバランスがとれてるんです。ぼくは、自分が何を欲してるのか、どうしたらそれを手に入れられるのか、ちゃんと分かっています。ところが（下腹部を指して）ここにくるとブロッキングがあるんです。以前は、ここ（胸部）での不調がここ（頭）を混乱させていたんですが、ところがこの否定的な感情がここ（下腹部）に下がってきてからは、どうなるかというと――ぼくは知的にそして精神的には無神論者だけど、体の内側ではぼくは完全な清教徒なんです。

カ85　分かりました。それは優れた説明ですね。そのことについていろんな角度から検討するのは、次回来られてからにしましょう。さて、どうしましょうか――私は、あなたが来る前に予約表を見たのですが、来週の火曜日の午後四時だったら私はお会いできますが、あなたのご都合はいかがですか？来週は二回お会いしてお話しができたらと思っていますが――その後も週二回ずつお会いできるかどうかは分かりませんが。

ク85　あの、最初のうちは回数が多いほうがいいと思うんですが、どうでしょう？

カ86　そうできれば、そうですね、はい。

ク86　あの、ぼくの時間は、先生の時間に合わせるようにします。というのは、これはぼくにとってとても重要なことなので、先生が日時を指定してくだされば、ぼくはそれに合わせます。

カ87　それでは、火曜日の四時と金曜日の四時、ということにしましょうか。

ク87　火曜日と金曜日の四時ですね。

カ88　それでよろしいですか？

ク88　火曜日の一時四五分に歯医者に行くんですが、大丈夫です――四時前には終わっているでしょう。

カ89　では、その日時を予約表に書き込んでおきます。

ク89　火曜日と金曜日の、いずれも四時ですね？

カ90　いずれも四時です。

ク90　分かりました、先生。

カ91　オーケー、またできるだけのことをやりましょう。

ク91　分かりました。

全般的コメント

この面接は、本書の第三章から六章において取り上げた問題の多くを具体的に示している。このクライアントは、カウンセリングによる援助に適した人であると判定されたし、また彼は、この面接で問題に関する自分の態度を表明しはじめている。カウンセラーは、そうした態度を明確化し、またカウンセリング関係の構造や、クライアントがこの関係をどのように利用できるかを明らかにしながら援助している。本書に述べられた仮説からまったく離れてしまった箇所がわずかに三つほどあるが、そこでも進歩が著しく妨げられたというより、少しの停滞が生じただけですんでいる。

技術を向上させようと思っているカウンセラーにとっては、この面接で表明された顕著な感情をリストにしてみることは、研鑽の手段として価値あるものであろう。この面接が進むにつれて生じたクライアントの態度の変化は、顕著なものであった。著者には、次にあげることは、自発的に表明された顕著な態度についての適切な要約であると思われる。

ぼくは、ぼくの性生活や仕事や社交上の妨げとなっている、あるブロッキングに悩まされています。

ぼくはこのブロッキングから生じる耐えがたい苦痛に悩まされています。

ぼくは、調子がいいときもありますが、なぜいいのか分かりませんし、また、そうした違いを自分でコントロールすることはできません。

ぼくの唯一の満足は窃視症、つまり覗きです。

ほかの人びと――とくにぼくの両親――は、ぼくの問題に対して責任があります。

ぼくは助けを求めています。この状態が続くくらいなら死んだほうがましです。

ぼくは、実際には傑出した能力をもっているのですが、このブロッキングがそれを抑えて現れないようにしているのです。

ぼくのいろいろなエネルギー、その肯定的なものと否定的なものは、葛藤が生じている惰性のなかで均衡を保っています。

ぼくには、自分の症状にしがみつく傾向があります。ある意味で、それらの症状はぼくに満足を与えているのです。

ぼくには変化をもたらすことができません。動機づけがぼくには必要なのです。

ぼくは自分自身と戦争状態にあります。ぼくは、知的には無神論者ですが、しかし体の内側では清教徒なのです。

もちろんこのリストは、より詳細に記載することによって、もっと長いものにもできる。しかし、ここにあげたものは、今回の面接で表明されたもっとも顕著な態度を十分に含んでいるように思われる。面接の終了時にこのようなリストをつくっておくことは大事な要素を整理する一つの優れた方法であり、また、こうしたリストを振り返ることはおそらく、次回の面接のためのもっともよい準備となるであろう。

具体的コメント

カ1　このようなとても幅のある質問からはじめることで、カウンセラーはクライアントが思うように自分の問題を話すことを容易にしている。ク1、2、3はすべて、この質問に対する返答であることに留意されたい。

ク1、2、3、4、5、6　この一連のクライアントの発言は、神経症的な人が問題を描写する場合の典型的な例である。この奇妙な身体症状や緊張感が典型的なものなのである。ケースが進展するにつれて、読者は、最初に示された問題と、この基本的困難の原因である真の問題とを比較してみることができる。この理知的な個人が、いかに自分の諸問題をきわめて理知的に描写しているか留意されたい。素朴な人は、自分の問題を素朴に描写するであろう。いずれにしても、最初に示される問題が、その根本的な姿であることはほとんどないようである。

カ4　これは多少指示的な質問であり、それによってクライアントの発言をある特定の領域に限定させている。しかし、この質問は明らかに、知的な内容ではなく、ブライアン氏が表明していた苦痛の感情への応答である。カウンセラーとしては、ただたんに表現された素材を認識するだけの応答、たとえば「あなたは、こうした症状が本当に変わってきたことに気がついたのですね？」といったもののほうがよかったであろう。

ク4　ブライアン氏は、自分の以前の吃音のことを口にしたとたん、言葉につかえはじめる。これはク5までつづいている。

カ7　このカウンセラーの応答は進展をもたらすのに明らかに役立っている。これらが心理的なものであって器質的なものでないことは、このカウンセラーにとってはすでに明らかであっただろう。通常の応答は、何らかの方法でそれらが本当であるかを問いただすことになるであろう。そのような含みのある応答はどんなものでも、クライアントを防衛的にさせ、本当に苦しんでいるのだということを証明するのに夢中にさせてしまうであろう。本当の苦痛を述べているとカウンセラーが認識したので、ブライアン氏は心から理解されていると感じ、苦しんでいないときのことを語れるようになっている（ク8）。

カ9　ここでは、カウンセラーがク6のクライアントの発言の後半を受け入れたことは明らかで、それに対して応答している。録音記録は、このことがきわめてしばしば起こること、つまり、すぐ前の発言にではなくて、もっと前の発言に応答することがしばしばあるということを示している。これは、必ずしも批判すべきことではない。このように言葉にして認識される感情は真の感情であり、また、その認識によってブライアン氏はより十分に感情を展開できるようになり、感情をもっと十分に表明できるようになるのである。これは、感情を認知することによってよく生じる結果なのである。

ク9　ここでわれわれは、ブライアン氏の症状がどのような目的に役立てられているかについて、最初の診断的推論を得ることができる。その症状は、彼が仕事上の活動や社交的な接触から彼を遠ざけることに役立っているのであろう。

カ11、12　これは、表明されている感情をただたんに認知するだけのまったく非指示的な応答の好例で、話し合いを容易にし、クライアントに自分の態度の探索を続けさせるような応答である。

カ13　この質問とこれに対する答えは、この一連の接触全体のなかで、唯一厳密に診断的な部分であるように思われる。ここにいるクライアントは、明らかにカウンセリングによる援助に適していると思われる。彼は成熟しており、活動を続けるために自分の環境を十分にコントロールしている。彼は、会話にみられるように心理的に緊張している。彼の知能は、その語彙の範囲に示されるように明らかに平均以上である。もしもこの緊張が、基本的に心理的なものであって器質的なものでないなら、彼は第三章で論じた基準のすべてに該当する。この一つの疑問点はここで解消される。この目的のために意識的に行われたのかどうか分からないが、カウンセラーは、診断的な知識が必要な一つのポイントをうまく突き止めている。

カ14　ただ一つの診断的質問（カ13）は、クライアントを質問に答えるという枠組みに押し込んでしまい、そのために間が生じた。カウンセラーは間を破らねばならず、今度はより指示的でない質問をしているのである。

カ15　これは、クライアントが表明している情動化された態度を、カウンセラーが深く理解していることを示すタイプの応答である。カウンセラーは、その感情にきわめて明確に応答しており、けっして発言内容に応答しているのではない。

カ18、19　ブライアン氏が満足を感じるのは「窃視的な状況」においてだけであるという発言に応答しようとする、カウンセラー側の明らかにぎこちない応答の試みである。

カ1〜ク19まで　もしカウンセラーが、真の問題は何であるのかを正確に発見するためには、クライアントの感情のパターンについていくことがいかに必要であるかという点に留意されたい。ここまでのところでカウンセラーは、腹部の身体症状、やや強迫的に聞こえる窃視症的な満足、性的不適応、社交的な状況に適応できないこと、といった問題のいずれかを、注意すべきものとして取り上げることができたであろう。これらのそれぞれの領域を質問によって聞き出していけば、これらの問題のなかでどれがもっとも重要であるかが分かるかもしれない。しかし、それではこれらの底にあるもっと深い問題を発見することはまったくできない。それは、成功する保証のない、きわめて時間を浪費する過程となるであろう。明らかに、もっと速やかで現実的な方法は、クライアントは次第に自分の問題の核心へとカウンセラーを連れていくであろうことを十分に信じて、その表現を促進することである。

カ20　明らかにカウンセラーは、話し合いを続けるために、やや指示的な質問をする必要を再び感じている。この質問は、クライアントがク16で示したことによるものであるが、感情のもっとそのままの認知のほうが、たとえば「それはあなたが満足できると確かに分かっている、唯一の状況なんですね」といった応答のほうが、おそらくもっと援助的であったであろう。

カ23　きわめて広い、非指示的なタイプのリードであるが、これは通常、生産的なものである。

ク20、22、23　ここでブライアン氏がいかに自分の問題の全責任を他の人びとに負わせているかに留意されたい。カウンセラーは、底に流れるこの感情をとらえて、少なくとも部分的にカ24でそれに応答している。

ク24　知的には、このクライアントは「何が答えかをすべて知っている」のである。カウンセリングが知的な内容以上のものを彼に提供しなければ、失敗することは明らかである。

カ25　ここは、カウンセラーが心理療法についての知的な論議へと容易に巻き込まれやすいところなのである。カウンセラーが感情にだけ応答していることを評価したい。

カ26　なぜカウンセラーはここで割り込んだのであろうか。これは感情の流れを阻止する、まったく不必要な指示的質問のように思われる。これはクライアントの短い応答を引き出しただけで、あとは沈黙（ク28）が続いており、カウンセラーは再びかなり指示的な質問でそれを破らなくてはいけなくなった。そして今度はそれがはじめに述べられた症状の繰り返しを呼び起こし（ク29）、それがすんでから、ようやく感情の認知が新たにはじめられている。これはカウンセラーのぎこちない扱いが進展を遅らせることを示す、ささやかな一例である。

カ30、31、32、33　これらの応答は、クライアントの情動化された態度のパターンをさらに表明できるようにしている。

カ34　これはカウンセラーがカウンセリング関係を言葉で明確にしようとした最初の試みであり、その方向でのささやかな動きにすぎない。しかしながら、カウンセラーの応答はすべて、何らかの意味において、その関係を構成するものであり、この時点でもクライアントはこの関係の普通とは違う自由さや、強い指示的な面のなさなどをいくぶん認識したにちがいない。こうした簡潔な説明のあとでは、クライアントがこの会話で再び主導権をとり、自由に何の制約もなく語るようになるには、多少の困難があるのが普通である（ク34とク35）。しかし、これ以降クライアントは自分の困難を初めて葛藤として描きだしているのである。

カ40　この直接的な質問は、クライアントの感情に沿ったものであるが、こうした会話の素早いやりとりにおいては完璧なものは期待できない。それでもなお、カウンセラーの側におけるよりよい応答は、「あなたは書きたいのだけど、このブロッキング状態が書けないようにしているのですね」といったものであったに違いない。両価的な衝動をとらえて、それを自由に表現できるようにするのは困難なことが多いようである。

カ43、ク43、カ44　いろんな態度を適切に認知することによって、カ18、カ19ではうまく認知されなかった点に、再び感情の流れが向け戻されている。録音記録は、このようなことがよく起こることを示している。クライアントが自分にとって重要な意味をもつ態度を表現し、しかもそれがカウンセラーによって誤解されたり、十分に認知されないと、同じ態度が先へ行って再び表現されるようである。これとは逆に、適切な認知は、さらに深く、突っ込んだ表現を導くようである。

カ46　ここでカウンセラーは、クライアントがカウンセリングにどんな援助を期待することができるかについて、もっと完全に満足のいくような明確化を行おうとしている。

ク46、ク47　ブライアン氏がこのきわめて意義深い感情を表すことができたのは、カウンセラーの言葉が、この面接を終わりにしようとしているかのような響きをもっていたからであろうか？　それとも、単純に表面的な症状を表現してしまったので、それらの症状は、ある程度自分が望んでいたものであったということを認識できるようになった、ということとであるのか？　とにかく、この一回の面接で、彼の問題の表明は三つのレベルを通ってきた。最初は、症状は痛みや苦しみや不適応であると描写された。次には（ク35）自分のなかの葛藤している力であるように描写された。今やその症状は、変えたいと思っているにもかかわらず、自分がしがみついている症状であると認識されている。このことは、実際には自己洞察のはじまりであり、それまでよりもよりはっきりした自己理解であるといえる。

カ48　幸いにもカウンセラーは、表明されている両価的な感情を認識し、それについてはっきりと述べている。これによってクライアントは、この第一回目の面接のなかでもっとも重要な意味をもつ内容について、より深く感情を表現できるようになっている。それは表面的なレベル以上の探索が確実に進んだことを示している。

カ51　ここでカウンセラーは、この機会に再び、カウンセリングの意義を明確化し、しかもそれをクライアントの表現を用いて行っている。それは常に健全な方策である。

ク52　この知的な、しかも学識のあるクライアントは、多くのクライアントが感じていることを言語化している。すなわち、口で何といわれても、論議されても、説得されても問題から抜け出せないということについてである。

カ53　ここでもまたカウンセラーは、賛成か反対かを述べたくなるようなところだが、しかしカウンセラーは、賢明にも誘惑に陥らず、ただ表明された態度を明確化している。

ク53　ここでクライアントは精神分析の過程について言及している。ク48では彼は、神経症について言及した。専門用語を使っているのはカウンセラーではなくクライアントである。カウンセラーがクライアントを訂正する、すなわち、このカウンセリングの過程と古典的な精神分析との違いを説明するように努力すべきだったかどうかは疑わしい。それはほとんど確実に知的な回り道となり、真の進歩を引き延ばすことになるであろう。

カ54　これは興味深い点である。カウンセラーは、この機会にこの種の心理療法における自分の役割を明確化することもできたであろう。しかし実際には、カウンセラーはただクライアントの依存的な感情を認知しただけである。おそらくこれは、よりよい選択であったといえよう。もしカウンセラーがそれを認知していなかったならば、この依存的な感情について また後で取り上げなくてはならなくなったであろう。

ク54、カ55、ク55、カ56　このやりとりにおいてクライアントは、自分が必要とする動機づけを与えてほしいと、はっきりとカウンセラーに要求している。カウンセラーは同意もせず、拒否もしていない。彼はより深く、この関係は何らかのはっきりした選択ができるような場面であることを明確にしている。カ56の最後の「今と同じ相手に投票するのか……」という発言で、カウンセラーはクライアントのなかの、まだ表現されていない一貫性を暗に指し示している。これは解釈の微妙なはじまりであり、安易にやりすぎてしまうようなおそれをもつものである。

カ57　ここには、このセッションでの二度目の失敗がある。カウンセラーは、感情を適切に認知することから離れている。たとえば、「あなたは誰か他の人がボールを転がしてくれなければ、と感じているんですね」というような応答ではなく、クライアントの状況に深入りするような直接的な質問をしている。もしもブライアン氏が、自分の「否定的な」側面がどうして強力なのか十分分かっているなら、援助を必要としないのである。カウンセラーは、混乱した多少防衛的な解答（ク57）以外は何も引き出せなかった。また、それにつづいて別の直接的な質問をし、ダンスをするという特定の場面にクライアントの話を集中させる努力をしているのである（カ58）。クライアントは、部分的な返答をし、それから、ある長い哲学的な話（ク59）へと退却しているが、この哲学的な話は問題とは直接的な関係がなく、また具体的問題から遠ざかっているのである。カウンセラーは、クライアントが哲学的に話すことから得られる快感を認知することによってのみ、かろうじてこの状況からクライアントを連れ出すことができた（カ60）。しかし、この面接のカ57からカ67の部分は全体として、二つの指示的な質問のためにほとんど無益なものとなっている。このことは、建設的な心理療法の過程であっても、そのときには誤りと認識されないような誤りによって、いかに簡単に方向がそれてしまうことがあるかをよく示すものである。

カ69　カウンセラーは表明された二つの重要な態度を要約している。この発言は、典型的な神経症のパターンについての描写であるともいえるものである。神経症的な人は、「ぼくの神経症が一生懸命に生きようとするのを妨げたり、一生懸命に生きようとするのをやめる口実を与えさえしなかったら、ぼくの人生は素晴らしいものになるんです」というのである。

ク70　クライアントは、本当の進展を遂げ、一時的に当初の症状についての発言に戻っている。この態度の受容（カ72）が、もっと肯定的な見解を引き出している。

カ78　カウンセラーは、この面接を終える方向に動きはじめる。カウンセラーは一時的に、その関係についての医者対患者式の説明を行っている。しかし、これが害を与えた形跡はないようである。カウンセラーはもっと自然に「あなたはご自分の問題について、多くの面を探索されましたね。で、今日はこれで十分でしょう」といってもよかっただろう。

カ79　この会話の最初の部分は、カウンセリング面接を方向づけるクライアントの責任を明らかにしているという点で援助的なものである。最後の部分では、カウンセラーはさきほど（カ57）心理療法の進展を滞らせたと同じような直接的な質問に戻ってしまい、また、この問題に「宿題」を与えようとしているのは賢明なことではない。これは、この面接の三度目の失敗であろう。

ク79、ク80、ク81、ク82　クライアントはどうしても、カウンセラーの質問にいっぺんに解答しようとしている。ある意味では、これはより深い自己洞察を表している。またある意味では、それは明らかにこの面接を延長させようとする試みである。カウンセラーははっきりと、面接の終わりを告げるべきであった（カ85）。

第二回面接

四日　火曜日

カ92　さて、今日はいかがですか？

ク92　ええ、実は、何かを探していたことに気がついたんです――前回の面接のあと、反動の動きのようなものが、週末の間ずっと続いていました。まるで、この神経症が変化に抵抗して膨れ上がることを求めているみたいなんです。というのは、この神経症がいじくりまわされたもので――

カ93　（笑う）いろんなことがよくなかったんですね？

ク93　はい。ぼくはじっとしていられなかったんです。事実、ぼくは週末中ナイトクラブを転々とほっつき歩いていて、それで遅く帰宅したんです――朝の四時か五時くらいに。ところが両親はぼくにちゃんと早起きしてほしいわけです――「どうしておまえはゴロゴロしてばかりいるんだ、何かうまくいかないことでもあるのか？」と――そんな具合で、ぼくは疲れ果てちゃって。

カ94　その一つの理由は、あなたの一部が変化に抵抗しているから、という感じなんですか？

ク94　どんな変化にも抵抗しているんです。そのとおりです。

カ95　どうしてそう感じるんですか？

ク95　それは、まさに直観です。ある種の推論です。つまり、もしもぼくの一部が――ぼくのエネルギーの大部分がそういうふうになりたがっているなら――その、同じようなことはどこにでもあると思うんです。その大部分が脅かされると、それが膨れ上がってめちゃめちゃに壊れてしまうんです。社会現象でよくあるように。もちろん、結局それは結果から原因を探る論理かもしれませんが、でも少なくとも――

カ96　いずれにしても、あなたは、その葛藤が、どちらかといえば以前よりもひどいように感じている――

ク96　ぼくは失望はしてません。というのは、こんなふうにそれを合理化してますから――つまり、もしこの神経症が脅かされていると感じなかったなら、こんな反応は起きないでしょう。だから少なくとも、私たちがそれを脅かしているんです。不安にさせているんです。

カ97　あなたは、私たちがそれを脅かしているような感じがする、つまり、それは何か、あなたの外側にあるようなものと思っているのですか？

ク97　それには二通りの回答があるでしょう。もちろん、哲学的にはすべてはその人の神経系のなかで起きていることですが、しかし心理学的には、ぼくはそれを一個のエイリアンとみなしているんです。敵なるエイリアンみたいなもの。

カ98　あなたは本当に、問題が自分のものであるということとを認めるつもりはないんですか？

ク98　あの、それが自分の感情だってことは分かっています。でも、それは異常で不健康なものだと思ってしまうんです。けっして道徳的な基準からそう思っているわけではないんですが。前回話しましたように、いろんな価値観は個人的なもので、しかも絶対的なものなんです――哲学的に価値観を評価する方法なんてないですからね。でも心理学的には、こうした感情は生命体全体の調和を破壊するものだといえるんです。で、もしそんなふうに感情を評価できたら、感情を手段にすることができるんです――つまり、全体に調和をもたらす手段として、感情を科学的に説明することができるんです。科学的に手段を説明することができるんですよ、価値観は科学的に説明できなくても。

カ99　すると、攻撃に憤慨しているのは神経症であって――あなたが神経症への攻撃に憤慨しているのではないのですね？

ク99　それはどういうことですか？

カ100　そうですね、私が関心をもったのは――あなたがおっしゃったことが――まるで神経症が憤慨しているようだ、私たちがそれを変えようとすることに対して、というように聞こえたんです。

ク100　はあ。

カ101　そしてあなたは、自分のなかで攻撃がなくなるように抵抗しているというよりも、むしろ、これが今の状況だと思っているのですね？

ク101　はあ、今いわれた二つのことは、何か違いがあるのですか？

カ102　いいえ、それほどは。

ク102　そうですか、でも心理学的にはあるのではないでしょうか？　つまり、ぼくがいいたいのは――　一人称よりも三人称を使うということなんです。

カ103　そこには何か重要なことがあるのではないかと、私も思ったのですが。

ク103　うーん。ぼくは自己中心的な理由から、先生がおっしゃっているようにそれを所有したくないんです。なぜかというと、ぼくの優れた判断がそれに反対してるからなんです。それにわれわれは常に、社会的な状況のなかにいるときには自分の優れた判断を前面にかかげる傾向をもっているんです。（間）先生はおっしゃいましたね、過去を掘り返すよりも、今の状況に立って考えた方がいいって。そのことを考えてみたんです、一度自分で――神経症のもともとの原因は、時間の経過とともに重要ではなくなっていくのかもしれない、でもその神経症は、別の目的のために残るんですね、今の状況に対応して。その状況はもちろん、過去を掘り下げるような古い技術を価値のないものにしてしまうんです。というのも、ぼくはもう、過去には反応してないんですから。

カ104　そうかもしれないと感じるのには、何か理由があるのですか？

ク104　さあ、どうでしょう――先生は認識論の問題に入ろうとしているようですが、ぼくには分かりません、どこでこのような考えを身につけたかを先生に話せるかどうか――前回の分析のときに、確かそんなような考えを思いついたみたいですが。（間）ぼくに分かるのは、ある神経症が――同じ神経症が、数年前にはある機能を果たしていたんですが、今ではまったく違った機能を果たしているということです――

カ105　ええ、はい。

ク105　ところがそれは同じ感情かもしれないんですよ。一方では、ある種の永続的な状態を想像することもできるんです、変化せずに何年も続いている状態を。感情を合理化するのはとても難しいんですが、感情を合理化しようとするときには、その感情を描写しているのではなくて――たんに自分が合理化の要求をもっていることを表しているだけだと思うんです。

カ106　しかもあなたは、理性的で知的な見方であらゆる角度から調べてみたいのですね？

ク106　そうです、わくわくするんですよ――合理化することは。ある種の喜びを感じるんです、量的には他のことと同じ強さでも、質的にはまったく違うんです。もちろん誰だってそうでしょうが、ぼくは思考について考えたいんです。

カ107　誰でも感じるけれども、あなたは感じるということについて考えるのが好きなのですね。

ク107　はあ。（間）

カ108　前回お話しましたが、もっとも意味があり役に立つと思うようなやり方で、この時間を使っていただいていいんですよ。どんなことでも、あなたが取り上げたいと思うことを――

ク108　ええと、今写真の仕事が次つぎとあるんですが、外に出てそういう仕事をする気がしないんですね。ちょっとしたお金をもらうチャンスはあるんですが、実際に出かけて仕事をするのが阻止されている感じで――それがぼくにはとても困るんです。ぼくの仕事の相棒は何だか病気みたいで――入院しているんです。いつになったら働けるようになるのか。自分一人で仕事をするのは大変です。

カ109　それで、外に出て仕事でいろんなことに巻き込まれるのは――今のところは少し荷が重いようなんですね？

ク109　そのー、いろんな人と話さなければならないし、企画を説明したり、写真をとる相手方のリーダーと話したり、しかも売り込む手腕や落ち着いた態度や自信などが必要なんです――今のような状態では、ぼくはそういったものをまったくもちあわせていないんです。

カ110　今のところ、そうした状況には直面できそうにないのですね。

ク110　そのー、たとえばぼくの症状の一つである吃音は、相手を疑い深くさせてしまうんです――相手はそんな反応を見せるんです。おまえは仕事のことを分かっていないんじゃないか、とか、おまえは信用できないって思うんでしょう

――相手に不信感のようなものを与えてしまい、仕事に支障が出てしまうんです。

カ111　そして、あなたが直面するのがおそろしく大変なのは、それなんですね――つまり、相手のそういう態度？

ク111　そうです、気分がよくないときにはよく分かるんです。状況にうまく対処できていないということが。もちろんそれは、もともとの否定的側面から派生したものですけども。

カ112　どういうことか、よく分からないのですが。

ク112　そのー、あるもともとの否定的側面があって、状況をうまくこなすことができない、するとそのうまくこなせなかった状況から、さらにもう一つの否定的側面が生じるんです。

カ113　言い換えると、あなたはそうした状況に対処するのが恐ろしいと感じていて、もし外に出てそうした状況に直面すると、ますます事態は悪くなってしまうに違いないと思っているのですか？

ク113　うーん。お金を稼ぐことはそれほど強い動機づけになっていませんし――お金が強い動機づけになったとしても、それでとにかくやってみると、きまってひどく緊張しちゃって、とても疲労困憊してしまうんです。

カ114　そのことと前向きに闘おうとすると、とても苦しい状況になってしまう。

ク114　そうです、すごい葛藤が生まれるんです。大量の神経エネルギーを使い果たしてしまうんです。

カ115　それで今のところは、もっとよく――もっと落ち着くには、流れに従って漂っていることなのですね。

ク115　ナイトクラブをほっつき歩くんですよ。酒を飲んでフロアショーを見ていると解放されるんです。もっとも本当に楽しんではいないんですけど。ちょうど悪いことが二つあるとして、そのうちましなほうを選んでいるようなものです。もしも家でじっとしてて、しーんと静まり返っていたら、ぼくは閉じ込められているようで、いてもたってもいられなくなるんです。

カ116　ええ。少なくとも外では多少の満足があって――

ク116　あの、それは興奮なんです。完全なものではありませんが。否定的な感情に対する反作用みたいなものですよ。

カ117　家にいるよりは満足しているけれど、しかし完全に満足しているわけではないのですね。

ク117　ところが、当たり前でしょうが、ぼくはひどく疲れるんです。遅く帰るし、家族は早起きだし、静かにしていようなんてしませんしね。ぼくが八時か九時くらいまで寝てることに憤慨してるんですから。

カ118　で、ご家族が憤慨しているのは、あなたが活動的ではないということ――活動的でないように見えることですか？

ク118　そうです、活動的でないことです。しかも夜遊びしていることでいっそう憤慨しています。家族は思ってるんでしょう、のらくらしているだけでもダメなのに、夜にはナイトクラブへ行くなんてとんでもないと。

カ119　つまり、ご家族によると、あなたは怠け者で、かつ不良でもあるということでしょうね？

ク119　そんなところでしょう。

カ120　その他の態度もからんでいるのですか、ご家族のほうでは？

ク120　どういうことですか？

カ121　そのー、どうなのかなと思っていたのですが、あなたががむしゃらに仕事に向かっていかないといったようなことでも、ご家族は憤慨されているのですか？

ク121　そのー、家族は、ぼくには今仕事が次つぎにあることを知っているんですが、でもぼくには都合のよい口実があるんです。カメラを修理に出しているんですね。ですから家族もよく分かってるんです、ぼくがとにかく仕事がやれないってことは。でも家族は疑い深くて——ぼくにやる気がないことを疑っているんですね。で、カメラはもう直りましたし、だからぼくは何とかしなければいけないんです。成果をあげなければならないんです。もちろんぼくには食べるところと寝るところはあるんですが、しかしそれ以上のものが必要なんです。先日話しましたように、ぼくはある程度の贅沢がしたいんです。

カ122　ええ、はい。それが問題をより深刻にしていることの一つなのですね。お金を稼ごうとしても、お金を稼ぐことはあなたが直面したくないことのなかにあるのだから。

ク122　ぼくには確かに——ぼくのなかに深く根を下ろしている恐怖があるようなんです。つまり、ぼくはこの神経症を、ある圧縮された恐怖といいたいんです——圧縮されてまるで鋼鉄のような性質になっている恐怖です。つまり、前にぼくは、この感覚はここに（胸を指して）あるといったんですが、そのときは漠然としてて、つまり一般化されすぎてしまっていて、それほど圧縮されてなかったんです。ところが時間がたつにつれて、その感覚は圧縮されて、もっと深く押し込められている感覚となったんです。解剖学的にも心理的にも圧縮されたんです。どうしてぼくが、それを恐怖だと確信しているのか分かりませんが、でもぼくは、そういわなければならないんです。

カ123　それはある恐怖だと確信していることはよく分かりますが——それはあなたが恐怖を感じているということではないのですか？

ク123　あの、それは慢性的なもので、感情をかき乱すような恐怖とはいえないんです——それが圧力となって現れるまでは、ずっと圧縮されて存在しているみたいです。それで時々気づくんですが、夜うなされるときに、どうもそれが泡立ってあふれてくるみたいなんです。——つまり、水圧で自噴する井戸みたいにです。

カ124　恐怖がもっとはっきりと出てくる？

ク124　そしてそれは——それは、ぼくをもっと動揺させるんです——よくいわれるんですが——ぼくは睡眠中に叫び声をあげて、ころがったり寝返りをうったりしていると——同室になった人はみんなそういうんです。なのでぼくは、このことが、ぼくがなぜそれを恐怖だと考えるかという一つの理由だと思うんです。もちろん、これではあまりに一般的ない方で、意味はないのかもしれませんが。でもそれは——そのー、それは恐怖以外のものではありえないんです、違いますか？

カ125　そのー、もっと重要な要素は、あなたが経験していることであって、あなたが知的に考えることではないと私は思います。つまり、もしもあなたが、悪夢のなかで恐怖を経験するのだったら——それはそうなんでしょう。それは恐怖なのだろうか違うのだろうかといくら考えても——

ク125　それは一貫したイメージをもっていないようなんです——たとえば、ぼくは夢のなかで自分が街を歩いている光景を見るんですが、すると突然ひどい恐怖がやってくる——そのときにこれといったイメージはまったくないんです。ぼくはずっと昔に見た悪夢を思い出しますが、興味深いものです。ぼくがまだ小さいころ、ぼくはとても小さいときから本を読めたんです。本当にたくさん読みました。パイクっていう西部の探検家で、後に山に彼の名前がつけられた人のことを書いた本を読んだんですが、その本を読んだ後で夢を見たんです。ぼくはパイク山に登っていて、その頂上にたどりついたんですが、そこに父がいて、とても恐ろしい顔をしていたんです。その顔つきがものすごく険悪だったんです。また別の夢ですが、ぼくはおもちゃの鉄砲をもっていて、ぼくがそれで撃とうとしたちょうどそのときに、不思議にそれがふわふわっと浮いてぼくから離れていっちゃったんです、これといった理由もなしに。それでぼくはとても恐くなってしまったんです。そこで象徴されていることは明らかだと思うんですが——

カ126　ええ、はい。

ク126　その山に登ったことについての父からの戒め。それから、とても不思議で恐ろしいやり方で、ぼくから鉄砲が取り上げられるという男根期的な象徴。こうした夢が、常にぼくの脳裏にあるんです。ぼくは越えていなかったに違いないんです——六歳のころを、とにかく。

カ127　しかし、もっと最近の悪夢はそれほどはっきりしたものではないのですか？

ク127　そうです。——まったく——まったくはっきりしたイメージをもっていないようです。まるっきり感情だけが支配しているようで、何もこれといったイメージがないようなんです。

カ128　あなたは何かを恐れているけれど、しかしそれが何なのかはっきりしない、夢のなかでも——ということでしょうか？

ク128　それは夢のなかで象徴化されないようですし、たぶん、もっと正確にいえば、その恐怖はもはや、はっきりとした象徴を必要としていないんでしょう——ぼくがどんなことを考えても、それは先に行ってしまってそこで待っているようなんです。

カ129　それは仕方のないことでしょう。

ク129　またぼくは、幼いころに近親相姦や同性愛の恐怖を多少もっていまして、それはたぶん正常なセックスの恐怖よりも、もっと恐ろしいものだと思うんです。つまり、それはこの社会の普通のあり方で――われわれは正常な性に反応するよりももっと強く、同性愛や近親相姦に反応するんです。それでぼくが想像するには――分からない、先生に聞こうと思っていたんですが――近親相姦の恐怖は、ひいては正常なセックスの範囲へ収まるようなものなんでしょうか――それから同性愛の恐怖は？　つまり、同性愛が制止されると、それは正常なセックスのほうへ向かうんでしょうか？

カ130　そのなかではとても多くのことが起こりうるでしょう。ただ、どんな方向が生じるのかを決めるのは、あなた自身の経験や感情だと思います。今の質問はあなたのどんなところから出てきたのでしょうか？

ク130　(間) 先生は今、何を尋ねられたのですか？

カ131　そのー、つまり、あなたのなかに浮かんだ質問は、どんな経験や感情から出てきたのだろうかと私は思ったんです。

ク131　えーと、ぼくの最初の性的経験は、ある遊び友達とだったんです――その友達はぼくとおない年で、彼がぼくに迫って経験させたんです。もちろんぼくは、その頃はそれを制止するはずがありませんから、彼のしたいようにさせたんです。それから近親相姦ですが、三人の人と関係がありそうです。ぼくは、いつも、ある気持ちをもっていたんです――それほどはっきりした証拠はないんですが――ぼくの母は性的に欲求不満だったんです、父があまりにくそ真面目でしたから――父はいつも書物を読みふけっていました。母は才能があって――事実、生まれながらの天才で、情熱的で――たぶん高いリビドーをもっていたでしょうし、それでぼくが思うのは、母はぼくに無意識的な性的感情をもっていたんです。しかし、もしもぼくが開けっぴろげに性的反応を示そうものなら、もちろんその場でぴしゃりとやられたでしょうが――つまりそれは、子どもにお菓子を差し出して、子どもがそれをとろうとしたら、その手をバシッと叩くようなものですね。母はあるとき、ある女性に結婚当初の性生活は十分じゃなかったって話してたんです。それでその人がぼくに教えた――だからぼくは、それが事実だったことを知ってるんです。それから、ぼくには伯母がいたんですが、――オールド・ミスの伯母で――ぼくはしばらく一緒に生活していたことがあったんですね。それでぼくは、彼女についてはっきりしたことは知らなかったんですが、ただ、ときたまぼくに一緒に寝てほしいっていったりしたことがあったんです。でも伯母とはそれ以上のことは何もありませんでした。それから、ぼくの妹ですが――二人で一緒にお風呂に入っていたんです、小さい頃、そう、七つぐらいまでね――六つだったかもしれません――妹はぼくよりも十五カ月年下で――それで、たぶんぼくは、えーと――たぶんぼくは、そのことから何か性的な反応を得たんでしょう。恐ろしいことではなくて、そこである種の官能的な経験をしたんだろう、とぼくは想像しています。

カ132　私が気づいたのは、お母さんと伯母さんについては、あなたはただその人たちの反応を描写しているだけですね。

ク132　はい――そのー、ぼくの反応はいうまでもなく――ぼくはとても小さな頃から、いつも高いリビドーをもっていて、それがいつも反応していたと思うんです。ぼくは確かそのー、思い出せないんですが――それはとても辛いことですが――われわれは、何の反応も示さなかったある状況を思い出して、それに今反応を示して、その今の反応を過去の反応だっていうことだってできるかもしれませんよね。ぼくがいいたいのは、そうしたことには注意が必要だということなんです。なぜならわれわれは、現在の自分を経験しているわけですから、こうしたことは時間的に誤って言及されうることなんですよ。

カ133　どんな場合でも、あなたは他人の反応とか、状況の知的な面について考えるほうが好きなんですね、自分自身についてよりも――

ク133　そのー、こういいたいんですが、今話した人たちは――結局、ぼくに条件づけをした人たちだということです。そして、もし彼女たちが両価的な反応を示さなかったなら、ぼくは彼女たちに条件づけされなかったと思うんです。

カ134　でもあなたは、ある意味、彼女たちがあなたを生け贄にしたということ以外には、自分にはかかわりあいのないことだと？

ク134　あの、そうです、ぼくは確かに生け贄にされたと感じています。一方、われわれは遺伝子と条件づけの産物だというぼくの哲学からいうと――ぼくはただ、一つの観点からそれを説明しているだけです。もちろん、他の観点からすれば、ぼくはこれこれの反応をもっていたんだとかいえるでしょう。でも人間は、一つの観点から他の観点へ飛躍することはできない――どれか一つの立場にたって語らなければならないんです。もしぼくが幼い頃身につけた近親相姦的な感覚に何も否定的な反応が加えられなかったら、すべてはうまくいったと思うんです。もしそれが悪いこととして責められたり、説教されたりすることがなかったら、ぼくが傷つくようなことは起きなかったんです。結局、われわれの遺伝子はこうしたことに責任がとれるようにはできていないんです。

カ135　あなたは、お母さんの反応などに責任があると感じている――

ク135　あの、子どもがどんなものか、ご存知でしょう――ぼくにいわせると、子どもはものごとを直感的につかみますし、行間が読めるんです。ぼくが感じたのは、母は底にはセクシーなものをもっていながら、でも同時に、表向きはセックスに強く反対していたんです。なのでぼくは、それがぼくの善悪の感覚やバランス感覚を阻害したのではないかと想像しているんです。そしてぼくにいわせると――ぼくは、なぜ幼児が自分の母親に性的な反応を示さずにいられるのか、分からないんです。抱きしめられたり、愛撫されたりしてるのに。それはとても自然なことでしょう。ぼくにとって不幸だったのは、母性愛という仮面をみせつけられていたこと、そしてぼくがあからさまに性的な反応を示すと、いつも母はただちにぼくを弾圧したということです。

カ136　あなたがお母さんに向けた性的な感情はいつもお母さんにはねつけられたので、そのように感じているんですね

——

ク136　母に対してぼくが性的な感情をもっていたのか思い出せないんですが、それはどうでもいいことで——ぼくがいいたいのは、性的な感情を母か、誰か他の人に向けたときに、母がそれをはねつけたということなんです——他人に向けたときには、母はいっそうひどくはねつけたんです——たぶん嫉妬のようなものから。たとえば——母がぼくを愛撫していて、かりにぼくが性的に反応した場合よりも、近所の小さい女の子とふざけ合っているほうが、たぶん母はもっときつくぼくをお仕置きしたでしょう。母は常に少々支配的だったと思います——欲求不満の生活のためだと想像しているんですが。それで、たぶんぼくに注意が向いていたんでしょう。母は、ぼくがたまたま家に連れてくるガールフレンドのあらさがしをするんですよ。

カ137　お母さんがあなたの正常な反応についても嫉妬しているように感じるのですね——

ク137　ぼくを母から遠ざけるようなものなら、何に対しても。（間）もちろん、こうしたことでぼくは両親が嫌いなんです——でも責めることはできないんです——この違いが分かりますか。神様を責めたほうがましなくらいです。

カ138　とくに責める気持ちはないのだけれど、でもあなたが感じているのは——

ク138　ぼくが感じているのは、両親が清教徒主義から抜け出すことができたら、しかもぼくがそうさせるのではなくて、自分たちで抜け出すことができたら、少しはましになるだろうということなんです。

カ139　あなたにとっては、それは荷が重すぎるという感じなのですか？

ク139　そのー、それはある程度はぼくの推進力でもあったんです。ぼくは何だか、自分に対して非合理的な楽観主義をもってるんです。ぼくにいわせると、ぼくには陽気に感じる理由がまったくない、にもかかわらず何とか陽気にやってるんです。とても調子の悪い日でも、ぼくにはユーモアのセンスがあるんです。

カ140　あなたはちょっとしたよいふりをすることができるので、まあ上機嫌でいられるのですね。

ク140　そう、そうなんです。でも、ぼくはちゃんと感じてるんです、今のメチャクチャな生活がそのうち健康にも影響するだろうって。ぼくはおそろしく強くできてるんですよ。酒はそうとう飲めますし、煙草もかなり吸えるし、夜更しし

てもそれほど健康に影響しないんです。ぼくのまわりの平均的な連中より、ぼくはずっとやれるんです。でも、自分の資本をそんなふうに喰いつぶしちゃっても、何にもならないですよね。

カ141　私が思うに、今あなたはそうすることで何か自分と闘っている、という感じなのでしょうか？

ク141　そのー、それは健康によくないんです、確かに。もしも心理的に健康だったら、ぼくは相変わらず夜の生活を楽しむでしょうが、でもこんな強迫感はないでしょうね。きっともっと穏やかなパターンに移ってゆくはずでしょう。

カ142　今あなたは、何かを証明するためにそれをやらなくてはならないんですね。

ク142　証明？　ぼくはそんな言葉でそれを考えたことなんかありません。それはただ、ぼくを少し楽な気持ちにするだけです。何かを証明するなんてことでそれを考えたことなんかありません。

カ143　そうですか、その点では私が間違っていたかもしれません。

ク143　そのー、できるだけ近いかたちでそれを説明すると、女の子たちをナンパしたり、いっしょに悪ふざけをして興奮したり、フロアショーをみたり――いつも何人か素敵な女の子がいて、酒を飲んで、ジャズを聞いて――そんなことのすべてが、ぼくの否定的な感情をある程度中和するような雰囲気を作ってくれるんです。

カ144　そのときには、あなたはちょっといい気分になるんですね。

ク144　そうですねえ、いいえ、ぼくはよく、自分の内面的な感情と外の雰囲気とを比較してみるんですが、そうすると少し楽な気持ちになれるんです。そうでなかったらぼくはそんなことしません。ときには、そんな雰囲気のなかでわれを忘れることもあるんです。素敵な女の子を引っかけることができたら――それはつかの間の悦楽なんです。

カ145　ええ、ええ。しかし、それで十分でないということもはっきりしている――つまり、そのつかの間の楽しみは、あなたが望んでいるものではないと？

ク145　そのー、ぼくはつかの間のことそれ自体に反対しているわけではないんです――でも、ぼくは例の否定的な感情が戻ってくることには反対です。つまり、永続的なことそれ自体、ぼくにとっては価値がないんです。満足のいく出来事は、まさしく終わるべきときに終わるんですね。それをちょうどいいときまで続かせるには、何か芸術的手腕のようなものが必要だという気がするんです。

カ146　あまり長すぎないほうが。

ク146　ぼくは自分が望むような恋人と出会ったことがないんです――つまり、相手が望むよりも、ぼくのほうが長く関係を続けていきたいと思ったことがないんです――ときにはお互い様で、同時にということもありますけど、でもたいてい、彼女たちがぼくに飽きる前に、ぼくが彼女たちに飽きちゃうんです。もちろん、彼女たちは永続的なものへと条件づけられている——つまり、結婚して家庭をもちたがるんです。

カ147　そうですね。でも、あなたは本当に永続的なものを求めてはいないんですか？

ク147　いえ、いえ、そんなに極端ではありません。ただこれまで、永続的なことをぼくに考えさせるような人に出会ったことがないというだけのことです。そのー、ぼくはある女の子と出会ったとき、結婚して家庭をもったら素敵だろうと思ったんですが、彼女はぼくとデートしたがらなかったんです、ぼくの噂を知っているものですから。でもぼくは、仮に自分のその気持ちが続いたとしてどれくらい続いたものか、分からないんです。彼女はぼくとデートするのを拒否したわけじゃないんです。でも——ぼくには分からないんですが、たぶんぼくのほうにある種のあきらめがあったんでしょう。ぼくは、自分のせいで彼女に苦しんでほしくなかった——彼女が、ぼくと仲良くなったことで評判を落としてほしくなかったんです。たぶんそれは、一つの高邁な合理化だったのかもしれません、ぼくが大きな責任を引き受けたくなかったことは事実なんですから。ぼくがいいたいのは、人間はしばしば一つ以上の合理化をすることができるんですが、そのなかでどれが本当のものなのかは本人にもよく分からないということです。

カ148　ええ、はい。とにかくあなたは、その恋愛がそれ以上進展しなかったことについては、彼女と同じくらい自分にも責任があると感じているのですか？

ク148　そのー、ぼくは新しい恋愛をはじめるときには、それまでのは終わりにしてしまうんです。そうなんですね、ぼくは積極的に動いて終わりにするんです。

カ149　それで、私が理解したところでは、あなたは本当に永続的なものを求めているのか確信がもてないんですね？

ク149　ぼくは——ぼくは、永続的なものそれ自体については、何ら哲学的評価ももってないんですよ。言い換えると、永続的なものである恋愛は、人間関係をあれこれ評価するような要素の一つであってはいけないんです。人間は情動によって自動的に生きているものだ、とぼくは考えているので、いずれにしても偏見や先入観をもってないんです。もしもぼくが誰か好きな人に出会って、永続的に一緒になりたいと思うのなら、それはそれでいいんです。ぼくの情動はそのことを自動的にやってしまうでしょうから。しかしぼくはもともと、永続的なものに対しても、つかの間のものに対しても何も反応しないんです。ぼくは、ぼくの神経症が、恋愛をつかの間に終わらせることに何か決定的な役割を果たしてると思います。つまり、結局、美しい恋人をもっている場合には、そこにとどまる惰性みたいなものがあるんです。ぼくは、その惰性的にさせるものが、ずるずると彼女を囲っておくようにするんではないかと考えるんですが、しかしぼくは、何週間も何カ月もそうしていると疲れ切ってしまうと思うんです。つまり、ぼくはやっとのところでそうしているわけで、いわば

──例の制止と闘いながら。ぼくが恋愛の終結を選ぶ一つの理由は、それだろうと想像しています。それからまた、こういうことにも気がついているんですが、ぼくがある女性に性的に惹かれるときは、たとえ自分がその女性に何の愛情も感じていなくても、ぼくの神経症は悪化するんです。彼女が他の男と一緒に出かけるというようなことを想像すると──そうすると、ぼくは徹底的にセックスを制止することになるんです。しかし、ぼくが彼女と一緒に出かけてるんじゃなくて、他の男が彼女と一緒に出かけているわけですから、ぼくはそれを打ち消すような楽しみを手に入れることがまったくできないんです──別のいいかたをすれば、ぼくは楽しむことをすべて制止してしまうんです。そしてぼくは、幻想に浸っている自分に気づきます──証拠のあるなしにかかわらず。もちろん、こういう場合には証拠を歪めてしまうこともありますが。たぶん彼女はぼくに対して不誠実なのだろうなどと、うんざりしながら考えたりするんです。ぼくは想像するんですが──つまり、ぼくはセックスによって完全に満足できないので、きっと反射的に推測しちゃうんです、彼女も満足できなくて、他に満足を求めるんだろうって。そしてぼくは性的不信を作り上げるんです。

カ150　なるほど。あなたが本当に彼女を満足させることができないのは、彼女があなたを十分に満足させないからに違いない、と感じている。

ク150　はい。情動的な結果だと思うんですが、とても奇妙なことに、ぼくの制止が正反対の効果をもたらすことがよくあるので、確かに相手は非常に満足してるんですよ。ですから、論理的にいえることは何にもないんですが、しかしぼくが想像するのに、その情動的な──

カ151　とにかく、そんなふうにあなたは感じるんですね。

ク151　うーん。ぼくにとっては、それは満足のゆくことでも楽しいことでもない、という気がします。それは相手にとっても同じことだろうと、反射的に思ってしまうんです。どうせどこか他へ行きたいんだろう、と。ぼくはそれで劣等感をもつわけじゃない──もっと深いものなんで──そこではまさに古い感情が強く表れるんです。そしてぼくは、こんなふうにみているようなんですが──まるでぼくが自分を制止することによって、相手のことを代償的に制止しているようなんですが、ぼくがいっていること分かってもらえますか。たとえば、街で友達を見かけたとして、そいつが車をぶつけそうなとき──自分がすっかり緊張してしまって──「ブレーキを踏むんだ」なんて自分にいうんです。

カ152　その場合、自分も相手も十分な楽しみは得られないのですね。代償的な制止ということであなたがいおうとしておられることは、そういうことですか？

ク152　いえ、そうじゃないんです。ぼくは相手が他の男に傾かないように制止したいんです。

カ153　ああ、そういうことですか。

ク153　それがこの感情についてのぼくの合理化の一つなん

です。もちろん、どんな合理化が正しいのかは誰にも分かりませんよ。たぶんいろんな感情は——ぼくはこんな気がするんですが、たぶん感情というものは、とにかく絶対的なものだろう——それで、感情とともに表れるイメージは、感情そのものではなく別の現象と関係があるのではないかっていう気がするんです。感情はそれ自体で十分に絶対的なものなんだってぼくは思うんです。

カ154　おそらく、あなたがそうした感情を見つめることを何か恐れているのは、それが絶対的なものだからなのでしょうね。

ク154　そのー、それはそのとおりです。ぼくはこんな気がするんです——このサイコロは、ぼくに不利になるように錘が詰められているんだって。つまり、ぼくの両親はいい続けてきたんです、セックスは苦痛で恐ろしいもので——それには近寄ってはいけない、と。大丈夫、ぼくは出かけてセックスをする——すると両親の予言が証明されるんです。でも知的には、ぼくには分かってるんです、サイコロに細工がしてあることは。当たり前のことですが、このようにあらかじめ条件づけられているから、予言は当たるんです。言い換えると、それはセックスに関しては何もいってないんです。それはぼくの両親の神経系を描写してるだけのことなんです。ところが心理学的には、ぼくが考えることが、それをそうしてしまうんですね。ぼくがいってること分かりますか？

カ155　分かりますよ。つまり、それは——

ク155　そのー、両親はセックスを苦痛と恐ろしさから定義するんです。その定義がぼくの神経系に植え込まれたとき、ぼくもまた、そんなふうにセックスに反応するんです。でもぼくは哲学的には分かってるんです、両親はセックスについて語っているのではまったくなくて、自分たち自身を描写してるんだということが。でもそれで何か役に立つというわけでもありませんが。

カ156　それにもかかわらず、あなたの感情は、ご両親の正しさを証明しようとする傾向をもっているのですね。

ク156　そうなんです。

カ157　あなたは、行動という点ではご両親と闘っているけれども、しかし、両親が正しくて自分が間違っている、というふうに感じているんですね。

ク157　それほどは合理化していません。それはちょうど、ある感情のようなもので——その、ぼくが話した感情ですが、自分が予期していたとおりになるような、セックスを楽しむことができるはずだなんて思う自分はバカみたいだっていう——それは、結局、そんなことなんですよ。もちろん、ぼくは知っていますよ、ある予言が妥当性をもつためには普遍的でなければならないってことを——つまり誰もが同じように反応しなければならないってことです。

カ158　しかしそれがあなたの経験を変えるわけではない。

ク158　ええ。そうなんです。言い換えると、ぼくがもっている現実はただ神経症的な現実だけであって、別の現実のほうがいいんだと自分を説得することはできないんです。ぼくは、別の現実なんて実際に経験したことは一度もありませんし。その——仮にぼくが、一時的に別の現実を手に入れたとしても、すぐに神経症は戻ってきますし、それで、よい時間だったということを知るだけなんです——ぼくは、自分がよい時間をもったと感じることはできないんです。

カ159　ええ、ええ。（間）それで、自分が今の発達の段階に、あるいは感情がない状態に閉じ込められているという感じがしてくるわけですね。

ク159　そのー、ぼくには今はっきりと分かりますが、哲学的な理解は心理療法的機能としては何の役にも立たないんですね——それはただの哲学的な機能にすぎない。ちょっと皮肉っぽく聞こえるかもしれませんが、ぼくは楽しんでいますよ、自分自身を分析することを。でも自分を分析することが心理療法的に意味のあることだとは思いません。ぼくが必要だと思うのは、信じることで癒されるようなことなのです——心理療法とは究極的にはそんなところに行きつくのではないでしょうか。もちろん、信じるということは——

カ160　何を信じるのですか？

ク160　前回の分析では、こうしたことは信じることで跳び越えられる、ということでしたよね。つまり、証拠はたくさん入手できるけど、その証拠を受け入れて行動するかどうかは、前回の分析では、理性的な行為というよりは信じることによる行為だということでした。

カ161　それはそうでしょう。そして多くのことで、あなたは自分がブロックされているのを感じている。たとえば、いろんな仕事があって、やろうとすればちゃんとやれるということは分かっているわけですが、でも、そうした仕事に自分を向ける自信をもつということは、また違う話なのでしょう。同じことがセックスについてもいえる。私は、セックスについてのあなたの感情をこのように受けとっているのですが——他人はセックスを楽しんでいて、それは正常なことである、でも——いつもこの「でも」があって、それが自分自身を信じることから遠ざけてしまう。

ク161　そうです。ぼくにとっては、それは——ぼくはまさに、セックスは苦痛で恐ろしいものであるかのように反応してしまう、なので心理学的には実際に苦痛で恐ろしいのとまったく同じなんです。結局、真実とは実際に動いているもののことであって、しかも真実は、もちろん、各個人の神経系という私的なものなんです。ぼくは——ぼくは、苦痛と恐ろしさという、完全な二つの哲学的な円環になっているんです。

カ162　あなたにとっての真実は、そうしたことは苦痛で恐ろしいものであるということなのですね、あなたが、信じることや勇気などをもつための土台のようなものを見出せないとしたら——

ク162　何かある種の動因のようなもので、それによって情動が変えられるようなものなんです。つまり、否定的なものが移動して、肯定的なものの側にすっかり移るようなものです。いわば、否定派を改宗させるような方法があればというようなことです。そんなことは哲学者がやることではなくて、精神分析家の仕事でしょう。それをやりとげるにはある種の技術が必要なんです。

カ163　そうですね。そこであなたは、自分がもう先へは行けないところにたどりついたと感じていて、そこからは誰か他の人が引き継ぐべきだというのですね。

ク163　そのー、ぼくがそのエネルギーを供給しなければならないし、――ぼくがやらなければならないんですが、でも、誰か他の人が解決の鍵をフラッシュで照らしてくれれば、そうすれば、ぼくはそこからは人の助けを借りずにその鍵をしっかりつかめるんだけど、と感じているんです。

カ164　そのとおりですね。今私が思うのは、それはこの問題の見方としてはかなり満足のいくものでしょう、ただ、私たちがまだ把握できていないことがあるのです。つまり、私は気がついたのですが、私たちは今日、たくさんの新しい領域を開拓してきたけれども、前回突きあたった問題と同じような問題にまた突きあたってしまったようです――否定的なものというのは何なのでしょう？　そのー、あなたはそれを今まで定義してきましたし――私たちはそれに近づきつつあるのですが――しかし、それこそ本当に私たちの問題なのだと思います。あなたがおっしゃるように、いくつかのことは過去に起源をもっているけれど、それがどうして現在も保持されているのかというと、基本的にそうしたことが何か――何かの役に立っているからなんでしょう。

ク164　それは、昔と同じ役割を果たしているかもしれないし、新しい役割をも果たしているのかもしれないですね。

カ165　そうですね。ええ、はい。まったくそのとおりですね。

ク165　そのー、ぼくは自分が制止されていると感じる場合のことをおおよそ話したわけですが、どうしたらもっと詳しく説明できるか分からないんです。

カ166　いいえ、あなたはとてもはっきりとその様子を述べてこられたと思いますよ――

ク166　ぼくが今感じてることは、こんないいかたができるかなと思うんですが――それは、もし――ぼくはこの感情の領域では、ある鍵を必要としていて、その鍵がぼくに戻ってくるような、何か動機づけみたいなものが必要なんです。つまり、ぼくは価値観が関係しているように感じるんですが、自分の感情を変えるためには、ぼくがそこで何らかの過程を踏み出さなければならないんです。その過程は必ずしも論理的である必要はないと思うんです。それに対応する知的な部分は少しはあるかもしれないけれど。でも、ぼくの知性はその鍵にフラッシュを向けないだろうという気がするんです、神経症的な抵抗がありますから。言い換えると、鍵があるように感じる――ぼくはそのことを知ってるんです、なぜならぼくは、自分の制止から知らず知らずのうちに解放されることがあるんですから。なので、ぼくには分かってるんです、これまでの実際の経験から、自分は解放されるんだってことが。ところがぼくは、自分が解放されたということについて、何も明らかに指摘できないんですよ――それはすべて自動的に起きたもののようで。ぼくがしたいのは、自分の意識的な意志を完全にコントロールしながら、解放を得ることなんです。

カ167　ええ、ええ。

ク167　ところが、ぼくの性格の否定的な面が、ぼくの知性にその鍵へとスポットライトを当てさせないようにしている気がするんです。で、それが自分で納得のいく結論なんです。これからは先生の助けをお願いしたいと思います。

カ168　あなたの性格のなかにある否定的な力はおそらく、スポットライトを当てさせないのでしょうね。とくにあなたが、その否定的な力をまったくあなた自身の外側にあるものと見なしてるかぎりは。

ク168　ぼくが思うのは、その否定的な力はぼくに、否定的な力そのものにはスポットライトを当てさせるでしょうけど、それを治療することにライトを当てさせはしないだろうということです。

カ169　あの、その否定的な力にスポットライトを当てることができるにつれて、あなたはそうとう進歩されるのではないでしょうか。

ク169　え、ぼくはそうしてきたと思うんですけど?

カ170　はい、少しは。いえ、そのとおりだと思います。

ク170　ぼくは自分のあらゆる経験について考えることができるんです、萎縮しないでね。つまり、ぼくは世間的な価値観はもち合わせていないので、恥ずかしいと思ったりすることがないんです――もしそれが常識のようなものだったら、少しは恥ずかしいかもしれないですが。

カ171　あの、あなたはそれらすべてを知的な平面の上に投げ出しているのですね。でも、これまで話されたあなたの生活には、知的に見つめることを恐れなければならないような面は何もない、と私は思いますが。

ク171　そのー、もちろん、それが問題のところです。で、たぶん――例をあげると――たとえばぼくが、自分の同性愛的な経験を知的に思い出して語るとしますね、そのとき同時にぼくは、そのことにふけっていたときの感情は思い出すまいとしている――そういうことを先生はおっしゃってるんですか?

カ172　そうです。また違った視点からみると――あなたは知的な観点からまったく冷静に、この問題状況について考えてみたいと思っておられるようだけれど、しかし、その感情は――両極端なもので――つまり、仕事をするために出かけるか、それとも家にいて仕事から遠ざかるか――ということになると、直面するのはもっと難しくなるだろう、と私は思います。

ク172　そうです、人間は知的にのみ生きようとすると、自己を抽象化してしまう傾向があるんです。確かにぼくは、よくそういう反応をしてしまいます――ぼくはこういうんです。「おまえ自身の感情がおまえをブロックしているんだ。結局のところ、それは決して外側の力なんかではないんだ。誰かがおまえを条件づけたのかもしれないが、でもおまえはその条件づけを受け入れたんだ」と。

カ173　はい、あなた自身――

ク173　言い換えると、哲学的にはぼくは決定論者なんです。でも意志が自由でないということは、意思は妨害されてよいということではないんです。ぼくは、妨害されない意志や、その妨害されない意志からもたらされる歓びや満足を求めているんです。そしてぼくは、自分が決定論的な哲学をもっているということを、情動的に気にはしていないんです。ぼくが行動しているというより、むしろ反応している事実は、ぼくにとっては心理的には何の変わりもないんです。人間は自由意志から、つまりある真空のようななかで行為するとき――ということは、あらかじめ条件づけられている原因とは関係がないということですが――得られるかぎりの満足を獲得できるんです。それは情動的には重要なことではないのでしょうが――純粋に学問的なことですね。

カ174　さて、今日の時間はそろそろ終わりかと思いますが。私はあなたが、きわめて重要な多くのことを指し示しておられると思います。また、それは、こんな疑問になっているといえるでしょう――あなたの感情があなた自身をブロックしているということですが――あなたはそういう自分の感情を見つめることができるのでしょうか？　あなたは本当に、あなた自身の反応を考察することができるのでしょうか――知的に抽象化してしまわないで？

ク174　そうですね、そこには逃避の機制があるのかもしれないです、過剰な知性化といった。

カ175　さて、では――

ク175　もちろん、ぼくは――そのー、ある意味、人間は、感情をもつときに、自分の感情そのものに直面するんです――つまり、感情は感情そのものの大部分を、意識の領域へともち込むんです、そして――

カ176　ときにはそのような感情をもたない人がいますが。

ク176　ぼくは自分の感情を意識しています、ほとんどいつも――自分の否定的な感情について。そのー、先生は、それは――心理療法を進めていくうえでの障害の一つは、感情というものを価値あるいとしいものというより、有害なエイリアンとみなすことだと感じているんですよね？

カ177　いいえ、私がまったくそういうふうに考えているとは思いません。でも、感情がまったくエイリアンではないという可能性も常にあるでしょう――それはあなたの国の市民であるかもしれませんし。

ク177　それじゃあ、それはスパイの第五列隊員(訳注：スペイン内戦の際に、市民の中に隠れているとされた、もう一つの部隊)なんですね。

カ178　(笑う)　あなたは第五列隊員を抱え込むつもりはな

いんでしょうね？（笑う）。

ク178　あの、結局のところ、人間は自分自身を経験するだけだということは分かるんですが、どうもぼくは、否定的な感情を迎えるために歓迎のマットを敷く気にはならないんです。

カ179　そのー、私はひょっとしたら、そのことでちょっとあなたに無理強いしているのかもしれませんね。ともかく、もう少しこの状況を検討してみましょう、そうすれば、あなたにとってはどういったことが価値あるものなのか分かるようになるでしょう。

ク179　ああ、先生にとって興味のありそうなことに気がついたんですが、今日の面接の直前に、ぼくはわりといい気分だったんです――自分をごまかそうとするようにいっていたんです、「そう、おまえはすっかりよくなるはずだ――たぶん、面接に行く必要なんかほんとはないんじゃないか」なんて。ところが面接が終わると、なぜだかぼくはシュンとなっちゃうんです。前回もそのことに気がついたんですが。

カ180　そうですか、それは――

ク180　なのでぼくは、先生に報告することを簡単に書き留めるんです、気分がすぐれないうちに、そうすれば気分がよいときには何にも話すことがないなんてことはないですから。

カ181　言い換えると、まさにあなたのなかに、こんな感情があるということでしょうか――「ああ、そうか、このことについては何もしないでいいや、とにかく全然役に立っていないんだから」というような。

ク181　面接の直前は気分がいいし、なので当然、気分がすぐれないときと同じようには話せなくなっちゃうようなんです。とても気分が悪いときには、たぶん、激流のようにいろんな考えが溢れ出てくるんでしょうが。

カ182　そしてもちろん、その理由の一つは、疑いもなく、あなたが指摘されたように、あなたが感じる――

ク182　神経症はこんなにも悪魔的な利口さをもつものなんだってお考えですか、それともぼくがそのことを過度に合理化してるんでしょうか？

カ183　あなただったらこうした悪魔的な利口さをもつことができる、と思いますよ。（笑う）

ク183　そうですね、でも一方では、ぼくは別の面でそれ以上に利口なんです、ぼくは話すべきことを書き留めているんですから。

カ184　そのとおりです。しかもあなたのそういう二つの部分は、個人や人間が存在するのとまったく同じくらい本当のものです。私が思うに、私が驚いているのは――つまりあなたは、ここで話すことを書き留めるような人でもあるし、また、「ええい、おまえはそこから出てくるんだ、さもなければ」って、自分をののしる人でもあるんですね。あなたはまた、こういう人でもある、「もうやめよう――こんなことに深入りし過ぎる必要はないんだ」と。

ク184　ぼくはそのことを痛感しています。しかも妙なことに、ぼくはノートなしでやっていたんです。

カ185　（笑う）それはいい。（笑う）

ク185　ところで――もう一つノートしておきながら話してないことがあるんです――ああ、そうだ。これはとっても――微妙で複雑なことなんですが。例の窃視症的な面のことです――ぼくは母からそのような条件づけを決定的に受けたって思うんです。母親はよく、下宿してた女の子たちのことをあれこれいっていたんです――つまりその子たちの新しい下着やなんかを見に行ったりしてたんです。それでぼくは、母がそんなことをして窃視症的な興奮を味わっていたんじゃないかと思うんです。それから女の子たちはそうされることで、逆に露出症的な興奮を味わっていたんじゃないかと思うんです。もちろんそれは同性愛的なことでもあるし――ぼくには分かりませんが、それがぼくの自我の問題であったのか、それとも実際に――こういうことを、先生はどう呼ばれますか――代償的な露出症ですか？

カ186　そのー、そういえるかもしれません。次回にそうしたなかから取り上げるものがあれば、検討してみましょう。さて、それでは、金曜日の午後四時ということでしたね。

ク186　四時ですね、分かりました。

カ187　では、これで――

ク187　金曜日前にお会いすることはできないでしょうか？

カ188　いいえ、できません。明日もいっぱいですし――

ク188　じゃ、何か急に空くような時間がありましたら――

カ189　分かりました。

ク189　実はぼく、家族に話したんですよ、精神分析を受けていることを。（二人がオフィスを出るにつれて声が消える）。

全般的コメント

ブライアン氏は、この面接のなかできわめて多くの重要な態度を表現しており、また自己洞察が発展する方向へと進歩している。しかしカウンセラーがその過程をせかそうとしていて、この面接には問題点やうまくいっていないところも多い。カウンセラーが、クライアントの表現する感情を超えて先に進んだり、抵抗されるか、ほんの一部しか受け入れないような解釈を行っている箇所がたびたび見受けられる。こうしたカウンセラーの誤りに関しては、第七章の後半を再読されるとよいであろう。とくに189頁からはじまる部分と第二章の29頁以降の部分はいずれも解釈の誤用について論じている。また、表現されていない感情を認知しようとする場合の危険については、第六章の138頁以後に論じられている。

このような誤りがあるにもかかわらず、この面接のなかでは、クライアントの感情についての明確化が適切に行われていて、心理療法が急速に進展しているところもいくつかある。面接が終わりに近づくにつれて、ブライアン氏は自分が援助してほしいと望んでいるのかどうか葛藤していることや、変わるための動機づけの少なくとも一部は自分が供給しなければならないということに気づくといった、いくつかの重要な自己洞察を達成することができている。

　この第二回目の面接については、自発的に表現された主な感情をリストにすることはそれほど容易ではない。それは主に、カウンセラーが多くの積極的な役割をとって面接の過程を歪めたり、それに影響を与えたりする傾向があったためである。しかし、クライアントの主な態度は次のようなものであったといえるであろう。


ぼくの神経症は心理療法に抵抗しています。

われわれは神経症に脅威を与えています。

ぼくは、次つぎとやってくる仕事をこなすことができません。

現在の状態では、ぼくは困難に何一つ直面することができません。

ぼくが仕事をしたとすると、それは恐ろしい悪戦苦闘となって疲労困憊してしまいます。

ぼくはナイトクラブに行くと少し解放されます。

ぼくの両親はぼくを非難しています。

ぼくを前進させないのは、ある恐怖だと思います。

たぶんぼくの夢は、性的な恐怖があることを示しています。

ぼくの母や伯母やその他の人たちが、ぼくを現在のように条件づけたのです。

ぼくはその人たちの生け贄なのです。

その人たちは、ぼくに重荷を背負わせてしまったのです。

ぼくは陽気なふりをしていますが、本当はそうではないのです。

メチャクチャな生活がぼくの強さを食い潰しています。

ぼくは、自分が望む期間だけ恋愛をします。

ぼくはある女の子が好きでしたが、結婚によって責任が生ずるのを恐れました。

ぼくは理由もなく、ガールフレンドに嫉妬するのです。

両親は、ぼくが性的な満足を得られないことに責任を負うべきです。

ぼくには信じるというようなことが必要なのです。

ぼくには、誰かぼくを助けてくれる人が必要なのです。

誰かがぼくに鍵のありかを教えてくれれば、その鍵でぼくの現在の状況を打開することができます。

ぼくは妨害されない意志をもちたいのです。

ぼくはよくなりたいと思っていますし、また、よくなりたくないとも思っています。

ぼくは面接を引き延ばしたいようです。


　このリストを第一回目の面接のリストと注意深く比較すると、ブライアン氏が、症状については前回ほど語っていないが、原因について前回よりも多く語っていることが分かる。彼は、自分の症状を除去しようかしまいかと葛藤している自分の態度について、より自由に語れるようになっている。彼は、変化のための動機づけの一部を自分が供給しなければならないことに気づいている。前回とのこうした違いは、彼が、自己洞察や積極的な選択をめざして動きはじめていることを示しているのである。

具体的コメント

ク92　ブライアン氏が、彼の神経症を自分の外側にあるものとみなし、しかもその神経症について自分はまったく責任をとらず、いかに自分の問題を外在化しようとしているかということに留意されたい。

カ94　これは、この面接中に何回か出てくる、あるタイプの応答である。このクライアントは「ぼくの神経症は変わることに抵抗してきたし、しかもぼくを悩ませてきたんです」といっているのである。このカウンセラーは、この気持ちを認知してはいるが、少し解釈を加えて応答しており、神経症がクライアントが描写するような外側にある何かというよりも「あなたの一部」であると指摘している。この技術はあまり繰り返すと、支障を生むものである。

カ95　この質問は、指示的なものと疑われても仕方がないような応答である。何もいわずに待っていたほうが、おそらくクライアントからもっといろんな態度を引き出したであろう。

カ97　ここでも、カ94と同じように、カウンセラーの応答は、認知と解釈を含んでいる。ほかの例でもいえることだが、解釈は抽象的で哲学的な論議を導いてしまう。ここでもこうしたことが、ク97からある程度はじまっている。

カ98～ク103　カ98は解釈的なタイプの応答である。「それは、あなたとは何か無関係なものであるように感じているのですね」というようないい方で、表明された態度をそのまま認知するほうが明らかによかったであろう。クライアントはカウンセラーから与えられる解釈によって、知的な論議へと退却している。カ99では、カウンセラーは明らかに自分の解釈を押しつけている。クライアントは理解できずに――おそらく理解したくないのであろう――ク101でこの点を議論しようとしている。カウンセラーは、カ102とカ103においてその解釈から身を引こうとしているが、クライアントはク103において、カ103に対する知的なタイプの部分的な受容を示している。クライアントにとっては明らかにこの部分は周り道となっていて、少しの間の後で、自分自身が考えていることに戻って第一回目の面接の終わりにカウンセラーが与えた「宿題」を取り上げている。

ク103～ク107　これらの項目は、前述した「宿題」と関係している。クライアントの考えはよいものであり、現在の神経症的症状の無益さについての彼の考察は、知的にはしっかりとしている。しかし、この部分は以下の部分と比較されなければならないだろう。つまり、クライアントがこうしたものを、自発的にこの面接へともち込んだ素材ほどには役立たないと感じるようになった部分（ク108）である。

カ108　これはよい全般的なリードであり、非指示的な性質のものである。同時に場面の構造化にも役立っている。

ク108〜ク117　これは感情の自発的な表現であり、カウンセラーはクライアントの態度を明確化し、建設的にクライアントをリードするようにうまく対処している。しかしカ111は、感情の認知ではあるが、それはある解釈へと形を変えてクライアントに受容されている。というのも、この応答はク108、ク109、ク110でブライアン氏がいっていることを、一つの考えにはめ込んでいるにすぎないからである。カ112とカ113は、よく起こる状況——すなわち、カウンセラーによって理解されない態度の表現——についてのよい対応の仕方を具体的に示すものである。カ115は明らかに解釈的であり、この部分におけるカウンセラーの応答のなかで、おそらくもっとも首をかしげざるをえないものである。しかし、クライアントがその解釈を拡大していることから明らかなように、それはクライアントに十分に受容されてはいるのであるが。

カ118、カ119　これは容易に起こりうる、小さな誤りである。カウンセラーは、クライアントの態度を認知することをやめて、両親の態度をもっと明らかに描写しようと努めている。いうまでもなく、これはまったく違った過程である。ブライアン氏は、自分の疲労困憊と、両親が非共感的であり批判的であると感じている事実を語っているのである。応答が向けられるべきは、このクライアントの態度に対してであったといえる。おそらく、もっともよい技術からのこうしたズレが、ク119において会話を停止させ、同じ話題に戻るようにカウンセラーが二度目の指示的な質問を行わざるをえなくなった要因であるといえよう。クライアントは、ク121で再び自分の感情の続きを取り上げている。

カ122〜ク122　ここでカウンセラーは、この面接においてこれまで表現されたいろいろな態度の間の関係を明らかにしようと努めている。それは、事実という点からすれば一つの満足のゆく解釈であるといえるが、クライアントはまったくそれから身をかわし、その代わりに第一回目の面接のはじめに述べたものと同じような症状の説明へと退却していることに注意されたい。ブライアン氏は、自分の症状は何かしらの満足を自分にもたらしている、という以前の発言をまったく忘れてしまったようにみえる。いろんな解釈があまりに急いで行われたり、あまりに指示的になされたりすると、クライアントはすでに達成した自己洞察からでさえ退却しがちなのである。

ク123〜ク126　この学識のあるクライアントは、もちろんエディプス・コンプレックスや去勢不安といったことを知らない人ではない。重要な点は、この種の知的な自己洞察が生じても、それは本当の心理療法的援助とはいえないということである。

カ130　このクライアントの直接的な質問はうまく対処されていて、心理療法を効果的なものにする側面——クライアント自身の感情や態度——へとクライアントの思考を向けている。知的な解答を与えようとする試みはすべて、たんに一つの成果——すなわち、基本的な進歩という点では何ら無益であるような回り道——をもたらすだけであることは、読者にとっては明らかであろう。

ク130　カ122でのカウンセラーの解釈の後、ブライアン氏は今気がかりとしていることをまったく自由に語っていない。彼は、知的な抽象概念を語っているか、今ではほとんど重要な意味をもたない初期の経験を語っているにすぎない。ここでクライアントはボーっとしながら、どのような感情を心のなかに抱いていたのであろうか、と思わせてしまう。

ク131　回避は続く。ここでは真の葛藤はまったく表されず、どちらかといえば、「おそらく」もっていただろうとクライアントが考えた感情について説明されているのである。カウンセラーはこのことに気づき、カ132でクライアントの純粋な反応を引き出そうと試みている。しかし態度を突き止めようとすることがいかに無益であるかに注意してほしい。ブライアン氏の唯一の応答は、哲学的なこまごまとしたことを区別しようとすることへの退却であった。

カ133、カ134　これらのカウンセラーの発言は、表現された感情よりも少し先走ってはいるが、基底にある態度を認知しているものである。カ134でのよりよい応答は、たとえば「責任を負わなくてはならないのはそうした人たちなんだ、と感じているのですね」といったものであっただろう。表現された感情よりもカウンセラーのほうが先走っているので、クライアントは同意はするものの、またすぐに哲学的な議論へと退却してしまっている（第六章の140～143頁にあるきわめて類似した例を参照されたい）。この応答につづいてブライアン氏は、子どものころもっていただろうと彼が「想像する」態度について、より知的に議論している。ク136からク137の後半にいたって初めて、ブライアン氏はカウンセラーによる感情の適切な認知によって促進され、現在の状況において重要な意味をもっている純粋な態度へと戻っている。

ク138～カ139　ブライアン氏は、他の人たちが自分の問題に責任を負うべきであると、これまでさまざまないい方で述べてきた態度について、ここでは簡潔に語っている。これに対する応答として、カウンセラーは少し離れすぎている。もっと正確に認知すると、「それは、あなたにとっては大変なことなのでしょうね」であったであろう。

カ142　カウンセラーはここでもクライアントの行為を解釈しようとし、その解釈に抵抗が生じていることに気づき、カ143でその試みを断念している。もっと満足のゆく応答は、「あなたは、それが健康によくないと感じている、でも、ある意味では、そうした行為をせざるをえないのですね」、あるいは、「もしあなたが健康だったら、それがそれほど必要だとは感じないのかもしれませんね」といったものであろう。

カ145、カ147　これらの応答は、この面接にたびたび現れる誤りを繰り返している。これらはクライアントによって表現された態度よりも先走っているのである。

ク147〜カ148　このきわめて興味ある発言は、いくつかのレベルで防衛的な表現のなかに表れており、結局クライアントは、自分に大人としての責任があると思いたくないのではないかという可能性にたどりつく。この複雑で混乱した発言に対して、カウンセラーは、どちらかといえば満足のゆく応答をしている。

カ149　ここでもカウンセラーは解釈している。そしてやはりクライアントは、問題を知的に考えることへと退却している。ここでのよりよい応答は、「自分ではそのような状況にうまく対応していると感じているのですね」であっただろう。この部分を通して、クライアントはきわめて自己中心的な態度を表現している。しかもその態度は他人の権利や感情について何の配慮も示さないようなものである。カウンセラーは確かに、クライアントをたしなめたくなったり、利己的な口調が目立つのを指摘したくなったりするかもしれない。しかしそうしたアプローチは確実に失敗する。このような態度をクライアントが理解し、それを変えたいとクライアントが思うように援助する唯一の基本的方法は、クライアントが自分を率直に見つめるようになるまで、クライアントのそうした態度をはっきりと明確化することである。

カ154　いくつかの満足のゆく応答の後で、カウンセラーはまたちょっとした解釈を行っている。この解釈はここでは受け入れられたようであるが。

ク154〜ク163　この部分は、とてもよいカウンセリングの具体例として注目できる。その結果、より深く重要な意味をもつ態度によって、顕著な自己洞察がもたらされている。カウンセラーはカ160で、不必要な指示的な質問を発しているが、幸いクライアントは注意を向けていない。カ161では解釈が慎重に与えられているが、この解釈は表現された態度を要約したものであり、クライアントに受け入れられている。カ156、カ158、カ162、カ163は、感情をしっかりと認知したすばらしい例であり、ク163の発言をもたらしている。その発言は、ブライアン氏が現在の状況における自分の役割について気づきはじめていることを示すものである。ク159からク163にいたるクライアントの発言では、知的な分析は変化をもたらしうるものではないという気づきが生まれている。そこでは、ある種の動機づけや、あるダイナミックな力が見いだされる必要があるという感情が生じているのである。クライアントは、少なくともこの力の一部が自分のなかに存在することを感じている。ここでは、第一回目の面接や、今回の面接のク122で示されたものよりも、はるかにはっきりと自分自身が表現されている。

カ164　カウンセラーは、この面接の終わりへと向かいはじめているようである。彼はこのカウンセリングが否定的な力に集中すべきであると伝えることで、明らかに指示的になっている。面接をまとめようとするこの種の試みは、満足のゆくものとはいえない。

ク166　ブライアン氏はここで、カウンセラーよりもすぐれた自己洞察を示している。彼は、自分が自己洞察において到達した点、すなわち、必要な要素は動機づけであり、しかも自分はカウンセラーの援助に頼っている（ク167）という気づきを、とてもはっきりと述べている。カウンセラーがこうした態度をそのまま明確化していれば、この面接はここで、建設的な形で終わることができたであろう。

カ168〜カ170　不幸にもカウンセラーは、この面接の素材を解釈しようとし、明らかな抵抗にあって、カ170ではいさぎよく引っ込まざるをえなくなっている。カウンセラーに好意的ないい方をすると、賢明とはいえない解釈を試みたにもかかわらず、カウンセラーは解釈が受け入れられないことがはっきりしたとたん、その解釈を押しつけることをやめているのである。もしカウンセラーがカ168で、表現された態度をそのまま認知して、「あなたは、自分がやれることには限界があるように感じていて、それで私に引き継いでほしいと思うんですね」といっていれば、ここで生じた問題はすべて容易に避けられていたであろう。

ク170　自分の知的な分析力に対するブライアン氏のプライドは、なぜ問題を語るのにこうした理知的ないい方をするのかという理由を初めてはっきりと説明している。彼は、自分を知的に恐れさせるものは何もないということを示そうとしているのである。にもかかわらず、後の面接で分かるように、自分の神経症的な症状がなくなってしまうことを予想するのは、彼にとってはとても恐ろしいことなのである。

カ172　率直な解釈的応答であるが、しかしクライアントに受け入れられた理由は、おそらく、これまでの他の解釈ほどには自我を脅かすものではなかったからであろう。ブライアン氏はこの解釈に応答して、自分で選択を行うための哲学的な基盤について簡潔に語り、さらに自分の目標に関するもっとも肯定的な発言をしている。

カ174　カウンセラーは、別の「宿題」を出しており、真の感情から知的議論へと退却するブライアン氏の傾向を阻止したい気持ちをおさえられなくなっている。カウンセラーは、こうした退却が起こるもっとも大きい理由の一つが、カウンセラー自身の解釈のやりすぎであることにまったく気がついていないようである。ともかく、非難めいたカウンセラーの動きはクライアントに気づかれ、ク174〜ク178は心理療法的に無益な観念のあがきのようなものとなっている。ようやくカウンセラーはカ179で、自分の誤りに気がつき、それを押しつけるのを再度やめている。

ク179　第一回目の面接と同じように、クライアントは面接の終わりまで、ある重要な態度を語らないままでいる。彼の内面にある、援助を受けることについての葛藤する欲求を表すこの興味深い発言は、全体的にはカウンセラーによってうまく取り扱われているが、しかしカウンセラーはカ183で、発言に少々解釈的な色づけをせずにはいられなかったようである。カ184では、カウンセラーは表現された感情を見事に認知しており、今は援助してもらいたくないという気持ちが実は強いのだということを、クライアントが受け入れることを可能にしている。

これと関連して、援助を受けることに対して葛藤するというこうした態度は、めずらしいものではなく、また表面的なものでもない、ということは指摘しておく価値があろう。クライアントは確かに援助を望んでいるが、にもかかわらず、援助されることで自分が不適応から得ている満足を失ってしまうかもしれないということを恐れているのである。

もしもカウンセリングの初期の段階がうまく取り扱われないと、面談は中断する可能性が高くなり、クライアントは自分の葛藤について合理化してしまいかねない。たとえばクライアントはこのようにいう。「私は援助を求めていましたが、でもカウンセラーは不可能な助言をするだけでした。私はできるかぎりの努力はしたけれど、まったく援助されないということがはっきりしたんです」と。クライアントの態度を重視し、その態度についてのカウンセラーの判断を重視しない非指示的アプローチによって、こうした結末が回避されるのである。

ク185　先ほどの重要な自己洞察の後に生じたこの混乱した知的議論は、ある目的をもっているようである。――すなわち、この面接を引き延ばそうとすることである。ク187とク188も同様の欲求を表している。しかしカウンセラーはきちんと面接を終えている。

第三回面接

七日　金曜日

カ190　さて、今日は闘いはどんなふうですか？

ク190　前回この相談室を出たとたんに、先生のおっしゃっていたことが分かりました。人格のどの面も自分のものであるべきだ、という考えが浮かんだんです。つまり、どれも自分自身であると見なされるべきだということです。この神経症を好ましくないエイリアンだとして、ぼくがそれを追放しようと闘い続けたら、そこには敵意が生じてしまって、神経症はますます塹壕を深く掘って自分の身を守ろうとするんではないかという気がしたんです。

カ191　ええ、ええ。

ク191　だからぼくは、たぶんこのアプローチのほうがいいのかなと思ったんです。つまり、われわれはみんな市民権をもつ国民なんです。そして、この国をよりよい国にするために、われわれはどうしたらいいのか――協力することでしょうか？

カ192　ええ、はい。

ク192　それはぼくが――言い換えると、ぼくのなかから神経症を追い出そうとすれば、抵抗されるに決まってるということがよく分かったんです――あの、それはちょうど――人格の貴重な一部分を取り除くようなものですから。つまり、結局、それはぼくの神経エネルギーであって――

カ193　ええ、ええ。

ク193　――だからそれを追い出したり、取り除こうとすることは、いわば人格を切り取ることになるんだろうし、なので――

カ194　神経症は結局のところ、自分の一部であると感じているのですね。

ク194　はい。だからぼくはそれを変えていかなくては――つまり、心理療法は人格を取り除くというより、人格を変えていくものだというふうにみるべきだということです。意識的にそう考えると、変化することに対してそれほど抵抗は起きないと思います。変化することを、何かを捨て去るのと同じことだと考えたときのようには。

カ195　なるほど。そうすると何か――あなたはまた、そうしたことを知的な面から見たいと思っているようですが――そうすることであなたのなかに何か違いが出てきていますか？――ものごとの感じ方とか、その他のことで。

ク195　そのー、ぼくは折りにふれて、人格を知的にばかりとらえないようなやり方を試しているんです。ぼくは、人格のあらゆる面が統合されているという実感がもてるように努力していますし、同時に、ぼくは必ずしも人格のあらゆる面を変えずにそのままでいいと思っているのでもありません。だからといって、自分自身をぼく対敵というふうに見なすのではなく、むしろあらゆる面をもった自分になれるように努力しているんです。それは否定的なものを肯定的なものと手をとってゆくようなもので、どうしたらそれを肯定的なものに変えられるか、ぼくにも正確には分からないんですが、でも、ぼくは少なくともそれを追い出そうとするのはやめたのです。というのは、追い出そうとすると――そこで失うものに対して抵抗が生じるような気がしますし、それを追い出そうと努力すればするほど、否定的な感情が自分を守るためにもっと深く塹壕を掘るような気がするからなんです。

カ196　ええ、はい。

ク196　ところが一方では、反対の立場からみると、いわゆるポパイ的な態度をとりすぎる傾向があるような気がしたんです――「そう、このありのままの自分が自分なんだ。それ以外の何でもないんだ」というふうに。そう、それだけのことなんです。哲学的にはそれでいいんですが、でも心理学的にはそれでいいとは思えないんです。

カ197　そのー、とくにあなたが、かなり多様な力、あるいは多様な目標へと向かう力があると強く感じているので、それでいいとは思えないんでしょうね。私はそう思います。現にある以上の統合や満足が自分にあるかのようなふりをすることはできないでしょうから。

ク197　ええと、ぼくがいいたかったことは、「そう、このありのままの自分が自分なんだ」といって、穏やかに自己満足なんかしたくはないんだということなんです。ぼくは自己満足したいとは思いません、そんなことしたら変化への動機づけがなくなってしまいます。（間）仕事でちょっとした問題が起こったんです。カメラをもう少し修理しなくてはならなくなって。修理は来週までかかるんですけど、ぼくはその前に別のカメラを手に入れられると思うんです。気がついてみたら、ぼくは別のカメラを見つけようとしていたんですよ。最初のカメラがなおるのを来週まで待ってるんではなくて。

カ198　本当に仕事に取りかかりたいと思った、ということですか？

ク198　そうです。そういうことじゃないかと思うんです。だって、ぼくは来週の水曜日まで自分のカメラがなおるまで待ってたってよかったんです。ところがぼくは、今日の午後出かけていって、ダウンタウンの道具屋で一台準備させたんですよ。

カ199　それは重要な意味をもっているようですね。

ク199　はい、自分でもそう思いました。出かけていって、そこの店長とずいぶん長いこと話をしました。説得するのにずいぶんかかったんです――ちょっと無理をいったので。ぼくは彼を説き伏せて話をまとめたんです。来週まで待たなくていいようにね。

カ200　とすると、それで気分もずいぶんいいんでしょうか？

ク200　はい、とても。だって数週間前だったら、ぼくは

「そうだなあ、仕方ない、水曜日まで待つか」っていったでしょうから。そして、それを口実にしてぐずぐずしていたでしょうね。ところが――

カ201　今は何かが違ってきている？

ク201　はい、確かに障壁はあるんですが、乗り越えられないほどのものではないんです。とにかくぼくは店に入って、そこの店長と話しはじめたんですから。（間）

カ202　なかなか大きな一歩を踏み出されたようですね。

ク202　その、きっとそうだと思います。これまでだったら、多かれ少なかれぼくを後押しするような状況とか、ぼくを奮い立たせるような外部の力がなければならなかったんですが、ぼくがイニシアチブをとったんです。もちろん、プレッシャーはありますが、それほどはっきりしたプレッシャーじゃないんです。

カ203　そういったものがなくてもやれたんですね。

ク203　はい。（間）

カ204　そのことの背後には、もっと何か話すことがありそうな感じですね。

ク204　さあ、分かりません。ぼくは今、大きく揺れているみたいなんです。ぼくには否定的な感情がたくさんある期間があって、それからそれほどでもない期間があるんです。どうやら今のぼくは以前の自分の規範をめぐって揺れているようなんです。それはおそらく、両親の態度がきっかけになっているんでしょう。両親は、写真は副業にして、何か他の仕事を――定職のようなものをもつべきだっていう考えなんです。両親はこんなふうに感じてるんです――時間の規則正しさはとても大切なことなので、お前はちゃんとした規則正しい生活をしなくちゃだめだって。ぼくはいつも思うままの生活を送ってきて、規則正しさなんてまったくなかったんです。それが両親にはとても気に触るところだったんですね。両親は旅行に出かける予定なんですが、ちゃんとさせたいんです――その一、両親は家を閉めていきたいみたいですし、ぼくが自分のお金で寝食できるようにちゃんとさせたいんです――ところが――自分たちのお金は全部旅行に使いたいんです、ぼくにくれるよりは。だからぼくを職に就かせようとしているわけです。今回はそれがプレッシャーになって、ぼくはカメラを手に入れることになったのかも知れないですけど。でもとにかく、カメラは手に入れたし、ほっとしたんです。ここへ来る直前に、そのカメラの件を済ませたばかりなんです。もちろんぼくは面接の前には何であれ幸福感を感じるんですけど、習慣的に。眼が覚めたときから気分がよくて――さあ、自分の心理がまた少し明らかになる日だぞ、と。それでぼくは一日中気分がとてもいいんです。

カ205　はい、ええ。

ク205　面接に来るのに何の抵抗も感じないんです――感じるんじゃないかって思ってたんですが。そうなってはいないようです。でも時々、面接後にもっとひどい揺れ方をすることはあります。しかし、少なくともぼくは揺れている――ぼくは単調な状態でいるよりは、むしろ揺れているくらいのほうがよいのだろうと思っていますが。

カ206　ということは当然、その揺れは本当に、とてもリアルなものなのですね？　つまり――

ク206　はい、そうです。

カ207　――あなたは確かに勇気をもっておられる、そして「ぼくは本当にこれをどうにかするんだ」と決心するのにはそうとうの努力がいったでしょうし、それで私のところに来られたわけですね。そして――この前おっしゃっていたように――他方では、あらかじめよい気分に浸ったりして、ここが必要でないかのように時々自分自身を偽ったりもしているのですね。つまり、確かに揺れてはいるけれども、あなたの動機づけには二つの部分があることはとてもはっきりしているし、とても微妙なところでその二つのバランスがとれているのですね。

ク207　ええ、そのとおりです。それでぼくは、調子のいいときには平気でやるんです、普段ぞっとして手をつけないに決まっているようなことでも――実際、喜んでやるんです。それは決して――どん底にあるときには恐れているようなことでも、調子がいいときには飛びついてやるんです。人と会って社会的な接触をもったり、ぼくのプランに協力してもらったりすることを実際に楽しんでいるんです。

カ208　何か他に起こったことはありますか、あるいは何か他に話したいようなことは？

ク208　あのー、ちょっと気になっていることがあるんです。前回の面接の後、ガールフレンドの一人から全然連絡がなくて――それで、この前お話ししたような、以前から味わっている気持ちが出てきたんです。自分がいない間に、誰か他のやつが彼女のところに行ってるんだろうっていう。でも、今日彼女から手紙が来たんです。仕事を三つもやっていて――朝早くからほとんど夜中まで働いているらしいんです。それを知ったら大丈夫になりました。

カ209　それが一つの理由なんですね。それもあって、今日はすべてがうまくいっているような気がしているんではないですか？

ク209　うーん、はい。それは一つの要因だと思います。でも、ぼくには嫉妬というとても非論理的な感情がありますけど。ぼくとガールフレンドの関係っていうのは、いつも、理性的な男だったらどう考えても愛と貞節のあかしだと思うようなものを、一方的に与えてもらっているような関係なんです。でもぼくのなかでは否定的な感情が強まっていくんです。そして、そんな気持ちや考えの証拠になるものが何もなくても、相手の浮気を想像してしまうんです。でも、否定的な感情を強めるために自分が選んでそうやってるんだろうと思います。というのは、そうすることでぼくは、セックスを肯定する感情からまったく離れて、それを否定するものになりきってしまえるから。するとそれは、どんどんひどくなっていくんです。

カ 210　そういった気持ちをもつことで自分を罰しようとしているような感じでしょうか？

ク 210　さあ、それが罰という動機づけによるのかどうかぼくにはどうも分かりません――自分では罰ということを意識的に考えたことはまったくないんです。ぼくは自分の状態をもっと悪くしたいと思っているということなんでしょうか？そしてそんな想像は――

カ 211　――ある意味では、自分で自分をいっそう惨めにしている。

ク 211　――そんな想像をするといっそう悪いことになっていくんです――

カ 212　ええ、はい。

ク 212　――もっと悪い否定的なものをともなっている、というべきでしょうか。だから、そういうふうにしてしまうのは、その方向に自分を反応させるために選んでそうしてるのかなという気がするんです。というのは、そういった類いの想像はとくに苦痛なんです。つまり、ぼくにとってこれより苦痛な考えというのはないと思うんです。ぼくが性的に関心をもつ女の子が浮気をしているんではないかという考えです。

カ 213　それはあなたをとても苦しめる。

ク 213　はい、そうなると先ほどから話している否定的な感情がもっと強くなるんです。（間）当然そこで、ぼくはほとんどの場合に補償行為をします。補償の一つとして、他の男のガールフレンドを追いかけて楽しむことがあるんですが、それで自分が窮地に陥ることがあります。ぼくが理想としているのは――その理想的な反応というのはこんなだろうとぼくは思うんです。もしもぼくと性的関係をもつ女の子たちが――そういう女の子たちが誰か別の男と関係したとしてもぼくは特別気にならない、というような。ぼくはそれに対して何の反応ももちたくないんです。別のいいかたをすると――ちょっと極端かもしれませんが、ぼくの想像だと、仮にある男が性的にではなくて自分の全人格をもって一人の女の子を愛したとすると、その男はある程度の所有欲を抱くはずです。ぼくが思うには、そのような態度が度を超すことだってあり得るわけです。でも他方では、ぼくは時々考えるんです――おそらくこれは補償的思考でしょうけれど――一夫一妻制は必ずしも愛情の必須条件ではないんだし、また人間関係の最高の形式はそれを感じることであって――夫と妻がまったく自由に別の恋愛をもつことだってあり得るとぼくは思うんです。でも二人とも結婚生活を壊したいとは思っていないし、必ずしもお互いが唯一の相手ではないがいつもお気に入りの相手である、というようなものです。しかしとにかく、ぼくはそういった神経症的な嫉妬からは抜け出したいんです。それと所有欲からも。

カ 214　ええ、はい。

ク 214　でも、それはもちろん、時が来れば渡れる橋でしょう。自分では絶対そうだと思うんですが、治ったら、たとえ所有欲がまた出てきたとしてもこんなに苦痛なものではないでしょうし、破壊的なものでもないでしょう。先生は「風と共に去りぬ」で、主人公のレットが妻が浮気していると考えるシーンを覚えておられますか？　もちろん彼はそれを好まないわけですが、でもその考えが彼をいっそう攻撃的にしてるように見えるんですよ、それに屈するんではなくて。

カ215　なるほど。

ク215　だから、たぶんこうしたことは健康な反応なんだろうと思うんです。

カ216　私が理解したところでは、あなたの場合には、そういった考えは自分を苦しめるもので、自分を攻撃的にするものではないという感じがする、ということなのでしょうか？

ク216　その、ぼくの場合は、もし浮気の証拠をつかんだとしたら、あまりに辛いので二度とその女の子に会おうとは思わないでしょうね。

カ217　ええ、はい。

ク217　つまり、そういった想像がいつもぼくの脳裏にあって――とてもぼくを苦しめるんです。もちろん、ある程度は正当化できるんですが。たとえば、彼女が浮気をするのはぼくのせいではなくて、ただ彼女がそういう女だっていうことだ、というように。

カ218　でもあなたの場合には、それではしっくりこないという感じなんですね――つまり――

ク218　ぼくが自分のせいで浮気されたんだと思っている、という意味ですか？

カ219　自分では何度となくそんなふうに思ってきたんですね。彼女が浮気しているという実際の証拠がまったくないときにも。

ク219　はい、そうです。そう思ってしまうんです――そして次には、もちろん、そこでオセロみたいな反応をしてしまうんです。ほんのちょっとした証拠に飛びついて、次々にこじつけをするんです。でも――あれ、何を話すつもりだったっけ？（間）前からずっと思っていたんですが、女性はとにかく生まれつき移り気な傾向があるんじゃないかって――社会的な圧力があるので一夫一妻制を理想としてるだけなんじゃないかって。ぼくはたいてい、そうした理想は口先だけのことだと思うんです。それから女が男を愛するということは、必ずしも男に対して性的な貞節を守るっていうことではないと思うんです。ぼくは人妻とも何人か関係した経験があるんで――

カ220　ええ、はい。

ク220　――その経験を話すわけにはいきませんが――彼女たちはみんな貞淑な妻と見られているような人たちでした。だからぼくは、この点に疑念をもつようになったんです。でもぼくには、何も直接的な証拠は――ぼくが反対の立場にいるとき、そうしたことが起こっている証拠は何もないんです。でも、話してますように、ぼくには証拠はいらないんです。証拠があろうとなかろうと、証拠があるのと同じぐらいリアルに感じるんです。そのときの感情がもっとも強烈みたいです――その想像は、ぼくのもっとも強烈な神経症的感情と結びついているんでしょう。これ以上ひどい神経症的苦痛は想像できないし、しかもとても奇妙なことですが、その女の子は娼婦だっていいんです。唯一の必要条件は性的魅力があるってことみたいなんです。自分が彼女を崇拝したり、尊敬したり、いとおしく思ったり、愛情を感じたりする必要はないんです。ぼくのリビドーが彼女に向かっているうちは、彼女が誰か他の男と関係していると考えるのは拷問なんです。

カ221　それがあなたの生き方全体ときわめて直接の、しかも重要な関係があるように感じているんでしょうか？

ク221　そのー、もっとも否定的な感情と結びついているその想像が、自分の生き方と関係しているように思えるんです。何らかの形で。その想像は、最悪の状態にある否定的なものと結びついているので、何か重要な意味がありそうに思えるんです。

カ222　はい、私もそう思います。こういったことについて、どちらかというと一般的な、または知性化された言葉で話されるのがお好きなようですが――つまり、女性の一般的な貞節に関することなどについても。でもそれでは、そうしたことがどんなふうに絡みあっているのかちょっと分かりにくいような気がします。もっとあなたの基準や経験などにあてはめてみることはできますか？

ク222　そのー、ぼくの経験では――女性をひきつけるのは簡単なんです。その点ではいつも成功しました。しかもほとんどの女性がぼくをかなり本気で好きになるみたいで、つまり、彼女たちにとっては性的なことだけじゃないんです。もちろん――

カ223　彼女たちが感じている気持ちと、あなたが彼女たちに対して感じているものは違うんですね？

ク223　ぼくが考えるには、彼女たちはそこで心から関心をもつんです。少なくとも彼女たちはその証拠を示します。でも、それは砂糖でコーティングされたもののようにぼくには思えるんです。たいていの女性は、自分に対しても他人に対しても純粋な性欲の存在を認めたがらないんです――彼女たちは、その純粋な性欲をいわば愛という名の砂糖でコーティングしたがるんです――自分は愛がなくてもセックスを楽しめるって率直に語る女の子もいますが、でもたいていの女の子はセックスには愛がともなっているほうが高尚だと感じているようです――愛によってセックスは善悪を超越したものになるんだとか――そんなふうに。ぼくは一度も女の子にフラれたことがないんです。いつもフッてるのはぼくのほうなので。それから、相手が浮気をしたっていう証拠を実際につかんだことも一度もないんです。それはどうやら、ぼくが自分で作り上げている空想みたいです。一般論から離れてと先生がいわれたのは、こういうことですか？

カ224　はい、それも少し役に立ちますね。言い換えると、あなたは女の子にフラれるよりも、女の子をフッたときのほうが、もっと――もっと落ち着いていられるんですね。

ク224　はい、そのほうがいいんです。徹底的に忘れてしまいたいんです。自分の自我をそんなことに縛りつけておきたくないんです。もっと芸術的なことをなし遂げるのに自我を使いたいのであって、人間の気まぐれな情動なんかと結びつけておきたくないんですよ。

カ225　感情的な関係に深く巻き込まれないように、自分をしっかりもっていたいということですか？

ク225　いいえ、そうじゃなくて、深い経験はしたいんです。でも、その深い経験がどんな結果をもたらそうと、たとえ最悪の結果であっても、神経衰弱にならないくらい心理的に健康でありたいんです。つまり、ぼくはいわばどんな結果でも引き受けられるようになりたいんで、今までのようだと、もし悲惨な恋愛事件が起こったら、ぼくは支払うつもり以上の代価を払うことになって、ひどい打撃を受けるだろうと思うんです。もちろん、神経症的であること自体が、災難の発生する可能性を高くしていることはよく分かっています。健康な人は悲惨な結果に耐えることもできれば、同時に悲惨な結果が起こることも少ないですから。だから、好ましくない心理状態にあるときには、両刃の剣を手にしてるんですね。恋愛はうまくいかないし、しかもうまくいかないことでいっそう傷つくというふうに。

カ226　そのー、どうなんでしょう——そういった恋愛に本当に夢中になって、それがあまりうまくいかなかった場合、どうして自分がそんなにひどく傷つくと思うのか、もう少し話してもらえますか？

ク226　うーん、なぜ感情が起こるのかを説明できるかどうか分かりません。分かるのはただ、それによってぼくの腹痛がひどくなるだろうということだけです——これは前から話してることですが。あとは劣等感も感じると思います。ぼくはきっと友人たちに反応するだろうと思うんです——というより友人たちが——友人たちがきっとそれをいい気味だって思うだろうということです。それは、いつもうまくやっているぼくが落ち目になったことを意味するでしょうから。——彼らがほくそ笑む機会をつかむだろうって思うんです——そしてぼくのことを非難するでしょう。

カ227　なるほど。

ク227　そしてある面では自我の問題になるんでしょうが、そのほとんどは、ぼくが思うのは——本当に純粋な痛みなんです。

カ228　いずれにしても、あなたがおっしゃろうとしていること、あるいは私が少し感じとったことは、そうした恋愛などは一面からすれば、かなりの達成感をあなたに与えているのではないかということです。つまり——あなたはたいていの女性をひきつけることができるし、彼女たちがあなたに関心をもつようにすることができる。でも、あなたの彼女たちに対する関心はかなりはっきりと限られていて——

ク228　はい、そうです。それを達成感と呼んでいいのかどうか分かりませんが。ぼくの知っている連中のなかには、征服といった見方をしてる者もいますけどね。ある友人などはとても誇張した形でそうした見方をしています。つまり、自分のリビドーが要求する以上に女の子を追いかけるんです——まさしく征服するために追いかけるんですね。でもぼくは、それを自己中心的な行為だとは思いません。ぼくの反応は芸術的な満足を味わう行為だといったほうがよいでしょう——ぼくは自分の恋愛テクニックを使う過程が好きなので、トランペット奏者がジャム・セッションで味わうような芸術的な満足を感じるんです。トランペット奏者はべつに、その場を熱狂させようとしてるんじゃなくて、ただ自分が感じたままに演奏して、芸術的な演奏技術を楽しんでいるだけですよね。

カ229　その領域では、自分が熟練した芸術家か音楽家だという感じで——

ク229　そうです。

カ230　——でも、あまり深入りするようになってもいけないわけですね。

ク230　そのー、ぼくが治らないうちはだめです。治ればもちろん、どんなことをしても大丈夫だという気がします。好ましくない結果であっても、ぼくを破滅させるようなことにはならないでしょう。（間）それから、ぼくはある種の基本的な——人間の行動についてのある種の認識をもっているんですが——人間の行動はどっちみち変化を免れないものだし、悟った人間は変化を悲しむなんてことはあるはずがないという気がします。それは人生の現実の一つなので、受け入れなければならないと思うんです。人格だって変わるんで、たとえば人びとがしっかりと結びついていても、必ずしも生涯変わらず新婚のような気持ちでいるとはかぎらないでしょう。それだって変わるわけです、何か同じような価値のある他のものへと。でもぼくは、少なくとも、健康な心は物事の移ろいやすさによって悲しまされることはないという気がしています。

カ231　自分がもっと健康だったら、直面するいろんなことにもっとうまく対応できるはずだという気がするのですね？

ク231　そうです。

カ232　——もっと適応できる、と。

ク232　そうなれば、ぼくはこのように、くよくよすることもないし、たとえガールフレンドの浮気が現実に起こったとしても、ぼくは平然と対応できるわけです。でも今のようだと、ともかく、くよくよしてしまうんです。たんなる空想なんですけど。

カ233　そんな想像上の浮気でも受け入れ難いんですね。

ク233　はい。想像上のことでも、ぼくにとっては実際の浮気のようにリアルなんです。しかも、どちらかというと、ぼくが付き合ったのはとても快活な女の子ばかりなんです——制止なんてされていない快活なタイプです。もちろんそういう子は、とにかく浮気をする機会が多いんです。でも、当然セックスの相手としてもいいわけですけどね。ちょうど、ケーキは食べるとなくなってしまうのと同じなんです。そうなるとぼくはすごい悲しみを感じます。自分の技術があるところまでとてもうまくいってるときに、ぼくをブロックしてしまう制止が起こるというのは、ぼくにとってはじつにひどい皮肉なんですね。(間) ぼくは、やっている間ずっと気を揉んでるんです。自分がちゃんと機能できるかどうか、といったことで。

カ234　ええ、ええ。そういった状況にあるときはまったく自信がもてない、という感じなんですね。

ク234　そうなんです。セックスで苦労している自分がきっと滑稽な姿になってるだろうということは分かるんですが、それ以外はよく分からないんです。

カ235　それに、私から見ると、自分の自我を悩ますようなことを受け入れるのは、それが何であってもとても難しい、ということが関係しているようですね――あなたが傷ついたと感じるような。

ク235　ぼくはそれを自己中心的な言葉でいいましたけど、それよりももっとずっと深いことなんです。そのー、生命のきわめて基本的な何かがうまくいっていない、という痛烈な感覚をぼくは感じています――だからそれはちょっとした自我の収縮なんてことよりも、もっと深いことでしょうし、それはちょうど――

カ236　もっと深いけれども、同じ線に沿ったものだ、ということでしょうか？　つまり、あなたの感じだと、とても基本的なところでうまくいってなくて――そしてこのことは、その比較的軽いあらわれにすぎないということでしょうか？

ク236　そのー、ぼくは思うんですが、セックスは生命にとってとても根源的なことなので、男だったら最低でも交尾はできなくちゃいけないんです。それは基本原理の一つであるはずです。もちろん可能性をもってるんだったら、もちろんそれ以上のものになるべきですが、でも少なくともこれはどんな動物だってできることですから。

カ237　ひどく悩んでしまうのにはそういった理由があるんですね――そうしたことについての自分の能力を疑ったり、確信がもてなくなったりする場合に。

ク237　はい。何か根本的な誤りがそこにあるような気がするんです――いわば基盤そのものに何か誤りがあるような――だからぼくが何をなし遂げても、その基本的な領域にあるブロッキングを適切に補償するものにはならないんです。自分は禁欲主義者になるのがいいんじゃないかとよく考えたものです――知的な生活に完全に熱中したりしました。ところがぼくは、そういった生活に心の底から価値を見出すことがどうしてもできなかったんです。ぼくははっきりと確信しました、知的に何を為し遂げたとしても、根本的なブロッキングを埋めあわせることはできないんだって。(間) ぼくは何よりもまず健康な動物でありたいんです。そうすれば、その健康な基盤からその上の部分が育っていくような気がするんです。どんなことを達成しても、それが過剰補償の結果としてそうなったんだったら、なかなか満足できないだろうと思います。たとえどんなに偉大なことをやり遂げようと、たとえどんなに世間が喝采しようと。根本的なブロッキングをぼくだけが知っているということが自分を傷つけてしまって、世間から喝采を得るぐらいでは埋め合わされないだろうと思うんです。

カ238　言い換えると、あなたはどんなことを達成するにも、かなり根本的な基盤において自分に誇りをもとうとしてきたわけですね。

ク238　ええ。もちろんぼくは自分の制止の直接的な結果として、今はセックスを過大評価してます。つまり、この制止がなかったらこんなにセックスのことを考えないと思います。でも、ぼくはセックスを食べ物と音楽の間のどこかに位置づけたいんです。それは――その、比喩的にいうと、何か食べ物みたいなもの、つまり身体的な味わいのようなものです。また他方で、セックスは音楽的な芸術性ももっています。こう考えてくると、セックスはとやかくいわなくても、そのままでどこか重要なところにおさまるような気がしますね。

カ239　ええ、ええ。どういうわけか、あなたはセックスに、それが食べ物と音楽の間のどこかでもつはずだった適当なバランスを与えることができなかったような感じがする、ということでしょうか？

ク239　あの、自分がその味わいをセックスから得られずにいるということは分かっているんです。だから経験としては、例の否定的なものによってすっかりだめにされてるんです。もし、ぼくが健康な状態にあったら、セックスはあるべきところに位置づくだろうということは分かってるんですが。もちろん今話しているのは、どちらかというと半永久的な恋愛についてだけですけど――もし自分が心理的に健康だったとしたら、これだと思う女性との熱烈な恋愛は、人生においてとても重要なものになると思うんです。

カ240　しかし、私がこれまで理解しているところでは、本当の恋愛になりうるような機会が訪れたときに、あなたにはそうした機会を避ける傾向があったわけですね。

ク240　はい、まったくそのとおりです。ぼくはこんなふうに思うんですが、できるかぎり綿密にそれを分析すると――ぼくは、心理的な無能者として何か偉大なものに手をつけたくはないんです。ぼくには、自分を自我のイメージと比較するのはとても心もとないんですよ――つまり、自分には理想の自己と真の自己とがあると思うんですが、その差にとても困ってしまうんです、熱烈な恋愛をする場合にはとくに。なのでぼくは、自分が最上の自己でないかぎり熱烈な恋愛をしたくないわけです。

カ241　なるほど。あなたは熱烈な恋愛に、たいしたものを提供できないと感じているのですね、おそらく。

ク241　はい、そうなんです。自分は低いギアでノロノロ走っているような気がするんです。ところが、確かにぼくは、熱烈な恋愛を一回でも何回でもいいからしたがってるんです。

カ242　したがっている、にもかかわらず、自分がその代価を支払えるかどうかについては少し心配なのですね。

ク242　変わった言葉を使われますね。ぼくがその代価を払いたいのかどうか、それともぼくには支払うお金があるのかどうか、どっちのことをおっしゃっているんですか？

カ243　自分ではどう思われます？

ク243　ぼくに支払うお金があるのかどうかですね。もっとも、もう一つのほうでもいいんですが。そのように自分を評価してみると、少々動揺します。こうしたアナロジーはちょっとお預けにしましょうよ。もし実際にそうした状況を生きるとしたら、ぼくはとても落胆するでしょう。ずっとその状況を理想的なものと比較するでしょうから――つまり、ぼくの真の自己と理想的自己とを比較して、自分の感情や行為のなかにあるブロッキングにはっきりと気づくんです。ぼくはそんな状況のなかでは、熱烈な恋人にはなれないように感じます。

カ244　他のいろんなことについても、同じような感じがあるんでしょうか？　つまり、あなたは今この状態にいて、そしてずっと上のほうにあなたが望んでいるような理想の状態がある、仕事でも恋愛でも他のことでも。

ク244　そう。そうなんです。確かにどのようなことにも当てはまります。

カ245　そしてその――　そのギャップを埋めるのはほとんど不可能に近いような。

ク245　ぼくはそれをセックスに当てはめるんです。というのも、ぼくはそれはセックスからはじまったと思うからなんです。仮にセックスからはじまったんではないにしても、少なくとも、セックスの中心的なダイナモは制止されてしまっているんです。いうまでもないことですが、そのダイナモが制止されるといっさいが制止されるんです。

カ246　ええ、はい。さて、今日はそろそろ時間がなくなってきているようです。ここに来る前に日程表を見てきたんですが、あなたのご都合にあうかどうか分かりませんが、私がとれる時間は次の木曜日の四時になります。

ク246　どうしようかと思っているんですが――これから仕事が入るかもしれないんです――ご存知のように、ぼくはこのところ全然仕事をしてないんですね。先生は夜になってからの時間には面談はされないんでしょうか？

カ247　はい、夜はやらないようにしてるんです。やれないわけではないのですが。

ク247　そのー、ぼくは夜の時間しか空かないかもしれないんですね。今のところ確かなことは分からないんですけど、それでどうしようかなって思ってるんですが――　万一の場合には夜の時間をとっていただけるんでしょうか。

カ248　それはとれると思います。何時頃だと――今思いついたんですが――月曜日の五時はいかがでしょう？　その時間はお忙しいですか？

ク248　月曜日の五時？　はい、それなら大丈夫です。

カ249　月曜日の五時でよろしいですね。分かりました、月曜日の五時にしましょう。ともかく、お会いする時間はその都度決めるようにするほうがよさそうですね。次の時間以外は決めないでおきましょうか。

ク249　分かりました。

カ250　一応、木曜日の四時もとっておきますけれども、しかしその後のことは――

ク250　――ぼくはこれから――たぶん月曜日は働いてるでしょうけど――月曜日の晩でよろしいですね。いずれにせよ六時半頃までは大丈夫でしょうから、ですから――

カ251　分かりました――五時でよいのですね。（二人は立ち上がり、部屋を出る用意をする）。

ク251　ところで、他の人と比べてぼくの進歩はどうですか？

カ252　あなたは確かに進歩されていると思いますけど、私にとっては、知的な哲学的な面のことよりももっと重要な意味をもっているのは、あなたが感情や行為の領域でされていることなんです。つまり、あなたが勇気を出して今日の午後その人のところへ話しにいった、というようなことに私は興味をもっているんですよ。そして私たちが話し合っているように――

ク252　あの、それほど勇気を必要としなかったんです。だからこそうれしいんですよ。無理をする必要がなかったんです。

カ253　なるほど。

ク253　それがそこでのぼくの反応なんですよね。

カ254　そして、そういったことは――

ク254　次の時間までにぼくがよく考えておくようなことを、何か与えて下さったらどうですか？　それともそんな技術は使わないんですか？

カ255　そうですね、ときには使いますが、しかしどうもあまり意味がないことが多いようです。

ク255　そうですか。先生にしたら、ぼくが来て、感じたことを話してほしいと――

カ256　そうですね。こんないいかたをしてもいいでしょう――あなたの症状がどうもよくないとか、あるいは症状が消えていくといったことにあなたが気づいたとき、つまりどちらの場合にしても、悪くなっているときでも消えていくときでも――あなたが自分に「これはいったいどうなっているんだろうか？」と正直に問うほど、あなたは進歩することができると思います。

ク256　それはいい考えですね。自分の感情に十分に責任をとるということですね――「こんなふうに自分に感じさせているのはぼくなので、この感情はぼくをどうしようとしてるんだろう――それで何かいいことがあるのかい？」って聞くんですね。

カ257　はい、ええ。ときには――

ク257　今ぼくは――ぼくはちょっと自己催眠をやったことがあるんですが、ぼくはとても面白い状態を誘発できるんです。あるときタバコでやけどをしたと暗示をかけて、自分に火ぶくれをつくったんですよ。

カ258　さて――

ク258　ところがその火ぶくれをどうしたらいいか分からないんです――いつかそのことをもっと話しましょう、もし先生がよければ――

カ259　そのー、私の考えですと――そのー、私たちは――この次にそれを話し合ってもいいですね。心理療法的な価値はそれほどないような気もしますが。

ク259　そうですね、それほどのことではないですから。

カ260　それはいろんな要素にかなりの影響をあたえるようなー

ク260　ぼくは完全にトランス状態になって――（声が消え、二人は出て行く）。

全般的コメント

第三回目の面接は、第二回目の面接よりもずっとスムーズに進行している。カウンセラーには、クライアントから出された素材を理解し明確化するよりもそれを解釈する傾向がここでも少々見うけられるが、重大な誤りはほとんどしていない。クライアントは、カウンセラーの圧力からかなり自由になり、自分の状況のさまざまな側面をより自由に探索し、より深く考え、いくつかの新しい自己洞察へとたどりついている。また、自分の仕事に対しても、これまでより成熟した責任のある態度を示している。身体的な症状についてはほとんど語らず、過去におけるその症状を描写しているだけである。心理療法のこの段階における進歩は、面接の内容から容易に識別できるものではない。変化は、この自発的な態度をそれまでの面接で表された態度と比較するときにのみ、はっきりとするのである。そのもっとも顕著な態度を試みにリストにしてみると、次のようになるであろう。

ぼくは自分の神経症は自分の一部であるように感じます。

ぼくは自分のなかに、もっと統合をもたらしたいと努力しています。

ぼくは自分の仕事のことで少し特別の努力を払ったし、またそのことに満足しています。

ぼくは自分の目標やなすべきことが定まらずに揺れていると感じています。

ぼくは以前だったらいやで仕方のなかったような社会的行為を楽しんでいます。

ぼくは自分のガールフレンドに非合理的な嫉妬を感じます。

ぼくはガールフレンドが浮気をしたと考えてしまうことに耐えられません。

ぼくはこうした経験を健康な仕方で受けとれるようになりたいと思います。

ぼくはどの女の子にも感情的に深く巻き込まれたくあり

ません。

ぼくは自分の恋愛の技術を自慢に思っています。

しかしぼくは、性的には基本的な自信がありません。

ぼくは今のところ、自分がセックスを過大評価していると感じています。

ぼくは自分が治るまでは、真の恋愛をしたいと思ってはいけないのです。

ぼくは自分の進歩について認めてもらいたいと思っています。

このリストをこれまでの二回の面接から得られたものと比較すると、いくつかの事実がはっきりしてくるであろう。まず第一に、話に繰り返しが比較的少ないことである。感情が適切に理解されると、人は同じことを何度も繰り返し述べずにすむことが多いのである。以前の面接と同じような話題がもち上がっているところ、たとえば非合理的な嫉妬に関する話のときでも、クライアントは今回の面接では以前よりもずっと深いところに進んでいる。第二の事実は肯定的な態度が増えていることである。第一回目の面接では自分がみじめで苦しんでいることが強調されていたが、この第三回目の面接では、そうしたことはあまり語られず、しかも数多くの前向きで肯定的な態度が表現されている。注目すべき第三の事実は、これまでの各面接において新しい自己洞察が獲得されていることである。ブライアン氏はややめずらしい例で、第一回目の面接でも自己洞察の徴候を見せていた。そこで彼は、自分が症状にしがみつきたがっていることに気づいた。第二回目の面接では、彼は変化のダイナミクスにおいて自分が何らかの役割を果たさなければならないという事実を理解するようになった。すなわち、彼はもしも自分に鍵を示してくれるなら、自分からすすんで鍵を回したいということを表明したのである。そしてこの第三回目の面接では、彼はセックスに対して自分がもつ補償的な過大評価に気づいた。要するに、これら三回の面接には、彼が自分の態度をより広汎に探究するようになり、その態度についてよりはっきりした認識をするようになっていることが示されているのである。またこれら三回の面接には、次第に部分的な自己洞察が積み重なっていることも示されている。これらの面接は、より完全な自己洞察のための、また、そうした理解に基づいて肯定的な意思決定や行為を行うための、一つの土台を形作っているのである。

具体的コメント

カ190　このような何気ない最初の言葉は、おそらく見かけほど何気なくなされたものではない。カウンセラーは、クライアントに楽観的な感情でも悲観的な感情でも、あるいは彼のなかにあるどんな話題でも、それらを自由に話しはじめることができる機会を提供しているのである。こうした最初の言葉は、もっと指示的な質問――「前回お会いしてから、何かよくなっていることがありますか？」とか、「前回話し合ったことをよく考えてみましたか?」――などよりも、はるかに満足のいくものである。

ク190〜ク193　ブライアン氏のこの長い発言は、理論的にはきわめて興味深いものである。というのは、それが、三日前にカウンセラーが与えた解釈を受け入れていることを示すものであるからである。その解釈は、そのときは抵抗され受け入れられなかった(ク92〜ク103およびク176を参照)が、面接と面接との間で次第に受け入れられたようである。はじめ拒否された解釈が受容されるようになることがよくあるのは疑いえない。しかし、それがどのような条件のもとで生じるのかについては、まだほとんど分かっていない。

カ195　これは、まったく不必要な指示的な質問である。読者は、ク194で表現された感情を明確化するための応答を容易に作ることができるであろう。カウンセラーは第二回目の面接の特徴であった先走りの徴候をここでも示しているように思われる。

カ197　カウンセラーが、前回の面接に基づいて多少の解釈を試みている。ク197は、その解釈がクライアントによって受容されていないことを示している。

ク190〜ク197　このあたりまで、クライアントが前回の面接、とくにカ177とカ178でなされたカウンセラーの言葉に対して応答しているのは興味深いことである。クライアントは、ク197でこの話題を終え、少し沈黙してから、自分が関心をもつより重要な態度へと進んで行っている。

カ198〜カ203　方向がはっきりと変わったことを示す些細な行為にも気をつけていることが大切である。カウンセラーは、ブライアン氏のそれまでよりずっと成熟した動きに気づき、その動きを援助的な形で認知し、よりいっそうの成熟を示すクライアントの行為も、その利己的で神経症的な感情と同じように理解されるものである、ということをクライアントが分かるように支持している。

ク204　ブライアン氏は、自分がイニシアチブをとったことをたいしたものではないかのように説明したがり、それが自分の欲求と周囲の圧力に根ざした複雑な起源をもっていることを指摘している。彼は、自分の状況をきわめて客観的に見ているのである。

カ206、207　この解釈は妥当なもので、すでに表現された態度に完全に基づいているので、クライアントに受容されている。にもかかわらず、最善のものとはいえないであろう。たとえば「少なくとも、何か変化が起こっているのですね」というように、態度をそのまま認知したほうが、同じような成果もあっただろうし、また解釈にはつきものの危険に巻き込まれる可能性も少なかったと思われる。

カ208　なぜカウンセラーは、クライアントがちょうどこのとき表現した純粋に肯定的な感情に応答しなかったのか理解しがたい。重要な機会がここでは見逃されている。

ク209〜ク221　面接のこの部分をとおして、クライアントは、自分の態度のある面について自発的に考えており、カウンセラーは共感的に傾聴し、適切にそのまま感情を認知することで、クライアントがその話題へとより深く入って行けるように援助している。

カ222　カウンセラーはより深く探っていき、クライアントが一般化から抜け出して具体的問題に入るようにしようとしているが、いつもそうであるように、こうしたアプローチはまったく無益である。ク222とク223は、それまでよりも具体的なものになってはいない。人はそれぞれ、その人にとって安心で自然な枠のなかで問題を解決する、ということを認識するのはカウンセラーにとって難しいことである。クライアントによっては、特定の友人とか雇い主との関係、あるいはきわめて具体的な状況といった点から、自分の問題を解決しようと取り組む人もいる。しかしこのクライアントは、より一般化されたやり方で自分の問題に向かい合っている。彼が、無益な哲学的議論へと退却するのは、カウンセラーに追いつめられたときだけである。このクライアントは、彼にとって真実であり自然であるようなやり方で、自由に自分の問題を考えられるようにされる必要がある。

カ224　指示的な質問は実質的に役に立たないが、この応答の場合のように、感情についてのしっかりとした認知が、ク224におけるようなより深く重要な発言をもたらすのは確かである。ここでブライアン氏が、この発言に描写されている自己中心性にまったく気づいていないように見えることは、それほど重要ではない。

カ226　この種の質問は、確かにクライアントの感情に応答しており、この話し合いの流れを変えてはいない。それは、それほど指示的なものではない。しかしこういった質問に問題があるとすると、それを頻繁に繰り返すことで、クライアントは自分がせき立てられているとか突っつかれているといった感情を抱きかねないということである。感情をありのままに明確化することからは、こうしたことは起こらない。

ク228　このような（あるいはク233のような）発言は、注意深く考察する価値がある。というのは、心理療法へ向けられたその人の基本的な構えをもっともはっきりと検証できるのは、こうしたところであるからである。心理学的な観点から見ると、このクライアントは社会的な感情がまったく欠如しており、他者の人格に何の関心ももたず、あるいは、何の配慮も払っていないために、未成熟であると判定されるであろう。道徳的な観点からは、このクライアントは非道徳的な態度をもっていて、その行動は型破りあるいは反社会的でさえあると評価されよう。しかし心理療法の観点からは、こうした評価や判定はなされない。心理療法家の役割は判定することではなく、クライアント自身が自分の基本的な態度が自分の人生の目標に沿っているかどうかを判断できるように、そうした態度を明確化し客観化することなのである。このようなアプローチを選択することは、個人の自律性と統合に対する深い敬意をともなうものである。それは、個々人がもつ自己決定の権利についての信念をともなうものである。専門職に就くすべての人がこのような人間への信頼をもっているというわけではなく、また、自分の基本的な選択をするという個人の権利に対してこうした敬意を払っているわけでもない。そのような専門家は、本書や本ケースで概説されているような心理療法を実践することは不可能であることに気づくであろう。このアプローチはこうした専門家の信念とは違うものである。

カ229〜ク241　この部分をとおして、このカウンセリングの技術はとても満足のいくものである。カ229とカ230においてカウンセラーは、何の道徳的判断や評価も試みず、表現された態度をそのまま反射している。カ235、カ236およびカ237において、カウンセラーの応答は次第に解釈の色合いが濃くなっているが、これらの解釈はほぼ受容されている。

カ238　複雑な話を上手に明確化しており、クライアントをとても重要な自己洞察へと導いている。ク238でクライアントは、自分がセックスを過大評価し、またセックスに関する自分の考えをあまりにも強調し過ぎていることを、きわめて率直に実感している。もしカウンセラーが少しでも批判的であったなら、この結果はとうてい得られなかったであろう。カ240は明らかに、前回の面接の素材（ク147）についての解釈であるが、この解釈はある程度受容されている。

カ242　これは直接的な解釈であるが、この解釈はクライアントが自分の自己中心的な傾向を少しでも認知していないかぎり受容され得ないものである。クライアントはこうした認識には達しておらず、この発言を受容していない。カウンセラーは、カ243で賢明にもそれをやめ、クライアントがこの発言から自分にとっての意味を自由に読みとることができるようにしている。

カ244　この要約された解釈については、カ206でなされたのと同じコメントがなされるであろう。それは最善のアプローチとはいえない。

ク251　ブライアン氏は明らかに、励ましと支持を求めている。おそらくもっとよい応答は、あからさまな励ましをもっと少なくした、よりいっそうの明確化であろう。次のような応答であれば、援助的であっただろう。「もちろんあなたにとっては、自分が進歩しているかどうかが気にかかるわけですね。確かにあなたは、これまでよりもっとはっきりと自分自身を見ておられる、そしてそれは第一歩を踏み出したということでしょう」。今後の段階に焦点を当てようとしたここでのカウンセラーの試みは、援助的であったとも、なかったともいえない。

ク254〜256　カウンセラーもクライアントも、以前の「宿題」に気づいていないように思われるのは、興味のあることである。また、カウンセラーが、知的にはこのアイデアを否定しながら、後でまたこうした宿題を与えていることにも注意する必要がある。

ク257　まったく新しい話題がここで突然もち出されているのは、たんにこの面接を引き延ばそうとする試みであったように思われる。このような見方をすると、この話題も、第二回目の面接の終わりにもち出された話題（ク185）も、その後クライアントによって二度と言及されていないことに気づくであろう。こうした話題は、面接者から時間をとるための価値しかもたないように思われる。カウンセラーは、ただ次のように応答してもよかったであろう。「一時間は短すぎるようですし、また、あなたがもっと時間があったらいいと思われることも私にはよく分かりますが、しかしこの時間の制限を私はどうしても設定しなければならないのです。ですから、他のいろんなことは次の約束の時間に取り上げましょう」と。

第四回面接

十日　月曜日

ク261　今回は、重要なセッションになるだろうと思います。

カ261　そうなんですか？

ク262　できたらノートを完璧にとってもらいたいと思っているんです。先生がいつも、どのくらいノートをとるようにされているのか知りませんけど。

カ262　ええ、はい。分かりました。

ク263　ぼくは、自分が今の戦争状況にとても強く反応していることに気づいたんです。とてもはっきりした感情をもっていて――もしもぼくが巻き込まれるんだったら、つまり、兵役につかされるんだったら――

カ263　ええ、ええ。

ク264　ぼくが感じているのは、今のぼくの状態ではそれは破滅であるというだけでなく、仮にそのうちに治ることになっているとしても――ぼくの健康な理想は常に――そのー、統制されることへの憎悪なんです。それにぼくは、個人のイニシアチブや民間の活力などを愛しているんです――ですから、戦争状況といったものはぼくにはとても耐えられないでしょう。ぼくは自分が召集されるだろうなんて考えたこともなかったんですが（彼なりの理由を述べる）、今では、召集されるかもしれないと思ってまったく落ち着かないんです。

カ264　あなたは、それがとても耐えがたいものだろうと感じているのですね。

ク265　たとえぼくが心理的に理想状態に到達していたとしても、そんな生活はぼくには絶対に不本意なものだって分かります――ぼくが育ってきた生き方――教えられてきた理想や、ぼくが常に追求してきた個人的な生き方ともまったく違うものなんですから。（間）だからぼくは、この状況にとても強く反応してるんです。

カ265　ええ、ええ。それがまさにあなたを動揺させていると感じているのですね？

ク266　はい。ぼくの神経症をわきに置いても、ぼくはたぶん――ぼくは――ぼくの健康な気質だってとてもそれに耐えられないでしょう。たとえぼくが健康な状態でも、とてもそれに適応するなんてことはできません。ぼくの人生史は常に――ぼくは常に、個人の独立やイニシアチブといった理想をもってるんです――統制されることが大嫌いなんですよ。このことはぼくが選んだ仕事にも反映しています。それは自分の仕事なので――つまり、だれか他の人のために仕事をしているんじゃないんです。自分がイニシアチブをとって、リスクを冒して利益を得たいんです。

カ266　ええ、はい。

ク267　なので、ぼくの今の状態は——ぼくが悩んでいる理由の一つは——仕事でおおいにイニシアチブをとって、自分でやらなければならないということなんです。だからこそ、ぼくは自分の状態をもっと健康なものに変えたいと思うんです。だって、一生懸命やればいい生活ができるような仕事を、ぼくはもっているんですから。

カ267　それで、私が理解したところでも、あなたの仕事の難しさはかなりのイニシアチブが必要とされるところでしょうし、かといって、ほとんどイニシアチブがいらないような逆の状況に直面しても、あなたの状態はいっそう悪くなるんでしょう？

ク268　んー、そうです。つまり、そこに葡萄の実があるのは分かってるんですが、それを取るには、自分にはとてもやれそうにないことをしなければならないんです。無理にそれをしたとしてもとても神経がすり減ってしまうので、自分の心理状態がよくならないかぎりは続けられないんです。

カ268　しかし、あなたが感じているのは、そうした困難があっても、あなたの気持ちからすると、軍隊生活のような個人の独立が阻害される状況は望んでいないということ？

ク269　ええ、もちろん。というのは、そこでは、たんに独立が阻害されるだけでなくて、それ以上のことを押し付けられるでしょうから。統制されてしまうでしょうし、しかも——そのー、その統制が志向している目標についてはいうまでもないことですが——同じことなんです——そのー、結局は避けがたい大量殺戮なんです。変に思われるかもしれませんが、実際に戦争に巻き込まれるほうが、兵営での軍隊生活よりも、ぼくには好ましいことかもしれません。

カ269　なるほど。言い換えると、軍隊生活であなたに最悪の衝撃を与えるものは、統制されるであろうということ、それから誰か他の人があなたの生活に指図するであろう、ということですね。

ク270　はい。ぼくは軍隊へ行ったら感じるでしょう——いわば独立戦争の精神はすべて喪失して、自分はまさしく一個の操り人形でしかないという、奈落の底の感情を抱くでしょう。

カ270　ええ、はい。

ク271　この戦争についてのこういう考えを別にすれば、ぼくは自分が確かに進歩してると思うんです。以前よりもたくさんのことをしてますし、しかも神経の緊張による犠牲が少なくなっています。

カ271　自分が以前にはやらなかったようなことをやっている、とまさに感じたんですね？

ク272　はい、そうです。とてもはっきりと。

カ272　どのようなことを？

ク273　写真に関することです。今晩もある仕事をすることになっているんですよ。

カ273　そうですか。

ク274　ある同好会の写真を撮りに行くんですけど、ぼくはこの仕事を獲得するために、いくつか障害を乗り越えなければならなかったし、ぼくのほうからすれば相当の犠牲を払わされたんです。なので、そこには明らかな進歩があると思ってます。

カ274　ええ、はい。

ク275　前回先生は、最後にぼくにおっしゃいましたね。自分の状態が悪くなってきているときも、よくなっていると思うときにも、自分に問うべきだって――ぼくは自分に問いかけてみました。「正直なところ、今ぼくをとらえているこれはいったい何なのか?」と。そして気がついたんですが、ぼくがそこで得た印象は、その場合のこれという言葉がぼくにとってはまったく違った二つの意味をもっているようなんです。状態がよくないときには、これは例の問題を指しているんですが、ところが、状態がよくなるにつれて、このこれも上昇するんです――つまり、ある新しい意味をもつんです。ぼくは自分にいいます。「さて、ぼくをとらえているこれはいったい何なのか? ――ぼくは今、健康になりつつある――ぼくは今、それがぼくから去っていくように感じているけど? なんだ、これはぼくにもっと満足のいく生活を与えてくれているじゃないか」って。ですからね、このこれという言葉は二つの意味をもっているんです、ぼくにとっては。

カ275　なるほど。そして事実、このこれという言葉のそういう二つの意味が、あなたの闘いの全体なのですね? つまり――これにしがみついていいようか、それとも、第二のこれを取り上げようか、ということが――

ク276　はい、一言でいうと、まさにそういうことです。ぼくはこの神経症的なこれを少し分析してみたんですが――ぼくは今それを、とてもかなり正確に突き止めたと思います。それがぼくを助けてくれたんだと思います。ぼくは、明らかに二つの神経症的な状態をもっているようです――一つは、ぼくが苦しんでいるときで、そのときぼくは自分がとりたがっている役割が――つまり、男らしくて力強い役割ですが――ぼくはそれがブロックされているのに気づくんです。するとぼくは退却して、つまり、ぼくにとってもっとも楽しめるような窃視症的な状況へと入り込んで解放されるんです。そしてぼくは、その状況をもっと分析したんです、先日お話ししたように――それは、ある代償的な露出症らしいんです。つまり、ぼくは二つの役割を演ずるわけで――女の子がぼくに露出するときに、ぼくは代償的に彼女を経験して、それで代償的な性的喜びを得るわけです。ですからぼくは露出されるほうであると同時に露出するほうでもあるわけです。ですから、おおよそこういうことらしいんです。つまり、状態がより悪化するときは、ぼくは自分の男の役割がブロックされる。そこでぼくはいわゆる女性的な役割へと逃避して、それによって代償的に、露出症という女性的な喜びを得るというわけです。

カ276　あなたは、それが女性的な役割であるか、または子どもじみた役割であるか、あるいはその両方である、と感じているんですね？

ク277　その、ぼくが考えるには、その起源はぼくが子どもだった頃、家に下宿してた女子学生たちからはじまっています。彼女たちは確かに、ぼくに露出しながら、何らかの露出症的な喜びを得ていたはずです。ぼくの反応は、たぶんこんなようなものだったと思います。両親は制止していたんです、ぼくの生き方を――ぼく自身の特有のパターンを――だからおそらく、ぼくは、禁じられたセックスの喜びを得るために、何らかの女性的な役割を身にまとう必要があったんだという気がするんです。しかもその役割が、ちょうどそのとき、露出症的な女子学生たちによってぼくに与えられたわけです。なので一時的に、この二つの状況が同時並行で存在していたんです――ぼくはもっと男性的な活動から退避したかったし、しかもどうにかして、タブーだったセックスの快楽を得ようとして、露出症的な女子学生たちの代償的な喜びをつかまえたわけです。

カ277　あなたがおっしゃっている意味は、こういうことでしょうか――言い換えると、あなたは何か大事なことに直面したとき――私にははっきりしないのですが、そのブロッキングは、あなたが男性的な役割をとるのをとても困難にするような何かがある、ということなのか、それとも、あなたは別の種類のブロッキングを意味しておられるのかどうか――とにかく、あなたが一人の男であることをブロックされるようなときには、あなたは、いわば女性的な種類の満足へと陥ってゆく傾向があるのですね――確かに、覗きにおけるような、より子どもじみた種類の満足へと。

ク278　うん。そのー、そのころのぼくの生活は、性的には清教徒主義に支配されていましたし、自慰行為に対する恐怖がありましたし、何か起こりはしないかと恐れて、女の子たちと遊ぶのを怖がっていたんです。ですからそこで、ぼくは、彼女たちが露出症的な傾向をもってるのを知って、彼女たちがそれを楽しんでるようなので、自分自身のタブーをうまくかわすためにも、ぼくは、ぼくへのこの女性的な露出症から代償的な喜びが得られるだろうと思ったんです。

カ278　なるほど、おっしゃっていることはよく分かったと思います。そういう状態へとあなたを追いやるブロッキングがどういったものかについては、まだはっきりと分かっていませんが。

ク279　そうですか、えーと。そのー、ぼくはとても幼いときから、セックスでは清教徒主義を強いられていたんです。それはとにかく、ちょうど幼児期の性的感情を感じはじめた頃だったんです。ですからこの二つのことがとても密接につながっていて、それが男の子の役割から、代償的な女の子の役割へと逃避することになったんだと思います。

カ279　つまり、あなたは今、当時それがあなたにとってどのような意味をもっていたのかということを、当時に戻って話しているんですね。

ク280　はい。でもぼくは、それが変わったとは思いません。

ぼくは今でもまだ、同じ窃視症的な喜びを得ています。ぼくは三つの段階を通るんです。第一の段階は、ブロックされた苦痛の感情です。それからぼくは、その状況がどうであるかによって、覗きの空想か、現実に覗き行為をするかのどちらかに入っていきます。そうするとぼくはブロックされた苦悩の感情から解放されて、男の役割を続けることができるわけです。男の役割というのは、つまり、その言葉によって一般に連想されるような、健康な性行動や経済活動のことですけど。この世界で一人の男になること――お金を稼ぎ、経済戦争を勝ちぬき、満足できる性的体験をもつ、こうした役割こそぼくが――ぼくが望んでいる役割なんです。

カ280　それはあなたが満足できているときの、そしてあなたがいつも望んでいる役割なのですね。それで――無理に考えてもらおうと思っているわけではないのですが――たぶんあなたは、はっきりおっしゃらなかった――また、おそらくあなた自身のなかでもはっきりしていないのかもしれませんが、どうも私にはよく分かりません、男性的な役割を取るときにあなたをブロックするような、ある特定の何かをあなたが感じているのかどうか、そしてそのためにあなたは他の満足を利用しているのではないか、といったことについて。

ク281　そうですね。そうしたことは、確かに、ぼくの清教徒的な条件づけの総計としての結果なんでしょうし、ぼくはそれを母や父やオールドミスの伯母などから受けとったんです。この人たちは、自慰行為をぞっとするような恐ろしいことだといい、ぼくが自慰行為をしているのではないかと思ったときはいつも、それはもう、すぐに逆上してあらゆるお説教をしたものです。なのでぼくは、恐ろしくないような、あるいは苦痛や脅かされることのないような、セックスを表現する道を探し求めていたわけで、そこで露出症的な女の子たちを観察することによって、そうした役割はぼくを苦しめることも脅かすこともないのに気づいて、ぼくはそれを選んだわけです。

カ281　それであなたは、それが今もなお、清教徒主義によって生みだされた恐怖といったものである、と確かに感じていて、そして、あなたをそうしたものに向けている――

ク282　はい、確かにそう感じています。それからまた、もう一つ興味のあることがあるんですが――その同じ清教徒主義、つまり、同じ種類のタブーが、ぼくの条件づけの一つとして、ある意味でお金のことと結びついているみたいなんです。ぼくは、そこで宗教的に条件づけられているようでして、何かこういったことのようなんです。つまり、お金はあらゆる悪の根源で――不潔で人を堕落させるものである、というような。ちょうどセックスと同じように。ここではお金とセックスとは明らかに対応しているようですし、それで、お金を求めて積極的に出かけて行くときにぼくは、セックスを求めて行くときと同じ種類の恐怖反応を、つまり同じ種類のブロッキングを感じるわけです。

カ282　あなたは――そういったいろんなことについてあな

たが語ってきたことからすると――あなたが経済の世界やセックスの領域で、徹底的に男性的な役割をとろうとするときにはいつも、別の満足へと引き込まれてしまうのだ、とおっしゃっている。

ク283　はい。すばらしいいい方だと思います。(間)。

カ283　おそらく、あなたがどれだけ本当に男性的な役割をとりたいと思ったのか、あなた自身はっきりとしていない――あるいはこれまではっきりとしていなかったんでしょうね。

ク284　あの、はい、それはとってもはっきりしていると思います。つまり、ぼくが思うには、幼いころの理由づけは、もちろん当時それを理由づけたわけではありませんけれど――今、それをこんなふうに合理化しているんだと思いますが――それは、そのー、ここに見せびらかして喜んでいる女子学生がいて、しかも彼女たちは、恐怖や制止なんか感じないで楽しんでいるわけです。だからぼくは、ぼくだってそんなふうに楽しもうと。それでぼくは、一時的に女性の役割をとりたいという欲求をはっきりと選んだんです。こうなると、衝動はただ、覗きの興奮のなかで得られるだけなんです。それ以外のときは、ぼくは自分の女性的な役割にはまったく気がつきませんし――あるいは、ぼくの行為が女性的だと誰かがいっていたなんてことを聞いたこともありません。それはそれとして、これまでにぼく以外に、窃視症は必然的に女性の役割だなんていった人がいるかどうか知りませんが、ぼくはそんなふうに分析しているんです。ぼくは窃視症に関する文献などまったく読んでいませんけれど、それがそもそものはじまりだという気がするので、そしてそれが当時のぼくの反応だったし、これまでに大きな変化があったとも思えません。先生は先日、ぼくに聞きましたね、その――自我との結びつきについて。それで、それに関するいくつかの出来事を思い出しているんですが、確かにぼくは、自分が秀でたいという自己中心的な欲求をもちながら、秀でることができないような分野では、明らかに自分の苦痛が悪化してるのが分かるんです――つまり、ぼくが他の知的な人たちのなかにいるときに、自分の知性がうまく働かないで、しかもそのような状態が他の人たちにも知られてしまったとすると、ぼくはそこではっきりと否定的な感情を感じてしまって――そこでは自分の知的な生き方がハンディキャップを負っているような気がするわけです。

カ284　つまり――私が理解したところでは――あなたの症状は、そういった状況のなかで悪化したりするようだということでしょうか？

ク285　はい。

カ285　なるほど。

ク286　しかも友情の領域でも、ある友人がぼくを裏切ったりしないだろうかと考えると、同じような感情をもってしまうんです。なのでそれは、経済やセックス以外の場合にも作動するようです。その根源はさっき話したとおりですが。

カ286　言い換えると、あなたがどこか不安定だったり、あるいは何か不適切であると感じるときにはいつも、そうした感情が生まれるし、悪化するということでしょうか？

ク287　はい、そうです。――そのとおりです。

カ287　ええ、ええ。

ク288　（間）少し前のある晩、友人がぼくと二人で処理しなければならない仕事なのに、ぼくを残して帰ってしまったと思ったんです。それでぼくはとても落ち込んでしまったんですが、でも彼がその場に戻ってきたら――彼はただ一時的に場をはずしただけだったんです――なんと、それでまたうれしくなりましてね、彼はぼくの期待を裏切ったんではなかったんだって。

カ288　ええ、はい。

ク289　もしぼくが、いい友人が――これはときたま起ることですが、ぼくにある友人がいて、そのうち彼は彼女をつくるんですが、その彼女がしばしばぼくを嫌うんです。というのは彼女は、ぼくと彼があちこちのナイトクラブへいっしょに行って、他の女の子をナンパするようなことをやめさせたいものですから、それで敵意を抱くようになるんです。だからぼくが彼に会うと、おそらく――

カ289　この比較は、またなかなか大変な――

ク290　はい、ぼくが感じるのは――そのー、ぼくは友人に八つ当たりするわけです。ぼくはいうんです、どうして一人の女の子なんかのために、友情というもっと大切なものを断念するようなヘナチョコにならなければならないんだ、彼女なんて結局はきみにとってそれほど重要なものじゃないだろう、なんて。ぼくは、一時的にしても、友人がそんなふうにぼくへの忠誠を裏切るべきではないと思うんです。でも、もちろん、ほとんどの友人は女の魅力に引っかかりやすいので、よくこういうことが起こるんです。

カ290　ええ、ええ。

ク291　彼らの考えだと、その――彼らは、彼女から愛情やセックスを得るために、いろいろとしてあげたり、気を使ったりするわけですが――それをぼくが大目に見て、彼らが戻ってきたときには許すだろうというふうに、彼らは思いがちなんですよ。

カ291　そのー、そこで今日話しておられることについて少し聞きたいんですが。あなたのお話によると、あなたがもっている否定的な感情は――あるいはその症状は――どこか子どもじみたような満足とか、あるいは女性的な満足をあなたに与えるように作動する傾向があって、十分に責任をとるとか、十分に男性的であるといったことをほとんど必要のないものにしてしまうんですね――

ク292　はい、ええ。

カ292　あるいは十分に大人であるといったことを。

ク293　そのー、それが不可能にするんです――必要ないだけでなくて、不可能に。あるいは、少なくとも闘いをし続けるよりも、他のことに移し変えてしまうんです。でもぼくは、自分がいつも闘っていることに気がついています。ぼくは否定的な感情と闘っていないときには、けっして窃視症には陥らないし、幼児的な満足とか、そういったたぐいの何と呼ばれるようなものへも陥らないんです。もちろん、ぼくはこれまで、この否定的な感情を解消するための鍵を見つけたことはないんですが、でももちろん、ぼくはその否定的な感情と闘い続けてますし、自分がダメになるまではつねに闘っているんです。

カ293　そのー、もちろん、なぜそれが闘いなのかという一つの理由は——あなたがおっしゃったことからすると——いずれにしてもあなたは満足を得るということですね——つまり、闘い抜くことにも大きな満足があるし、その反対側にもまた何らかの満足があるんですね。

ク294　はい。なのでこの神経症的な満足は、もちろん、それ自体、常に逆戻りするような動機づけでもあるんです。つまり、それ全体が下降する悪循環であるわけです。

カ294　そのー、あるいはそれはこんなふうにもいえるでしょう——もしその神経症的な満足が——あなたが神経症的な満足と呼びたいのでしたら、そう呼ぶとして——あなたが実際に発見する唯一の満足であるなら、それ以外のものが存在する理由はまったくなくなってしまうでしょう。でも実際、いつもというわけではないにしても、あなたは仕事をしたり、女の子たちと付きあったりして満足を得ているということも事実で、そうすることであなたは、いつも神経症的な満足から抜け出しているわけでしょう。そしてそれが難しくなると、あなたはまた神経症的な満足へと退却してしまうんですね。

ク295　そうですね、よく考えることですが、働かずに暮らせるだけの収入がぼくにあったら、自分を治すことはとても難しかったでしょう。

カ295　ええ、ええ。それは前進よりも逆戻りをおこしやすくするでしょうね。

ク296　はい、そうですよね。でもその場合——今のぼくの状態ですと——たとえ多額のお金を相続することになって、気ままに仕事や恋愛をすることができたとしても、自分に自尊心をもてないでしょうし、たぶんそのお金が自分にとって馬鹿げたものにさえなるだろうって思うんです——自分はお金はもっているけれども、もっと根本的な大事なものをもっていないということを知っていますから。

カ296　それが一つの理由で、あなたはここに来て私と会い、こうしたことの全体を検討しようとしているのですから、私にいわせれば、このことにはとても重要な意味があると思います。というのは——言い換えると、それは、あなたがどちらの方向へ行きたいのかということについての、あなたの一つの決心だったんでしょうから。

ク297　ええ、そのとおりです。お分かりのように、ぼくはとても長いこと引き延ばしてきたんです。ぼくは、これまでだっていつでも、先生のような仕事をされている人に相談することができたんですから。

カ297　確かに。この二十数年の間に、少なくとも理論的にはあなたがそうしようとすれば――

ク298　うーん。実は数年前に、M大学のD先生のところに行ったんですが、ぼくはその技術から何の満足も得られなかったんです。D先生は、ロマン主義的で一夫一妻制を重んじるような価値観をぼくに押しつけようとしたので、ぼくは思ったんです――あー、この先生とでは、どこへもたどりつくことはできないって。

カ298　そのときでさえ、あなたは――

ク299　ぼくはその大学に入学したところだったんです。ぼくはそのときちょうど、言語障害の治療コースが終結したところだったんですが、その言語治療の先生は治療者としてはヤブだったと、今では思います。二〇〇ドルもかかったのに、まったく何の役にもたちませんでした。それでぼくは、最善の道はこの悩みのルーツをとらえることだと決心したんです。そしてぼくは、悩みのルーツにたどりつくその道は精神分析にある、という確信をもったわけです。そのー、ぼくは今でもその確信をもってますけど、でもD先生はぼくにとってはいい先生ではありませんでした。あの先生が今までにどんな立派な仕事をしたのかといったことは何も知りませんし――D先生を中傷する気は全然ありませんけど。でもぼくの場合は、結局何も起こらなかった――それは確かなことです。D先生はぼくの幼児期のことを根掘り葉掘り聞いて、その責任の大半はぼくの母にあるというような考え方をしたようでした――母がぼくに近親相姦的な愛着をもっていて、それがあかるみに出ると、なぜ母は抑圧されていたのか、とかなんとかいうような考え方をして――そういうことに取り組んでいたんです。それからD先生は、恋人を見つけるまではセックスの捌け口として自慰行為をしたほうがいい、直接セックスの経験はしないように、といっていました。セックスは愛によって気高いものにされねばならないんだと思っていたんでしょう。

カ299　ええ、ええ。

ク300　それでぼくは、この先生とではどうにもならないと感じたんです。事実、面接を打ち切ったのはD先生のほうなんです、あの先生がぼくと同じ感情をもってたのかどうかは知りませんけれど。

カ300　ともかく、かなりの反目が生じてしまって、少なくとも面接を継続できなくなってしまったんですね。

ク301　個人的な反目は何もありませんでしたけど。ぼくが思うのは、あの先生は、自分が望むイメージにぼくをはめ込もうとしていたんです。ぼくの印象ですけどね。

カ301　そのー、そこで起きた経験の全体について、とても重要な意義があると私が思うことは――現在もそうですし、また過去のある時点でも――あなたが「自分はこの方向にバランスをとろう」と感じたことを示す例だといえるのではないでしょうか。

ク302　うーん。ぼくはとても興味のあることに気づいたんです。以前、十年も前のことですが、当時もっていた症状についてつくづく考えたんです。それは、いわゆる話し言葉の症状ですが——ご存知のように、その言語障害の症状がぼくの意識全体を占領してたんです。それで言語障害を訓練するために、その学校へ通っているとき、あるとても奇妙な反応に気づいたんです。ぼくはとても苦労して、そこへ通わせてくれるように両親を説得したんですが、汽車の中で自分が本当に治してもらいたいと思ってるのかどうか、自分自身が分からなくなってるのに気づいたんです。

カ302　ええ、はい。

ク303　そこでぼくは自分自身に問いはじめました——言語障害をもっている人間が、どうして治してもらいたいと思わないのか、まったく理由がないじゃないか。ここには外側にあらわれた言語の症状の背後に何かがあるに違いない、と。そうしてそこで、ぼくは学校で自分が先生のやり方に心から協力していないのに気づいたんです。

カ303　それはあなたにとっての初めての気づきだったのですね。その問題がけっして押しつけられたものではないということについての。つまり、ある部分では、あなたは症状にぶら下がっていたいと思っていた、ということですね。

ク304　はい。それは十一年前のことでした、十年前じゃなくて。

カ304　ええ、はい。

ク305　ぼくは機械的な動きを訓練されて——本当に表面的で機械的な技術で、そんなやり方はまったくぼくには役立ちませんでした。その後もその治療が続いて、ぼくは話をするときに機械的な補助動作をするということになったんです。こんなふうな動作なんですが——振り子のように手を動かして——六カ月もやったんですよ。そんなふうにそれを六カ月間やったんですが、その間ずっと、こんなことは何の役にも立たないと分かってたんです——でも最後までやりとげました。そして、その治療の終わり頃に、ぼくはもうこれ以上、自分が話すことに意識を集中しないぞ、というような感情を経験したんです。ぼくは自分の心から完全にそれを押しのけようとして、それで治療が終わってから六カ月間、自分が話すということに病的にのしかかっていた自分の心を、ぼくは意識的に押しのけようとしたんです。ところがちょうどその頃、ぼくはそれに対する奇妙な反応を起こしたんです。それまでとは違った反応といったほうがいいのかもしれませんが。気がついてみると、ぼくは自分の話し言葉を心配するのを心から押しのけたら、今度はそれ以外のすべてのことを心配しはじめたんです。

カ305　なるほど。

ク306　心配というか——そのー、こんなことがぼくの心をよぎったんです。ぼくは当時、とてもやせていて、ニキビがあったんですが、そのニキビを取り除くためにはダイエットをしなければと思ったんです。そうするとぼくは肥れないし、そこで「さてと、ぼくはどちらがよいと思うんだ、立派な体格か、それともニキビか?」って考えたんです。そしてその損得をとても注意深く検討して――おそらく一日中、そのことを考えました。それから、ああでもないこうでもないと――ある倫理的なことを考えたんです。もしぼくが、お金のたくさん入った財布を誰かが落としたのを見たら、ぼくはその金をせしめてしまうだろうか、それともその人に返すだろうか、というようなことを。また、自分は気ままにセックスを楽しむべきか、それとも自分が完全に成熟したと思えるまでは禁欲すべきかどうかなんて考えはじめて――あれこれの理由をつけて、最後には二十六歳という年齢を決めたんです。そしてぼくは、すっかり健康についての迷信をもってしまったんです。

カ 306　ええ、ええ。なるほど。

ク 307　だからぼくは、倫理やセックスや健康をめぐっては、たくさんのロマンティックな考えや感情を抱いていたんです。

カ 307　そしてまた、たくさんの、んー――困難な選択も抱いていたんですね。つまり、明らかに状況は、いつも――

ク 308　そこで次に、ぼくは最初の精神分析の援助を求めたんです。えーと――それはM大学へ入学したときのことです。ぼくは高校へ通っていたとき、大学を卒業することが自分にはとても重要だと感じていたんです。ところが、精神分析に失望してからは、ぼくは――ぼくは自己分析で自分を治そうとして、ときには何時間もかけて自分の幼児期の経験を思い出したり、新しい価値観によって幼児期を経験しなおそうとしたりしたんです。そのー、その自己分析が何と呼ばれているか知りませんけれど――例の古典的なフロイト派の技術ですね。

カ 308　ええ。

ク 309　しかしそれも効果がなくて、それからその次に、一年くらいたってからですが、ぼくはいっさいの知的な概念を放棄して、自然発生的な幸福感を求めていこうとしたんです――えーと、つまり、街を歩き回って、意図的に自分を幸福にしようとしてみたり――自力でやってみようとしたんです。

カ 309　ええ、ええ。なるほど。

ク 310　「ぼくはもう――不愉快なことは何も考えないようにしよう。そのときに奏でたいと思った幸せな調べを口笛で吹こう。ナイトクラブとか、そういったところへ行こう」と言って。でも気がついてみると、そうしたことを考える苦痛からは解放されなかったんです。それで最近は、ぼくは自己分析――心理療法としては無益な試みですが――と、知的な分析などまったくない純粋に官能的な生活にふけることとの間を行ったり来たりしていたんです。ナイトクラブとか、スウィング・ミュージックといった。

カ 310　それで今にいたって、そこであなたは――

ク 311　はい、そこでぼくは、先生を訪れようと決心したんです。前にいいましたが、ぼくの感じだと、ぼくの努力は心からやったものとはいえません。もしそうだった――もし心からの努力をしていたら、努力は実っていたと思うんです。

ぼくがやっていたことは、いわば少数派の機嫌を取るような無駄な努力だったわけです。なので先生のような人だったら、ぼくが自分を変化させることができる手がかりへの道を示してくれると思ったんです。

カ311　少なくともその手がかりの一部は、今日話されたことからすると、自分がしようとしている選択についてはっきりと認識する、ということにあるようですね。つまり、あなたは確かに、責任をもちながら、そして満足と不満足の両方を感じながら前進するか、それとも症状をもったままで一生を過ごすというもっと楽な可能性に後戻りするか、この二つの違いについて、今までになくはっきりと話されているということです。

ク312　前回の分析によると、それはこういうことになるんですね、ぼくはこの神経症の症状をもっと楽しむけれど、それを尊重はしなくなると。

カ312　はい、それはなかなかいい――

ク313　いい方をかえると、ぼくは今、自分を尊重することにもっと価値を置きはじめているんだと思います。そうでなかったら、何とも思わないはずです。

カ313　そのとおりでしょう。それは――えーと――初めてここに来たときにあなたは言っていましたね、状態はこのとおりだけど、この姿に変化をもたらす動機づけはいったいどこからくるんだろうか、と。それを変える動機づけの大部分は、この状況全体のどの側面を永続的な基礎として保ち続けたいかということについて、あなた自身がもっとずっと明確に認識するということなのでしょうね。

ク314　ぼくはその点で自分を欺く巧妙な哲学的方法を知っていますが、それもお話しすべきですね。もちろん、一人の哲学者として、ぼくは価値観を評価する方法なんてまったくないことを知っています。ある価値観が他の価値観よりも優れているなんて言おうとすれば、常に結果は次のいずれかになるんです。一つは論理的な同語反復で、同じ考えを言葉をかえて繰り返して言うようなことです、「ええと、これこれだから、こっちの価値観のほうが優れている」というように。本当に言っていることは、その価値観は優れているから優れているんだ、ということなんです。もう一つは、ある種の命令のようなものになってしまうことです――「この価値観は、神が優れているというから優れているのだ」というような神聖な命令か、あるいは、ある種の自然法則的な命令で、いずれももちろん哲学的には証明できないものです。ですから、ぼくは自分が、えーと――自分が知的により望ましい価値観を大切にしていることに気づいたとき、つまり、自分がよい役割を大切にしていることに気づいたときに、ぼくの別の部分が、「いいか、おまえはその価値観がいいなんて証明できないんだぞ」と言うんです。ぼくにはこうした哲学的な倒錯傾向があるので、もし証明できるのなら――もしも宇宙規模の物差し、つまり、宇宙規模で絶対的なものがあるのだったら、えーと――敬虔な人の神への絶対的信頼に匹敵するようなものですね――それがあるのだったらぼくは、ある価値観が明らかに他の価値観よりも優れているという哲学的証拠をもてるわけです。でもぼくは、そういった哲学的証拠なんてもてないのは分かっていますし、少なくともそういった証拠に出会ったことはありません。われわれには価値観の正しさを証明することはできないんです――われわれは常にそう思っていなければならないいんです。一人の哲学者として、先生はぼくの意見に同意してくださると思っています。

カ314　一人の哲学者としてかどうかは分かりませんが、確かに私は、あなたの意見に同意します。というのは、そのような状況では、ある価値観が他のものよりも優れている、と言えるような証拠があるとは思えませんから。

ク315　宇宙のどこにも見当たらないんです。それはすべて、われわれ自身のなかに存在しているに違いないんです。

カ315　それは、本当にありのままの自己に戻ってくるものなんでしょうね？　そこには、二つの道があって、あなたはどっちに行きたいのでしょうか？　それは個人的で、しかもたぶんまったく哲学的でない選択になるんでしょう。

ク316　はい。言い換えると、ぼくは――宇宙をたよりにして「さあ、お前はこの二つの道のどっちがよいと思うのか？」なんて言えないんです。ぼくには――

カ316　いうことはできるでしょう。そうしている人はいますが、ただそれが本当に解決してくれるものであるかどうかは疑わしいでしょうね。

ク317　はい。ぼくの考えでは、人が本当に変化するとき、多くの人たちは神のためにそれをやっていると考えるようですが、本当は自分のためにやっているんです。そのー（考え込んで）、たぶんぼくは、宇宙から何も必要としないんです。

カ317　あの、自分のなかに十分たくわえてきたものを試すチャンスなのかもしれませんね。

ク318　はい。それはすばらしい見方ですね。その――えーと、ぼくが二つの道のいずれかを選択することを正当化しようとして、哲学的に何か重要なものを探していたことは、絶対に見つからないと自分が知っていたものを探していたということなんです。

カ318　ええ、はい。

ク319　というのは、ぼくには、一つの道を選べというような宇宙的使命はけっして見つからないと分かっていたんです。そしてぼくは、自分の動機づけの欠如を合理化するために、宇宙的使命の欠如を利用していたんです。

カ319　何の束縛もないときには、あなたの自分についての理解にはまったく誤りがありませんね。

ク320　あの、それがまず第一のことなんでしょうね――汝自身を知れ。

カ320　そのとおりでしょう。

ク321　ぼくがこれからやろうとしているのはそのことなんです――自分の価値観の証拠を求めるのではなくて、もっとも自分を尊重できて、しかも満足の得られるような価値観を身につけて進んでいくことです。

カ321　あなたが心から望むようなものをね。それは本当の選択でしょうし、それぞれの人がそれぞれの道を進むんだと思います。ご存知のように、人生を回避すること、つまり、何かを作り上げてそのなかで満足しているような、外に出かけて闘ったり責任を引き受けたりしないという満足があるんです。ある人たちはそういう道を選びます。でも一方では、より険しい道を進む満足もありますよね。

ク322　ぼくは、宗教的な条件づけが、ぼくを宇宙からのサインのようなものに依存するようにしてしまったと思うんです。もともと、ぼくは神の賛意に依存しなければならなかったんです。ぼくのなかに個人的にあった神なるものへの信仰が喪失した後、今度は自然とかそういったものからのサインを求めるようになったんです。でもぼくは、外部からの正当化に頼らずに、自分の価値観を身につけることを学ばなければなりません。その価値観とは結局、本当に自分が望んでいるものということです。（間）まったく、辛い闘いだと思いますよ。

カ322　私もそう思います。率直にいって、私もそう思います。

ク323　それは、ロータリー・クラブの会員がいっているような、「さて、私のよりよい判断が思いどおりにことを運ぶだろう」といった楽観主義などとは違います。

カ323　違いますね。

ク324　そんなことだとは思いません。

カ324　そうですね。私が思うには――えーと、私が思うには、あなたの経験の全体はそれがとても難しい選択であることを示しているのではないでしょうか。しかし、おそらく最近のいろんな徴候からすると、えーと――そのー、あなたの経験の最近の出来事からすると、あなたはそのバランスをどちらかに決めつつあるように見えますが。（間）

ク325　でも、時々いくぶん悲観的な気持ちにももちろんなります。ぼくはそういう気持ちもあらわにすべきだって思います。たぶん、どんなことだって何かの足しにはなりうるわけで――たぶんぼくがここにやってくることも。なのでぼくは、誤った進歩の感覚で自分を欺いてはいけないんです。ぼくは、その悲観的な気持ちについて、十分に深くそのつらさを自覚しなければならないんです。

カ325　はい。人は確かに自分を欺くことだってできるでしょうから。

ク326　ぼくには分かるんですが、自分について語ったり、とても個人的なことを表したりすることには、ある心理的なはけ口がありますが、ただそれだけでは心理療法はうまくいかないんです。

カ326　そうです、うまくいきません――あなたがいわれたように、それは本当の闘いである――という事実から逃げ出せるものではありませんからね。

ク327　そこで、またぼくは、宇宙からのサインを求めていたんです、それは――前回の分析では、選択する責任からぼくを逃れさせるものだということだったんですよね？

カ327　ええ、ええ。なるほど。そのとおりですね。

ク328　ぼくはただ空を見上げて、そこに書かれたものを見るだけで、そうすればもう他の選択はないんです。何かの理由で、ぼくがその宇宙のサインに従うことができないのなら別ですけれど。

カ328　しかもそれでうまくいかなかったときには、あなたはその宇宙を責めることができるんですね。

ク329　あの、ぼくは信じないこともできます。もちろん、そもそもそういうことでぼくは信仰をやめたんですから。そうでしょう、神がぼくのある欲求を妨害したので、ぼくは神の存在――といったものに与えられている一般的な理屈を破壊しようとしたんです。次にぼくは、自然法則的なサインを探しました。適者生存とか、ジャングルの法則といった理論です。いきついたのが動物的な快楽。そしてぼくは、精神分析にある種の神秘的な信仰を抱いたんです。でも、考えてみると、ぼくは同じようなものを求めていたんですね。――つまり、精神分析が自分のために鍵を回してくれたらと思っていたんです、自分がそうするのではなく。

カ329　ええ。そのとおりですね。

ク330　しかしぼくは、もし分析家が鍵にフラッシュをあててくれるなら、きっと自分で鍵を回すことができるだろうというところまできたんです。それとも、鍵なんてないのかもしれない――おそらく鍵は――つまり、鍵とそれを回すことは心理的には同じことなのかもしれません。たぶんそこには、役割の違いなんてないんでしょう。

カ330　あなたは、確かに何か本当の問題に近づいているようですね、そして私が思うのは――

ク331　あの、先生の精神分析の理論はどのようなものですか？　鍵とそれを回す動機づけとは同じものなんでしょうか、それとも、先生のお考えだと役割の違いがあって、精神分析は鍵にフラッシュで光をあてて、クライアントがその鍵を回すんでしょうか――それとも、そのようなことは今話すべきではないんでしょうか？

カ331　そのー、確かに精神分析の理論について話すという脱線はしたくないですね。しかし、私たちがここで一緒に経験していることは、何か典型的なものだろうと思います――つまり、この事柄の全体に光をあてているのは、私たち二人の共同作業でしょう。でも、鍵を回すかどうかはあなたにかかっていることですよ。

ク332　はい。それで、どうなのかと思っていたことがあるんですが。その神秘的な鍵は存在するんでしょうか？　というのは、これまでぼくは、必ずしも存在するわけではないものを探してきたんでしょうか？　つまり、その鍵は、知的な領域においてははっきりとしたものではなくて、ただ情意的な決心のなかだけにあるものなんでしょうか？

カ332　そのとおりです。つまり、あなたが今日、ある鍵に触れたのはまったく疑いないことだと思うのですが——あなたが本当に、しかも心の底からやりたいと思っているのが何なのかという問題を解く鍵は——あなたがやりたいと思うことを表面的に語るということではなくて、それは——

ク333　そのー、ぼくは今まで、ある秘密のボタンがあるのにそれを見過ごしてきたので、それに触れなければならないんだという考え方をしてたんです。それに触れるためには、動機づけや意志の力が必要であることは知っていたんですが、ぼくは、まず最初にそのボタンを発見しなければならないと思ったんです——でも今は、観念的な概念そのものであるようなボタンは、まったく存在しないんだという考えをもちはじめているんです——つまるところそれは、自分のその日の生活を見て、「さて、それについておまえはいったい何をしようとしているんだ——どういった反応をしようとしているんだ?」というようなことなんです。そして、われわれが意志の行為と呼ぶようなその情意的な決心は、隠された神秘といったものがあらわになったりしなくても、否定的な感情を軽減してくれるんです。

カ333　私もそのように考えています。

ク334　それをうかがってうれしいです。

カ334　そう、あなたがいらしたときに、今日は話すことがたくさんあるといわれていたのは、確かに正しかったですね。

ク335　ええ、ぼくは分かっていたんです。つまり——ぼくは、ぼく自身のことをよく分かっていますし、ぼくたち自身にかなり正直だと思います。

カ335　しかもますます正直になっている、といいたいですね。

ク336　はい。そうですね。ぼくが思うには、それこそ精神分析の本当の機能で——それは——あの、それはいわば、問題を引き出してはっきりさせてくれるもので、だから決意が正しい方向に進むことができるんだと思います。

カ336　そのー、あなたは前回、本当に進歩していると私が思っているかどうかをお聞きになりましたけど、今日はそんなこと聞く必要はないんでしょうね（笑う）。

ク337　はい。ぼくはもう、自分の人生のなかに神秘的な出来事を探しまわるつもりはありませんし——ぼくは以前、きっと何か重大な出来事があってそれを無意識へと抑圧しているので、それを無意識から呼び起こすことが自分の心理療法には必要なんだ、という考え方をしていたんです。でも、今になるとよく分かるんですが、その——その起源が何であろうと、そのようなことは結局は現在の状況のもとで作動しているんです、そしてその現在作動している機能こそ——それが本当に重要なんです。

カ337　こういいたいのですが——本当にそのとおりです。ええ、ええ。私もそう思います。その——

ク338　そのー、われわれはますます、自分を尊重することに価値を置きたいと思っているんではないでしょうか。そして、そのような価値がどういったものなのか——尊重できるものはどういったものなのか、われわれは知っているんです。

カ338　それは一度に決定できるようなものではないし、また、言葉でいうだけのことでもないのですね。つまり、それについては、なし遂げることがいろいろとあるのですね。でも今日あなたが理解されたほど、はっきりとそれを理解するのはなかなか簡単にできることではないので――

ク339　まあ、ぼくは見てるだけで――「わが復讐は、疾風のごとく巻き起こる」とかそんなことをいって、それで何もしないでいることだってできるわけですが。

カ339　そのとおりですね。

ク340　われわれは自分をとても高い熱意の状態までもっていくことはできるんですが、でもそこにあるのは古い――以前からある本当の世界であって――

カ340　そうですね。だからこそそれは――

ク341　根本的には二つの道があるだけなんですね。

カ341　ええ、はい。そうです。さて、そうそう、私たちはまだ――次の時間を決めていませんでしたね？　木曜日の午後は私は大丈夫ですが――四時でしたら。

ク342　結構です。

カ342　分かりました。はい。いいでしょう。

ク343　ぼくの仕事の都合で――もしも――

カ343　約束の時間を変更されるときは、いつでもこちらにお電話ください。

ク344　分かりました。変更しなければならないとすれば、やはり夕方の時間に――

カ344　そうですね。

ク345　ぼくは国防の仕事をするかもしれないんです。もしかするとローラーベアリング工場で仕事をもらえるかもしれないんです。

カ345　よかったですね。

全般的コメント

この面接が表している進歩の度合いを十分に理解するためには、自発的に表現された態度のなかでもっとも重要なものをリストにして検討すべきであろう。それは、次のようなものである。

ぼくは、徴兵とそれが自分にもたらすすべてのことをとても恐れています。

ぼくは、自分が進歩している――以前よりも障害をうまく処理していると感じています。

ぼくは、自分が男であることをブロックされているときに、神経症的な症状へと退却するように感じます。

ぼくは、このブロッキングが幼児期の条件づけによるものだと思っています。

もしぼくの自我が収縮してしまうと、それもまたこの症状をもたらすのです。

阻止されたり不安定になるといつも、ぼくの症状は悪化するのです。

ぼくは、神経症であることと大人であることのいずれにも満足を感じています。

ぼくには押しつけられた治療システムは何の役にも立ちませんでした。

ぼくは、自分自身を治すためにあらゆることをやってみました。

ぼくは、先生がその鍵を握っていると感じています。

ぼくは、神経症であることを楽しんでいますが、そんな自分を尊重してはいません。

ぼくは、どちらを選ぶのが正しいのか誰か証明してくれないかと思います。

ぼくは、その選択はぼく自身のなかにあるということに気づいています。

ぼくは、それは困難な決心である――とても辛い闘いである、と思います。

ぼくは、助けがあればその決心をすることができるだろう――その鍵を回すことができるだろう、と思います。

ぼくは、情意的な決意が重要なことであると思います。

ぼくは、心理療法を必要としているのは、ぼくの過去の何かではなくて、現在なのだと感じています。

ぼくは、これらのすべてを理解しながら、何もしないでいることもできます。

ぼくは、ある責任をともなった仕事をするかもしれません。

自己に向けられたこうした態度を、これまでの面接で表現された態度と比較すると、自己洞察が著しく発達し肯定的な態度も増加していることがはっきりと示されている。読者は、第七章（159頁～199頁）であげた論点のほとんどすべてが、この面接のなかに具体的に表れていることに気づくであろう。さまざまな自己洞察の達成、自己洞察の発達を援助するカウンセラーの技術、そして肯定的な決定がなされはじめるときの様子などがここでははっきりと表れている。

この第四回目の面接は、全体としては、カウンセラーによってうまく取り扱われている。カウンセラーは、クライアントの態度をより明確に意識へもたらすために、それを適切に鏡映するといった行為をとおして、自分の役割を見事に果たしている。これと関連して、ブライアン氏が今回の面接中に自分の「無意識的な」動機づけの多くを表していることは、注目されるべきであろう。防衛的に構える必要のない状況をつくり出すことができれば、無意識的な動機づけは容易に表面に現れやすくなるのである。

今回の面接において頻繁に起きているある種の誤りは、このクライアントが達成しつつある肯定的な進歩に対して、評価や是認をしようとするカウンセラーの傾向である。こうした評価はこの時点では進歩を妨害してはいないが、おそらく賢明なものではない。なぜなら、肯定的な決心や自己洞察の責任はクライアントだけが負うものであるにもかかわらず、こうした評価によってカウンセラーもその責任を分担しているかのように思われることになってしまうからである。これは建設的なことではない。

この面接の全体的な流れについて、もう少しコメントしてみることにしよう。カウンセラーの側にはいろんな誤りを指摘することができるし、そうした誤りのある部分は避けることがむずかしいものである。面接場面が急速に展開するようなときには、あらゆる応答がどれも最適なものであるとか、カウンセリングの一般的見解と常に一致したものであるといったことはほとんど不可能であろう。この面接ではいくつかの誤りがあったにもかかわらず、とても急速な進歩が達成されているということを知るのは本当に勇気づけられる。われわれがここで見ることのできる力は、進歩を促進するには必ずしも完璧な対応が必要というわけではない、ということを教えてくれる。その場面がひどく間違って扱われないかぎりは、こうした建設的な力は確かに作動するようになる、といえるであろう。もしクライアントが、防衛的にならずに自分の状況を探索する自由を与えられるなら、もしカウンセラーが比較的受容的で非指示的であるなら、もしカウンセラーとクライアントがともに、クライアントの態度や感情の明確化を達成することができるなら、次第に自己洞察が成長し、なされるべき選択と行為が次第に認識されるようになる。こうしたことはほぼまちがいなく起きるのである。こうした力が新たな心理的前進の展望を開いてくれること、そのリアルな生起の可能性、これこそ心理療法の魅力なのである。

具体的コメント

ク261　面接中はもちろんのこと、面接と面接の間においても重要な前進が生じるのは、こうした心理療法ではよくあることである。もっと指示的なアプローチを行っているカウンセラーは、このことを理解するのが困難なようである。指示的なカウンセラーは、一回の面接中に何らかの示唆や考えをクライアントに「売り込む」ことが多いが、その確信は次の面接には消えてしまうことがほとんどである。面接を離れてからも作動し続ける力を解放するような心理療法的アプローチを発見するのは、彼らにとっては驚くべきことのようである。

ク262　このような要請はきわめてまれなものであり、おそらく、神経症的な人が自分自身について高い関心をもっていることと関連しているのであろう。また、ノートをとることは、それがクライアントによって受け入れられるなら（このケースではカウンセラーによる説明も必要なく受け入れられている）、面接を効率的で真剣なものにするうえで役立つという事実がここでは示されている。

ク263～270　この部分はかなりしっかりとしたカウンセリングといえる。クライアントは戦争状況についての恐怖や憤慨を語り、その態度は適切に理解されている。

この部分は、新しい環境の力が心理療法の進歩に与える効果を考えるうえで適切な箇所といえる。たとえば、徴兵されることの恐怖は、これまでに達成された進歩を妨げるだろうか？　あるいは、すべての進歩を無にしてしまうであろうか？　全体的に見て、そうした影響は普通に想像されるよりもそれほど重大ではない、といえるであろう。このことは、次回の面接の最初にクライアントによって認識される。人生に対するクライアントの基本的な適応のあり方やその問題は、そのクライアントに加えられる新しい要求がそれほど極端なものでないかぎり、より根本的なものなのである。

ク271～274　ここに見られるのは、状況に対してよりいっそう成熟したやり方で対処することへと向かう、ささやかではあるが重要な行為を示す生きいきとした具体例である。

ク275　この発言とそれに続く発言は、前回の面接を終わるときにカウンセラーが示唆した「宿題」の結果であるように思われる。その結果は、この場合には明らかに建設的であったことが証明されている。この、どちらかといえば複雑で不明瞭な部分について、注意深く読み返してもらいたい。というのは、この部分にはとても根本的な自己洞察が生じているからである。クライアントは、症状から離れることがより満足できる人生を意味することになるかもしれないという、それまでは根本的にもったことがなかった見方をしはじめているのである。

カ275　これは優れた応答であり、すぐその前で表現された複雑な態度を明確化するのに役立っている。それは、クライアントがなんとか表現しようともがいている感情に、カウンセラーが純粋に集中していることを示している。

ク276～**カ**276　この種の混み入った知的な説明は、クライアントの話の内容よりも感情に焦点を合わせていないかぎり、容易にカウンセラーを混乱させてしまうようなものである。この場合、表現されている感情は、「ぼくは男であることをブロックされると、退却する傾向があるんです」であろう。カウンセラーがこの基本的な感情に応答できていたら、カ276で提起されたやや解釈的な質問よりももっとよい応答になっていただろう。

ク277～**カ**277　これは明らかに、クライアントの側における知的な回り道であり、実際の態度を表明するよりもむしろ、「おそらくぼくが感じたであろう」ことや、「ぼくの反応は～だったのではないかと思う」といったことを、重ねて論議しているのである。この回り道の原因は明らかではない。しかしともかくカウンセラーは、カ277で見事な応答を行っている。すなわち、ク276とク277で表現された感情を明確化している。カウンセラーはここでも、その退却について女性的というよりむしろ子どもじみていると解釈することに余念がないが、全体的には、カウンセラーの応答はクライアントの発言の要点をとらえている。

カ278、**カ**279、**カ**280　これらのカウンセラーの発言は微妙に指示的なものであり、しかも明らかに質的にはカ277よりも劣っている。カウンセラーは、ブライアン氏が男らしいあり方でいるのを妨害する現在の状況について語ってくれることを、明らかに期待している。しかも、ブライアン氏がそのようなことについてまだ語れるようにはなっていないのも明らかである。指示的なアプローチは、重要な意味をもつ情動的領域へと向けられるときには、ほぼまちがいなく成功することはないといえる。

カ281、**カ282**　ここではカウンセラーは、クライアントの態度をより建設的に明確化することへと戻っている。

カ283～ク284　間の後で、カウンセラーは、きわめて解釈的な意味を含んだ質問を投げかけている。それは、受け入れられたように見えるが、しかしク284のような知的な回り道へとクライアントを駆り立てているのである。

カ284、**カ286**　カウンセラーは、表現された感情を明確に認知しており、それはク291に見られるような表現の拡大を導いている。

カ291、**カ292**　カウンセラーは、全般的な解釈を試みている。その解釈は、おそらく正しいものではあるが、クライアントの自我にとっては決定的な脅威である。クライアントは部分的にしかその解釈を受け入れておらず、ク293では自分を防衛している。

カ293、**カ294**　これらもまた、解釈的ないいかたであるが、前のものよりも十分に受け入れられており、しかもク295にみられるような、むしろ驚くべき自己洞察を導いている。この受け入れられた解釈と、前の二つのカウンセラーの発言によ

る受け入れられなかった解釈との間には、どのような違いがあるのだろうか？　本質的な相違は、カ293とカ294はクライアントがすでに語ったことに十分な基礎をもっており、しかもクライアントの自我に直接的な脅威を示すものではない、ということのようである。この二つの応答は、クライアントの本当の両価性を正直に解釈するものなのである。いかなる解釈にもつきまとう危険は、解釈がこうしたうまくいったものからうまくいかないものへと、しかもときにはカ291～カ292に示されているような有害なものへと、容易に移りかわりやすいということである。

カ296　これは指示的であると同時に解釈的であるが、しかし成功している。なぜならば、それは援助を求めるということのなかに含まれている建設的な決意を正しく認知しているからである。

ク298～ク301　きわめて指示的で解釈的なアプローチのその後の効果を、ある知的で分析的なクライアントによって数年後にながめられているままにみるのは、じつに興味あることである。ここに述べられている人物は精神分析家ではない。以前の言葉遣いからも分かるように、ブライアン氏は集中的な継続するカウンセリングを精神分析と呼んでいるのである。

ク302、**ク303**　ここでなされている発言は、スピーチやリーディングのスキル、学習スキルといった種々のトレーニングシステムに関する重要な疑問を提起している。個人の適応行動には目的があるという側面を認識しないときには、われわ

れはそうしたことをたんに表面的な方法で処置できるかのように思いがちである。しかし多くの学業上の問題においては、ちょうどブライアン氏が自分の言語障害とそれを克服したいと思う自分の欲求に関して両価的であったように、当人は自分の学業上の症状に関して実際に両価的なのである。

ク302〜ク311　この部分には、この個人の事例史の重要な部分が含まれているが、それは精神力動から見た事例史である。もし通常の事例史をとるような方法を用いたとしたら、こうした事実が明らかになったであろうか、と推測するのは興味あることである。そのような方法を用いた場合には、言語治療が不成功に終ったとか、大学でカウンセリングを受けたことがあるとか、ナイトクラブに惹かれたといった事実は、ダイナミックにというよりはむしろ、記述的にのみ描写されたことであろう。この部分は、第三章で述べたことを説明するのに役立つであろう。すなわち、「真のカウンセリング過程においては、個人は形式的な生育史を整理するよりも、自分の経験の、すなわち日々の行動の重要な様式の、真のダイナミックな力をあらわにするようである」（77頁）ということである。

ク312、ク313　これらの発言は、これまでに達成された自己洞察のなかでもっとも深いものを表している。事実、これらの発言は自己洞察のなかでも高いレベルのものと見なされてよいものであろう。第一回面接のク1〜ク9における問題についてのブライアン氏の説明を少しでも振り返ってみるなら、驚くほどの進歩が生じていることが分かるはずである。ブライアン氏は、自分の問題を「ブロッキング」、「制止」、「圧力」、「耐えられないような」苦痛、「腹部を押しつけている斧」（ク29）というように見ることから、次のような事実に直面するようになった。すなわち、彼はこうした症状が自分の目的に役立ってきたからこそ症状を楽しんできたのだということ、また、今ではそうした症状がもたらす満足を選び続けようかどうか、それとも他の満足のほうがよいかどうかを迷っているということなどである。十日間で四回という面接の期間で、こうした自己理解における根本的な変化を達成したということは、通常はありえないほどの急速な進展である。この自己洞察はクライアントに「与えられた」ものではなく、自分の態度を率直に探索し、自分の感情を自由に表現し、防衛的である必要のない雰囲気において自己に直面するという過程のなかで、次第に達成されているということに注意してもらいたい。カウンセラーは、できるかぎり中立的であろうとし、クライアントの動機づけとなる観点をそれが表現されるままにただ反射し明確化しているのである。

カ313　この自己洞察についてのカウンセラーの取り扱いは、満足できるものではあるが最良とはいえない。カウンセラーは確かに、明らかになった前進をうれしく思ったのであろう。しかしそのうれしさのために、ここではっきりした二つの選択肢について、ブライアン氏に明確な決定を行わせようとせかしてしまっている。ここは急ぐところではない。よりよい応答としては、達成された自己洞察を認知し受容することに限定したもののほうがよかったであろう。カウンセラーは次のようにいえばよかったかもしれない。「あなたはそれが、症状による満足をとるか自分を尊重することによる満足をとるか、という選択であるということを、まさに感じはじめているのですね」と。カウンセラーの応答のなかにある微妙な圧力は、おそらく、ブライアン氏がク314で自分の選択について再び哲学的な分析をはじめる要因となっているようである。それはこれまでの彼の哲学的な論議よりも有益なものではあるが。

ク314〜324　今回の面接のこの部分をとおして、カウンセラーとクライアントの関係にある微妙な変化が現れていることに注意してもらいたい。つまり、「一体感」ということがよりはっきりしてくるのである。それはおそらく、初めてこの二人がほぼ同じ観点から状況をみるようになったからであろう。たとえばカ314、カ320、カ322におけるカウンセラーの応答は、クライアントの態度を受容しているだけでなく、その態度に同意し賛同している。これは必要なことであろうか？　また賢明なことであろうか？　より多くの実証研究が行われる前にその答えを知ることができるのかどうかは疑わしいが、おそらくこのアプローチがとくに援助的なものであるとはいえないであろう。また、安易に使われがちなものでもあるので、カウンセラーはできるだけこのアプローチは避けたほうがよいかもしれない。それが賢明なものかどうか疑わしい理由の一つは、次のようなところにも表れている。すなわち、この次の面接でブライアン氏は、こうした新しい自己洞察から退却しており、カウンセラーがその自己洞察に賛同したことがある障害を引き起こすのである。

一方、たとえばカ319にあるようなある程度の励ましが有益であることも確かであろう。クライアントが自分の状況の現実に直面することは勇気を必要とするものであるから、その努力を称賛することは妥当なこともあろう。しかし、クライアントの決定についての過剰な是認は「逆効果をもたらす」であろう。

カ321　カウンセラーのこの発言は、ブライアン氏によって到達された状態についての、どちらかといえば満足のいく解釈ではあるが、クライアントがこのような急速な進歩を達成しつつあるとき、それが必要であるかどうかは疑わしい。確かにブライアン氏はそれほど必要だとは考えていないようである。なぜなら、その次の彼の発言はその解釈をまったく無視しており、ク322はク321の続きに過ぎないからである。

ク322　ブライアン氏が、新たに発見した自分の自己洞察にどのように反応しているかを見るのは魅力的である。十分な気づきが彼に衝撃を与えるとき、すなわち、この自己洞察が自分の行動にどのような意味をもつのかを理解しはじめるとき、ある重要な間と、彼のなかで葛藤している力がバランスを保っているという実感が生じている。カウンセラーの応答は適切である。すなわち、その応答は、クライアントのバランスをゆさぶろうとせず、それが大変な決心（それがいかに大変なものであるかは、この後の二回の面接で明らかになる）であることを認知しようとするだけのものである。

カ324　この応答の最初の部分は満足いくものである。しかし、クライアントの選択にヒントを与えようして、カウンセラーはその場面にうまく対処できなくなっている。予期される結果へのこの些細なヒントでさえも、ブライアン氏を回避させるためには十分なのである。そこで彼は、この進歩も本物ではないかもしれないという見方を示している。ここで取り扱われているのは、心理療法的経験の全体におけるもっとも重大な決定、つまり、クライアントが自分の根本的な自己洞察を実行に移すかどうかという決定である。この決定はカウンセラーによってなされるものではないし、もしカウンセラーがその決定に影響を与えようとすれば、クライアントを脅かし退却させることになってしまうであろう。

ク325～ク326　一つにはカ324におけるカウンセラーの発言のために、一つにはこの新しい自己洞察がどれほど達成しがたいものであるかがクライアントに分かるがゆえに、クライアントはその自己洞察を十分に意味づけることから退却しはじめている。次の面接にもこの退却は引き継がれることになる。

ク327～ク341　面接のこの最後の部分をとおして、ブライアン氏は新たな自己洞察への動きを示しており、いくぶん賛同しすぎるところを除けば、その状況はカウンセラーによってうまく扱われている。

カ331　ここではカウンセラーが、直接的な質問を投げかけられるという困難な場面を見事に処理している。カウンセラーは、カウンセリング関係の構造を再度明確にするような仕方で応答し、不毛な知的議論を回避している。ク332におけるクライアントの応答は、驚き以外の何ものでもない。ブライアン氏のようにきわめて知性を重視する人にとって、効果的な心理療法が知的理解よりも「情意的な決意」に基づいているということに気づくというのは、重要な自己洞察の深まりであるといえよう。

カ332、カ333　ここでは、認知するだけでよかった考えをカウンセラーが是認していることが分かる。これに反してカ334とカ336では、クライアントの考えをとくに是認することなく、前進しているクライアントに一般的な励ましを与えるという応答が行われている。これは心理療法のこの段階では援助的であるように思われる。

ク333、ク337　これらは、機能している人間の心理についての素晴らしい発言であり、それがカウンセラーではなくクライアントによってなされたことは、信じがたいものである。確かに彼の心理療法的経験は、彼自身を一人の心理学者に作り上げたのであろう。症状は過去の起源によるのではなく、現在の重要な意味と価値ゆえに保持されるものであるということを認識するのは、心理学者たちによって到達されたもの以上の、人間の行動についての奥深い自己洞察である。ただ注意すべき点は、このように明快かつ見事な言葉でこうした理解が表現されることは稀であるが、もう少したどたどしいやり方では多くのクライアントたちはこの根本的真実にしばしば気づいている、ということである。

ク335　ここには、「ぼくたち自身 myselves」という奇妙ないいまちがいがはっきりと録音されている。おそらくそれは、このクライアントが以前よりもはっきりと見つめはじめるようになった二つの葛藤する自己を指しているのであろう。

ク338　このいずれかというと最終的な発言は、基本的問題がまるですべて解決されたかのようにも聞こえるが、おそらくこれはカ337やそれ以前のカウンセラーの発言から導かれたのであろう。しかし実際には、クライアントは十分な決定をしているわけではなく、カウンセラーもカ338でそうした可能性を指摘しようとしている。カ338は、この状況では適切な応答であるといえるが、もしそれまでの是認がなされていなければ必要ないものであったであろう。

ク345　クライアントがこのきわめて建設的な決心を、最後の瞬間まで表さずにあたためていたのは興味あることである。この面接は、面接と面接の間に多くのことが起こっているという証拠とともにはじまり、また同じような証拠とともに終わっている。

第五回面接

十三日　木曜日

カ346　今日はいかがですか？

ク346　そうですね、大まかにいいますと、前回以降、ぼくの主な問題になっているのは、こういうことなんです。つまり、ぼくは、自分がある生活様式やある行動様式といったものを選択すべきだということは、知的には分かっているんですが、でもその結果どうなるかについて、感情的にはまだ確信がもてないでいるんです。つまり――どちらがいいのか知的には分かっていても、それについて実感として分かっていないんです。ぼくが思うのは――神経症的な満足しかもっていないときには、他の満足のほうがもっといいということを感じるのは難しいんじゃないかということです。ですから、そこにはある種の対立があるということです。つまり、どちらがいいのかについて知ってはいるけれど、それを全人格的に完全に気づくということはできないということです。ぼくのなかで自分を尊重するという動機が少し変わってきているようなんですが――時々感じるのは――その、つまり、ぼくはもっと快楽主義的になって――ぼくは快楽を受容したいんです、たとえそれが、快楽主義的な評価からすると神経症的な快楽であると分かっていても。ぼくの自己尊重の気持ちは、いわば、だんだんしぼんでいるみたいです。

カ347　ええ、ええ。言い換えると、少しまともに向き合ってみると、あなたのいう神経症的な快楽はとても魅力があるようなんですね。

ク347　うーん。それからまた、そこには何か別の動機があるかもしれないと思うんです。それがまったく神経症のプラスアルファのようなものだというのはいやなんですが――そこには、ある恐怖もあるんだと思います。つまり、ぼくが神経症にしがみついているのは、それがぼくに快楽を与えてくれるからだけではないんです。ぼくがそれにしがみついているのは、それがぼくを苦痛から逃れさせていると、ぼくが信じているからだと思うんです――つまり、そこには威嚇があるんです、何とかして神経症をもち続けようとするこの衝動のなかには。ぼくはそう思います。

カ348　はい。

ク348　この戦争状況の全体がぼくに与えている影響は、こんなようなものだと思うんです。そのー、いわば、戦争という装置のなかで殺戮されるだけなら、ぼくはなぜ成長しなければならないのかと感じるんです。もちろん、その見方は二つあるわけで――つまり、いわば、踏みつぶされた虫けらになるより、堕落した巨人になるほうがましかもしれないということです。

カ 349　（笑う）

ク 349　ところが皮肉もあるんです。いわば、成長しようとする寸前に、戦争という、ある種の破壊に巻き込まれるなんて。

カ 350　はい、私もそのことを考えずにはいられません。ちょうどあなたが自分の人生においてとても困難な問題を決心しようとしているそのときに、世界は弾丸を撃ちはじめて、成長への決心をさらに難しくしている、ということでしょう？

ク 350　あの、ぼくは本当に――どうなんだろうと考えていたことなのですが――世界の状況がぼくの決心をいっそう困難にしているのか、それともぼくがそういうとらえ方をしているのか。そういうことだってありうるわけですよね――つまり、何もかもがバラ色であったとしても、とにかく、入り口のところで立ち往生するかもしれないんです。ですから、それは――というのは、前回の分析では、どんな環境であろうと健康な生命体であるほうがよいのは当たり前だということでしたよね、たとえどのような環境にいようとも。ですから――

カ 351　そうすると、あなたは、戦争中であろうとなかろうと、この苦闘の大半は結局あなたのなかにあると感じるようになっているんですね。

ク 351　はい、そうだと思います。ぼくは、自分が戦争とは関係ない状況にいても、お金がたくさんあるような状況にいても、それでもこの問題に直面しなければならないだろうと思えるんです。

カ 352　ええ、ええ。なるほど。

ク 352　だからぼくは、今、自分がもつ知的な概念に加えて、心の底から変化したいと感じられるような動機づけを手に入れようとしているんです。ぼくは変化しようという感情的な衝動をもつための方法を探しているんです。それが一番やっかいなことなんですけど。

カ 353　ええ、はい。つまり、あなたは決心をするためにどういうふうにしたらいいかを考えているのだけれど、イニシアチブをとる勇気、それがとても難しいのだ、とおっしゃっているようですね。

ク 353　それを勇気と呼ぶべきかどうかぼくには分かりませんが――それはその――確かな感情がそこにはないようなんです。それは――もしぼくが、その確かな感情をもっているなら、そりゃあ、その場合には勇気なんていらないでしょう。でも勇気がないっていうのは、確かな感情が欠けている場合だけなんです。ですから――先生がいわれるように、それが欠けていることによって、望ましい状況があっても勇気は存在しないことになりますね。言い換えると、ぼくが本当に新しい生き方を感情的に大切にできるなら、勇気なんて全然いらないわけです――ちょうど、気分のいい日にはどんな状況も平気なように――つまり、勇気というのは、ぼくにとっては人間が何らかの障害を乗り越えることを意味しているんです――人間は何らかの葛藤をもっているということです。勇気についての先生の定義がどういうものかもちろん知りませんが、ぼくの考える勇気とはそういうものです。(間) ぼくは気づいているんですが、例のブロッキングがあっても、それにもかかわらず以前より意欲はあるようで、このブロッキングのために以前のようにどうにもならなくなるようなことはないんです。ぼくはこの前の夜も、とても大変な写真の仕事をやりましたし――ある同好会の写真を撮ったんですが、そこの会計係のところへ行ってかけ合い、その会からぼくに小切手を切ってもらうようにしたんです。そうすればぼくは一人ひとりの会員のところへ行かなくてもすむので。それはたぶん、少しはイニシアチブのようなものがいることでしょう――見ず知らずの人のところへそんなふうに行くわけですから、ねえ。

カ354　ええ、ええ。

ク354　それでその会計係は、ぼくにその会から小切手を切ってくれて、各会員への請求は会からすることにしてくれたんです。だからぼくは、一人ひとりのところへ行って、うまく金を集めるようなことをしなくてもよくなったんです。

カ355　なるほど。

ク355　ぼくにはお金を稼ぐための別のアイデアもあるんですよ。ある写真用品のディーラーと一緒に仕事をしようとしているんですが、ぼくはグループの写真を撮るときに、そこで額縁やカメラなんかも売ろうと思っているんです。そうできれば一石二鳥でしょうし、ぼくのほうもそれによって手数料が取れるかもしれないわけです。少々売り込みの手腕がいりますけれど。

カ356　とても積極的な動きのようですね。

ク356　そのー、これにはかなり神経エネルギーの犠牲を払ったんですが、でもやり遂げました。ぼくはまったく何もしないより、犠牲を払って障害を乗り越えるほうがましなんじゃないかと思います。そうはいいながら、少々怪しいんですが――ぼくの口調からお分かりかと思いますけど。でもぼくには、葛藤のなかで仕事をするほうが、ただ虚しくすがりついているよりはいい、という感じのほうがほんの少し強いんです。(間) でもやっぱり、ぼくは努力のいらない行為を理想として望んでいます――つまり、この環境にはとてもたくさん――とてもたくさんの障害物がありますが、そうした障害物は何一つぼくのなかにはあってほしくないんです。人間は、闘う喜びを手に入れるんです――人間は、障害物がすべて環境のなかにあるときには、闘う喜びを本当に手に入れることができると思います。そのときには、自分自身とは闘っていないので。

カ357　はい。私も本当にそうだと思います。

ク357　それで今、環境はこういうふうなんです。それは、生き延びるために相当の気力と知力を求めているので、同時にぼくにはこれまで以上の動機づけが与えられているんですが、どういうわけか、これまで以上の恐怖もまた一緒に与えられているんです。その両方が強められているようなものです。でも、両方が均等に強められているんだったら、そりゃあ、正味の損失は何もないわけですが。

カ358　両方が強められる？　私はちゃんと理解できているのか分かりませんが——

ク358　そのー、もし環境の重大な局面が、治りたいというぼくの動機とぼくの神経症的な恐怖の両方を均等に強めるなら、そのときには正味の損失はないでしょう、その環境の状況のおかげで。それは葛藤をものすごいものにはするでしょうけど、でもその二つのバランスには影響しないんです。両方にもっと重みが加わるだけでしょう。もちろん、これはすべてとても思弁的なことで——われわれはそのようなものを計る方法を知らない、とぼくは思うんですが——それは数学とか科学には還元できないものなんです。

カ359　できませんね。でもわれわれは、そういうものの力を感じることはできるでしょう、まちがいなく。

ク359　はい、そうですね。ぼくは前回、知的にはとても明確に事態を把握して、この部屋を出たにもかかわらず、今日のお昼まではまったく抑うつ的な気分だったんです——面接に来る前はよくそうなるんですが、とにかくそうした時間も無駄にしないように、そんなときにもやらなくちゃいけないことをしようとはしているんですが。

カ360　あなたは前回話した後で逆戻りを感じた、ということなのでしょうね。

ク360　多かれ少なかれ、そうなるのが普通なのではないでしょうか？

カ361　そのー、前回あなたはそれまでのどの面接よりも、ずっと真正面から自分を見つめていた——ご自分でも何度かおっしゃっていましたが——つまり、前回はあなたが、少々大変な決心をしなければならないところで終わったといえるでしょう、そして——あの後で私が感じたことなのですが、「うーん、今回の話し合いの後は、これまでのどの面接の後よりもよくないことになるかもしれないな」と。

ク361　あの、前回のことが順調な進歩のサインと見なされるのではなくて、症状の一つだったんだっておっしゃっていただいてうれしいです。ぼくは何だか自分がプラトー、つまり停滞状態にあるような気がしているんです——つまり、知的には登るところまで登りついてしまったようなんです。たぶんぼくは、知性に寄りかかかっていたんでしょう、ぼくの知性がうまくやってくれるだろうと期待しながら。でも——（間）——動機はどのようにしてもたらされるんでしょうか。われわれは自分の価値観を宇宙とか、外側からのサインによって評価することはできないんです——われわれは価値観を身につけなければならず、そのうえで、われわれ自身の神経系をとおして価値観を評価するんです。つまり、ある生き方のほうがよりよいというように。もちろん、人によってはそれを合理化しようとして、聖書がそういっているからそれがいいんだとかいうこともありますけど。でも最終的には、われわれは別々の生活様式を評価しているんです——それぞれの生活様式は、各人にとってよいと感じられるからいいんです。すべてはそういうことなんです。

カ362　そのとおりですね。もしもそう考えて会計係とやりあい、そこからもっと満足を得るのでなかったなら、やりあうこと自体ばかげているでしょう。

ク362　誰とやりあうんですって？

カ363　例の同好会の会計係とか、何かあなたが――

ク363　ああ、はい、そうですね。

カ364　私はその出来事のことを考えていたのですが。確かに、そうした出来事がより多くの満足をもたらしてくれるものでなかったら、そういう苦痛な状況をくぐり抜けるなんて無益なことでしょう。

ク364　はい。ぼくは本当に頑張りました。そのときちょっとお金が必要だったので、前払いの小切手を切ってもらったんです。一つの偉業といっていいでしょう、会計係ってやつがどういうものかご存知なら。(二人とも笑う)。

カ365　私もそう思いますよ。

ク365　それでぼくは、抜かりなくしかも良心的にその仕事をやって、四十八時間以内に配達し、残金を受け取ったんです。でも、仕事をするということはぼくを神経質にしてしまいます。働くのはどうも骨の折れることで――仕事をするにはたくさんの段取りが必要ですから。こういう必要な行動をやり抜くときに、ぼくの内側にある否定的なものがなかったらと自分でも思います。それが仕事をするのを難しくしているんです。ある意味でそれは、気が滅入ることでもあるんですが、調子がいい日を思い出すことはできるんです。でも、その日の感情は十分に思い出せないんですね。もちろん、ぼくがその感情を十分に思い出すことができれば、それはそのときにぼくが調子のよい時間を過ごしている、ということになるんでしょうが。

カ366　ええ、はい。

ク366　ですから――どうしてそうなのかと思うんですが――どうしてなのかなって――ぼくはよくこう考えるんです。自分がすばらしい日を過ごしていて、とても幸せなときに、どうしてぼくはそのままでいられないんだろうか？　悪い日は続くのに、どうしていい日はそのまま続かないんだろうか？と。

カ367　私たちの感情は、銀行に貯蓄できるようなものではないでしょうから。

ク367　あの、どういう意味ですか――

カ368　つまり、それは悪いことと良いことのどちらにもいえることだと思いますが、違いますか？

ク368　ああ、長持ちするように蓄えておくといった意味ですか？　あの、その悪い感情というのは――もちろん数のうえからいえば、気分がいいと感じる時間よりも気分が悪いと感じる時間のほうが多いんですが、でも気分がよくなったときには自分にこういうんです。「ほら、このほうがずっといい生き方だ」って。もちろんぼくは、これが絶対に最高で、他のどんな生き方よりもいいと感じているんですが、でもそうすると、もう一つの生き方がひそかに力をもちはじめるんです。なぜそうなるんでしょう。その悪いほうから抜け出すのがどんなに難しいかは分かるんですが、しかしたまに一瞬抜け出したときに、悪いほうを持続するのが簡単であるのと同じように、どうしてよいほうも簡単に持続できないんでしょうか？　つまり、そこではサイコロに仕掛けがしてあるようなんです。

カ369　言い換えると、あなたは気分のいい日よりも悪い日のほうを本当は気に入っているんだ、という感じをもっているんですね。

ク369　そのー、気分のいい日にはそんなことはありません。実際に気分がいいときには、ぼくはとても喜びにあふれています。それで自分にいうんですよ、ぼくの感情はなんてすぐれているんだろう、また、ぼくのあらゆる部分がなんて見事に調和しているんだろう、って。一つの統合された全体として機能しているんです。ぼくは、より高い音楽鑑賞力や、よりすぐれた仕事の能力、より多くのイニシアチブを手に入れることができますし――すべてがうまく機能するんです。しかもぼくは、そのことに気づいて――たくさんの自己満足を獲得するんです。でもどうしてあの慣性の法則は、ぼくが悪い状態のときに作動するのと同じように、こういうときにも作動するようにならないんでしょうか？

カ370　その答えについて、あなた自身はどう感じているのですか？

ク370　そのー、ぼくはそれをよくあることの一つとして考えてみるんですが。つまり慣性の法則からすると、静止している物体や運動している物体はその状態を持続する傾向があるわけです。とすると、ぼくがいい状態にあるときに、どうして慣性の法則がそこでは働かないんでしょうか？　もちろん――それはまた――また宇宙規模の乗り物に乗ろうとしているのかもしれませんが、慣性の法則はぼくに個人的に利益を与えるべきであると考えているんです。でも、たとえそうなったとしても、そこには正しさについて何か抽象的な要素が存在しているんです――そこではサイコロに仕掛けがしてあるんです。

カ371　あなたが「よい」状態と呼んでいるものを維持することは、常に困難な苦闘である、とおっしゃっているようにも思えるのですが、というのは――

ク371　あの、自分がいい状態にあるときにはそんなことはありません。いい状態にあるときは、ぼくはとても幸福感に満たされているし、とても能率的で――あの、ぼくは自覚していません、何も――苦闘のようなものは。そしてぼくは完璧にやっていて――すべてがうまくいって――と、そこで、ぼくはある神秘的な何かを――はっきりした原因は何もないんですが、もう一つの気分が戻ってくるんです。言い換えると、ぼくは有利な立場に立つために闘うのはかまわないんですが、しかし意識してその有利な立場に立つと――つまり、それがとても神秘的に行ったり来たりする――ある絶対的な感情として行ったり来たりするんです。なのでぼくが幸福感に満たされているときは、自分が有利であることを感じていますし――闘う必要もないし――闘いたいとも思わないんです、闘うものが何もないんですから。そこでぼくは自然にリラックスするわけです、ぼくを警戒させるものが何もないんですから。だからぼくは先に進んで、とても能率的に喜びいさんで仕事をするんです。と、そこでぼくは逆戻りして、それで――それはまったくぼくを困惑させるものなんです。

カ372　そのようなときの一例を話していただけませんか――つまり、それが起きたときのことを？

ク372　そのー、典型的な例をあげると、ぼくが目を覚まして、目を覚ますやいなや締めつけられているような感じに気がつく、と、ぼくは起きたくなくなるんです――ベッドのなかでまどろんでいたいわけです。たぶん現実に直面するかわりに楽しい夢を見ていたいんでしょう。それから起き出して、シャワーでも浴びていると突然、その感じがなくなっているんです、そしてぼくは歌をうたいはじめ、とてもいい気分になるんです。すべてがよくなるんです。このようにすべてのことが突然起きるんですよ――つまり、ぼくに変化が起こるわけで――誇張ではなくて、二、三秒で変化するといえます。

カ373　ええ、はい。そうですか。

ク373　それはまったく突然に起きますし、その変化にともなう規則的な観念のパターンはまったくないんです。つまり、そこでは思考は常に同時に存在する要因ではないようなんです。ぼくはほとんど何を考えていたっていいんです。ぼくが受ける印象ですと――それについてのぼく自身の印象ですと、感情は――感情は観念的な側面とは無関係に作動しているんです。

カ374　とすると、どんなときでもあなたは、感情を変化させるものを指し示すことはできないという感じを、とても強くもっているのですね。

ク374　はい。つまりぼくは、変化させるために何をしたらいいのか分からないんです。ときには分かってると思うんですが――そう、ぼくは標語をいくつかもっているんですよ。ぼくの自己心理療法の方法の一つは、生きいきとしたある種のスローガンを探して、それを繰り返し繰り返し自分にいい聞かせるんです――感情まで届く感じがするようなものを。それでぼくは、あることを思い出したんです――そう、二、三カ月くらい前のことですが、ぼくはとても気分が悪かったので、自分を分析しようとしていたときに、こういってみたんです。「さて、知性化することでどこかにたどり着けると思ってはいけないな――自分にいい聞かせることができて、効果的だといえるような簡単なスローガンだけを考えるようにしてみよう」と。そこでいくつかの考えがまとまって、あるスローガンになったんです。それは「もっとよい生き方があるんだ」というもので――ぼくは繰り返し繰り返し自分にいい続けたんですが、そしたら役に立ったんです。その日はとても気分がよかったんです。ところがその次の日は、そのスローガンはまったく効かなくなっていたんですよ。

カ375　言い換えると、自分を欺いてそのような気分から抜け出そうとしたことが、少しも効きめがなかった、という感じなのですね。

ク375　あのー、先生はどうして「欺いて」とおっしゃるんですか？　ぼくにはそのような考えはまったくありませんでした。むしろぼくは、心理学的によいスローガンを手に入れたかったんです――生きいきとして、しかも感情にまで届くような浸透力をもったものを。詐欺にかけるような印象はもっていなかったんです――

カ376　おそらく私の言い方が間違っていたのでしょう。

ク376　時々ぼくは、ツルツルしたうなぎを扱っているような感じがするんです――とても捕まえにくいようなものなのです。

カ377　ええ、ええ。

ク377　そこでぼくは考えはじめたんです。そういうスローガンは、何かの役に立つんだろうかと。というのは結局、効果的であるためにはそれがいつも効いていなければいけないわけだし、そうでなければスローガンを唱えたって何の役にも立たないですから。そこでぼくは、もう一つスローガンを手に入れたんですが、それがとても効いたんです――それは、聖書が書かれた時代に悪魔が追い払われたようには、自分の神経症を追い払ってはいけないということで、というのは、ぼくがやっていたのは自分の一部を追い払おうとすることだったからです。だったら、それに対して何らかの抵抗が生じるのは当然なわけで、だからぼくは自分にいったんです。「これはすべてぼくの意志なんだ――ぼくは自分の意志の力でやりたいことをやっているんだ」って。そしてそれを追い払うよりも、それを変えようとしました。「変える」という言葉のほうが、「追い払う」という言葉ほどには抵抗がないだろうと考えたんです。ぼくが「これを追い払え」というと、「これを変えろ」と自分にいうときよりももっと抵抗が生じるだろうと思ったんです。そしたらそれが見事に効いたんですよ。でも、これほど見事に効いたのは一回だけでした。それでぼくはまた、新しいスローガンを探し回らなければならなくなって。もちろん、それは望みのない過程なんです、いつも一歩遅れているんですから。

カ378　それはこういうことですね――あなたは、自分の内側にいるエイリアンを何とかしようとして、見つけられるかぎりの、あるいは考えられるかぎりのあらゆる手段を尽くしてみた、と感じている。

ク378　あの、もう手段がないとは思いません、手段が存在するかぎりは。でも、自分で考えたかぎりでは手段がないんです。つまり、治癒するということは分かっているんです、というより、ぼくは読んだり聞いたりした治癒についてのデータを信じていますし、そこに希望をもっているんです。ところがぼくが思うには、ぼくが落胆してしまう主な要素もそこにあるので、意識的なものであろうと無意識的なものであろうと、気分のいい日があっても長続きしないんです。慣性の法則は悪いほうには働くけど、よいほうには働かないんです。

カ379　それであなたは、状況全体について、今日はとても落胆していると感じているんでしょうね？

ク379　あの、何か停滞状態にあるような感じなんです。えーと――ぼくは今苦痛そのものを感じているんですが、ただそれだけで、そこには失望というような意味がくっついているわけではないんです。そう、時々ぼくは神経症そのものを感じて、しかも同時に神経症のことで落ち込みます。でも、神経症そのものを感じながら、しかもある楽観的感覚を感じることもあるんです――そのー、すぐにそれから脱け出すだろうって。

カ380　ええ、はい。

ク380　そう、この神経症そのものは悪いんですが、でもぼくは以前ほどにはそのことで落ち込んでいるとは感じていないんです。時々ぼくは、この神経症の苦痛だけでなくて、とても圧倒されるような絶望も感じますけど。この神経症の苦痛そのものをとても悪く感じることもあります。でも――そのー、たぶんぼくはパーティに行ったりすると、とにかく楽しいように振る舞うので、そのときの気持ちとしては――ぼくはここ（下腹部）では否定的でありながら、ここ（頭部）ではむしろ陽気な感じなんです。ここもここも両方とも否定的で――すべてが否定的な感じのときもありますが。それで、そこには何の相関関係もないようなんです、下腹部の否定的な感じがものすごくひどいときを除いては。そりゃあ、そういうときは何もかも台無しですから。そして、何が起こるか知らないぞというようなところまで行ってしまうんですが――つまり、何も考えずに――ただこういうだけです、「よーし、ぼくはただ漂っているだけだし、どんなことが起ころうと起こればいいんだ――ぼくは自分の意志の力なんかまったく使わないし――世界がぼくにどうしようと、勝手にさせておくだけだし、その結果どうなろうと知ったことではないさ」って。

カ381　それほど強くないにしても、今も何かそのようにあなたは感じていて――それは――

ク381　ええ、ぼくは気分的にはかなり幸せを感じているんですが、しかし深いところに降りていくと、まだ否定的なものがあるんです。それは――よく分かりませんが、たいていの人は下腹部の深いところでそれを感じているのではないでしょうか？　それともそれは、ぼくに特有なものなんでしょうか？

カ382　はい、人はみな違った形で自分の問題を経験しているのではないでしょうか。

ク382　ぼくは以前、それをここ（胸部）で感じていたんですが、それはとてもはっきりしていて、とてもリアルで、まるである対象が実際にあるみたいだったんです――それはいわば斧のようなものだと前にいったと思うんですが。何か鋭くて、かたくて、痛い圧力みたいなものです。それが以前とは違って――もっと漠然としたものになって、ぼくの胸に充満して、そしてぼくは、自分の手首がキリキリと痛くなるのに気づいたんです。とてもはっきりとした身体感覚です。そしてぼくは、こういうことも想像したんですが――ぼくがいいたいことをすっかり話してしまったら、先生が帽子のなかからウサギを取り出してくれるんじゃないか、という期待をぼくはもっているんですが、でも、ぼくのなかの良識がぼくにいうんです、先生はあくまでもぼく任せのままでい続けるだろうって――（二人とも笑う）。

カ383　私は基本的に、あなた任せにしようと思っているわけではないですよ。でも、他人のために帽子からウサギを取り出せる人もいないでしょうけどね？

ク383　そのとおりです。結局人間は、自己を経験するだけですね――ニーチェがいったように。今の自己を経験するだけ。人生は「今」の連続なんですね。でも先生は、そこで感情を変えるための方法を経験から見いだしたことがありますか？　――つまり、自分がよりよい状態に到達できるようになる方法を。たぶん先生は、そういった具体的な援助に出会った経験をもっておられるのではないかとぼくは思っているんです。

カ384　あると思いますし、また、あなたにもあると思いますよ。というのも、私が関心をもったのは、あなたは今日、とても落胆したと感じていて、それは本当によく分かるのですが、しかし同時に、いろんなことをやっているという話を聞いていますと、私にはあなたが本当に前進しているように見えるということなんです。

ク384　はい、その――それは――たぶんこんなふうに説明するのが一番いいと思うんですが――ぼくはよくない感情をもってはいるけれど、それがなくなることは拒否してきたんです――確かにそれは、ぼくの意識を妨害しているんですが、ぼくの行動を妨害したことはありません。なので外側の観察者からは、ぼくは元気に活動しているように見えるでしょう、ぼくの内側ではそれは苦痛なものであっても――でもぼくは、それでとても疲れ果ててしまうんです！　つまりぼくは、とてもヘトヘトに疲れている感じで――

カ385　まさしくあなたは自分に問題を問いかけていますね、「これは闘う価値があるんだろうか？」と。

ク385　その闘いを続けるのは、とても難しいだろうと想像しています。つまり、人間は本当によい状態にないときに、よい状態のように行動するのはとても疲れることなんです。もちろん自分の仕事は、いろんなことをしていますが、自分のイニシアチブでやっているんです。ところがある定職について、そこに出勤していなければならないときには――ぼくは何回か定職についたことがありまして、ある会社に勤めて決まった日課を過ごさなければならないわけですが――しばらくすると、それでとても疲れ果ててしまうんです。仕事から帰ってくると、一日がまったく満たされない感じなもので、ナイトクラブへ出かけないわけにはいかなくて、もちろん出かければ一晩中起きているので、翌日はもっと辛くなるわけです。

カ386　ええ、ええ。

ク386　それでどういうことになるかお分かりでしょう。ぼくは前に考えていたんですが——自分を弛緩させること、つまり、ぼくの意識的な意志作用を弛緩させることで——自分をとても惨めな状態にしておけば、ぼくは変わるだろう——そのあまりの惨めさがいやになって、自動的にかわるだろうって。ところがどうでしょう——もっと悪くなることさえあるんです。先生はそれについてどう思いますか？

カ387　そうですねえ、私の考えですと、それはもう一つの——

ク387　それがだんだんひどくなって、ぼくの状態をもっと悪くすることさえあるんです。もちろん、変わらなければならないくらい惨めだったら、そりゃあその人は変わるだろうと、口でいうのは簡単でしょう。でも、ぼくには分からないんです——そこにそんな対抗作用のようなものが働くものなのか。たぶんぼくは、自分がそこまでは行かないようにしているんでしょうけど。

カ388　そのー、そこで思うんですが——

ク388　嘔吐するようなものでしょう、ぼくが思うには——人間には、具合が悪くなると自分を助けるようなことが起こるんですよ。

カ389　そしてまた、あなたは、意識的に闘うことによってのみ、何らかの拠り所を勝ちとることができると感じている。もしあなたが自分のことを考えないようになると、あなたが本当にやりたいことは惨めさへと後戻りしてしまうんですね。

ク389　そのー、ぼくには分かりません、そのことが自発的な変化が生じるほど自分を惨めにしたいのかどうか——ぼくは、明確に違う二種類の意志があるという心理学的な考えをもっているんです。一つは意識的な意志で——自由意志のようなものです——もう一つはそれに反作用するような意志です。ぼくは哲学的にそれらを区別するような線は引けませんが、しかし心理学的には引くことができますし、時々ぼくは、自由意志を自分のために用いているように感じています。それで、それが役に立たないときにはそれをまったく弛緩させて、変化が意志によらずに起こらないか見ているような感じなんです。ぼくには、この神経症が意志によるものではないということは分かっています。それがこの神経症から受ける心理学的印象です。なので、ぼくの推理ですと——そのー、その変化は同じところで起こるに違いないんです、無意識的な意志によって。それから、意識的な技術を使ってうまくいったときには、また試してみようとするんです。つまり——意識的な技術というのはスローガンのようなもののことで、それをぼくは——そうそう、そのことはもう話しましたね。

カ390　ええ、はい。あなたが感じているのは、その神経症はあなたが意識的にコントロールできるようなものではないし、したがって――

ク390　ぼくは時々気づくんですが――それは直観としか呼べないようなものなんですけれど――ある種の鍵があって、それを意識的に回すことはできるんですが、でもその鍵の正体は正確には分からないんです。時々ぼくは、それが何かとてもはっきりとしたものであるように感じるんです。でも、それがとても一般的で、とても情動的なものであると感じることもあるんです。それからまた、それがとても明確な観念のパターンをもつ、きわめて確かなものであると感じるときもあれば、それがある漠然とした情動的なものであると感じるときもあるんです。なので、どの場合でも何の証拠もなくて、それはただ、ぼくがそのときにそうだろうと思っているものに過ぎないんです。

カ391　なるほど。

ク391　こうしたことについて、先生は何かお気づきになりますか？　それはきわめて一般的な感情であると思いますか、それとも知的なパターンをもった確かな鍵だと思いますか？

カ392　私は、あなたが先週感じていたことと同じだと思います。――つまり、確かな知的な鍵が主要な要因であるようなことはあまりない、ということです――でも時々あなたはそれを見つけているのですね。

ク392　あの、知的な鍵といっても、もちろん、それが確かな感情のルーツをもっていないということではないんです。

カ393　そのことはよく分かっていますよ。

ク393　でも、感情のルーツが何もないと感じるときもあるんです――つまりそれは――そう、ある種の漠然とした――手におえないくらい漠然としたもので、人生への適応全般に影響しているに違いないようなものなんです。

カ394　ええ、はい。

ク394　なぜそれが何か特定の知的な鍵だと、ぼくが思わないかといいますと、ぼくは自分の人生をもう徹底的に検討してきたと感じていますし、先生もお気づきでしょうが、ぼくは人生のなかで社会的にタブーとされていることに出会っても、気にしないようにしているんです。

カ395　そのとおりですね。

ク395　とすると、ぼくの問題の解決は、一つの特定の事柄というよりも、全般的なものになるとぼくは思います。

カ396　はい。もしそれが特定の領域に存在するとか、過去に生じた何か特定の事柄であるということだったら、これまでにそれを見つけていただろうと――それはとても確かなことだと感じているのですね。

ク396　しかし一方では、人は人生の無関係な要素を検討して――さまざまな出来事を――そしてそうしている間に、その鍵を見失っているかもしれないんです。つまり、そういうことも十分にありうるんじゃないでしょうか。

カ397　はい。確かに。

ク397　これは実際には自己欺瞞なんです。こういうことなんです、「ぼくがどんなにこころよくこうした過去のエピソードを振り返っているか、みてごらん」と自分にいいます。そして、自分はこころよくエピソードAからYまで振り返ったんだから、エピソードZは隠しておいてもいいだろうって、自分に安心を与えるわけです。

カ398　そのとおりですね。

ク398　でもぼくの感情はとても多くの領域で作動しているので、小さな整理棚みたいなものをいじくりまわすようなことをするよりも、正反対の人生を送るなかで全体を変化させるのが一番よいアプローチだという感じがするんです。

カ399　はい。あなたが整理棚のようなもののなかに解答を見つけるだろうということには、私も疑問を抱かざるを得ません。私は、それはもっと全般的な領域のなかにあると思います。

ク399　先生は、意識的な行為についてはどのように考えますか？　ぼくは意識的な領域で闘いを続けるべきだったと思われますか？　それとも――時々ぼくは、こんなふうに考えることもあるんですが、つまり、ぼくがそれほどたくさんのエネルギーを意識的な苦闘に費やさなければ、もっと多くのエネルギーを無意識の領域で使えるのではないかと――つまり、より根深い無意識的な領域で、ということです。で、それが役に立ったことも何度かありました。ぼくは意識的な苦闘をまったくやめてしまって、エネルギーがもっと深い根源にしみわたるようにしたことがあるんです。もちろん、深い根源にしみわたるようにするということは、そのエネルギーが間違ったほうへ行ってしまうかもしれない、ということも意味しているわけですが。そうした危険は常に存在するんでしょうけど。

カ400　ええ、いずれにしても、結局のところは、あなたにより深いところでの大きな満足をもたらすような、そうした行為となっていくのではないでしょうか。意識的な場合でも無意識的な場合でも、そうなるのはそれほど難しいことではないでしょう。

ク400　うーん、そのとおりですね。言い換えると、その意志が意識的か無意識的かは、心理的にはとくに問題ではないので――要は、いわば投資による最大限の収益を獲得できると信じるものをどこで手に入れられるかなんです。

カ401　そのとおりですね、ええ、ええ。

ク401　そして、もちろんそれは、少々恐ろしい考えなんですよ――それによると、生涯神経症的に過ごすこともありうるんです。

カ402　なるほど。私はとてもはっきりと思います――あなたがおっしゃっていることは正しいと思います。つまり、もしもバランスのとれたより大きい満足が神経症的な満足であるならば、われわれは神経症的なままでいる傾向があるわけですね。

ク402　でも、しかし、ぼくは自分が神経症的でないときにはもっとずっと多くの満足を獲得するわけで、それだったらなぜ、ぼくは神経症的でない満足にしがみつかないんでしょうか？　つまり、なぜ逆戻りするのか——つまり、それはその法則に違反するようなんです。もし先生から、今までの生活のなかでもっとも幸福だった日々について話してほしいといわれたら、そういう日々はどれも神経症的ではないときなんですよ。

カ403　そのとおりですね。それこそ、あなたが作ってきたものでしょう、違いますか？　つまり、あなたはそういうふうにして、本当の満足を手に入れている。ちょうど——

ク403　でも、その満足は自ら優勢になる傾向があってしかるべきじゃないんですか？　それがぼくにはどうにもよく分からないんです。

カ404　そのー、私はあなたご自身がそれにとてもうまく答えていたと思います。つまり、もし投票がほとんど互角に分かれたとすれば、最初は一方の政党が、そして次は他方の政党が優勢になるでしょうね。

ク404　うーん。はい、そのとおりです。

カ405　それで私は、あなたがなぜ今週そのような気分を感じているのかということの理由の一つは、それではないかと思うんです。つまり——前回あなたは、少々こわいくらいに前進したと思うんです。とても明確に自分を見つめていましたし、また、力のバランスについても、とてもはっきりと理解していましたね。ですから今、あなたが一方の行為の方向をたどろうと決心するとしたら、それはもう一方の行為の方向を放棄することを意味するようになるでしょう。なので今週あなたはこういっているわけです、「くそー、どういうことなんだ——とても多くのものを放棄することになるぞ」って。

ク405　あの、われわれはやりたいことをやっているし——やりたいことをやろうとするんです。だからぼくは迷ってるんで——

カ406　そう、私たちは次回そのことを話し合わなければならないでしょうね。

ク406　考えたことがあるんですけど——それは今思いついたことなのですが——神経症的でない満足ですけれど、その満足が重みを欠くような場合があるみたいなんです——その満足に内容がないような場合です。言い換えると、この神経症的な満足は、ぼくにとってはそれより素晴らしい貴金属のようなものに違いないんです。

カ407　それは本当の中身をもったものかもしれない、ということですか？

ク407　うーん、ぼくの考えだと、これは何か関係のあることかもしれないんです。ぼくが神経症的でないときに、満足のいく性的経験や音楽的経験ができるとすれば、それはぼくのなかで重みをもつことになるわけです。でも、われわれはその場合、環境によって制限されますね。つまり、もしもわれわれがいつでもセックスや音楽や、他のいろんな満足できることをいつでも手に入れることができるんだったら、われわれはそのときには、永遠にもち続けたいと思うその状況に重みづけをおけばいいんです。しかしぼくは多くの場合神経症的ですから、自分が逆戻りする前に、そのような状況に入り込むのはとても難しいわけなんです。

カ408　言い換えると、もしも環境がもっとあなたを支援してくれるなら、あなたはいつでも気持ちのよいほうにいられるんでしょうか？

ク408　そのー、そういう機会が与えられるのならですね。もしもぼくが――たとえば、気分がよいうちに急いでセックスすることができるのなら、ぼくはそれが神経症的なセックスよりももっと満足できるということを実感するでしょう。

カ409　さて、そうしたことについては、次回よく考えてみましょうか。

ク409　ぼくは環境に依存したくないんです。それが悪い心理状態だということはぼくにはよく分かってるんです。ところが一方で、いろんな機会が環境によって制限されているということもそのとおりなんです。

カ410　確かに。ところで、来週の月曜日は忙しいのですが、土曜日の何時か、または火曜日の午後四時なら都合がつきますが。その時間であなたはよろしいでしょうか？

ク410　えーと、ぼくは土曜日にお伺いしたいと思います。

カ411　とすると、土曜日の一時にしていただけますか？

ク411　何時でも。

カ412　では土曜日の一時に。

ク412　前に一度、その時間にお会いしたんじゃなかったですか？

カ413　そうですね、お会いしたかと思います。

ク413　それは別に関係ないことですよね。意識的にせよ無意識的にせよ、肝心なことは、いろんな満足をそれぞれ重みづけすることですね。不健康な満足よりも、健康な満足にもっと重みがかかるようにして、そうすれば――

カ414　はい、そして、たぶんあなたが一番望んでいるような満足を十分に深く選択することでしょうか。

ク414　そのー、そこで信じようとジャンプするんですね。つまり、もっといい人生をもとうとしているんだって信じるわけで、信じれば――信じるだけでは、古くからある神経症的な満足に対抗して効果をあげるのは、なかなか難しそうです。

カ415　そのとおりです。まったくそのとおり。あなたが今現在いる地点ではそのとおりなのでしょう。

ク415　ええ。先生、では土曜日にまた――（二人とも部屋を出る）。

全般的コメント

ブライアン氏は、この回の面接で、ある停滞状態を見事にいい表している。彼は前回の面接で達成した自己洞察が意味するものに直面し、確かに落胆を感じているが、これまでと同じように、この面接中に表現された感情をリストにしてみることで、その姿がはっきりと浮かび上がるであろう。

ぼくにはよりよい生き方を選ぶための動機づけがありません。

ぼくが、神経症的な満足以外に何ももっていないときは、他の満足がよりよいとはとても感じることができません。

ぼくは、成長にともなう苦痛を避けたいと思っています。成長したとしても、ぼくは戦争で破滅させられるだけでしょう。

でもたとえ戦争がないとしても、ぼくは成長の入口で立ち往生しているでしょう。

ぼくは、変化する動機づけがほしいのです。

ぼくは自分の仕事で、もっとイニシアチブをとることによって満足を得ましたが、多くの犠牲も払いました。

今日の世界情勢によって、ぼくが健康であることはますます重要なことになり、しかもますます恐ろしいことにもなる、とぼくは感じています。

ぼくはある停滞状態にあって、落ち込んでいると感じています。

ぼくは「気分が悪い日」のほうが、気分がよい日よりもどこかもっと力強いような感じがします。

ぼくは、自分の感情の変化をまったくコントロールできません。

ぼくは動機づけを手に入れるために、そして自分を治すために、可能なかぎりのことを試してきました。

ぼくは自分に失望していると感じています。

ぼくは本当の苦痛に悩んでいます。

ぼくは、ぼくのために、先生が帽子のなかからウサギを取り出してくれたらと思います。

この苦闘の全部が、ぼくをとても疲れ果てさせるのです。たぶんぼくは自分を惨めにすべきでしょう。そうすれば、ぼくは自動的に変化するかもしれません。

もしぼくが満足できることをするならば、ぼくは生涯神経症的であるかもしれません。

たぶんこの神経症的な満足は、ぼくにとっては健康な満足よりももっと重要な意味をもっているのでしょう。

ぼくは状況がぼくを支援してくれたらと思います。

前進するためには信じることが必要なのですが、でもそれはなかなかできません。なぜならぼくは、この神経症的な満足を楽しんでいるからです。

カウンセラーはこの面接で、クライアントが自分の落胆した感情に十分しかも率直に向き合うように援助しており、とても満足のいく仕事をしている。このやりとりのなかには、カウンセリングの重大な誤りはほとんど見つけられない。

この時点におけるブライアン氏の状況は比較的容易に要約できるであろう。彼は自分をはっきり見つめるようになってきている。しかし彼は、成長する方向へ歩み始めるか、それとも自分の神経症的満足のなかにい続けるかを決心できないでいる。彼は落胆を感じているし、また彼のためにカウンセラーが何か奇跡的なことをしてくれたら、あるいは環境が彼を支援してくれたらと思っているのである。その一方で、彼が報告している行為は、成熟の方向へ向かおうとする健康なものである、ということは重要な意味をもっている。

具体的コメント

ク346　この話の全体からとてもはっきりと分かるのは、あらゆる進歩の基盤であるとブライアン氏が明確に気づいた「情意的な決意」がまだなされていない、ということである。

カ347　これは、ある複雑な発言への見事な応答であり、基本的な感情をとらえている。

ク347　ここでブライアン氏は、この一文で、われわれが神経症のダイナミクスについて知っているすべてを要約している。神経症はある種の快楽を与えるものであり、また、苦痛な経験を避ける助けとなっているということである。この種の自己洞察は深いものであり、他者から与えられるものではなく、ただ率直に自己に直面する過程をとおしてのみ達成されるものである。

カ350　カウンセラーは、表現された態度にとても適切に応答し、それによってブライアン氏は明らかに前進できるようになっている。

ク350、**ク351**　心理療法のなかで、環境による妨害の位置づけについてこれほど明確に述べている例はほとんど見いだすことはできないであろう。それは、もっと本質的なドラマが演じられている舞台の背景か、せいぜい舞台上の些細な出来事にすぎないのである。その状況は、ク357やク358でもっとはっきり語られており、そこでブライアン氏は戦時中であるという環境からより大きく求められるのはただ、この苦闘の筋書きの強さを高めているだけであるということを指摘している。

カ353～ク353　カウンセラーのこの発言のなかには、ほんの少しの解釈、すなわち自我を脅かす種類のものが含まれている。ブライアン氏は、知的な議論へと退却することで、いつものようなやり方で反応している。彼はその後、考えていたことに戻って、自分がとった積極的な新しい行為について語っている。

カ360、**カ361**　クライアントの抑うつ的な気分を励ますようなこの解釈は、おそらく正しいものだといえるであろうが、しかしどうしても必要であるとはいえないだろう。

カ362　カウンセラーは明らかに、ブライアン氏に、問題を特定の事柄にしぼって考えさせようとしている。これは価値があるかどうか疑わしい指示的な技術であり、少し回り道をさせるだけにすぎないように思われる。

ク366～ク370　クライアントは、質問を提出し解答を求めている。直接に答えることは役に立たなかっただろうし、カウンセラーはそうするのを避けている。しかし、この状況はもっとうまく扱うことができたであろう。たとえば、カ367の応答では、「もし気分の悪い日が続くのだったら、気分のいい日だって続くはずである、とあなたは思うのですね」ということができただろう。また、カ369では「これまでの経験によると、気分のいい日が満足を与えてくれたとしても、すぐに気分の悪い日が力をもつようになるのですね」といったほうがよかっただろう。カ370では、「あなたは気分のいい日にはとても満足しているので、なぜその満足が続かないのか理解できないのですね」といったほうがより満足のいくものであったろう。言い換えると、カウンセラーに直接向けられた質問への最良の応答は、その質問をそのまま明確化することである。「気分のいい日」と「気分の悪い日」に関する議論をとおして、ブライアン氏は気分のいい日に満足を得るのと同様に気分の悪い日にも満足を得ているとは一度もいっていない、ということに注目してもらいたい。彼が前回の話し合いで獲得した自己洞察は、いくぶん彼を恐れさせていて、彼はその自己洞察から退却しているのである。彼の前回の自己洞察は正しかったということを彼に納得させようとすることは、進歩を妨害するものになってしまっている。

ク372〜ク382　この部分全体において、クライアントは自分のどうしようもない感じを十分に描き出している。彼は、あらゆることを試み、あらゆるところで動機づけを求めたが、変化をもたらすことができなかった。カウンセラーはほとんどにおいて、とくにカ374、カ378、カ379において、その態度を見事に明確化している。落胆した感情がこのように十分かつ適切に受容されることで、ブライアン氏は自分に完全に失望しているわけではない（ク379、ク380）ことに気づくところまで、前進できているのである。こうした話をするのは第一回面接以来で、前進できているのである。彼はここで、自分を悩ます苦痛に言及しているが、こうした話をするのは第一回面接以来であることは注目する価値がある。他の場面では、彼は苦痛を過去の経験として語っていたが、ここでその苦痛は再び現在の姿の一部となっている。この時点において、明らかに彼は同情と援助を求めており、そのために、この時点でその苦痛が再び表面に出てきたのである。彼はク382で、それを鮮やかに描き出している。

ク382、カ383　これはきわめて興味深い部分である。彼は、落胆した態度のすべてを語った後で、突然話をかえて、自分が落胆している本当の理由を述べている。彼は、カウンセラーに自分の問題を解決してほしいと思っているが、それが基本的に不可能であることを知っている。カウンセラーは、カ383においてとてもうまくこのことを扱っている。経験の乏しいカウンセラーは、自分の知識をクライアントに伝える場合にあまりにぶしつけで直接的であることが多い。そのようなカウンセラーは、自分ならその状況を解決できるが、クライアントが自分で解決するほうがより好ましいと思っている、という印象を与えかねない。これは必ず敵意を引き起こす。より深い真実は、カウンセラーがその状況をどんなによく知っていても、クライアントこそ望んでいる満足を選択することができる唯一の人間であり、問題を解決できる唯一の人間である、ということである。ブライアン氏が、健康になりたいのか神経症的な状態を続けたいのかは、本人以外の誰も選択できないものである。ここでのカウンセラーの応答は、自分が何か魔術的な解決を与えたいと思っても、それはできないということを強調しているのである。

カ384　これは賢明な応答であり、知的議論を回避し、クライアント自身の経験に基づいて質問に答えさせている。

カ385　この応答は、表現された落胆した態度への真の明確化を提供するものである。カウンセラーが励ますことを思いとどまり、クライアントの落ち込んだ感情の深さをクライアントとともに確かめるだけにとどめるのは、このようなときにとくに重要なのである。

カ389　ここでカウンセラーは、表現された態度を見逃したのか、それとも何らかの解釈をしようとしたのかと思われる。「あなたがこの苦闘を放棄して、自分を完全に惨めにしておくなら、自動的に変化するかもしれないと期待している、ということなのでしょうか？」と応答したほうがもっとよかったであろう。

カ392　ここでもカウンセラーは、クライアント自身の考えを使って質問に答えている。

カ400　これはどちらかといえば、明らかに解釈的であるが、しかし生産的であることはまちがいない。

ク401、**カ402**　これは、この回の面接において達成されたもっとも深い新たな自己洞察であり、しかもカウンセラーによって見事に扱われ、明確化されている。

カ403、**カ404**、**カ405**　これらの応答は、解釈的な傾向はあるが、クライアントが表現していないことは何も含まれていないので、受容されている。カ405では明らかに、カウンセラーはここまで語られたことを要約して、この面接を終えようとしている。これはこれまでに出てきたことについて見事な発言であり、何かを押しつけようとするような要素をまったく含んでいない。こうした満足のいく要約がその場で生みだされるということは、そう頻繁にあることではない。したがって普通は、このような要約が最善ではない場合が多いのである。

ク406　ここで実際に行われているのは、カウンセラーの観点を厳密に吟味することである。賢明でなく不健康であるというような選択をクライアントがするならしてもよいとカウンセラーは思っているのか？　カウンセラーは自己決定をする個人の権利を純粋に信じているのかどうか？　もしそうでなければ、カウンセラーは、われわれが今記述しているような性質の心理療法を満足いくように遂行できるかどうか疑わしい。これはある学術的な質問であると、カウンセラーは考えなければならない。この場合と同じように、多くの場合、クライアントは宙に浮いたような状態で、また痛々しいほどの推理のなかで、建設的な選択と破壊的な選択との間をさまようのである。選択が成長を遂げるようなものではなく、退行的な選択であることもあろう。もしカウンセラーがクライアントに、あらゆる自由のなかでももっとも基本的なこの自由を提供しようとするなら、カウンセラーはまさしく真の意味における自分の限界を自覚すること、すなわち、神のように演じたいという要求から解放されることが必要なのである。

カ 408　ここでもカウンセラーは、結果として明確化を行うことによって、クライアントが語る複雑な話に込められた、その本質的な意味をうまくつかんでいる。

ク 414　ブライアン氏は、その状況を見事にまとめて語っている。彼は、実際に実感している満足を捨てて、よりよいように思われるが、しかしまだ十分には経験していない満足へとあえて向かうであろうか。これは、あらゆる成長のジレンマである。カウンセラーは幸いにもこのジレンマを認知しており、このジレンマを無理に落ち着かせようとはしていない。

第六回面接

十五日　土曜日（約束の時間より十分遅れる）

カ416　こんにちは。

ク416　こんにちは。ちょっとボーッとしてます――寝たのが今朝の九時で――起きたのが一時十五分前なんです。

カ417　寝たのが九時？

ク417　そうなんです。

カ418　それじゃあ、ちょっとボーッとしてるかもしれませんね。

ク418　少なくともここに来る動機づけがとても高かったことは確かですよ、だって来られないっていう口実はあったんですから。（間）そのー、何かはっきりした変化にはまだ気づいていません。何ていうか、停滞状態にあるような感じがします、一つだけ例外がありますけど――またマッチがなくなっちゃったかな？　ここにもってると思ったんだけど。

カ419　このマッチをどうぞ。

ク419　すみません。ぼくはこの前の結論を少し発展させてみました。この前の――人格のどんな変化も、根本的な変化というのは、最終的には信じようとジャンプすることみたいだということです。つまり、人は自分がよりよい自分に変化していると信じて、そして――あの、たぶんそれは、知性において信じることだと思います、ぼくが思うのは――何もかも信じる必要はないんですが、少なくとも信じることですね。ところがぼくの場合――信じることに反論する傾向があるんです。たぶん、ぼくにとって信じることは宗教的な意味をもってるんです。とにかく、きわめてたくさんのことが信じることで成り立っているとぼくは思います――論理的な科学者でさえ自分のデータを解釈するとき、知識獲得の最終的な行為は理性の行為というより信じるという行為なんです。だから、知識が意味するのは、ただ――何ていうか、ぼくが理解してるかぎり、知識というのは、ある確かな方向で行為しているということへの信頼感なんです。実際にはすべてのことについてのデータは限られているわけですから、やっぱり、知識を構築するのは、究極的には信じるという行為だと思うんです。つまり、ある方向でデータを解釈しようとしているという信念をもっているわけです。正しく解釈したと信じることはもっともなことでしょうけど。

カ420　そのー、信じているということを表すのが知識なんですか？　それとも、不十分な知識に基づく行為が信じるという行為なんですか？

ク420　そうですね、不十分なものに基づいて行為することです。

カ421　分かりました。あなたがいわれたことのポイントが、はっきり分かりませんでしたので。

ク421　もちろん、知識が十分であると思われるときでさえ、そりゃあ、確かなことは分かりっこないし、もっと何かあるかもしれないっていうことがありますよね。何か別の事実があるっていうことが。ぼくは信じることについて疑ってるみたいですね。ぼくは自分が進んで何かをしようとする前に、もっと何かを求めてるみたいです。

カ422　ええ、はい。

ク422　人は信じるために信じなければならない、ということのようですね。

カ423　言い換えると、あなたを前に進めないようにしているのは、知識の欠如ではないんですね。というのは、知識はいつでも不十分であるとあなたは思っていますし。そうではなくて、行為を行うための信念、あなたがそう呼びたければ、十分な信念をもっていないからだ、ということですね。

ク423　はい。そのー、ぼくは確かに行為をしたいとは思ってます――えーと、ぼくは、自分を生みだしたいのにそのやり方が分からない、といってもいいし、本当にそうしたいとは思ってない、といってもいいんです。それはたぶん、いい方としては二通りですけど、同じことなんでしょう。

カ424　なるほど。

ク424　ぼくはよく考えてきたんですが、――ぼくが仮にこういう状況にいるとして――人が望みどおりに変われるエックス線の機械のようなものが発明されたとしたら、ぼくは変わるために手を伸ばしてボタンを押すだろうって確信してます。そこには何の疑いもないんです。でも――

カ425　もしも奇跡が起って、突然そういうことがやれることになったら、あなたが変化を起こしたいっていうことは疑いないんですね。

ク425　ぼくは考えたんですが、それは――人が本当に治りたいと思ってるかどうかを試すテストの一つだろうと、もしそんなようなちょっとした行為でできるとしたらですが。とにかく、こういう状況のなかでは、人が本当に変わりたいかどうか分かるわけです。

カ426　あなたが感じているのは、それが本当の――

ク426　そうですね、たぶん。もちろん、そこでまた定義の問題に戻ってしまいますが――つまり、「本当にしたい」というなかにある、「本当に」という言葉は、おそらく、必要な努力の量によって決まるんでしょう。

カ427　そうですね、私もそのことを別の考え方で考えてみました。ある人はここからそこへ行くために、そのボタンを押したいと思ってるかもしれないけど、それは、ここからそこに行くことを苦しみながら達成したいかどうかということを、必ずしも意味しないんじゃないかと思いますよ。

ク427　うーん。そうですね、ぼくのなかのある強い部分は、少なくとも変わりたいんだという気がします。でも、全体となると漠然としてるみたいです。ぼくはどこから手をつければいいのか、はっきりと分からないんです。ぼくは、ある行動パターンを取り入れることはできるんです――それは、何ていうか、自分が治ったかのように振る舞うことはできるんです。でもそれは役に立たないようで、そうすることによって行為するのがもっと難しくなるんです、いつも。そして変化をもたらす方法についていうと、暗闇にいるような感じです。もちろん、それは抵抗をもたらす別の形なんでしょうけど。

カ428　でも、あなたは必要な一歩を踏み出したいと感じてるんですね。もしその一歩を見つけることができるんだったら。

ク428　ええ。それで、それは難しいといった問題ではないように感じるんです。もしぼくがはっきりと何か明確なものをもってるとしたら、つまり、変化するためには数多くの明確な何かをすることが必要なんだったら、たとえその何かがとても難しいことであっても、もし自分がその明確な何かについて正確に分かってたとしたら、そりゃあ、ぼくは絶対それをすると思います。でも、ぼくは何をしたらいいのか、はっきりとは分かってないんですから――それが障害の一部なんじゃないかと感じています。言い換えると、もしぼくが、高い山を毎日登ることになっていたとしても、あるいは、知的に困難な何かをすることになっていたとしても、することがはっきりしてるんだったら、その行為の困難さは障害にはならないと思うんです、そうですよね？　でも、ぼくの場合、はっきりもしていないし困難でもあって、この二つが結びついていてはどうしようもないです。

カ429　そのー、あなたが変化について考えたとき、変化に必要な一歩というのはどのようなものと考えたんでしょうか、あるいは何が変化するとあなたは考えたんでしょうか？

ク429　あの、何かはっきりとしたゴールみたいなものという意味ですか？

カ430　そうでしょうね。

ク430　そのー、この全体的なものは、要約すると、感情の変化といえます。ぼくのゴールは自分の否定的な感情を追い払うことでしょうが、その否定的な感情は、これまで話してきたように、あらゆる分野でぼくをブロックする傾向をもっているんです。ぼくは、その感情を追い払った途端に、あらゆる分野で成功するようになるんです。だから――

カ431　そして、あなたが感じているのは、それは――

ク431　ぼくは経験から分かるんですが、その感情がぼくからなくなると、すべてのことがうまくいくんです――「さて、ぼくはあのことこのことをうまくやれるんだろうか？」なんて自分にいう必要はないんです。

カ432　まず否定的な感情を追い払うことによって進歩が訪れ、それから成功するだろうという感じがするんですね？

ク432　いえ、そうじゃないんです。成功は、ぼくが肯定的な感情をもてば、すぐに生じるんです。ぼくはこれまでの経験から分かってるんですが、否定的な感情がぼくからなくなったとたんに――そのー、自分がいい状態にあることがはっきりと分かって、それはどんな状況へも自信をもって入っていけるような状態なんです。いい状態のときには、迷いなんて全然ないんです。だって、そういう感情は情緒的な自信を与えてくれるから、自分が大丈夫だっていう証明のようなものは全然いらないんです。ぼくが大丈夫だと感じてるわけだから、リトマス紙の酸性テストのようなもので自分に証明しなくても、自分が大丈夫だっていうことが分かってるんです。

カ433　あなたはひょっとしたら、こう考えているんでしょうか――変化は逆の方向でも起こるかもしれないと――つまり、あなたが成功へ向かって行動すると、否定的な感情が消えていくだろうと？

ク433　行動によって意識を変えるということですか――まず意志による行動を変えることによって？

カ434　そのー、とても興味深いことですが、たとえば――

ク434　ウィリアム・ジェームズ(訳注：アメリカの哲学者、心理学者)の視点からみればということですか？

カ435　あの、私が興味深く思ってるのは、たとえば、あなたが自分の仕事に関してとっている歩みについてですけど、それが容易なものだとか、やっているときにいつも大丈夫だと感じていた、とはこれまで私は受けとっていませんでした。でもあなたは、それを達成したときにはいい気分だということをはっきりと感じていたんですね。

ク435　うーん。ぼくが感じている満足は、障害があるにもかかわらず進むことなんですが、障害そのものが小さくなるというわけじゃないんです。ですから、障害があるにもかかわらず行動できるときもあるんですが、それには多くの犠牲をともなうと感じています――ぼくを疲れ果てさせるんです。

カ436　そして、そのような満足は、苦労して求めるような価値がほとんどないんですね。

ク436　そのー、それは完全な治癒がもたらしてくれるような、十分な満足というものではないんです。具体的にいうとこういうことです。あるときぼくは、パーティーで司会をしなくてはならなくなったんですが――どうしても逃れることができなくて――それで、とてもうまくやり遂げたんです、吃音も出ずに。でもぼくはその間ずっと、すごく神経質になって、それは外には出さなかったんですけど、終わってからひどく疲れてしまったんです。ぼくがそれで満足すると同時に、お馴染みの否定派がぼくを完全な満足から遠ざけてしまったんです。つまり、ほんとにひどい犠牲ですよ――ブレーキをかけながらドライブするようなものです――やってみればできるんでしょうけど、操縦するのは難しいでしょう。

カ437　そして、あなたにとってのゴールは、そうした苦闘のない人生であると感じてるんですね。

ク437　はい、そうなんです。ええ、ええ。つまり、ぼくは、努力のいらない気楽さと優雅さをあらゆる状況で望んでいるんです――別に朝めし前のことである必要はないけど、障害物が内側にあるよりも外側にあってほしいんです。言い換えると、自分の内側に障害がないときには、周りの障害や問題は気にならないんですよ――それほど落胆した感情をもたずに外側の障害に立ち向かっていけるんです。実際、ぼくは障害を乗り越えることでわくわくするんです。その障害がすべて外側にあるとき、自分の内側に何もぼくをブロックするものがないときには――そりゃあ、そういうときには、闘う喜びのようなものを獲得するんです。自分の知性や力強さを使うことから得られる喜びですね。でも自分の内側でいい感じがしないときには、そこにはただ苦痛な過程があるだけで――ただ達成したということの満足があるだけです。つまり、何かをしたという事実だけです、たとえそれがとても難しいことであったとしても。でも、今はそれが消えていく傾向にあります――つまり、ぼくはそれほど自画自賛しなくなってきているんです。というのは、ぼくは苦闘を称賛するホレイショ・アルジャー（訳注：成功物語的主題で知られるアメリカの児童文学者）的なものを失ったからなんです。ぼくはいいます、「うーん、勝利を得るんではなくて、苦闘しなければならないなんて、なんてことだ」って。だから、ぼくが獲得できる唯一の満足とは、労働によるプラグマティックな成果なんです。自分をはっきり表現できているかどうか分かりませんが。

カ438　ええ、できていると思いますよ。でもそれはまた、例の考えに戻ってるように見えますが、つまり、完全に変われて治れるようなボタンを見つけたら、あなたはそのボタンを押すけど、たぶんもっと遅々として苦闘に満ちた道はそれほど魅力的には思えないといった考えです。

ク438　そのー、そのとおりです。でも、ぼくにはとるべき道がはっきりとは分からないんです――つまり、分かってるただ一つのことは、あたかも問題がないように振る舞って前に進むことなんですが、それにはものすごい苦闘が必要なんです。以前、ウィリアム・ジェームズの短い論文を読んだんですが、彼は、ほとんどの人は感情が行為に先行すると思っているが、実際はこの二つは関連して起こっているものである、というんです。ある感情をもってるかのように行為すれば、そのうちその感情を感じている自分に気づくようになるって。彼は憂うつを克服する方法を研究してたんですが、彼はこういうんです。前に進みなさい、自分が幸せであるかのように行為しなさい、そうすればそのうちに、自分が幸せであることに気づくでしょう、たとえ最初は困難だとしても、と。それで、それはぼくがやってきたことだって思うんです。

カ439　それは適切ではないんですね？

ク439　うーん。はい。何だかそれは――そのー、ぼくの先生たちがよくしていた考え方みたいです。強制的にぼくをしゃべらせれば、ぼくの言葉の障害が治るだろうっていうような考えです。でもぼくは、そういうやり方を絶対に信用していませんでした。何にもならないことを一生懸命やったっていう感じがあるだけなんです。

カ440　その方法があなたにとくに役立ったわけではなかったけど、ともかく、あなたは言葉の障害を克服したんですよね、それもかなり。

ク440　はい、いつもではありませんけど。ぼくは自分をある状況に押し込めることで切り抜けることはできますが、でもいつもではないんです。つまり、ぼくはそんなふうに自分を強制するやり方で一〇〇%成功したわけじゃないんです。それに、いつもひどい反動があるんです。というのは、公の場面でのスピーチをやり遂げた後は、友達と話すのさえ相当難しくなるんです。

カ441　あなたは今でも、言葉のことでとても困った感じをもっている、ということなのでしょうか――

ク441　はい。でも、今はもう、大勢の前でのスピーチなんかをしなくてはいけない状況にはないんです。そう、あまり大勢ではないグループと話すことや、グループの写真を撮っておくことの利点などを話すことはありますけど、でも――えーと、ぼくの視野はここ数年で広がりました。ぼくはいつも話し言葉の症状だけを問題にしてたけど、ここ数年は、先日お話したように、それは全体のなかの小さな部分でしかないって感じているんです。だから、それについてあまり考えていない、他のものを押しのけてまで考えてはいないんです。でも、話すということは、ぼくにとって努力がいることなんです――確かに緊張します。

カ442　でもあなたは話していますね。

ク442　でも、話をしていなくてもそういう感じはあるので、とにかくがんばって話しているんです。

カ443　言い換えると、そのことについてあなたはかなり進歩してきたんですね。

ク443　ええ、そのとおりです。ぼくは以前のようなダメな話し手ではありませんよ。

カ444　その進歩を遂げるのに、かなり苦労されたのではないでしょうか。

ク444　そのー、たまたまそうなっちゃったんです。つまり、あることをなし遂げるために話す必要があったし、ぼくもそうしたかったという状況があったんです。それで、がんばって話したんです。

カ445　ええ、はい。

ク445　もしぼくがそれをしなかったら、苦闘を避けられたでしょうけど、それだと何の成果も得られなかったでしょうね。

カ446　そうでしょう。それで、その全体的な結果としては――

ク446　――もっと満足のいくものでした。でも、ぼくはこう感じるんです。そんなふうに生きるのは莫大な量の活力を使うわけで、ぼくにはその活力があったんです。でも、これからもそれがあるとはかぎらないってことは分かっています。つまり、たんに年齢の問題ですけど。ぼくは自分が年をとってるといった感じはしませんけど、でも、三十代の終わりとか四十代のはじめになれば、体力的な衰えがあって、それは人の活力に現れるということは分かってます。

カ447　なるほど。

ク447　そうなると――そうですね、自分の状態に対する主な不満は、とても不愉快だということだけです。そういう気持ちがあると、自分にすっかり失望してしまうんです。

カ448　あなたが今日話しておられることから思ったんですが、そういう状態の別の面もまた、かなり不愉快なようですね――つまり、違うレベルの適応をなし遂げるための苦闘は、ひどく困難のようだということですが。

ク448　うーん。はい、ぼくは何度も、自分を困難な状況に押し込めて切り抜けてきましたが、たとえぼくの行動は大丈夫だったとしても、ぼくの内側の感情はそうじゃなかった。だからぼくは、それがまったくの骨折り損だと思うようになるんじゃないかと心配なんです。つまり、――その――ぼくはよくこんなふうに考えてきたんですけど、たとえぼくが一生懸命働いてたくさんお金を稼いだとしても、心理的な治癒がなければ、それはとても満足なものにはならないだろうって。――つまり、いくらお金があったとしても、心理的な治癒がなければ満足できる人生にはならないだろうと思います。お金はたぶん、ぼくにとっては、くだらないものにしかならないような気がするんです。

カ449　すると、あなたの状態については、もっと厳しい苦闘をしてどこかへたどりつくよりも、今の不満をもち続けるほうが、ある意味では楽ということでしょうか。

ク449　はい。そうなるとしたら、そうでしょう。でも付け加えたいことがあります。ぼくはそういった状況に入っていく前に、自分を治癒する方法論を変えたいんです。言い換えると、ぼくはもう、どんな状況にも入っていきたくないんです、自分が治るまでは。というのは、ぼくはそういうことをずいぶんやってきたし、とても負担だったし、疲れることだったから、まずは治りたい、それからそういった状況に対処したいって感じてるんです。もちろん、それが悪い方法なのかどうか分かりませんけど、でもその方法の善し悪しなんてどうでもいいんです。ぼくはそうしたいんです。

カ450　ええ、はい。

ク450　そういうふうにして、ぼくはそれに対処したいんです。だって、治らないままでその状況に入っていくことが治癒に役立つなんて思えないからです。ある種の満足は得るでしょうけど、治癒による満足ではないでしょうし、少なくともぼくが経験したかぎりでは、そうじゃなかった。でも、もし先に進んで、自分自身を駆り立てて、そういった状況に対処するためにそうするんだったら、たぶん何か別の要素が加わって、それが何かよい方法になるんだったら、そしてそれがよい方法になるんだっていう確信がもてたら、そりゃあ、ぼくはその状況にどんどん入っていくでしょう。でも、何か新しいものがそこに加わらなくてはならないんです（笑い）、ぼくが確信をもてる前に――

カ451　ええ、ええ。なるほど。それで今のところあなた自身の経験からすると、何か新しいものが加わってるとは思えないんですね。

ク451　思えません。ぼくは分からないんですが——ぼくが思うのは、自分ができることが二つだけあるんです。一つは楽なスタイルで惰性の不満足を得ること、もう一つは前に進んで神経をめいっぱい緊張させること。いずれにしても——ぼくにいわせると、そうですね——ジレンマなんです。

カ452　ええ、はい。

ク452　どっちもよくないんです。ぼくがしたいのは神経を緊張させないで前に進むことなんです。でも、経験からすると、もしぼくが前に進んでも、そのこと自体は何の治癒にもならないだろう、ということは分かってるんです。いくら外側で活動をやりとおしたって、ぼくには何にもならない——ぼくが望むような治癒は、これまで得られなかったんです。得られるだろうという確信ももてません。（間）ですから、ぼくにとっての理想は——あの、たぶんあまりにもヨガ的というか、何というか、でもぼくは、ちょっとは自分で治癒をなし遂げたいんです、環境の問題から離れて。治癒できた後は、そりゃあ、出かけていってその問題に取り組むでしょうけど。

カ453　あなたは、成長というのは、ある真空のなかで起こりうるようなもので、そこで成長を遂げることができれば、そのときには状況に対処できるようになる、と感じているんですね。

ク453　そのー、成長が環境のなかで起こったことはありません、だから、たぶんそれは一人で瞑想するとか、何と呼んでもいいですけど、そんなことによって起こるんでしょう。そんなふうにはいえないでしょうか？

カ454　そうですねえ、成長がそのようにして起こるかどうか私は分からないんですが、それについてあなたが感じていることは分かりますよ。

ク454　ある秘教の信者たちは、長いこと一人で黙想しますよね。それはいわば、心を引き締めているようなものだと思います。それから彼らは出かけていって、何かをなし遂げるんです。だから、彼らが一人ぼっちでいる間に、力を蓄えるような何かがあるに違いないんです。

カ455　なるほど。そしてそれは、あなたには心魅かれるようなことなんでしょうね？　ボタンを押すこと、あるいは状況から退却して、状況から離れたところで成長し発達することと——そうした可能性はとてもいいものに思われるんですね。

ク455　ええ、そうです——つまり、それは退却のように聞こえますが——たぶんそうなんでしょう。ありのままにいうべきでしょう。でも、とにかく——ぼくが、治ったかのように振る舞って状況を切り抜けたとしても、この深く根ざしている神経症そのものにとっては、何にもならなかったんです。だからぼくは、そういうことへの確信をなくしちゃったんです。

カ456　はい、ただ振りをするだけでは、何の成果も得られないでしょう。そのとおりだと思います。

ク456　ぼくは、そうした行動のプラグマティックな成果から、何らかの満足を得ていますし、ある程度はホレイショ・

アルジャー的誇りが――そう、昔からいう、一か八かという意味での誇りですね、そして、その――星へ困難な道を(ad astra per aspera) 的な満足を得ています。でもそれはだんだん小さくなってきてるんです。ぼくはもっとずっと、それに伴うひどい神経的な犠牲について考えているんです、自分を英雄とみなすよりも。前は自分をよく英雄視していましたから。なのでぼくは、こんなふうに位置づけてみたらどうかと思うんですが、つまり、ぼくは何よりもまず治りたいと思っていて、それから次に状況のなかに入っていく、というふうに。でも、それが不可能だったら、そりゃあ、そのときは「振りをする」以上の何かを身につけて、状況に入っていきたいと思います。でも、これまで何度も、外見的にはちゃんとしてるような姿で状況を切り抜けてきましたが、内面的にはそうではなくて、切り抜けた後には反動があるだけだったんです。

カ457　そうするとおそらく、会計係に前金を払わせたほどの並外れた努力をしたことも、価値のあることじゃなかったんでしょうね。

ク457　それが価値がなかったという感じは思い出せないんですが、ぼくが感じているのは、自分がギリギリのところにいて、それをやる価値はあると感じたんだろう、ということなんです。言い換えると、ぼくにとっては内面的な満足が得られないかぎり、表面的な達成の象徴といったものがいっそう満足できないものになっている、ということです。仕事で稼いだお金も、ぼくが内面的に大丈夫だったらもてるはずの満足と比べると、満足のいくものではなかったんです、だから――

カ458　そうすると、そのことから内面的な満足は何も得られなかった、という感じがしているんですね？

ク458　いいえ、内面的な満足は得られました。でも、ほどほどのところで終わってしまって――ぼくが思うようなところまで深くは到達しなかったんです。それは、――そのー、表面的な満足ではあったけど、ぼくが求めてるのは根本的な満足なんです。ぼくはお金を稼いで使うのが好きなんですが、でもそれは、ぼくの問題の根っこまでは到達しないんです。つまり、そうした満足は満足ではなかったし、心理療法の手段にもならなかったとぼくは思っています。もっとも、心理療法の手段ってどんなものか知りませんけど。ぼくが思うのは、そこには自己心理学のようなものがあるんじゃないかということです。つまり、もし自分で進んでいって、何らかの状況に取り組んで、そこで同時に、それに取り組みながら、自分に何かをいい聞かせることができるのなら――たぶんそれは、たんなる表面的な満足というより、心理療法的な満足を得る手段になりうるんじゃないでしょうか。あの、よく分かりません。先生はご存知でしょうが、ぼくは今、模索してるんです。

カ459　はい。あなたは、そのバランスをどうとるか、あなたが求めるような満足が最大限得られるのはどの方向かを見極めようとして、一生懸命やっていると思います。あなたがこのことを深く考えるほど、長い間やってきたような行動のなかに、獲得できる満足があるということが、ますますはっきりしてくると思います。つまりあなたには、そうした行動によって、もっとも困難な状況から逃避しようとする傾向がありますね。またあなたは、自分の経験から分かっていることでしょうが、より男性的な役割――より大人の役割をとることに満足を感じているようですね。でもこうしたものを秤にかけてみると、あなたが求めているようなレベルで満足を達成するには、時間のかかるステップ・バイ・ステップの苦闘の歩みになることが分かる。それで、どのあたりがよいか、ちょうどバランスのとれるところにぶら下がる、ということになるんじゃないかと思います。

ク459　あの、先生がちょっといいまちがえている、とても、とても重要なポイントがあります。ぼくはそれがステップ・バイ・ステップのようなものだとは感じていないんです――ぼくは足踏みしているんだと感じているんです。大人の役割を演じても、その満足は表面的なものですし――根本的なものではない――そんな満足は、ぼくの問題の根っこまで深くは届かないんです。なので、根本的な進歩に関するかぎりは、ステップ・バイ・ステップのようなものではありません――それはただ足踏みしてるだけなんです。それにぼくの問題は根深いものですから、それこそ、そこでは進歩が――進歩の欠如が――他のどんなことよりもぼくを気落ちさせるんです。

カ460　これは興味深いいいまちがいですね。

ク460　というと？

カ461　ぼくは今、ぼくの問題は根深いものなので、そこでは進歩が、といって――それから、進歩の欠如が、とそれをいい直して――ぼくを気落ちさせる、といったんです。

ク461　ええ、はい。（笑う）

カ461　（長い間）なのでプラグマティックな成果は――それは大人の行動によって得られる満足ですが――完全な満足をぼくに与えてくれるほど、根本的なものではないんです。そして、根本的な満足に関するかぎり、ぼくは自分が足踏みしてるように感じるんです。ぼくには確信があるんですが、この環境において自分が何かを達成するとしても、根本的な治癒が得られないんだったら、ぼくは絶対に、本当の満足を得ることができないでしょう。それに、もちろん、環境への意欲も低下すると思います。根本的に治るという希望がもてなければ。

カ462　はい。あなたは、自分が稼ぐお金といったようなことは、確かに、何の違いも生みださないと感じているのですね。言い換えると、困難な写真の仕事をするとか、自分を売り込むとか、アイデアを分かってもらうようにするといったことで得られる満足が――そうした満足が、そこから得られるお金とは別に、あなたにとって本当の満足ではないんだったら、そうしたことを避けて得られる満足のほうが、まだましなんですね。

ク 462　うーん。（間）そういった環境的な成果は——ああ、ため息が出そうになります、「むなしい、むなしい」って。もし内面的な満足のない成果を得るんだったら。

カ 463　はい、確かにそうですね。それは重要な面ではないでしょう——やり方が——

ク 463　ぼくは貧乏な神経症者より、裕福な神経症者でありたいんですけど、裕福な神経症者になるために、すごい努力をしたくはないんです。

カ 464　それはそうでしょう。

ク 464　でもね、健康で裕福な人間になるためだったら、どんな努力もしようと思います。ぼくの考えはお分かりでしょう。でもそこにはまた、逆の見方もあるんです。ぼくが健康であるとき、それほどたくさんのお金は必要ではないんです。それほど贅沢といったことを求めてはいない自分に気づくんです。

カ 465　あなたはまだとても期待してるんですね、最初に誰かがあなたを健康にしてくれるだろう、そしてそうすればいろんな成果が生まれるだろうと。

ク 465　うーん。ぼくの感情に根本的な変化が起こって、このブロッキングの感じがなくなれば、他のすべてのことはうまくいくようになるだろうと感じているんです。というのは、ぼくが今列挙できるどんな分野においても、この感じから解放されているときには、ぼくはうまくやれますし、神経エネルギーを犠牲にすることなしに、自発的かつ効果的にうまくやれるということが自分で分かるんです。ぼくは気分のいいときには、驚くくらいの量の仕事をするんです——つまり、自分にとっても本当に驚くくらいなんです。ぼくは振り返って、「なんと、ぼくはいったいどうやってそれをやったんだろう？」というんです。自分でも不思議なんです。それはまるで誰か別人がやったかのようなんです。それにそのことを考えると、自分でぎょっとするんですね。それで、ぼくはいうんです、「うーん、ぼくはそれをやるほどの神経をもっていたんだろうか？」とか、「ぼくはいったいどうやって、それをなし遂げるほど明確かつ迅速に考えたんだろう？」って。

カ 466　そして、そうした状態が努力しないでやってくるのだったら、あなたはすぐにそれを受け入れるんですね。

ク 466　ええ、もちろんです。それに、もしそれが努力すればやってくるんだったら、ぼくは努力しますよ。もし自分が採用した方法に確信がもてるんだったら、そして——そのー、ぼくが従うことができるような、はっきりとした形が——いわば、信頼できる処方箋のようなものがあればですが。暗闇のなかで足踏みしているだけだというのが、自分をますます落ち込ませているんです。何かを達成することから満足が得られるのは分かっているんですが、そういった満足では神経症は治らないんです。言い換えると、この神経症はとても深く埋まっているみたいで、何かを達成することの満足ではそこまで届かないんです。ぼくの心は少しは幸せを感じますが、でも——

カ467　少なくともそういう満足が神経症をすぐに治すわけではないんでしょうね？

ク467　そのー、ぼくの心は少し幸せを感じますが、ぼくの体のなかには依然として相変わらず締めつけられるような痛みがあるんです。もちろん、これは伝染病かもしれませんが——つまり、それはそのうちこの神経症にまで影響することになるかもしれませんけど、今のところは大丈夫です。

カ468　ええ、あなたが今日どんなふうに感じているか、かなりはっきりと分かったと思います。また私が思うのは——そのことに効く、簡単で即効性のある解決法があればいいのにということでしょうか。

ク468　あの、ぼくは解決がほしいんだということがはっきり分かりました。でも、もしぼくが従うことができるような明確なプログラムがあったとして、ぼくがそれに一生懸命取り組まないだろうなんて、いえないですよね——ぼくは一生懸命やるだろうと思います。でも、ぼくは根本的な満足を得るために、これまでやれることはすべてやってきたからこそ、こんなふうに万策尽きたような感じがしてるんです。もちろん——（間）

カ469　ええ、そうですよね。あなたは万策尽きたと感じているんですね——あなたが使っている表現はとても興味深く、偽りのないものだと私は思います。あなたは万策尽きたと感じているし——停滞状態だとも感じているんですね。おそらく、あなたは前に進むのか、それとも後退するのか、というう地点に来ているような感じなんですね——あれかこれかというように。どっちつかずでそこにいるわけにはいかないんでしょう。

ク469　うーん。それで、ぼくはこのやりかたでずっと人生を生きていくんだろうか、という感じをしょっちゅうもつんです——どっちつかずな感じで——経済的な事情なんかで稼がなくてはいけなくなるまでは、そのままでやっていって、事情が生じてお金を稼ぐと、今度は空疎な楽しみのようなことに使っちゃうんです。

カ470　ええ、はい。そうですね、おそらくそういうことにもなりうるんでしょう。あなたは状況に真正面から取り組むことを避けて、ただ流れに乗ってうまくやり過ごすことはできるんですね。

ク470　うーん。でもそれは、ぼくにとって、とてもいやな見通しです。つまり、それは悲観的な夢——不吉な空想なんです。

カ471　はい、あなたが見ている道は、どれも難しいように見えるんですね？

ク471　自分のエネルギーを用いる方法を正確に知っていたら、ぼくは一生懸命働きたいんだって本当に思うんです。でも、何がいい心理療法になるのかが分からないという感じなんです。ぼくに分かっているのは、自分が成長できるような状況に入っていくことが正しいということです。でもこれまで、状況はぼくに、深いところでの根本的な成長を何一つ与えてはくれなかったんです——深いところでの変化を。

カ472　なるほど。あなたにとってはとてもゆっくりで、あいまいなものなんですね。

ク472　そのー――ゆっくりって――根本的な変化が起こるということにかぎっていうと、それはゆっくりというふうには思えません。どんなにたくさん――うまくいく状況がどんなにたくさんあっても、深いところでは、この神経症的な状態が変わることはないと感じているんです。そして、ぼくが今探し求めてるのは、ぼくのなかに深く届くような何かなんです――それが周りの環境での闘いが続くということを意味するものであってもいいんです。ぼくは根本的な変化が起きる前に、環境での闘いのために何か新しいことが加わらなくてはならない、という感じがするんです。それで、それが何かということがはっきり分かっていたらなあと思うんです。

カ473　ええ、はい。

ク473　もちろん、今もぼくは、自分を変えるのにヨガの方法をとりたいと思っていますが、でも、それに代わる別のものをまったく気にかけていないわけではないので、何かに取り組んでみたいなと思っているんです。

カ474　さて、そのあたりのことは、また次回話し合ったほうがいいと思います。もし――もし簡単で即効性のある答えがあって、あなたはこれこれのことをすれば気分がよくなるということでしたら――私たちは今問題を解決できるでしょう。でも、あなたの問題は、あなたがじっくりとそれに取り組んで、そこから本当の満足が得られるようなものですよね――あなたが経験していることに目を向けたり、あなたがこれからも積み重ねたいと思ってる満足について考えたりしながら――そうすることで何か道を見つけられるかもしれません――そのときにその道を選ぶかどうかは、あなたが決めることでしょう。

ク474　えーと、ぼくはそうした満足を、何かを達成することから得ているんです。お分かりのように、ぼくはいろんな経験に力づけられてここに来ているのですが、でもここに来ることで自分が望むほど深く変化しているわけではないんです。だから、――その、それがすべてなんですよ、つまり、ぼくの神経症的な満足は、健康な満足よりも深くて重いものなんです。では、ぼくはどうしたらこの健康な満足を、もっと深くて重いものにできるのか――どうしたらこの健康な満足を、神経症的な満足よりもっと貴重なものにできるんでしょうか？　確かに二種類の満足があるんですが、ぼくがはっきりと感じているこの神経症的な満足は、もっと深いものなんです――ずっと深く根ざしてる――ぼくの健康な満足よりもずっと根本的なものなんです――ぼくのこの評価はどうすれば変えられるんでしょうか。

カ475　神経症的な満足がそれほど満足できるものだったら、どうしてそれを基盤にして取り組まないんでしょうか？

ク475　あの、その基盤をもち続けるのはとても苦痛なんです。

カ476　どの方向を見ても大変な選択になるんですね？

ク476　はい。ぼくの神経症は、確かにぼくを悩ませるトゲのようなものですが、そのトゲと一緒に、素晴らしいバラがあるみたいなんです。で、健康な満足のほうはもっと浅薄でたいした中身がないみたいなんです。そしてもちろん、これはまったく評価の問題なんですね。ぼくは評価できそうなことが分かっています――つまり、もしぼくが変われば、健康な満足を評価することができるし、不健康な満足に関心をもたないでいられる、でもね（笑う）、それはぼくのなかに何か変化が起きるということで――ぼくが健康な満足を評価できるようになる前に、ぼくは変化していなければいけないってことなんです。言い換えると、新しい評価というのは変化のことなんです。

カ477　はい。

ク477　それは定義による変化なんです。

カ478　ええ、ええ。そのー、私は思うんですけど――

ク478　しがみついていたいという衝動をとてもはっきりと感じています――自分の神経症をどうしても手ばなしたくないというような衝動です。

カ479　ええ、はい。なるほど。私もいおうとしていたのですが――あなたが、健康な満足よりも神経症的な満足によって生きたいと思うかもしれないということは、確かにありうることかもしれない、と私も思います。

ク479　はい、しかも、この神経症についてのぼくの不満足は、神経症をくつがえせるほど十分深く根ざしてはいないようです。

カ480　あなたはこの神経症を自分にしがみつかせておくのか、それとも捨てて置き去りにしていくのか、決めかねているんですね。そして――

ク480　あの、ぼくはそれを捨てて置き去りにしていこうと決めたとは思うんですけど、どんな手段をとったらいいのかが分からないんです。

カ481　それでは、次回また一緒に考えてみて、どういうふうにその道を発展させられるかを見ていきましょうか。

ク481　ぼくは、今やれたらいいのにって思っているんです。今晩美人のコーラス・ガールとデートするので。

カ482　（笑う）そうですね、そうできたら――それはいつも気持ちいいでしょう、問題を一気に解決することができたらね。

ク482　先生、ぼくの制止については面白いことがあるんですよ――とても深く根ざしてるから、アルコールさえまったく効果がないんです。ある種の制止はアルコールで軽くなるんですが、この深く根ざしてる状態には全然効きません。ところでぼくは、恥ずかしがりで内気な連中が、酔っぱらって制止をはずしてしまうのを見てきましたが――ぼくもアルコールである種の制止がなくなることはありますけど、でもこの深く根ざしてる制止がなくなることはないんです。

カ483　ええ、ええ。あなたの制止はいつもあなたと一緒にあるわけですね？

ク483　ええ。はい。

カ484　そのー、あなたが感じてることは分かりますよ。そうですよね、私があなたに何か薬のような、心理的なものであれ何であれ、そういうものを与えられるはずだと感じておられるのは。でも、私には分からないんです、それが――

ク484　あの、魔法みたいなものはない、ということは分かっています――すべて自分次第だということも――それは魔法みたいなものというより、実際的なものになるんだろうということも。でも、ぼくはとてもはっきりと二種類の制止があることに気づいてるんです――それは、なくすことができる制止と、なくすことのできない制止です、で、このなくすことのできないほうが、ぼくの制止の主要なものなんです。つまり、いますよね――そう、先生もご存知でしょう――そのー、内気で羽目をはずさないような連中を、でも、ぼくはそういった制止は全然もってないんです。ぼくがもってるのは、もっと深く根をおろしている制止なんです。（間）そう、それはすごく陰うつな体験で、飲んでまぎらわせようとしても、そう――飲んでそれをなくそうとしても、それ以外の制止はなくなるんですが、とても深い制止だけは残っていて、だから

カ485　あなたはそれをアルコールでなくすことはできないし、また、建設的な経験で振り払うこともできないと感じていて、だから、実際のところ、今日はそのことでひどく失望した感じなんですね。

ク485　ぼくはいつも、ある希望をもっているんです――そのー、ぼくは方法が知りたい――ぼくは何かはっきりしたもので、自分がやれることを知りたいんです、たとえそれがとても困難なことであっても。

カ486　さて、そのあたりのことをまたすっかり話し合いましょう。では、火曜日の四時か金曜日の四時があいていますが。

ク486　はい。では火曜日の四時で。

カ487　火曜日の四時ですね？　いいですよ。

ク487　分かりました。（長い間）

カ488　今日のお天気は、あなたの気分に合ってるようですね？

ク488　そうですね、気分っていうのはぼくにとって面白いものなんですよ。ぼくはここにいると何だかいい気分になれるんですが、でも下のほうにはまだ何か悪い気分があるんです。これはばかげた相互関係ですね。

カ489　あなたのなかにあるその部分の、また別の徴候なんでしょう。

ク489　ええ。

カ490　それでは、火曜日の四時にまた。

ク490　はい。

全般的コメント

この面接で表されたもっとも重要な態度については、次のようにリストにできるであろう。それらは、前回の面接にお

第六回面接

けるものと、とても類似した態度であることに留意されたい。この二つの面接間における進歩は、一連のどの面接間における進歩よりも目立ったものではないようである。その態度は以下のとおりである。

今回の面接に来るのに、ぼくは大きな努力を要しました。ぼくは依然として停滞状態にある感じです。ぼくが行動を起こすためには、もっと信じることが必要です。

たぶんぼくは、本当に行動を起こしたいとは思ってはいないのです。ボタンを押すことで自分を変えられるなら、ぼくはそうします。

ぼくは先に進んでいく前に、明確な一歩を知る必要があります。

ぼくはまず自分の否定的な感情を追い払って、それから状況に出会いたいのです。苦闘しながら進んでいく満足は、まったく割に合わないのです。

ぼくは人生の状況に入っていく前に、自分を治したい（もしくは治してもらいたい）のです。

積極的な行為はぼくに満足を与えてくれますが、そのような満足は十分にぼくに深く根ざしたものではありません。──つまり、進歩はぼくを落胆させています——進歩が欠如

しているのです。

ぼくは治るための処方箋がほしいのです。先生は何か新しいものを付け加えてくれなくてはならないのです。ぼくは暗闇のなかで足踏みしてるだけなんです。ぼくは万策尽きたと感じています。

たぶんぼくは一生神経症的なところで漂うのでしょう。ぼくの神経症的な満足は、健康な満足よりもっと重みがあるのです。

神経症的であるのは苦痛ですが、しかし同時に喜びでもあるのです。

ぼくはどうすればいいのか先生が教えてくれたらと思います。

ぼくの問題はとても根深いものなのです。

うまくいったカウンセリングという見方をすると、この面接では、深い感情を認知している素晴らしい例をいくつかあげることができる。しかしまた、クライアントをせかしたり、クライアントがまだ受け入れる準備ができていない解釈を与えたりする傾向も見受けられる。カウンセラーは、クライアントの感情が落ち込んで失望しているときや、クライアントが助けを求めているときに、「クライアントの感情とともにいる」という点でもっとも成功しているといえる。カウンセラーは思いやりをもってクライアントが経験している苦闘を明確化しているが、クライアントに選択させようとしたり、

その決定に影響を与えようとしたりはしていない。選択をするのはクライアントであるという事実は、ブライアン氏にとって痛々しくも明らかになってきたが、その決定がカウンセラーから強要されているという気持ちはまったくない。

第五回と第六回における態度は、第四回面接で獲得した自己洞察からのまさに逆戻りであることを示している。獲得された自己理解があまりにも苦痛であることが明らかになったので、クライアントは行く手にある困難な選択から身を引いて、当面は苦痛だが長い目で見ればより満足できる道を選ぶよりも、当面の満足をとる方向、つまり神経症的な道を選ぶかもしれないという徴候を示している。

ここで理論的な疑問が喚起されるだろうが、筆者は答えないでおきたい。それは次のようなものである。第二回面接においてかなり解釈をしようとしたこと、第四回面接において相当の是認を行ったことが、クライアントが直面できるよりもやや性急に自己洞察へと向かわせた可能性があるのではないだろうか？　もしクライアントが自分のペースでこの二回の面接をやりとおしていれば、この停滞状態は避けられたという可能性はないだろうか？　あるいは、十分はっきりした自己洞察がクライアントを落胆させるような影響をもつ傾向があるのは、心理療法の過程における通常の一局面なのだろうか？　この決定ができないという停滞状態は、そこで自分を立て直すことがあまりにもクライアントにとって根本的なものであるという事実によるものであろうか？　こうした問い、そして類似した疑問に答えるためにはさらなる研究が必要であろう。しかしながら、このような急速な自己洞察の発展と、それに引き続くこうした顕著な停滞状態は、筆者が経験したかぎりでは、典型的なものではないということを記しておいたほうがいいだろう。この点において、このケースの進展は、本書の第六章から八章において記述した心理療法的進展の順序に関しては原理的にはそれほどの相違はないが、その時間的進行においてかなりユニークであるといえる。

具体的コメント

ク418　ブライアン氏は来談する自分の強い動機づけを述べてはいるが、彼が遅れて来たということは、おそらく来談することに抵抗しているという徴候であろう。実際に、日時を取り決めるということは、前進するか現状を維持するのかについての彼の深い両価性を浮き彫りにするような象徴でもあるのである。

カ423〜ク424　カ423におけるカウンセラーの深い洞察力のある明確化は、ク423でクライアントが彼の基底にある両価性について語ることをもたらしている。このクライアントは最初のいくつかの発言において、この面接全体のアウトラインを予告するような意味ありげないい方をしている。前回の面接では、彼は自分が停滞状態にあるという言葉でその時間全体を特徴づけていた。この面接は、後で分かるように、「ぼくはそうしたいんです、でもどうすればいいのかが分からないんです――それともぼくはそうしたくはないのかもしれません」という発言で要約されるだろう。

カ425、**カ**427　前回の面接でのカ403とカ404と同様、これらの応答は微妙に解釈的なものである。カウンセラーが解釈を避けて、その態度を明確化するだけであったら、結果はよりよいものであったかもしれない。カウンセラーが自分は変わりたいというブライアン氏の主張を十分に受容していたら、ブライアン氏は本当の両価性を自由に語っていたであろう。

ク428　ブライアン氏はカウンセラーからの明確な示唆を求めているように思われる。そうした手法が役に立たないことをカウンセラーに教えられるのは、経験だけである。この時点ではどんな示唆を行っても、何らかのやり方で反論されたであろう。もし読者がこの点について疑問を抱くなら、次回の面接まで判断を保留していただきたい。

カ429　不幸にもカウンセラーはクライアントの態度を明確化し続けるよりも、このあたりではむしろ指示的になっている。彼は次のように応答できたかもしれない。「誰かがあなたにはっきりした歩みを教えてくれれば、いかに困難でもあなたは前に進むのでしょうが、それがないからあなたはブロックされているのですね」と。

ク430　この発言は、この後に続く内容の基調となるものである――つまり、彼はまず治してもらわなければならない、そしてそうすれば成功を見いだすだろう、ということである。

カ433　ここでカウンセラーは明らかに、変化は自らはじめた積極的な行為からもたらされるものだという考えを、クライアントに受け入れさせようとしている。こうした圧力は明らかに援助的なものではない。

カ440　この発言の後半、およびカ442、カ443、カ444において、カウンセラーはここでもクライアントに、彼自身の選択が彼の言語障害を克服したことと関係があったのではないかということに同意させようとしている。このように強いることは無益である。われわれはここで、第二回目の面接を特徴づけていたものと同様の性急さに気づくのである。

カ449、**カ**451、**カ**453　ここでカウンセラーはブライアン氏の態度や感情をきわめて適切に認知することによって、自分を立て直している。カ455もまた、やや解釈的ではあるが、よい応答である。

カ459、**ク**459　解釈の危険性がこの部分に明瞭に示されている。カウンセラーの発言は状況を正確に描き出しているようであるし、また、クライアントがもっと建設的な気分であれば受容されたかもしれない発言のようにも思われる。しかし、この時点でクライアントはそれを受容することができなかったし、その結果カウンセラーに議論を投げかけているのだが、このとき、本当の論争は彼の内側にあったのだ。このような受容されない解釈によって、クライアントはカウンセラーをある象徴と見なしたり、攻撃の対象にしてしまったりして、その結果、本当の苦闘はすべてクライアントの内側にあるという事実を回避してしまいがちになるのである。

ブライアン氏が本当の苦闘は自分の内側にあるということに気づく姿を見るのは、言葉で表現されるものよりずっと素晴らしいことである。彼は口を滑らせて、自分の進歩が自分を落胆させているといってしまったが、これこそ真実である。彼がなし遂げた進歩は、圧倒されるほどの困難な決心とまともに向き合えるようになった、ということなのである。この面接の根本的な非指示性は、この彼のケースそのものを台無しにしてしまうかもしれないような彼自身のいいまちがいを、彼が自由に指摘していることに明らかに示されているといえよう。

カ462　これは要約的な理解であり、やや解釈的ではあるが十分受け入れられている。

カ465　これは少々おかしな応答である。カウンセラーはク452に対して、また違った理解を与えることで、思考の流れを壊してしまっている。

カ468～カ471　この部分においてカウンセラーは、表現された態度の反射に見事に成功している。彼の応答は、クライアントが状況におけるすべての悲観的な可能性を十分探求するように導いており、それゆえ、クライアントがそうした悲観的な考えから離れることをいっそう可能にしている。

カ474　この発言はおそらく、この場面を構成するのに役立っているだろう。ある意味では、何か「宿題」のようなものではあるが、それほどはっきりとしたものではない。

カ475　いずれかといえばこの思い切った言葉遣いは、もっともよいものとはいえないが、しかし、神経症的な生き方が本当の可能性をあらわしているという事実を十分に認知することは、とても援助的であるといえる。それがク475やク476を導いており、そこでブライアン氏は自分の両価的な欲求をかつてなかったほどはっきりと言葉にしている。事実、彼は発言のなかで、神経症についての古典的な定義といえるようなものを見事に提示している。「ぼくの神経症は、確かにぼくを悩ませるトゲのようなものですが、そのトゲと一緒に素晴らしいバラがあるみたいなんです」と。

カ484　これはクライアントの根底にある助けを求める願いをしっかりと認知している応答である。これはおそらく、ク482の語調の変化に基づくものであろう。そこでは彼の沈んだ気分がはっきりと表れている。確かにこの面接全体が表しているのは、援助の求めであるし、またカウンセラーはこの事実が十分に明らかになるようによくやっているといえる。カ485はそうしたことをこれまで以上に明確化している。このあたりではおそらく、第一回面接で彼が自分の問題を最初に語っていたときと同じくらい落胆した気分が表されている。しかしながら、ここにはきわめて顕著な違いがある。第一回面接においては、彼は自分の問題ゆえに落胆し失望を感じていた。しかしここでの彼は、問題の原因がはっきり分かっていて、その原因に対処できる資源をもっていないと確信しているから落胆し失望しているのである。

第七回面接

十八日　火曜日

（ブライアン氏はこの回の面接に三十分近く遅れて来た。約束の時間が少し過ぎた頃、彼から、遅れたけれども必ず行くということと、面白いことを話したいという電話があった）。

カ491　まだ少し息切れしてますね？

ク491　ええ、まあ。結構早足で来たもので。遅くなってすみません。（間）昨晩あるバーで、酒を飲みながら自分のことや心理学なんかについて考えていたんです。で、ここに少し書き留めたんですよ。（紙を一枚取り出す）

カ492　なるほど。

ク492　何を書いたかといいますと、先日お話したような、自分がしゃべらなくてはいけない状況のことなんです。私たちが話したことのなかに、無理やりそういう状況でしゃべるようにするんだ、というのがありましたよね――まあ何年もやったことなんですが、そうした状況では、確かに改善もあったようだということでした。それでもし、ぼくがこのやり方をすべての症状に適用したら、症状の底にある根本的な否定的なものはどういうことになるんだろうって思ったんです。症状を一つひとつ攻撃することで、症状全部の根元部分を攻撃できるのか、それとも新しい症状が現れたりするようなことがたびたびあるんだろうか、とか。

カ493　症状の一つの面を攻撃することは、どこか別のところに症状を生みだすだけではないかと思ったわけですね。

ク493　ええ、ええ。そのやり方は十分に根本的なものではないのかもしれません。

カ494　それはその根元部分がどういうものであるか、ということにもよると思いますが。

ク494　そのー。でもぼくの話し方は改善されたけれど、深く根ざしている否定的な感情は依然として存在していて、不意に別のあらわれ方をするんだということが分かりました。で、こういう感じももったんです――それは三杯目の酒を飲んだ後だったと思いますが――自分が神経症的に抵抗を感じるようなどんな、またあらゆる状況にも、頑張って自分を追いやるべきなんじゃないか、そしてそれで改善するようなら、その改善についてよく考えて、その満足を正当に評価すべきだって。それが否定的な感情を徐々に改善していく方法なのではないかと思うんです――もちろん、これと相容れない考えもぼくはもっていて――その方法でさらに悪化するかもしれない――つまり、さらに気分を悪化させるような、挫折的状況に出くわすかもしれないと思うんです。そこで、自分を状況へと追いやるように助言しているのは、健康な自己なのか、それとも神経症的な自己なのか、どちらの自己なんだろう？　と思うわけです。つまり、どちらの自己なのか分からない——

カ495　二つの自己をはっきり見分けることができない、と感じているのですね。

ク495　まあ、よくなるのかもしれないし、悪くなるかもしれないですね。それでどちらから——どこからその助言が出てきたのか分からないんです。で、とにかく昨夜、ぼくは治る見込みのあることなら何でもやってみたい、と思っていることを確信したんです——つまり、ぼくは安易な道を求めてなんかいない、ということを。ただ、具体的にどうしていいのかが分からないだけなんです。それに少し思ったのは——

カ496　あなたが話されていること——たった今話されたことは、あなたがこうしようと考えていることの一部でなんですね。

ク496　ええ、ええ。それからぼくは、先生の技術について考えたんです。先生の技術は、神経症者に自分で治療法を処方させるようなものではないか——つまりそこでぼくが自問したのは、ぼくの処方箋が意味するものは——ぼくが作ったあの、さっきの処方箋ですが——それが意味するのはどういうことなのか。つまり、先生の技術は一般的にいって、すべての人に対して同じものであるのか、それともそれは神経症をどうにかしたいと思っている人に対して、個別的にどうしたらよいかという手がかりを与えるようなものなのか。というのは、個人に健康な欲求が芽生えてくるわけですが——その芽生えてくる欲求が、自分という特定のケースにどう対処していけばいいのかの手がかりとなるのか、それともそれも一般化された技術のようなものなんですか？

カ497　その両方じゃないでしょうか。それにしても、見事に言葉にされましたね。というのも、それぞれの人は——神経症であろうとなかろうと——本来、自分の処方箋を書かなければならないんですよ。誰かがその人のために処方箋を書けるなら、それは結構なことですが——どうしてその誰かに書かせるんでしょう？　掘り下げて考えてみると、あなたがどんな風に歩んでいくのか、状況をどのように改善していくのかについて、いったい誰がそれを知っているんでしょうか？まあ、あなただって簡単には分からないでしょうが、他の人が教えてくれるわけでもないでしょうね。

ク497　その—、ぼくはそこでかなりはっきりした確信をもったんですが、この芽生えてくる健康な欲求というものは、知らず知らずのうちに個々人を達成へと導く手段をもっていて、個人がその欲求について何かをしたいと思っているという事実が、取るべき手段の手がかりを提供してくれる、ということです。それはたぶん、かなり直感的なものなんでしょうが、しかしだからといって無益なわけでもないでしょう。つまり——

カ498　事実、あなたの場合にそういうことが起きている、ということに気づいたんですね。

ク498　そうなんです。ぼくははっきりと感じたんです――それでこういいました、「さて、今や真空のなかで自分を治すつもりではないことがはっきりした。ぼくは、本当の状況に直面していくことで、成長を遂げることができるんだ」と。また「そう、あれはいいかげんな話だ――この前自分がいっていたことは。探し求めていたのは、状況を回避する道であって、治癒の道ではなかったんだ」ともいいました。そんなことを書きとめたんです。

カ499　なるほど。前回あなたが話していたそうした言葉は、「前に進みたいのか、それとも後戻りしたいのか？」という苦渋の命題のまさにもう一つの要素だった、ということがかなりはっきりと分かってきたのですね。

ク499　ええ、ええ。でも新しい目標をもったとたんに、自分にいろんな手段を処方することができるようになっているんです。古い目標のためにいろんな手段を自分に処方してきたのと同じように。

カ500　確かに。まったくそのとおりですね。われわれは心からそうしたいと思っていることには、それをうまくやる方法を見つけるものでしょう。

ク500　ぼくの満足というものは、もちろん、満足を達成する手段のことです。それが意思によるものであろうと、深く根ざした無意識的なものであろうと。つまり――

カ501　そうでしょう。

ク501　肉を食べる場合ですと、肉を切るというのは意思による行為でしょう、でも肉汁なんかが流れ出たりするのは意思には関係ないことです。でも両方とも同じ満足を得るためのものなんです――食べる満足という。

カ502　そうです。なるほど。

ク502　それで、さらに続けたんですが、ある人が自分にいうとしますね、「健康になるためだったら何でもする」と。で、家で何にもしないでじっとしているんだったら、言葉や決心には意味がないんです。そうした言葉や気持ちだけでは、実際にどう行為するかという肝心なテストに合格するはずがありませんから。それに、自分を治すことについて本気だっていうことは、健康な活動だと自己が見なすもののなかに入っていかなければなりませんし、そこで何かを達成することで成長するんです。ここにはカッコ内に注を入れておきましたが――「この方法で悪化する人もいるが」ってね。（笑う）

カ503　（笑う）バーでかなりご自分に講義されたみたいですね。

ク503　はい。まあ、そうなんですよ。そう、どれどれ――（読む）「達成することで成長し、そしてこの達成を価値づけよ」。ぼくはある種の――どんなちょっとしたことを達成するにも、ある種の瞑想録のようなものが必要だと思います。それを過大評価することは――そういう人もいるでしょうが――もちろん、これはすべて相対的ないい方なんですが。しかし少なくとも――

カ504　そのー、おそらく目標との関係から見ているだけなんでしょうね。つまり、あなたが前に話されたことを例にとると――私が興味をひかれたことの一つですが――写真の仕事で、同好会の人たちとの状況を上手く処理したことがありましたね。でも、あなたがそれを他のことと切り離して、一つの出来事としてだけ見ているのでしたら――いったい、その価値とは何なのでしょうか？　あなたがそのことを、前進することと――もっとよい方向で現実の状況に直面すること、との関連において見るのだったら、それは何らかの価値をもちますよね。

ク504　ええ、ええ。もちろん、ぼくが反応しているときは、そりゃあ、すっかりそんなこと忘れてしまいがちですが。

カ505　それはそうでしょう。

ク505　それは忘れてしまう、たいしたものではないような――そんなようなものなので、だから人は、現実の状況を常に経験し続けるべきではないかと思うんです。

カ506　ええ、はい。

ク506　そして、ぶり返しが起きる場合には、どんな技術が必要なんだろうと考えたんです。ぼくが思うには、そういうときこそ、自己を病的にしてしまうのではなく、よりしっかりと決意し決定するようにすべきなんです。

カ507　あの――そして、そこで役に立つかもしれないことがあります。ぶり返しは何の理由もなく起こるものではないでしょう。くだらない理由かもしれない――本当に些細な理由かもしれませんが、それがあなたをこう感じさせるわけです、「ああ、調子がよくないなあ――これは苦闘する価値がないな」といいうように。そして――

ク507　まあ、その人自身にとっては、くだらなくもないし、些細でもない――

カ508　はい。そのとおりです――でもあなたは――あなたの目的がまさにはっきりとしたものであったら、あなたは十分客観的に、何が自分をそんなふうにしたのか、つまり、何がこの悪い気分の原因なのかを見極めることができるでしょう。

ク508　ええ、はい。そういうものは通常つながりがありますね――つまり、何らかの自己中心的な後戻りとか、当てにしていた信頼が裏切られたとか、あるいはまちがいが拡大していくとか――そういったものです。

カ509　はい。そのとおりです。

ク509　成功は成功をはぐくみ、失敗は失敗をはぐくむ――そのようなものですね。

カ510　そして、あなたがその原因となった特定の出来事から問題を見ることができれば、「そう、やってみる価値のあるものはどこにもありやしない」と感じるほど、それは抵抗できないものではないでしょう。それは全般的な気分であり感情であるんですね。しかし私たちは、ときには特定の出来事から問題を見ることができますし、そうすると問題はそれほど重大には思われないでしょう。

ク510　ええ、ええ。（間。自分のメモを見ている）何を書いているのか分からないところもあるなあ。

カ511　まあ、書いてあることが今までおっしゃったくらい素晴らしいものでしたら、時間をかけて解読してほうがいいでしょう。（笑う）

ク511　そのー、ぼくはここのところで悲観的な考えになったんです——ぼくの目的の大部分は自己崩壊してしまうかもしれない、と。ぼくは徴兵を免れるために、それほどたいしたことをやってきたわけではないんです。なので、ひょっとしたら戦争に行くことに対して、ある種の隠された動機づけのようなものをもっているのかもしれない、と思ったんです。それは病的なほうの自分なのでしょうが——あるいは、おそらく戦争に付随している魅惑的な条件に影響されているのかもしれませんね？　以前ローラーベアリングの工場の仕事に応募したことがあるんですが、ぼくはそこに行って、しばらく彼らに厄介になるべきだったのかもしれません——それは工場に就職するためのよくある技術なんです——自分が仕事をしたいということを伝えなくてはいけないんです。申込書にサインするだけでは不十分なんですよ。

カ512　ほう、あなたが申込書をお書きになったとは興味深いですね。それに徴兵について考えるあなたが、以前のようには当惑していない様子にも興味をひかれますよ。

ク512　あの、結構自信があるんですが、徴兵猶予の適用を受けるための技術を二、三思いついたんです。行きたくないという気持ちは今も強くありますから。

カ513　なるほど。

ク513　どうしたらいいのか分かっているわけではないんですが、でも——まあうまくいくんじゃないかと思います。何書いてるんだろう、わけが分かんないな。（自分のメモを見ている）（間）ああ、これはぼくが話をするようになった女の子と関連したことだ。その女の子が、ストリップ・ショーなんかやらなければいいのにっていったものだから、なぜ彼女がそれに反感をもつのか分析しようとしていたんです。彼女は張り合ったりすることが嫌なんだろう、とぼくは考えたんです。つまり彼女は、ショーの女性のほうが自分よりも勝っていると感じていたか、それとも、自分にはないが、他人のなかにあるやましさを非難したいという秘密の欲求をもっていたか、そのどちらかだと思います。

カ514　ご自分の動機を吟味するように、他人の動機も少しばかり吟味されていたんですね？

ク514　はい、そうです。ぼくはいつもそういうことをするんです。そう、いつも、自分よりやや多めに他人を分析する傾向があるようです。（間）そう、そこでこのことをまとめあげてみると、ぼくはありとあらゆる健康な状況を探し出し、その健康な状況に入っていくべきだと思います。ぼくは、ある妙なことに気がついたんです。この大変な道を、たとえそれが長い道のりであろうと選ぼうと決意したときに、ぼくは、ある真空中で決意したにもかかわらず解放されたんですね、（笑う）だから、さっきの分析に戻りますが、人は自分の神経系だけを経験して重要な決意にいたるわけですが、でも同時に、その決意は外部的な状況によって育まれなければならないんです。本当に心からそれが意味があると思えるようなときには、人は真空中で決意できるんですが、真空中でそう思い続けることは、とても大変なことなんではないでしょうか。

カ515　それに先ほど指摘されていたように、真空中で何かをすると前に考えておられたことは、実際には、それほど決断を下したいという欲求が強かったのではなくて、決断することから逃れたい欲求のほうが強かったのかもしれないというですね。

ク515　ええ、はい。まあ、いろんな種類の仮面があるということです。（間）で、先生はぼくの処方をどう思われますか？　何か付け加えていただけますか？

カ516　いいえ、付け加えることはありません――いや、二人で細かい点を付け加えることはあるかもしれませんが、あなたの処方は本当に長期間にわたる満足に向かってなされたものだと思います。あなたのいうとおり――それは大変な道かもしれませんし、また、長い道のりなのかもしれませんね。しかし――

ク516　少なくとも唯一の道です。

カ517　あなたが今はっきりと確信しておられるように、長い目でみれば他の方向よりも、より満足を与えてくれる道なのでしょうね。

ク517　ええ、ええ。他の方向は、長期間のかなりの不満足をともなうような短期間の満足のように思えます。もちろん人間の心は妙なもので――とても短い瞬間で動機づけられることもありえます。ある友人が本を書きたいといっていたんですが――学問上の偉業をなし遂げたいからではなくて、ある女の子に賞賛してもらいたい――その女の子がやってきて、自分を賞賛してくれたらという夢をもっているんだそうです。そして彼はこうもいったんですが、その理想の女の子が、自分の本にそんなふうに反応し、その本を書いた自分を賞賛してくれるという一瞬があれば、もうそれだけで十分な満足だって――つまり、彼が心から望んでいることは、そういうことだというんです。ただその一瞬だけ。時間には重みがあるようですね。つまり、ある瞬間はとてつもない貴金属のようですし、別の瞬間はそうでもないわけです。

カ518　そして、前回話し合って以来、とても重みのある時間があったということは、とてもはっきりしていますね。

ク518　はい、そのとおりです。で、ここにはある実際的な要素が入り込んでいます。たとえば、ぼくには二つの健康な状況の選択肢があるとしますね。ぼくは先に易しいほうに取り組んで、大変なほうを後回しにすべきか、それとも先に大変なほうに取り組むべきなのか？　挫折するリスクを抱えながらもより大きな満足が得られるチャンスに賭けてみるべきか、それとも先に易しいほうをやってから大変なほうに取りかかるべきなのか、どちらなんでしょうか？

カ519　それは難しいですね。その場合たとえば、自分がどのくらい挫折に耐えられるかと考えているのでしょう。

ク519　はい。

カ520　結局、あなたが行き着く先は、成功しても失敗してもそれほど問題のないような、そういうところなのではないでしょうか。

ク520　たぶん、気分に左右されるところが大きいのかもしれません。ギャンブル的な気分のときもあります――オール・オア・ナッシングのような。そうかと思えば、「さて、ここで失敗すると痛手は長期に及ぶかもしれないし、ほどほどの成功でもそこそこのものが得られるなら、もっと簡単な目標を――それを選んだほうがいいか」ということもあるんです。結局それは、むしろ柔軟な対応といえるものなのかもしれませんが。

カ521　私には、それに対応できるような確実かつ迅速な法則は、とても見つけられませんよ。

ク521　ええ、ええ。ときには、ある状況でのおそるべき成功が、治癒をひと月早めるようなことがあるかもしれませんね。何か目ざましい成功があれば――たとえそれが大変な覚悟を要するものであっても――永続的な治癒を達成するための時間を短縮する、という利益をもたらしてくれるかもしれません。

カ522　そういうこともありうるでしょうね。あなたは治癒への道はすべて成功である、と感じているのですか？

ク522　それは成功という言葉が何を意味しているかによります。成功が、あらゆる状況を完全に支配するという意味なら――答えはノーです。でも、成功が、浮き沈みに耐える能力を意味するのなら――答えはイエスです。

カ523　そのとおりですね。そう、私はあなたがそれをどう定義されているのか、はっきりと分からなかったのです。そう、正しい道というのは――

ク523　人が一〇〇％の環境的な成功を必要としているんだったら、その人は、自分の不適応の感情を隠そうとする、ある種の成功癖にとり付かれているということになるんでしょうね。つまり、自我はそこまで補強される必要はないんです。

カ524　はい。そして本当の成功、あるいは成功の実感は、おそらく自分から進んで精いっぱいやることからもたらされるものなのでしょうね。たとえ客観的にみて、結果がどうであっても。

ク524　そのー、いわば頑丈な船をもっている気分です。どんな天候にも耐えられるような、そしてその船であれば天候をまったく気にする必要がないような。

カ525　ときには嵐が帆を破ることはあるかもしれないけれど、それでも頑丈な船だという実感をもつことができるんですね。

ク525　ええ、ええ。で、ぼくは今、二週間ほど旅行するチャンスをもっているんですね。先生の考えですと、この話し合いを中断するのは好ましくないでしょうか、それとも――

カ526　いいえ、そうは思いません。実は、そうしたことをどのようにすればいいか、私も話そうと考えていたんです。というのは、私もこの二週間のうち何日かは、休暇で出かけるつもりでいましたので。

ク526　そうですか。ぼくは土曜の朝——今週の土曜日の朝に出発して、それで、帰ってくるのが、ちょっと待ってくださいー——三十日だったと思います。何日に——先生はお帰りはいつでしょう——

カ527　はい、少なくともあなたが次に、いついらっしゃれるのか分かりました。次回は——そうですね、来月のはじめのどこかで。もしよければ、今週の金曜日にもう一度お会いできますが。

ク527　分かりました、それはよかった。今日は写真の仕事が一つあるんですが、もしかすると二つになるかもしれないんです。あるちょっとした有名人に、彼の結婚式の写真をぼくが撮れるようにお願いしているところなんです。（その詳細を述べる）いいものになると思いますよ——気に入ってもらえるだろうと思っています。

カ528　とてもいいですね。

ク528　三十分の仕事で二十五ドルになるんです。

カ529　とすると、それはむなしい決断ではなかったわけですね？

ク529　ええ。そういうむなしい決断はハムレットを思い出させませんか？（笑う）ハムレットが座って、長い一節を独白するところです。先生はこういう夢を見たことがありませんか、とても喉が渇いていて、水を次から次へと飲むんだけれど、いくら飲んでも満足できないという夢です。つまり、飲んで、飲んで、飲んで——つまり、水を飲んで——

カ530　ええ、ええ。

ク530　——それでもなお、喉の渇きはいっこうに満たされない。真空のなかで決意するということは、突きつめるとそんなものなのかもしれません——夢のなかで水を飲むようなものです。

カ531　なるほど。あなたはそこで、確かに何かを手に入れたのだけれど——

ク531　ぼくはひらめきは手に入れたんですが、それは最初のひらめきで、それは現実の状況によって養われ続けなければならないものだと思うんです。ぼくは、現実の状況に入っていこうと決意したときに、健康な感情を手に入れたんですよ。でも、現実の状況に実際に入っていくことで、すぐにその感情を確固たるものにする必要がある、とぼくは感じたんです。真空のなかで決意をもち続けるよりも。

カ532　はい。それに私は、あなたが先ほどいっておられたことも正しいと思いますよ。真空のなかで考えることは悪いことではありませんが、しかし本当の成長は現実の状況と接触しているときにはるかに生じやすくなるのですね。

ク532　そのー、自分を偽って問題を解きやすくしても意味がないでしょう、ぼくがよくやっていたことかもしれませんが。

カ533　そういうことでしょう。

ク533　というのは、決意は誠実でありえる、または、誠実なようでありえるからです。

カ534　それはとても重要な――

ク534　それが本当に試されるのは、外に出かけていって、状況に入っていくときでしょう。

カ535　そう、あなたは自分の処方箋を書くという仕事を、本当によくやったと思いますよ。その紙はとっておいたほうがよいのではないでしょうか。(笑う)

ク535　ええ。それで、ぼくは自分を信頼できたらもっと満足できるんじゃないかと感じたんです。それに先生の役割は、ひどく暴きたてるようなものではなくて、温かく示唆してくださるようなもので――ぼくに自分自身を発見させるような。それは、先生がもっともとりたいと思う役割なんじゃないか、とぼくは想像しています。人によっては、他の人よりも先生にずっと寄りかかる人もいるのではないかと思いますが。

カ536　なるほど。誰かに寄りかかるということが本当の支えにはなっていないという事実を、よく見かけるということですね。つまり、それが支えに思われるのはほんの短い間であって、最終的にはその人自身に戻って、そこでその人は――

ク536　それで先生は、前回の分析のときに時間を使っていたんですね。分かりました、確かにそれは、「ブルータス、おまえもか」ということになるんでしょうね？

カ537　いいたとえですね。「ブルータス」はここではかなりうまくやったようですから。(笑う) さて、これから少しやらなくてはならないことがありますので――つまり、約束の時間以上には時間をとれないのですが、よろしければ、金曜日の四時にもう一度お会いできますけれど。よろしいですか？

ク537　大丈夫です。

カ538　そのときに来月はじめの約束もしましょうか。

ク538　ええ、はい。

カ539　オーケー。

ク539　たぶん今度の旅行は、体にいいものになるでしょう――まあ、心と体に線を引くことは無意味でしょうけど。

カ540　確かにそうですね。いずれも悪くはならないでしょう。そのー、私が思うには――

ク540　ぼくは旅行中でも写真の仕事はやろうと思っています。自分を元気な状態にしておくために。

カ541　そうすると、まったくの休暇というわけではなく、それはまた――

ク541　例の器材――器材をぼくがうまく売ったりするからといったことを、そのオーナーに説得しようと思っているんです。

カ542　なるほど。

ク542　もちろん、利益を分けるのは少々がっかりですけれど。自分の器材があったらなあ。それは少し遠くにあるんですが、とても大きくてどっちにしても引っ張り出せないんですよ。

カ543　あなたの器材は遠くにあるんですか？

ク543　ええ。なのでここでは器材を借りているんです。何人か知ってる人はいますが――もちろん、彼らはしょっちゅう器材を使っているので――ぼくがそれを借りるために走りまわらなければならないんですが、でも、少なくとも手には入りますから。

カ544　ええ、ええ。

ク544　もちろん、自分のカメラや器材をもっているにこしたことはないいんですが。

カ545　それにこしたことはないでしょう。

ク545　では、金曜日にまた。

全般的コメント

今回の面接中に示された進歩について議論するには、この時間全体をとおして表現された自発的な感情を示すことからはじめるのがよいであろう。それは次のようなものである。

ぼくは、一つずつ症状を攻撃することは有益ではないと思います。

ぼくは頑張って自分をあらゆる状況に追いやり、獲得した満足を正当に評価したいと思います。

ぼくにはこれが健康な欲求なのか、それとも不健康な欲求なのか、はっきりと分かりません。

ぼくは健康な欲求の芽生えを感じるときには、それを達成する手段を見出すことができます。

ぼくが真空中で自分を治すといっていたことはナンセンスでした。

ぼくは現実の状況に直面することで、初めて成長を達成できるのです。

ひょっとすると、こうした勇気は自己破壊を導くことになるかもしれません。

ぼくはあらゆる健康な状況へ入っていって、その状況に直面しようとしているのです。

ぼくは、大変な道を選択することを決意しました。それがぼくにとっての唯一の道です。

ぼくは自分が、どんな天候にも耐えることのできる頑丈な船である、という気持ちをもちたいのです。

ぼくは、自分の仕事に関してイニシアチブをとろうと計画しています。

ぼくは真空のなかではなくて、現実の状況のなかでこの問題を解決しようとしています。

ぼくは、先生ではなく、自分を頼りにしたいと思います。

以上のような態度は、ブライアン氏が過去二回の面接で神経症的であることと成長することの間を揺れ動いた後、驚くほど明確で鮮かな成長への道を選んだという事実をとても生きいきと示すものである。第六回と第七回の面接の間に、蓄積された自己洞察が肯定的な決断へと移され、その決断は明確な解放感をもたらしている。表現されたこうした態度は、過去二回の面接に表れていた弱さや無力さとはきわだって対照的なものである。危機は完全に過ぎ去った。クライアントは、このきわめて重大な選択を行い、そして前進するための資源を自分のなかに発見したのである。カウンセラーは、必要以上に能動的な役割をとっているところもあるが、いずれかといえば適切にこの場面に対応している。いうまでもなく、クライアントが明らかに進歩の途上にあるので、カウンセリングの細かな技術はそれほど重要ではなくなっているのである。

前回の面接でブライアン氏が、はっきりとした示唆、すなわち処方箋を求めていたことを思い出すと、ここではそうした話題がいかに重要でないものになっているかということに、十分留意するべきであろう。今や彼は、いったん目標が明確に選択されれば、その目標に到達するための段階を発見するのは比較的単純な問題であることに気づいている。さらに彼は、そうした段階を発見するにあたって援助してもらいたいとは思っていないということも認識するようになった。彼は自分で自分の処方箋を書くことを望んでいるのである。われわれが人間の行動の変化を理解したいと思うならば、この種の素材はもっとも深い意味をもつものであるといえる。この問題の核心は、動機づけの変化なのである。

読者のなかには、今回の面接を特徴づけているクライアントの自己信頼の増大や勇気ある決意が、一時的なものではないかと尋ねたい人がいるかもしれない。これは、ある種の転換の経験に過ぎないものなのだろうか？　逆戻りがあるのではないだろうか？　永続的なことといえるものが、こんな短期間で達成されうるのだろうか？　こうした疑問に対しては、二つのコメントを加えておきたい。第一に、この選択は圧力をかけられてなされたものではない、ということである。それはこのクライアントに「売りつけ」られた選択ではない。それは、一つの道が他の道よりも望ましいものに見えるように人為的に作られたうえでの選択でもない。それは、さまざまな決心をめぐる暗澹とした困難な面を十分に直視した後で、初めてなされた選択なのである。神経症的な解決は、トゲのある痛々しい解決であると見なされていたが、「でも、そのトゲのそばに素晴らしいバラが咲いている」のである。成長による解決は不可能で、直視できないほど困難なものであると見なされていたが、そこには自己の尊重、よりすぐれた達成、長期間にわたるより大きな満足といった重要な価値も含まれていた。何が含まれているのかをはっきりと見据えたうえで、クライアントはカウンセラーに振り回されたり影響されたりせずに、まったく自立的な選択を行った。こうしたことから、この選択が永続的なものであると考えるだけの理由があるといえよう。

第二に強調すべきことは、ここでなされた選択は、確かに大変なものではあるが、とても正確なものである、ということである。というのも、この選択によってクライアントはより大きな満足を得ているからである。こうした満足はこの選択をこれからも強化し続けるであろう。このことが、今回の面接でクライアントが達成した選択が永続的なものであるという、もう一つの保証となるといえるであろう。

具体的コメント

ク491　これは、遅刻したことについてブライアン氏が行った唯一の釈明である。彼は時間に遅れた理由を説明してはいないが、しかし今回の面接の内容は、この遅刻が抵抗や両価性によるものではないという事実を十分に示している。この発言はまた、カウンセラーが非指示的であり、その主導権がクライアントにゆだねられているならば、心理療法のリアルな働きの多くが、面接と面接の間で生じているという事実を例示するものでもある。

ク494　ここでブライアン氏は、自分がとれる段階について、建設的なやり方で自ら描きはじめている。この発言の後半は疑念がこめられているようである。この発言とク511の発言は、クライアントによって語られた最後の否定的で悲観的な態度を表現するものである。しかし、もちろんカウンセラーは、これが最後であることに先に気づけるわけではないが。こうした表現はあたかも、クライアントが前進していくなかで、過去においては大きな役割をもっていた退行的な方向を最後にはっきりと示しておきたい、と感じているかのようなものである。

ク496〜ク497　この部分は、この後に続く面接の流れを見事に根拠づけるものである。「健康な欲求の芽生え」が、その求めるものを獲得するための「とるべき手段の手がかり」をともなっているという事実を十分に認識することは、しっかりとした援助的処置の決定的な根本原理である。カウンセラーは、カ497でこの状況を見事に取り扱い、またそこで、彼は心理療法関係の構造を再び明確化している。

ク498　面接と面接の間で生じた進歩について疑問があれば、前回の面接のク449〜ク452を読んでもらえれば十分であろう。そこでブライアン氏は、自分が新しい困難な状況に入っていくためには、そうする前に治っていなければならない、ということを力説していたのである。

ク499〜ク502　この部分はまさにスリリングな発言である。この発言は、ブライアン氏が求めていたもっとも深い自己洞察と処方を含んでいる。彼が第五回と第六回の面接で自分に与えられねばならないと感じた「情意的な決意」がついに達成された、ということは明らかであろう。ひとたび新しい目標が選択されれば、通常の人知は、その目標を達成する手段を発見することができるのである。しかし、目標が変化しなければ、それを達成する方法についての示唆は無益である。ここでの発言は、前回の面接のク428で示唆を与えたほうがよかったのかという疑問に対する、もっともよい回答である。クライアントがそのときには示唆を受け入れられなかったことは明らかである。今、彼はそうした示唆を必要としてはいない。なぜなら彼は自分でそれを行うことができるからである。

カ504、カ507、カ508、カ509、カ510　カウンセラーはここで起こっていることの意味について少々解説を加えたいという誘惑に負けている。過去二回の面接でカウンセラーは、ブライアン氏の決意の直前で苦渋している姿を「支える」という不確かさに耐えながら、心理療法の決定的局面が過ぎるのをじっと待っていた。したがって、ここでカウンセラーの側に多少なりとも安心した気持ちが生じたことについて、あまりに批判的になり過ぎるべきではないだろう。しかし、こうした発言は害がないとはいえ、それほど役立つものであったかどうかは疑わしい、ということも明らかである。カウンセラーに突きつけられる難題は、次のように要約できるであろう。つまり、否定的な感情や葛藤が表現される面接初期の局面では、カウンセラーは自分の個人的な見解をさしはさむことは控えなければならない。なぜなら、カウンセラーの個人的な見解はその過程を壊してしまうかもしれないし、また確かにそれを遅らせてしまうからである。また、面接後半の建設的な段階においても、カウンセラーは自分の個人的な見解を無理に押しつけることは差し控えたほうがよい。なぜなら、それは不必要であるし、その状況はクライアント自身によって対処されるほうがずっとよいからである。

ク514　もし第四回面接がこのケースにおける高度の自己洞察を表しているというなら、ここには確かに高度の肯定的な決意がある。ブライアン氏は、はっきりとしかも明白に神経症的な回避という弱々しい道ではなく、成長という大変な道を進もうと決心している。とくに過去二回の面接で、前進するということの困難で危険な側面を十分かつ誠実に直視した彼は、それにもかかわらず成長の道を選んだのである。その長い期間におよぶ満足は、神経症というより即時的な満足に打ち勝ったのである。

カ516、カ517　カウンセラーは決定的な選択が行われたことについての明確な認知を伝えている。

カ518　これは今表現された感情についての認知ではない。留意すべき重要なことは、クライアントが建設的に前進しているときはカウンセラーの側における些細な誤りはそれほど重大な意味をもたないし、ほとんど有害ではないということである。

ク518〜ク525　この部分全体を通じて、第四回面接でみられたのと同じような「一体感」をここでも感じる。クライアントもカウンセラーもほとんど警戒せずに、互いに相手の考えを補い合い、また、いずれも相手の考えを十分に受容することができている。

ク524　ここでブライアン氏は、このような心理療法の目標、あるいは、健康な精神衛生全般の目標についての古典的な定義を行っている。頑丈な船をもつこと、そしてどんな天候にも耐えることができるということ――それは本当に建設的な目標である。ここには問題を解決してもらいたいとか、困難な問題を回避したいといった欲求は存在しない――ここにあるのはただ、人生の困難に直面していけるだけの内面的な強さを望む欲求だけである。

ク527　これは、積極的な行為をともなう決心の遂行であり、面接の終結段階の重要な局面を形作るものであるといえよう。カウンセラーはカ529で、その意味についてとても適切な理解を示している。

ク531～ク535　ここでもまた、面接の最後の段階における、心理療法の共同的な面を見ることができる。クライアントとカウンセラーは協力しあい、共同作業を行っている。

ク535　これが三日前に、「変化が生じる方法に関して暗闇のなかにいます」（ク427）、「ぼくはどの道を選んだらいいのかよく分からないんです」（ク438）、「確かにぼくは解決を求めています」（ク468）といっていた、そのクライアントであることは信じがたい。この面接の五日前に彼は、カウンセラーに「帽子からウサギを取り出すようなことをしてくれたら」と願っていたのである。今や彼は自分を頼りにし、しかもそれを誇りに思うところまで到達した。これこそまさしく進歩である。

ク540、**ク542**、**ク543**　これらの肯定的で実際的な段階は、以前に語られていたこととはまったく違ったものである。これらの発言は、自分が今何をしているのかに関心をもつ人の発言であり、もはや自分だけに関心をもっているのではない人の発言である。

第八回面接

二十一日　金曜日

カ546　さて、休暇まであまり日がないわけですね？

ク546　えーと、あと一週間くらいでしょうか？

カ547　ちょうど一週間ですね。

ク547　あの、ぼくは明らかに新しいことに気づいてきています。揺れているというより、だんだんと確実によくなってきていると思っています。自分が前より安定してきたようで、しかも自分の成長が、躊躇したり揺れたりというよりも、けっして楽ではないけど確かなもののようなんです。

カ548　ええ、はい。

ク548　たとえ大変なことでも、ぼくは状況のなかに入っていきます。すると気がつくんです、いわば恐れずに難局に当たってみると、なぜかそれは、考え込んでいたときほど悪いものではないんですね、たぶん——そのー、前によくやっていたように、長いこと考えていたときほどには。ぼくは自分にこういいます、「そう、ぼくははっきり分かっている、この状況を避けたら、またこれまでと同じような泥沼にはまるだけじゃないか」って。しかも、自分がこれまでと同じ泥沼にいたくない、ということはよく分かっています。なので、ぼくはかまわずに状況に入って行くんです。ぼくはその状況のなかで失望しても、以前ほど落胆しないっていうことが分かっていますから。

カ549　それを聞くと、本当に進歩されているようですね。

ク549　しかもうれしいことに、ぼくの感情がおだやかで、着実によくなっていて、それがまた、揺れていた頃よりもずっと安心感を与えてくれるんです。そうでしょう、動揺は人間を頂上からどん底へと突き落とすので、自分がだんだんとよくなっているときのような自信が得られないんです。

カ550　なるほど。

ク550　ですから、大変だけど、本当にそれだけ満足も多いわけです。

カ551　以前は見つけることができなかった、ステップ・バイ・ステップの前進を本当に見つけたんですね。

ク551　そのとおりです。ぼくはまったく——以前はまるっきり気づきませんでした。いつも揺れてばかりいたんですね。すべて解放されているか、すべて制止されているかのどちらかだったんです。あの、これは自分で獲得したもので、無意識的な気まぐれからきているものではないと感じています。

カ552　そしてあなたは、本当にいろんな点でそれを獲得しておられる。つまり、とても深く考えたうえで選択することでそれを獲得し、それから前に進んでいって、その選択から生じる満足も獲得しているんでしょう。

ク552　ええ、これこそ最良の道ですし、しかもぼくの今の速さだと、ぼくが完全によくなるまでに一、二カ月もかからないと思います。

カ553　きっとそうでしょう。ただ、一つ疑問に思うのは、たぶんあなたがそれをなし遂げるには、もう少し時間がかかるのではないかと――

ク553　もちろん、こういうことをどう評価したらいいのか、ぼくにはあまりよく分かりません。でも、本当に進歩が打ち寄せてきているのを感じとることができるんです。とにかく、ぼくは今、自分をどうすればいいのか分かっているんです。

カ554　はい、確かに今のあなたは、ほぼ自分の方向を変えたところにいますし、しかも自分の状況にどう取り組めばよいかを見いだしたところにいますね。そしてそれはほとんど――そうしたことはあなたが求めている根本原則なんでしょう。

ク554　ぼくはとても興味深い――ある種の酸性テストみたいなことを経験したんですが、先生も興味をもたれるだろうと思います。以前つき合っていたガールフレンドとばったり会ったんです。彼女とは何カ月も会ってなかったんですが――そのー、何カ月どころじゃなくて、一年以上になると思いますが、ぼくは以前とても――彼女といて、とてもたくさんの神経症的な満足を感じていたんです。彼女はぼくの神経症的な快感を高め、同時に、それ以上の神経症的な苦痛もぼくに与えたんですが、それでぼくたちはお互いにすごく惹かれていたんですけど、つき合うのをやめてしまったんです。でも、もう一度彼女がぼくとやり直してくれないものか、聞いてみようと決意したんです。もちろん、彼女はぼくに対して少々用心深くなっていたようですけど（笑う）。でも、ぼくは思ったので――自分としては、彼女といっしょに新しいもっと健康な満足を得たいと思ったんです。以前のような姿で彼女のところに戻るのではなくて。これはとてもいいテストになるぞ、とぼくは感じました――つまり普通、よりを戻すというと、以前と何も変わらないまま元に戻ることだと考えるわけですが、しかしぼくは、自分が彼女に違った反応をしているのに気がついたんです。そう、それはどんな状況でも同じで――状況そのものはそんなに問題ではなくて、自分がどう反応するかが問題なんですね。つまり、神経症的に反応することもできるし、健康に反応することもできるわけです。

カ555　あなたは、自分が考えるほど本当に変化したのかどうか、ちょっとテストをしてみようと思ったんですね。

ク555　えーと、そうじゃないんです――それほどのことではなくて――ぼくはまず健康な欲求を感じたんです。

カ556　分かりました。

ク556　何か疑問があって、それで自分を確かめてみたいと思ったわけではなかったんです。

カ557　ええ、よく分かりました。はい、ええ。

ク557　それから、もう一つ興味深いテストの経験があったんですよ。ぼくは二つの仕事に取りかかることになっていたんですが、ところが手伝ってくれるはずの人がカメラをもってこなかったんです。普通だったらぼくはとても落胆したんでしょうが、でもそれにうまく対処できたんです。自分ではそう思っています。専用のカメラが届くことになっていたんですが、その人が少々遅れて、間に合わなかったんです。もちろん、こういう状況では注意していなければいけないわけで——つまり、仕事を続けなくていいんだというような神経症的な満足が出てこないように、でも——

カ558　でもあなたはもっと——

ク558　そのー、いずれにしろ、いつもいつも満足を分析する必要は、たぶんないだろうと思うんです。とにかくよくなってるんですから。結局、前回の分析でぼくは思ったんです、誰もそれを分析することはできない——感情以外に別の証拠がなければならないんです。つまり、満足感というものだけでは——その満足感が神経症的なものであるか、それとも他の種類のものかどうかを分類するのはとても難しいんです、他のデータもよく見ないと。

カ559　なるほど。そのとおりでしょう。

ク559　つまり、ほかの行動のパターンと照らし合わせることなしに、感情そのものだけでは何の解答も出ないんです。

カ560　そしてあなたは、今回の経験が成長という種類のものなのか、それとも、逃避という種類のものなのかを知っておられる。私は、あなたが以前とはずいぶん違った反応をしていることを、ご自分で知っていると感じていますよ。

ク560　そのー、こうしたことは一夜で起こることじゃないんですね。

カ561　ええ。

ク561　これからも神経症的な満足が生まれることもあるでしょうが、そうした満足が少なくなって、ひどい揺れがなくなれば——そのー、ぼくは以前よりもはるかに安定感を感じています。

カ562　はい、そうなっているようですね——つまり、確かにある程度の揺れはあるでしょう。しかし私は、この道は完全に元に戻ってしまうようなものではないと思います。

ク562　そのー、誰だって、どんなときに力を入れたらよいか、自分がずるずる後退していることに気づいたときどうしたらよいか、分かっているんですよ。

カ563　ええ、はい。

ク563　先生はぼくの両親の反応にも興味があるでしょう。ぼくは父に車に乗せてきてもらったんです。父はどうしてぼくが心理療法の約束をしているのか不思議がっていました。両親に話したんですが、そしたら少々あわててましたよ。先生から何か聞きだそうとするかもしれません。というのは、両親は二つの理由で精神分析に抵抗をもっているんです。一つには、自分たちがぼくの状態の原因ではないかという罪悪感を感じているということです。それから二つめには、宗教によって治すことをよしとしているんです。ですから両親は、神様に治してもらうために祈る――といったことをすべきだって、ぼくに思わせたいわけです。

カ564　ところがあなたは、自分で治すほうがもっと満足がいくということに気づいたわけですね。

ク564　そのとおりです。

カ565　そのー、もしご両親から連絡があったら、息子さんにお聞きくださいと私はいうだけです。

ク565　あの、そういう場合に先生がどうされるのか、ぼくには分かりませんが、両親に話したということを先生にお伝えしておこうと思いまして。両親に話しておくことが一番いいことだって考えたんです。両親は――ある意味ではちょっと面白くもあるんですが――両親は――二人ともまったくの自由意志を信じているんです、その言葉が示すとおりの意味で。そのー、両親は少々――その点でいささかイデオロギーがごちゃ混ぜになっているんですね――というのは、すべては神が支配しているけれど、しかし神の贈物の一つは自由意志なので、人間はその自由意志を使って神に背くことだってできる――つまり、拡大解釈すれば、神の承諾によってそうするということです。ですから――それでいて同時に、両親はぼくをちゃんと育てなかったというような後ろめたい感情をもっていて、それが理由の一つなんですが――つまり、両親はぼくを不信のまなざしでみていまして――まるで変人扱いです――でも無意識的には自分たちを責めているんです。しかし、二人はぼくにしたことについて自分たちを責めても、自分たちの親を責めるなんてことはしないでしょう、ねえ？（笑う）。

カ566　はい、ええ。

ク566　なのでぼくは、そこに反抗しているんです。それで両親は神に祈って、ぼくが意欲的になったのを見ると、そりゃあ、その祈りのおかげだということにするんでしょうし、それで何でもうまくいくはずだということになるんです。

カ567　そのー、あなたは、もう勝手にしろと思うわけですね。つまり、もしご両親がそういうことを信じて満足しているんだったら――

ク567　そりゃあ、ぼくには関係ないことです。ぼくは他者の感情にはとても寛大なんです。大事なことは、ぼくが家にいるうちは適度にうまくやっていくことでしょう。

カ568　しかもあなたは、自分のなかに変化が起きているので、ご両親との関係もおそらくうまくいくだろう、と感じているのではないでしょうか。

ク568　ええ、ええ。あの、両親はぼくが国防の仕事につけば喜ぶでしょう。ご存知のように、両親は写真の仕事が好きじゃなくて――いいかげんな生き方だと思っているんです。もちろん、ぼくがこの仕事が好きな理由は、あまり長時間働く必要はありませんし、しかも時間の割にはいい収入になるからなんです。ところが両親は、働くことそのものに清教徒的な信条をもっているんです。ぼくは、ある工業プラントに就職したいと思っているんです、とにかく戦争のことがありますから。理由は違ってるけれど、結局はうまくいっているんです。ぼくの動機は両親のものとは違いますが、結果は同じことになるでしょう。それにぼくは今、写真の注文を取りに町をまわっているんです――そうやってこの業界での最初のコンタクトも取りましたし、今のパートの仕事もやれているんですが――で、なぜ町をまわっているかといいますと、夜に仕事がやれるようになんです。町に出てまずやることは、アイデアを売り込めるような人間関係を作ること。それから次のコンタクトについてはっきりと日時を決めて約束すること。ぼくはもう、夜にやる仕事の最初の注文はとったので、今度はそのプラントでなんとか仕事ができるようにしたいと思っているんです――この計画を価値あるものにするつもりです。

カ569　そこには何かをつかむとてもいいチャンスがあるということでしょうか?

ク569　はい、そうです。うまくやれると思います。ぼくは同じような仕事をしたことがあるんです――去年の夏そこに行って仕事をしたんです。

カ570　そうでしたか。

ク570　でも、ありきたりの労働者になるだけではもの足りないんです。ぼくには生産効率についてちょっとしたアイデアがあるんです――どうしたら流れ作業をスピードアップできるかとか、人間をとても価値ある存在にするようなこととか、そうすればぼくは国に役立つことができるし、しかもついでに自分にも役立つわけです。

カ571　(笑う) さらに――あなたは、本当にやりがいのある状況のなかへ入っていって、しかもそれと向き合おうとしているんですね。

ク571　そうです、ええ、ええ。その――そんな仕事だったら何でも、心理学的な観点だけからみてもやる価値があるって思うんです。

カ572　ええ、はい。

ク572　もちろん、仕事によってはおそろしく単調なものもあって――そんな場合にはぼくはちょっと耐えられなくなるんですけど。でも仕事の水準が上がるほど面白くなるんです。ぼくは、機械の細かいことはあまり好きじゃないんですが、そこで経験することは大事にとっておいて、二週間くらいたったらアイデアをもって生産管理のオフィスへ行こうと思っています。

カ573　私の好奇心も駆り立てられますよ。二週間のうちにといわれましたが――旅行には出かけないということなんでしょうか、それとも旅行から帰ってからということですか?

ク573　ええ、結局行かないことにしたんです。(計画の変更を説明する)

カ574　そのー、あなたはとても進歩されたようですし、また、将来のためにいろいろと計画を立てているんですね。

ク574　はい、ぼくが今やりたいと思うのは、国防の仕事で価値ある人間になることと、それから副業として写真をやって、そして小説を書くことです。

カ575　ことさらに驚くべきことをおっしゃっているようですね。（笑う）

ク575　え？　あの、それがぼくの感じているものなんです。つまり、ぼくはよく感じるんですが――そのー、ぼくはそれほど野心的ではないって。そうすると、アイデアも浮かばないんです。でも、自分が今のように成長しているのを感じると、それこそいろんなアイデアや――いろんな計画がどんどん浮かんでくるんです。ことさらに、というのはどういうことなんでしょうか――先生の考えですと、ぼくは――

カ576　いえ、ちょっと知りたくなっただけです。つまり、あなたは小説についてはあまり話されなかったですよね。実際に小説を書いているのですか、それとも書こうと思っているのですか？

ク576　アイデアはちゃんとできているんです。

カ577　それはそれは。

ク577　『ハムレット』のテーマにそったものなんです。（彼は、少し詳細にその構想を論じる）ぼくはそれを、思いやりにあふれた悲劇のようなものにしたいんです――たとえ悲観的なテーマであっても、いろんな社会的意味合いや心理的意味合いを込めてみたいんです。

カ578　そのー、それは確かに――小説の材料になりそうですね。

ク578　それに――時代的にもアピールしますよ。

カ579　ええ、はい。

ク579　そのー、ちょうど今、現在の文学は夜明けをもたらすでしょうが、夜明け前には真暗闇があるんです。つまり、それが今の時代の動きなんです。

カ580　なるほど。

ク580　今の作品を取り上げると――未来を描いている作品は空想的なものが多くて、現実的な内容が何もないんです。たとえば『失なわれた地平線』のようなものは、すべてがとても空想的で――素晴らしき新世界といったようなものです。しかしぼくは言葉で表現する才能をもっているんで、それを活用したいんです。

カ581　あなたは本当に、あなた自身の新しい自己を実際に試してみようとしているんですね？

ク581　ぼくは自分が二つのことをやれるんじゃないかと感じていたんです。一つは自分に満足できるようになること。それからもう一つは、ある程度社会的に認められるようになれるのではないかということですが、それは自己への満足と自己の達成から必然的に生まれる副産物なのではないでしょうか。ぼくは有名になることそれ自体を望んでいるわけではありません。ぼくの望みは、有名になることで社会的な目標を達成し、社会的な名声を得るということなんです。ぼくはその満足をまず自分の評価によって得たいと思いますし、それから、いわば社会に根をおろすことを可能にする手段として、社会的な称賛を得たいと思うんです。

カ582　なるほど、すべていいお話ですね。

ク582　あの、ぼくは、自分が動きだすとけっこうなダイナモだということを知ってるんです。それに多少は書くことをやっていますし、前に何人かの特別な教授たちにもついていたんですが、教授たちはみんないっていました、ぼくは言葉を使いこなすコツをつかんでいるし、自分のアイデアを表現できる──生きいきとしたメタファーを使う、といったことを。

カ583　そして今、あなたはその方向でまさに何かをやってみるという賭けに出ようとしているんですね。

ク583　さあ、それがまさしく賭けなのか、ぼくには分かりませんが──つまり──

カ584　そのー、おそらく少し前でしたら、そうしたことはあなたの自尊心にとってはいささか大きすぎる賭けのようなものではなかったかと思うのですが、でも今は、そのようなことをたくさんやってみてもいいと思っているんですね。

ク584　あの、もし小説の原稿が採用されない場合には、ということですか？

カ585　はい、それも一つでしょう。でもそれ以上に、実際にやってみようという前向きな気持ちのことです。

ク585　あの、それが重要なことなんです。ぼくにとってじっと座っているというのは、おそろしく大変なことだったんですね。座っていて気づいたんですが、ぼくは──つまり、何の喜びも感じないし、しかもとても落ち着かないことに気がついたんです。それでちょっと何かを書いたりして──それからナイトクラブへ出かけて、ある種の快楽を手に入れようとしたんです。ところが今は──内面でこれでいいと感じると、静かに家で夜を過ごしますし──出かけていって、ああいう快楽を求める必要もないんです。もちろんぼくは、いつでも夜の生活を楽しんでいたいと思いますが、それほど強迫的なものにはならないでしょう。同じ行動が、内面ではこんなにもまったく違うとは面白いですね。

カ586　そのとおりですね。（間）なるほど。そう、あなたに起こっていること、あるいはあなたがしていることは、前と同じなのでしょうが、あなた自身の視点が変化したり、あなたの進む方向が変化したりすると、同じことがとても違って見えるわけでしょう。

ク586　えーと、ぼくはナイトクラブを、そこへ行くのも帰るのも、自由にできるようなところにしたいんです──毎晩足しげく通う必要のないようなところに。アルコールへ駆りたてられるような感じもなくなってきました。つまり──そうしたことが自分に起こるだろうというのは分かってたんです。ぼくはそうしたことをちゃんと予測できますし、健康になるにつれてアルコールへと駆りたてられるような感じがなくなるだろう、ということも分かっていたんです。自分がどうなるかはっきりと分かっていたので、それがぼくをひどく悲痛な気持ちにしたんです。もちろん、それが何とかしようという動機づけにもなったわけですけど。

カ587　なるほど。

ク587　そしてぼくは、かなり有名になるんじゃないかという気がしているんです――少なくとも、自分が何か重要なことをやれればうれしいです。

カ588　はい。おおいに可能性があると思いますよ。また、たとえ有名にならなくても、あなたでしたらその事実に直面できるでしょう。というのも――

ク588　自分が満足することがまず第一です。もし自分の満足とお金が得られるなら、目標を達成するために名声は必要ではありません。つまり、名声は――名前が出たときは――人びとを動かすのに役立つでしょう。つまり、人びとは何とかしてその人のいうとおりにしようと躍起になり――その人を喜ばせたいと思ったり、自分をその人と同一視したいと思ったり――そういったようなことをするんです。でも、実際の称賛そのものは、ぼくにとっては何の意味もないんです、自分の満足が得られないのだったら。もし自分はこれでいいということが分かっていて、それで世間が評価してくれないとしても、それは、世間の称賛はあっても内面的には不満足であるということより、ずっとましです。

カ589　はい、まったくそのとおりですね。

ク589　でも人間は、自分のなかに満足を感じていれば、世間に認められるように振る舞うはずでしょう。世間には思いがけない見返りがあることもありますし、ある程度認められることもありますから。でも、もし世間の称賛だけに頼ってるんだったら、ただ浮き沈みを味わうだけです。つまり――まったくそんな生き方をしてる人たちがいますよね――世間に拍手喝采されてスポットライトを浴びている間は、そんな人たちは舞い上がっていますが、でも何かが起こったとたん、そういう人たちはそれを切り抜けることができないんです。

カ590　そういう人たちは、極端に揺れながら生きているんですね。なるほど。

ク590　世間の批判に耐えられないんです。なのでぼくは両刃の剣だと思います、そうした世間の意見を過大評価するというのは。

カ591　そのー、今日のあなたは自分の進歩をとてもはっきりと感じているようですし、また、これまでも進歩の方向へと着実に向かってきたようですね。

ク591　ええ、今日だけではありません――それはずっと――つまり、前回お会いして以来、確実によくなってきてるんです。

カ592　はい、そうですね。

ク592　例の否定的なものがやってくるのを感じたときには、ぼくはそれを何とかしてきたんです。

カ593　ええ、はい。

ク593　それで何とかしようとしているなかで、ぼくはよくなっていることを実際に感じたんです。仕事のコンタクトをとろうと電話のダイアルを回してるときも、よくなっているのが波のように押し寄せてくるのが感じられるんです。実際たでしょう。

ク597　ええ、ええ。

カ598　そして――あなたはあなた自身を助けるという長い道のりを歩んでこられたのです、あなたが――私のところに来て、「大変だ、これをなんとかしなければいけないぞ！」と決心されるずっと以前から。

ク598　先生はこうしたことの、いわば開拓者なんでしょう、違いますか？　ほとんどが先生自身の技術なんですか？

カ599　さあ――どうでしょう。ともかくお役には立ったようですね。

ク599　ぼくは最近の精神分析の技術については不勉強なんですよ。

カ600　ええ、確かに多くの技術がありますね。私の考えですと、いろんな人たちが実践していますが、だいたい同じようなところをめざしてやっているのではないでしょうか。

ク600　あの、きっといつか、ぼくの小説を一冊、先生のところへもってくることができると思います。

カ601　（笑う）分かりました。いただけるとうれしいです。ところで、あなたは本当に、問題に対処する自分の力に、かなりの自信を感じておられるようですね。今後もお会いするかどうか、あなたの考えにおまかせしたいと思うのですが。つまり、あなたはまたいらっしゃりたいかどうか――

ク601　ぼくもそのことを考えていたんですが――というのは――先生はとてもお忙しいし、ぼくもよくなってきたと感じていますし、もし何か問題が起こるようなことがあったら、

にそういう行動をとらなかったら、それは感じられなかったでしょう。

カ594　ええ、ええ。

ク594　こうしたことは、確かなものだと思われますか？

カ595　はい、そう思います。

ク595　あの、ぼくはこの技術に頼ることができるんではないかという気がしています。それは以前のような、無意識的によくなることとは違うものなんです。

カ596　そしてそれは、かなり頼りにすることができるのですね。というのも、その道を選んだのはあなたですし、自分がどこへ行こうとしているのかを決めたのもあなたなのですから。

ク596　はい。ぼくはそのことをうれしく感じています。ぼくは自分のために努力しているんだと感じていましたし、もちろん先生は手がかりを与えてくれましたが、でもぼくは自分で決断したんだと感じています。そして、こういういい方をしても先生は、ぼくが先生を軽視してるとは受けとらないと思うのですが。

カ597　はい、そんなことはまったくありません。実をいうと、私がもっとも深く確信していることは、私はあなたを助けることができない――私は誰も助けることができない、ということなのです。でも私は、人が自分自身を助けることができるような雰囲気を、ときにはつくることができると思っています。

カ602　電話をして予約したいと思います。でもぼくは、たぶん定期的にここに来る約束はもう必要ないという気がしています。

カ602　私もそのように感じています。あなたがまたここを必要とされるだろうとは私は思いません。ただ、もし来月になってまた来たいと思われることがあったら——もちろんかまいません、お電話ください。そうすれば私は、喜んで来ていただけるようにします。しかしあなたは、自分が思うようなことを得ているわけですし、また——

ク602　ぼくはこういう感じをもったんですが——ある文献で読んだことがあるんですけど、こういうことは何カ月も、ときには何年もかかるということで、ぼくが思ったのは——自分の場合はおどろくほど短期間でしたけど、でもそれにもかかわらず、比較的短期間ですんだからといって、結局このことを無効にする必要もないだろうって。

カ603　ええ、そうしたところにも進歩が表れているようですね。

ク603　はやいことは何よりでしょう。

カ604　このような結果になった理由のある部分は——私もあなたも、あなたの問題がすべて解決したといったような振りはしませんでしたね——あなたは、自分が進みたい方向や、そうした目標に向かっていくためのアプローチを見つけてきました。確かに、これからもいろんな問題が起こるでしょう——おそらくとても困難な問題なども。でも私は、あなたが——あなたはもう、そのような問題に直面できるツールをもち合わせていると思いますよ。

ク604　確かに、それは重要なことですね。

カ605　ここでやってきたようなことが、個人の問題をすべて解決するはずだと思っている人もいるようですが、そうしようとすると何年もかかってしまいます。

ク605　そのー、ぼくが理解したところでは、それは自分を助けるための技術を提供しているんです——いろんなことに自分で取り組めるようにしているわけだし——とてもいいことは、いろんな問題に対して失望させるのではなく、関心をもたせることでしょう。そこで自分はもっと成長しますし、それはいろんな障害や問題のない人生よりもっとよい人生だっていうことです。

カ606　そうです。そのとおりです。その場合——

ク606　この満足には何かもっと深いものが含まれているようです。自分が健康であれば、それはもう、問題を解決したり障害を乗りこえる方法を見つけることに大きな喜びを感じるでしょうから。

カ607　そのとおりです。自分が何をめざして努力しているのかについてはっきりした考えをもっていると、障害は、いろんな方法で闘ったり解決したりということができるような、やりがいのある努力目標になるでしょう。もしそうした障害がなかったら、人生はとても空疎なものになると私は思っています。それは昔の天国の絵のようなもので——黄金の街があって、何もしなくてよい、といったような。

ク607　うん、うん。ぼくはちょっと——考えていたんですが——（この後、カウンセラーについての個人的な質問が続いているが、その質問は身元に関するものなので省略した）。このごろよく考えるんですが、ぼくがもう少し若くて、違った教育を受けていたら、心理学関係の仕事に就きたかったと思います。アマチュアとしてならいつでもやれますけれどね。

カ608　はい。あなたはよく人間を洞察されていると思いますよ、今のままでも。

ク608　そうした洞察を自分の作品に取り入れることもできるでしょう。

カ609　ええ。あなたの小説についての話はとても興味がありました。それはとても——

ク609　ええ、ええ。ぼくは精神分析家のことも小説に書こうと思っています——それも考えていたんです。いつか本のなかに、先生はご自分の姿を見ることになるかもしれませんよ。

カ610　（笑う）あまりはっきり私だと分かるようには書かないでください。（笑う）

ク610　ええ、それはお約束します。

カ611　オーケー。（間）あの、あなたとお会いできてとても——

ク611　ぼくにとって、確かにいい経験でした。

カ612　ええ、私も大切なことをいただいているといつも感じます。

ク612　ええ、お忙しいなかをぼくのために時間をとっていただいて、先生にとっても価値があったと思っていただけるのはとてもうれしいです。

カ613　とても価値あるものでした。とても。

ク613　それはよかった。

カ614　オーケー。では、どうぞお元気で。

ク614　先生も。

全般的コメント

何が達成されたのかをもっとも生きいきと示すために、この面接のなかでブライアン氏が表現した態度をリストにしてみよう。読者はまず、第一回面接においてブライアン氏が語った感情（254〜255頁）を読み、それからそれらを次のリストと比較するとよいであろう。

ぼくは着実に進歩しています。ぼくは、この大変だけど確かな生き方を成長させつつあります。
ぼくは今までとは違ったやり方で状況に直面しています。
ぼくは成長というこの大変な生き方に、より多くの満足を見いだしています。
ぼくは自分の満足を獲得しています。
ぼくはこの話し合いをほとんど終えています。
ぼくは自分をどうしたらよいのか分かっています。
ぼくは、この違いを自分のなかで確かめてみましたが、その違いが本物であることが分かってきました。

ぼくは、自分がやっていることを両親に話しました。

ぼくは両親の態度を受け入れていませんが、でも両親が自分たちの考えをもっているということを受け入れることはできます。

ぼくは、自分の仕事について多くの前向きな計画をもっています。

ぼくは小説を書こうと計画しています。

ぼくは十分に自信をもっています。

ぼくはもう、ナイトクラブへの強迫的な欲望もなければ、過度に酒を飲みたいという欲求も感じません。

ぼくは世間に認められるように努力するつもりですが、自分についてのぼく自身の評価が大切なのです。

ぼくは、自分がよくなることをコントロールすることができます。

ぼくは先生に個人的な関心を感じています。

ぼくは、これ以上先生の援助を必要としないでしょう。

ぼくは、自分の問題を解決することによって、健康な満足を手に入れるつもりです。

ぼくは、先生に対して個人的に温かい感情をもっています。

これはぼくにとっていい経験でした。


これは、きわめて満足のいく面接の終結である。今回の面接は、はじまりから終わりまで一貫してブライアン氏のものである。この面接で表現されているとても肯定的な感情や行動や自信を、最初の三回の面接および第五回、第六回面接のものと比較すると、驚くほどの違いが見られる。彼は、表現し、自己洞察し、肯定的に決心する、という心理療法のサイクルを十分に一巡し、行為についても、新たに選択した目標に沿うものへと修正している。

この最後の面接はまた、カウンセラーによってとても見事に対応されている。クライアントの進歩がきちんと認知されている。何より重要だったのは、初めてクライアントがカウンセリングの援助に頼らなくてもよいと感じているという事実をそれとなく表現したとき、それに対してカウンセラーが敏感だったことである。心理療法の終結段階のすべての要素が、たった一回の面接に凝縮されるということは、そう頻繁にあるものではない。多くの点でこの面接は、本書の第八章の要約を読んでいるようである。確かに、こうした終結は前回の面接において予測できるものではあったが、終結そのものについてはまだ具体的に考えられてはいなかった。通常のケースよりもかなり急速に終結しているにもかかわらず、この終結は完全であるといえる。ブライアン氏は、一つの過程がはっきりと終わったということを十分に認識している。そして、前途が開かれた新しい、しかもよりやりがいのある展望をもって、カウンセラーのもとから去っているのである。

具体的コメント

ク547〜ク551　これらの発言には、達成された進歩の程度が十分に示されている。次第によくなっていることと、クライアントが自分の人生と進歩を十分にコントロールしていることとは、彼の来談当初の態度ともっとも際立った違いを示すものである。最初彼は、悩める無力な人間であった。しかし、今や彼は自分を指揮し、現実を恐れない、自信をもった大人である。

ク552〜カ554　ここは、ブライアン氏がこの面接を終える可能性を初めて語った場面である。幸いカウンセラーは、カ553とカ554でこの感情をすみやかに認知し受容している。もしこうした態度が受容されなかったら、クライアントは面接を終えてもいいと感じながら、カウンセラーが継続させたいと思っているのではないかと恐れ、葛藤してしまうであろう。

ク554〜ク558　これらの「テスト」には、これまでみたどんなものよりも大きな自信があらわれている。

ク560〜ク562　クライアントとカウンセラーが、二人の人間という以上に一人の人であるかのように考えている例である。初期の面接では、このような「共同作業」はまったく見られなかった。

ク568〜ク574　ここではもっとも満足のいくような建設的な計画が語られている。第七回面接の最後で述べていたように、ブライアン氏はもはや、自分自身や自分の問題だけを考えているのではなく、自分の外側のことに健康で楽観的な関心をもつようになっている。彼がいくぶん楽観的すぎるかもしれないということも、この態度の価値を低くするものではない。

ク577　小説の構想をここに記載するのは賢明ではないと思われたので、二〜三分間の会話がここでは省略されている。この構想についてのブライアン氏の話は、これまでの面接のどの部分よりも社会的なものであった。彼は計画を論じ、自分の目的が真剣なものであるということを示そうとしていた。

ク580　この大胆で自信に満ちた自己を、神経症のためにブロックされてどんな分野の活動にも入っていけなかった第一回面接の人のものと比較されたい。

カ583　ここにいたっても、カウンセラーは控えめではあるが解釈的なコメントを抑えることができないでいる。カ585のカウンセラーの発言は、より満足のいくものであり、クライアントに受け入れられている。

ク585、ク586　ブライアン氏がいうように、「同じ行動が、内面ではこんなにもまったく違うとは面白い」ことである。変化したのは目標、つまり彼の人生の方向であり、その変化は以前の行為にも新たな意味を与えている。飲酒やナイトクラブや窃視などへの強迫的な欲求といった「諸問題」は、人生の方向という基本的な事柄がすんだときに、いかに容易に解決されたかにも留意されたい。さまざまな目標が明らかになってくると、ただちに行動もまたさまざまに選択されるようになるのである。

ク591　クライアントは、何気ないことであっても、この変化が一時的なものであるとカウンセラーに受けとられたくないようである。

ク596　この興味深い発言は、このカウンセリング関係全般をとおして提供されてきた構造の正しさについて、十分な根拠を与えてくれるものである。ここでブライアン氏は、この構造が自分にどんな意味をもっていたのか気づいたことを表現している。もちろん、こうした決心についての以前の表現を考えると、二重に興味深くなるであろう。読者は、彼がこうした決心をすることへの恐れや、自分が無力で決心できないと感じていたこと、そうした問題をカウンセラーが代わりに解決してくれたらという欲求などを少し思い起こせば十分であろう。しかしこうしたことはすべて、今や過去のものである。カウンセラーがしっかりとしたカウンセリング関係をきちんと保持していたことが、クライアントが自分で選択を行うことを可能にしたのである。ここでは、クライアントは選択を終え、消え去ることのない自信の基盤を所有するようになっている。

ク598～**ク**600　これはブライアン氏が、自分の必要とすることから離れて、一人の人間としてのカウンセラーへの関心を表現した、初めての場面である。こうした関心は、心理療法の終結段階によく表されるものである（第八章、200～205頁）。クライアントがク600で、いかに真に自立した対等な一人の人間として発言しているか留意されたい。彼は事実上、次のようにいっているのである。「ぼくは一人の人間として先生を尊敬していますし、また先生がやっていることに関心があります。ぼくもまた、尊敬される価値をもつ一人の人間ですし、いろんなことをするでしょう」と。

カ601　カウンセラーは、ク595～ク600で表現された、面接は十分に終わり、目的は達成されたというクライアントの態度を幸いにもとらえている。彼はクライアントに、準備ができたらこの関係をすぐに終えてもかまわないということ伝え、賢明に応答しているのである。

ク601　クライアントがその前のカウンセラーの話がすべて終わる前に、あわただしく応答していることに留意されたい。彼は明らかに、この関係の終結を考えていたが、それをすっかり出してしまうことをためらっていたのであろう。

ク602　この発言は理論的な関心を呼ぶであろう。クライアントは、心理療法の過程は少なくとも数カ月はかかるだろうと予測していた。しかし彼は、わずか三週間ほど経過しただけで、自分がすでに援助を必要としない状態にあり、自分の内的な自立的感情によってやっていくことができる、という確信を感じているのである。

カ604　カウンセラーはク553への応答以降、いろんな言葉でクライアントが表現している感情を見事にいい表している。

ク605、**ク**606　これらの発言は、本書に表明されている心理療法の目的にとても的確に沿ったものなので、読者はブライアン氏が何らかの方法でこうした考えをカウンセラーから吸収したのではないかと思うかもしれない。しかし指摘しておかねばならないのは、これまでの面接で、目指すべきは問題のない人生よりも成長である、といった考えをカウンセラーが主張したことは一度もないということである。それにもかかわらずブライアン氏は、この心理療法の経験をとおして、それが真実であると感じるようになったのである。

ク607、**ク609**　カウンセラーに温かい感情を伝えようとするこうした間接的な表現は、心理療法の最終回によく見られるものである。

ク611〜ク614　これは、明確に成長が達成された一連の経験の、はっきりとした終わりを示すものである。ブライアン氏は明らかに、立ち去る準備ができており、カウンセリング関係が彼に提供していた支えがなくても人生に直面できるようになっている。

おわりにあたって

読者はこの一連の心理療法的接触について、さまざまな観点からアプローチするであろうし、この素材についての解釈もさまざまなものがあるであろう。しかし、思慮深い読者は、重要な何かが起こったということだけは否認できないと気づくであろう。技術についての批判もあるだろうし、見解の不一致もあるであろうが、しかし少なくとも、何らかの変化が起こったという点では同意が得られるはずである。そのことが、この録音記録に重要な意味を与え、それを完全な形で再現したことの重要性に根拠を与えてくれるであろう。

何が起こったのかを問う前に、起こらなかったことをいくつか指摘しておこう。このクライアントは、自分のすべての行為がもつ意味について完全に自己洞察し理解しているわけではない。彼は、自分の現在の問題をすべて完全に解決してはいないし、また、自分の将来の問題すべてを解決したわけでもない。この心理療法の過程は、彼がもっていると思われる基本的な生理学的レベルの不安定さを変えたとはいえないだろう。ただし、精神的なものと器質的なものとの相互作用はきわめて緊密であるので、この疑問に答えるためには今後の研究が必要であろう。またこのカウンセリングが、クライアントがこれ以降の援助を必要としないことを完全に保証しているとも考えられない。不運な状況がさまざまに結びついて、彼が再び退行的な問題解決へと駆りたてられることもあるかもしれない。心理療法はその可能性を少なくしたようではあるけれども。さらにこの面接では、カウンセラーに受け入れられるような目標や態度、あるいは特定のグループに受け入れられるような目標や態度に、クライアントを適合させるようなことが起きなかったことも確かである。それでは、いったい何が起こったのだろうか？　起こったこととはいったい何なのだろうか？

今回の進展を可能にしたカウンセラーの役割をとりあえず考慮せずに、この問題をクライアントの観点からのみ考えると、ここで起こったことは次のように要約できるであろう。

1　このクライアントは援助を求めて来談した。クライアントのこうしたイニシアチブが絶対に必要かどうかは別として、それがカウンセリングの過程を促進したことはまちがいない。

2　彼は、自分の問題と、その底にある混乱し葛藤している根本的な欲求の根拠について、自由に探究を行った。

3　彼は、成熟へと向かう自分の成長をブロックしていた反応パターンについて、効果のある自己洞察を発展させた。

4　彼は、この自己洞察がもつ意味を十分に直視して、自由にまた自分自身の選択によって、「より重みのある満足」、つまり、その満足を中心に自分の活動を統合することができるような満足を選んだ。

５　彼は、行動へと移すことのできる積極的な計画を立てることで、新しい選択を実行した。

６　彼は、カウンセラーによるこれ以上の援助に頼らなくなり、自分の人生を方向づける自分の能力に自信をもつようになった。

以上が、このケースにおける心理療法の過程の重要な進展であるといえる。これを十分な前進と考えるかどうか、あるいは用いられた方法に同意できないと思うかどうか、これらは別にしても、少なくともこれは、本書全体が提示している心理療法の予測可能な過程の具体的な描写であることはまちがいない。

この過程が、不適応の子どもや親、成績不振の学生、結婚不適応の夫婦といった、ある程度の知的能力をもつ人たちのさまざまなケースにも同様に生じることをわれわれが知るとき、そこにはより深い意味が与えられる。また、この過程が、異なる訓練を受けた専門家たち、たとえば、心理士、精神科医、ソーシャルワーカー、大学カウンセラーなどによって同じように再現されることを見いだすとき、その重要性はさらに深まるのである。われわれはそれが、フィラデルフィア、ニューヨーク、シカゴ、コロンバスのどこで実践されようと、典型的ないくつかの段階をたどる過程であるという事実に深い感銘を受けずにはいられない。こうした心理療法が、長い実践経験をもつ人たちだけでなく、心理療法の経験をあまりもたない人たちによっても（その場合、確かにいくぶんぎこちないやり方ではあろうが）実践されうるという事実から、それがまがいものでもなく、芸術的な偶然の出来事でもない、という確信を強くするのである。ここで議論しているこの心理療法の過程が、人間行動の動機づけに関する分野において、一つのきわめて重要な社会的発見となるのではないか、という実感を抱かずにはいられない。この過程をより洗練し改善する可能性、また個人と同様に集団にも適用できるのではないかという可能性は、われわれの想像力をかきたてるものであり、将来へ向けての建設的かつ現実的な希望をもたらしてくれるものである。

訳者あとがき

本書『カウンセリングと心理療法―実践のための新しい概念―』は、心理臨床の世界に多大な足跡を残したカール・ランサム・ロジャーズ（Rogers, Carl Ransom ; 1902–1987）の初期の代表作、*Counseling and Psychotherapy : Newer Concepts in Practice.*（Houghton Mifflin Company, 1942）の全訳である。

原著者であるカール・ロジャーズは、いうまでもなく、アメリカのみならず日本を含めた世界各地におけるカウンセリングや心理療法の展開に大きな影響を与えた臨床心理学者である。彼は、一九〇二年一月八日アメリカのイリノイ州オークパークに生まれ、一九二四年にウィスコンシン大学を卒業、ユニオン神学校大学院へ進学したが、二年後にコロンビア大学教育学部大学院へ転籍し、臨床心理学者としての道を歩み始めた。一九二八年よりニューヨーク州ロチェスターの児童相談所の心理士として臨床活動に携わり、三一年に心理テストの開発による研究で博士（Ph.D.）の学位を取得。また三九年には最初の著書 *The Clinical Treatment of the Problem Child.*（Houghton Mifflin Company, 1939　邦訳は堀淑昭編・小野修訳『問題児の治療』ロージァズ全集第一巻、岩崎学術出版社、一九六六年）を公刊している。

一九四〇年オハイオ州立大学教授に就任。そして四二年に本書『カウンセリングと心理療法』を世に問い、この著作によって彼の名前は、心理臨床における非指示あるいはクライアント中心といった新たな概念とともに、広く知られるようになったのである。

その後のロジャーズは、一九四五年にシカゴ大学教授および同大学カウンセリング・センター初代所長に就任。またその翌年よりアメリカ心理学会会長、一九五七年からはウィスコンシン大学教授、六四年より西部行動科学研究所特別研究員を歴任。そして六八年にカリフォルニア州ラホイアに人間研究センターを創設した。

シカゴ大学時代以降のロジャーズの華々しい活躍については、ここで詳しく述べるまでもないであろう。晩年には政治的対立や民族間葛藤の問題などにも取り組み、世界各地で精力的な活動を繰り広げた彼は、一九八七年二月四日、八五歳でこの世を去っている。

さて、こうしたロジャーズの初期の出世作とでもいうべき本書『カウンセリングと心理療法』は、いったいどのような時代の状況の中で生み出されたのであろうか。

誤解のないように言っておくと、ロジャーズは決して、カウンセリングや心理療法の創始者というわけではない。彼の登場は、アメリカにおける職業指導や精神測定といったガイダンスの活動を源流とするカウンセリング心理学の萌芽からは四十年近い時が、またヨーロッパでのジグムント・フロイトの手になる精神分析の誕生からはすでに半世紀近い時が経った後のことであった。

しかしこの事実は、心理臨床の世界においてロジャーズが果たした役割の価値を少しもそこなうものではない。というのも、アメリカにおけるガイダンス（その後のカウンセリング）とヨーロッパにおける精神分析（あるいはそれを中心とした心理療法）というそれぞれ独自に生まれた動向が大きなうねりとなって合流していく、まさにその地点にいあわせ、その創造的な合流のあり様を指し示したのがロジャーズであったと考えられるからである。

こうしたカウンセリングと心理療法の合流には、第一次世界大戦や大恐慌といった出来事をとおして、もともとアメリカのガイダンスには希薄であった人間の心に対する治癒的な働きかけが希求されるようになったことや、ヨーロッパにおけるナチズムの台頭とそれにともなう精神分析や心理療法のアメリカへの流入といった、大規模な社会的変化が背景にあったといえる。今となっては一見平凡な印象しか抱かせない、このロジャーズによる『カウンセリングと心理療法』というタイトルには、非常に深い意味が込められていたことに気づかされるのである。

ロジャーズが彼独自の臨床的見解をはじめて公表したのは、本書の出版の少し前、一九四〇年一二月一一日に行われたミネソタ大学での講演においてであった。当時アメリカのカウンセリング心理学の指導的立場にいた同大学教授エドモント・グリフィス・ウィリアムソンの招きによって講演を行ったロジャーズは、何とそのウィリアムソンらのカウンセリングを古い指示的な方法として批判の槍玉にあげたのである（その講演を下敷きに執筆されたのが本書の第一部第二章であると言われている）。おそらくは『問題児の治療』のいずれかといえば穏当で平板な内容などから、ウィリアムソン自身そうした批判を浴びることなど予想すらしていなかったであろう。しかし若き臨床心理学者ロジャーズは、じつはこの時期までに新たな臨床的アプローチを展開するための土台をすでに固めていたのであった。

彼はロチェスターの児童相談所で心理士として臨床活動に携わっている間、医師やソーシャルワーカーといった他分野の臨床家たちと協働し、議論し、ときには対立も経験していたようである。一九三七年から三八年には児童相談所の所長職をめぐって精神科医と争い、結局ロジャーズが当時全米で唯一の医師の資格を持たない児童相談所所長に就任している。またその少し前の三六年六月には同僚のソーシャルワーカーの薦めでオットー・ランクと出会い、決定的な影響を受けたといわれている。ランクはヨーロッパではフロイトのアンファン・テリブル（恐るべき子ども）と呼ばれた気鋭の精神分析家で、初めてのレイアナリスト（医師の資格をもたない分析家）であっただけでなく、ロジャーズと出会った晩年にはフロイトから離反し、クライアントに対するより人間的で共感的な心理療法を探求していた（そこには同じくフロイトのアンファン・テリブルと呼ばれたシャーンドル・フェレンツィの影響があるとされる）。

他にもロジャーズに影響を与えた要因は種々指摘できるであろうが、少なくともこうした出来事からは、彼が心理学的な診断や指導助言といった当時のカウンセリング心理学の守備範囲にとどまることなく、より深く人間の心の癒しにかかわろうとする積極的で野心的ともいえる臨床的態度をもっていたことが窺える。

そしてフロイトが他界し、後を追うようにランクも亡くなった一九三九年（アメリカではウィリアムソンが主著『学生相談の方法（How to Counsel Students）』を著した年でもある）の翌一九四〇年にミネソタでのロジャーズの講演が行われた。それはカウンセリングや心理療法の世界における新しい時代の幕開けでもあった。そして二年後の本書の公刊によって、〈ロジャーズの時代〉の到来がより確かなものになったのである。

本書の訳出にあたっては直接的にも間接的にも数多くの方々のお世話になり、また恩恵を受けている。

本書の第一部から第三部は、友田不二男氏の訳により『ロージァズ　臨床心理学』として一九五一（昭和二六）年に創元社より初訳本が出版された。またこの訳は、一九五五（昭和三〇）年から岩崎書店によってロージァズ選書が編集された際に、『カウンセリング』という新たな表題でその第一巻（一九五六年刊行）に収録されている。

さらに岩崎学術出版社によるロージァズ全集の刊行にともない、訳が改訂され、佐治守夫編・友田不二男訳『カウンセリング　改訂版』（全集第二巻）が一九六六（昭和四一）年に出版された。このロージァズ全集には、それまで訳されていなかった原著の第四部「ハーバート・ブライアンのケース」が、第九巻『カウンセリングの技術』（友田不二男編、児玉享子訳、一九六七年）として訳出され、原著の全体を日本語で読むことが可能となった。

周知のごとく、友田不二男氏を中心とした本書の訳出は、第二次大戦後の日本におけるカウンセリングや心理療法の展開を導いた、まさに先駆的な仕事であったと言わなければならない。われわれもこうした訳本をとおしてロジャーズの臨床的世界を知りえたのであった。しかし初訳からすでに半世紀以上が過ぎ、また全集の改訂版からも相当の年月が経った現在、新しい訳を待ち望み、新たにロジャーズを読み直してみたいという気持ちをもつのは訳者たちばかりではないであろう。

訳者たちは、ロジャーズ没後一〇年が経った一九九七年に、久能徹氏とともに『ロジャーズを読む』（岩崎学術出版社）を上梓し、ロジャーズの著作の現代的意義について再検討を行った。この共著執筆の際にたびたび問題となったのが、ロージャーズ全集をはじめとするこれまで出版されてきたロジャーズの訳文をめぐってであった。本当の意味でロジャーズを読み、彼を理解し、また再検討していくためには、より正確で丁寧な訳出が必要なのではないか。『ロジャーズを読む』の執筆をとおして、訳者たちにはこうした共通の問題意識が明確なものとなった。(注)

この『カウンセリングと心理療法』の新訳では、友田不二男氏らの訳の優れた点は各所でいかしつつ、しかし訳し直すべき点については思い切って新しい翻訳を行った。訳出にあたっては原著者が述べていることをできるだけ正確に訳すことを基本にしながら、あわせて現代の日本語としてわかりやすい表現にすることを心がけた。

訳語についてはロージァズ全集のみならず、全集完結後に創元社等から出版されたロジャーズの著作の訳書や、最近出版された伊東博、村山正治の両氏の監訳による『ロジャーズ選集（上）(下)』（誠信書房、二〇〇一年）等を参照させていただいた。とくに『ロジャーズ選集』には『カウンセリングと心理療法』の原著からの抜粋も一部含まれており、本書の訳出にあたってかなり参考にさせていただいたことを記しておきたい。

また本書は多くの人びとのお力添えによって出版することができた。翻訳協力者の方々については、最後にお名前と協力担当部分を明記した。「ほか」とあるのは、石井さやか、大岩三恵、小川雅代、小早川美帆、白垣聡子、塚田葉月、八巻雄太、渡辺恭子の各氏のことである。

とくに第四部「ハーバート・ブライアンのケース」は、英語による実際のカウンセリングの逐語記録であるため、その会話のニュアンスを日本語に訳すのが難しい箇所であった。幸い翻訳にあたって、英語を中心とした国際言語によるカウンセリングを実践されている池袋カウンセリングセンターの木村淳子、具来夢図 庵努龍（Andrew Grimes）両氏のご協力をいただくことができた。この第四部は、史上初めて公表されたカウンセリングの全逐語記録であるといわれているが、このカウンセリングが行われたのは一九四〇年代の初め、第二次世界大戦が勃発した前後のことである。しかし本書をお読みいただければわかるように、そのやりとりは、現在の感覚からしてもまったく古さを感じさせない、きわめて今日的な内容から成っている。原著第四部のこうしたすぐれた素材を、日本語としても新鮮によみがえらせることができたのは、このお二人、そしてご協力いただいた同じ池袋カウンセリングセンターの今村祐子、加倉井由紀、片山睦江、後藤妙子、須永紘子、中濱慶子、山田裕子の各氏のおかげである。さらに本書全体の訳語調整や校正の作業等には、法政大学現代福祉学部の臨床心理ゼミの有志（秋山透さん・阿部麻衣子さん・高沢佳司さん・村松亮さん・和田大志さん）に協力していただいた。

以上の方々には紙面を借りてお礼を申し上げたい。

なお本書は、本書とそれに続くロジャーズの代表的著作 *Client-Centered Therapy*（1951）と *On Becoming a Person*（1961）の三冊を、ロジャーズ主要著作集として翻訳・出版するという岩崎学術出版社の企画の第一弾として誕生したものである。本書および主要著作集の翻訳・出版を企画され、さまざまな点でご助力いただいた岩崎学術出版社前編集長、西田信策氏には末尾ながら深く感謝申し上げたい。

二〇〇四（平成一六）年晩秋　訳者代表　末武　康弘

（注）付言すると、訳者らは『ロジャーズを読む』の執筆以前から、ロジャーズの著作について新たな訳出の必要性を感じ、折に触れ提案していた。保坂はロジャーズの最後の来日（一九八三年）時のワークショップの席上をはじめ、たびたびこの問題に関する発言を行ってきたし、諸富は日本人間性心理学会の学会誌『人間性心理学研究』第一四巻、第一号（一九九六年）において、人間性心理学の古典としての本書をはじめとしたロジャーズの代表作を訳し直す必要性を訴えた。また末武も遅ればせながら、本訳書の完成前に「『カウンセリングと心理療法』改訳の試み」（法政大学『現代福祉研究』第二号、二〇〇二年）と題する改訳の提案を行っている。

　ロジャーズと彼の心理療法についての訳者らの認識や議論に関しては、『ロジャーズを読む』ならびに諸富祥彦『カール・ロジャーズ入門』（コスモスライブラリー、一九九七年）等を参照していただければ幸いである。これらには、本書第四部「ハーバート・ブライアンのケース」における「真空」の問題（第六回および第七回面接に出てくる）をめぐる友田不二男氏の訳注（ロージャズ全集第九巻）に関しての議論などが収録されている。今回の訳では、この全集版のような詳細な訳注の記載は行わなかった。読者には、上記のような関連文献によって本書の理解や議論をいっそう深めていただければと念ずる次第である。

翻訳協力者

序・第一部　田中秀男・岡田千尋　ほか
第二部　奥野かれん・森理恵子　ほか
第三部　岩野次郎・山田絵理香
第四部　木村淳子
　　　　具来夢図　庵努龍（Andrew Grimes）

pp.412-415.
38. Schilder, Paul. *Psychotherapy*, New York : W. W. Norton Company, 1938, chap.8, 9, 10. ——心理療法のさまざまなアプローチについての折衷的な解説。
39. Shaffer, L. F. *The Psychology of Adjustment*. Boston : Houghton Mifflin Company, 1936, chap.16.——援助技術についての概説的論考。
40. Slavson, S. R. "Group Therapy," *Mental Hygiene,* vol.24 (January, 1940), pp.36-49.
41. Stogdill, E. L. "Techniques of Student Counseling," *Journal of Consulting Psychology,* vol.4 (September-October, 1940), pp.176-180. ——学生カウンセリングの分野で用いられるさまざまな技術の概説。
42. Taft, Jessie. *The Dynamics of Therapy*. New York : The Macmillan Company, 1933. ——ランク派の観点から治療した二人の子どものケースの提示と論考。
43. Towle, Charlotte. *Social Case Records from Psychiatric Clinics*. Chicago : University of Chicago Press, 1941.——12ケースの記録の詳細な提示。
44. "Trends in Therapy," Symposium in the *American Journal of Orthopsychiatry,* vol.9 (October, 1939), pp.669-760. 次の7つの論文を含む：
   a. L. G. Lowrey, "Evolution, Status, and Trends."
   b. H. S. Lippman, "Child Analysis."
   c. David M. Levy, "Release Therapy."
   d. Frederick H. Allen, "Participation in Therapy."
   e. George H. Reeves, "A Method of Coordinated Treatment."
   f. Almena Dawley, "Interrelated Movement of Parent and Child in Therapy with Children."
   g. A. T. Poffenberger, "Specific Psychological Therapies."
45. Wrenn, Gilbert, "Counseling with Students," chap.Ⅳ, pp.119-143, in *Guidance in Educational Institutions*, part I of the 37th Yearbook of the National Society for the Study of Education. Bloomington, Illinois : Public School Publishing Company, 1938. ——大学におけるカウンセリングについての現代的見解。

法の諸側面についての予備的分析。
23. Lippman, H. S. "Direct Treatment Work with Children," *American Journal of Orthopsychiatry*, vol.4 (July, 1934), pp.374-381. ——児童分析についての論考。
24. Maslow, A. H. and Mittelmann, B. *Principles of Abnormal Psychology*. New York : Harper and Brothers, 1941. Part Ⅳ, "Psychotherapy," pp.273-362.
25. May, Rollo. *The Art of Counseling*. Nashville, Tennessee : The Cokesbury Press, 1939, 247pp.——分かりやすい解説書。
26. Mills, Harriet J. "The Prognostic Value of the First Interview," *Smith College Studies in Social Work*, vol.8, number 1 (September, 1937), pp.1-33. ——心理療法による親の態度の治療可能性を決定する基準についての研究。
27. Moreno, J. L. "Psychodramatic Shock Therapy," *Sociometry,* vol.2 (January, 1939), pp.1-30.
28. Mowrer, Harriet R. *Personality Adjustment and Domestic Discord*. New York : American Book Company, 1935. ——結婚問題の適応に活用できる技術。
29. Newell, H. W. "Play Therapy in Child Psychiatry," *American Journal of Orthopsychiatry,* vol.11 (April, 1941), pp.245-251.——現在の諸立場の展望で，36タイトルの文献一覧が掲載されている。
30. Potter, Howard W. "Psychotherapy in Children," *Psychiatric Quarterly,* vol.9 (July, 1935), pp335-348. ——ある精神科医による折衷的見解の表明。
31. Rank, Otto. *Will Therapy*. New York : Alfred A. Knopf, 1936, 291pp. ——ランク自身による彼の見解の解説。
32. Ritterskampf, Louise. "The First Interview as a Guide to Treatment," *Smith College Studies in Social Work,* vol.8, number 1 (September, 1937), pp.34-84. ——文献26との共同研究。
33. Roethlisberger, F. J., and Dickson, W. J. *Management and the Worker*. Cambridge, Mass. : Harvard University Press, 1939, chap.13, "The Interviewing Method" ; chap.14, "Complaints and Personal Equilibrium" ; and chap.26, "Implications for Personnel Practice."——ウェスタン・エレクトリック社での研究に基づくカウンセリング・プログラムの提示。
34. Rogers, Carl R. *The Clinical Treatment of the Problem Child*. Boston : Houghton Mifflin Company, 1939, chaps.7, 10, 11. ——これらの章は，親および子どもとの援助面接を論じている。
35. Rogers, Carl R. "The Process of Therapy," *Journal of Consulting Psychology,* vol.4 (September-October, 1940), pp.161-164. ——基本的要素についての簡潔な叙述。
36. Rogerson, C. H. *Play Therapy in Childhood*. London : Oxford University Press, 1939. 63pp. ——英国のガイダンス・クリニックにおける遊戯療法の解説。
37. Rosenzweig, Saul. "Some Implicit Common Factors in Diverse Methods of Psychotherapy," *American Journal of Orthopsychiatry,* vol.6 (July, 1936),

7. Blanchard, Phyllis. "1937 Case for Symposium, and Symposium," *American Journal of Orthopsychiatry*, vol.7 (July, 1937), pp.383-422. ――あるケースへの心理療法的働きかけの提示。

8. Chassell, Joseph O. "Individual Counseling of College Students," *Journal of Consulting Psychology*, vol.4 (November-December, 1940), pp.205-209.

9. Conn, J. H. "The Child Reveals Himself Through Play," *Mental Hygiene*, vol.23 (January, 1939), pp.49-69. ――指示的なタイプの遊戯療法についての論考。

10. Curran, F. J. "The Drama as a Therapeutic Measure in Adolescents," *American Journal of Orthopsychiatry*, vol.9 (April, 1939), pp.215-231.

11. Despert, J. Louise, *Emotional Problems in Children*. Utica, New York : State Hospital Press, 1938. ――子どもに用いるさまざまな表現的な遊びの技術についての解説。

12. Durkin, Helen E. "Dr. John Levy's Relationship Therapy Applied to a Play Group," *American Journal of Orthopsychiatry*, vol.9 (July, 1939), pp.583-598.

13. Elliott, H. S. and Elliott, G. L. *Solving Personal Ploblems*. New York : Henry Holt and Company, 1936, chaps.11-14, inclusive. ――学生カウンセリングについての理解に焦点を合わせた著書。

14. Fenichel, Otto. *Problems of Psychoanalytic Techniques*. (Trans. by David Brunswick.) Albany, New York : Psychoanalytic Quarterly, Inc., 1941, 130pp. ――フロイト派の立場による心理療法の問題に関する論考。

15. Gerard, Margaret W. "Case for Discussion at the 1938 Symposium," *American Journal of Orthopsychiatry*, vol.8 (January, 1938), pp.1-18.

16. Gerard, Margaret W. "The 1938 Symposium," *American Journal of Orthopsychiatry*, vol.8 (January, 1938), pp.409-435. ――Gerard博士による治療的処置の事例についての論考。

17. Gitelson, M. and collaborators. "Clinical Experience with Play Therapy," *American Journal of Orthopsychiatry*, vol.8 (July, 1938), pp.466-478.

18. Gitelson, M. "Direct Psychotherapy with Children," *Archives of Neurology and Psychiatry*, vol.43 (June, 1940), pp.1208-1223. ――修正フロイト派の観点による遊戯療法についての論考。

19. Hankins, Dorothy. "A Psychology of Helping in Work with Adolescents," *Journal of Social Work Process*, vol.1 (November, 1937), pp.85-103.

20. Hollis, Florence. *Social Case Work in Practice*, New York : Family Welfare Association, 1939. ――援助的処置のケース記録。

21. Horney, Karen. *New Ways in Psychoanalysis*, New York : W. W. Norton Company, 1939. ――とくに第16章"精神分析療法"。本書はフロイト派の観点についての批判的な再評価である。

22. Lewis, Virginia W. "Intensive Treatment with Adolescent Girls," *Journal of Consulting Psychology*, vol.4 (September-October, 1940), pp.181-184――心理療

（f）集団療法は，個人への心理治療的対処の原理を集団のための手法に応用しようとする試みの名称であり，遊戯療法の技術と重なるところが多い。文献12および40を参照。

（g）演劇による心理療法は，まだほとんど発展していない分野である。しかしそれは，心理療法の原理を新鮮なやり方で活用しようとする刺激的な試みであるので，ここでは注目しておきたい。文献10および27を参照。

（h）支持的療法は，援助者が親の役割を演ずるもので，広範に用いられているという点では，一つの重要な動向であるといえる。しかし公刊された文献はほとんど見当たらない。文献3を参照。

（i）最後のグループは，おそらく文献としてはもっとも多く公刊されているであろう，いわゆる折衷的な著者たちによるものである。その実践は，多くの動向の影響を受けている。ここでは，折衷的な志向をもつ読者のためにさまざまな観点を提供しようとする文献についてもリストにあげておきたい。たとえば文献2・22・24・30・34・37・39・44を参照されたい。

以上の大まかな分類によって，この分野の文献すべてを網羅できるわけではないが，読者が下記の著者たちのことを知りたいと思うときの手がかりとして，この分類を役立ててもらえればと思う。

1. Allen, Frederick H. *Psychotherapy with Children*. New York : W. W. Norton Company, 1942. ——これは，フィラデルフィア児童相談所で子どもたちに実践されている関係療法についての，もっとも完全な解説である。
2. “Areas of Agreement in Psychotherapy,” a symposium in the *American Journal of Orthopsychiatry*, vol.10, number 4 (October, 1940), pp.698-709. ——Goodwin Watson を座長とし，Alexandra Adler, Frederick H. Allen, Eleanor Bertine, J. O. Chassell, Carl R. Rogers, Saul Rozenzweig, Robert Waelder が出席したシンポジウムの記録である。このシンポジウムではさまざまの見解が表された。
3. Axelrode, Jeanette. “Some Indications for Supportive Therapy,” *American Journal of Orthopsychiatry*, vol.10 (April, 1940), pp.264-271. ——援助者が親の役割を演じたケースについての論考。
4. Baruch, Dorothy W. *Parents and Children Go to School*. Chicago : Scott, Foresman and Company, 1939. Chap.6, “In Conference.” ——親の態度の治療的処置についての事例研究。
5. Baruch, Dorothy W. “Therapeutic Procedures as Part of the Educative Process,” *Journal of Consulting Psychology*, vol.4 (September-October, 1940), pp.165-172. ——ある幼稚園の教育計画に組み込まれた遊戯療法についての解説。
6. Bender, Lauretta, and Woltmann, A. G. “The Use of Plastic Material as a Psychiatric Approach to Emotional Problems in Children,” *American Journal of Orthopsychiatry*, vol.7 (July, 1937), pp.283-300.

付　録

心理療法の動向——主要文献——

カウンセリングと心理療法について網羅的に文献をあげるとかなり膨大なものになってしまうし，その多くはすでに時代遅れのものになっている。そこで，ここにあげる参考文献のリストについては，いくつかの点から選択を行った。第一に，心理療法の過程についてわれわれの理解を深め前進させてくれるような，種々の異なる見解を代表する文献を選択した。ただし，ここでは歴史的に重要な文献リストを作成するつもりはなく，むしろ昨今の実践における具体的態度を反映しているものに限定した。第二に，ここではさまざまな著者の文献を掲載することを目的とした。したがって，同じ著者については三冊以上の文献はあげていない。第三に，カウンセリングや心理療法の実践を論じた著作を掲載したいという意図から，理論的な記述が中心である文献はここでは割愛させていただいた。ここにあげた各文献から，さらにこの分野の幅広い学習へと進んでいってもらえればと考えている。

このリストに表れている主な動向について，一言付け加えておきたい。それらはさまざまに分類できるであろうが，次の分類は，この分野における考え方の相違と一致の両方を理解したいと思う読者にとって有益なものとなるであろう。ここで用いる名称には異論もあるかもしれないが，少なくとも一般に用いられている名前を使用した。

（a）関係療法は，オットー・ランクの思想から生まれた立場で，さまざまの実践家によって修正され展開されてきたものである。本書の基底をなす概念は，このランク派の人たちのものから強い影響を受けている。この立場については，文献１・19・31・42・44・44ｄ・44ｆを参照されたい。

（b）現代のフロイト派精神分析は，心理療法の思想の発展に重要な影響を与えている。全般的にみて，このグループはもはや古典的な技術に縛られてはおらず，それを超えて前進してきている。各著者の間でかなり見解の違いはあるが，この立場については，文献14・15・21・23を参照していただきたい。

（c）学生カウンセリングおよび夫婦カウンセリングは，上記の二つのグループとはまた違った背景から発展してきた分野である。この分野にもさまざまなアプローチがあるが，その具体例は，文献８・13・25・28・41・45を見ていただきたい。

（d）産業カウンセリングは，カウンセリングの過程を理解するうえで，まだそれほどの役割を果たしていない。そうしたなかで，文献33はきわめて重要で興味深い，独自の発展を記したものである。

（e）子どもたちとの遊戯療法は，独自の分野として発展してきており，文献もこの分野固有のものが公刊されてきている。その発展の具体例を示すものとしては，文献５・６・９・11・17・18・29・36を参照されたい。また，その全般的な動向についてよくまとめられているものには，文献29・36がある。

な行

は行

ま行

や行

ら行

索　　引

あ行

か行

さ行

た行

訳者略歴

末武　康弘（すえたけ　やすひろ）：第一部，第二部，第四部

1959年　長崎県に生まれる

1989年　筑波大学大学院博士課程教育学研究科満期退学

1989年　女子美術大学芸術学部専任講師，1991年より助教授

1992年　明治学院大学文学部専任講師，1993年より助教授

1996年　法政大学文学部助教授

2001年　法政大学現代福祉学部助教授

2002年　法政大学大学院人間社会研究科臨床心理学専攻助教授を兼務

現　在　法政大学現代福祉学部・大学院人間社会研究科教授

主　著　『ロジャーズ主要著作集１　カウンセリングと心理療法』（共訳，2005，岩崎学術出版社）。『ロジャーズを読む（改訂版）』（共著，2006，岩崎学術出版社）。『産業カウンセリング　事例に学ぶ（新版）』（共著，2007，日本産業カウンセラー協会）。『フォーカシングの原点と臨床的展開』（共著，2009，岩崎学術出版社）。『ジェンドリン哲学入門』（共編著，2009，コスモス・ライブラリー）。

保坂　亨（ほさか　とおる）：第三部

1956年　東京都に生まれる

1983年　東京大学大学院教育学研究科教育心理学専攻第１種博士課程中退

1983年　東京大学学生相談所相談員

1989年　千葉大学教育学部講師

1992年　千葉大学教育学部助教授

現　在　千葉大学教育学部附属教員養成開発センター教授，博士（教育学）

主　著　『学校を欠席する子どもたち』（2000，東京大学出版会）。『ロジャーズ主要著作集２　クライアント中心療法』（共訳，2005，岩崎学術出版社）。『ロジャーズを読む（改訂版）』（共著，2006，岩崎学術出版社）。『“学校を休む”児童生徒の欠席と教員の休職』（2008，学事出版）。『いま，思春期を問い直す』（2010，東京大学出版会）。

諸富　祥彦（もろとみ　よしひこ）

1963年　福岡県に生まれる

1992年　筑波大学大学院博士課程教育学研究科修了

1993年　千葉大学教育学部講師

1995年　千葉大学教育学部助教授

2004年　明治大学文学部助教授

現　在　明治大学文学部教授，博士(教育学)

主　著　『カール・ロジャーズ入門』『フランクル心理学入門』（以上，1997，コスモス・ライブラリー）。『〈むなしさ〉の心理学』（1997，講談社）。『トランスパーソナル心理学入門』（1999，講談社）。『生きていくことの意味』（2000，PHP研究所）。『孤独であるためのレッスン』（2001，日本放送出版協会）。『臨床心理学全書　第３巻』（分担執筆，2005，誠信書房）。『人生に意味はあるか』（2005，講談社）。『ロジャーズ主要著作集３　自己実現の道』（共訳，2005，岩崎学術出版社）。『ロジャーズを読む（改訂版）』（共著，2006，岩崎学術出版社）。『自己成長の心理学』（2009，コスモス・ライブラリー）他。

http://morotomi.net/

ロジャーズ主要著作集 1
カウンセリングと心理療法
――実践のための新しい概念――
ISBN978-4-7533-0503-2

訳 者
末武 康弘
保坂 亨
諸富 祥彦

2005年 3 月18日 初版第 1 刷発行
2022年10月 4 日 第 7 刷発行

印刷 (株)新協/製本 (株)若林製本工場
発行所 (株)岩崎学術出版社 〒101-0062 東京都千代田区神田駿河台3-6-1
発行者 杉田 啓三
電話 03-5577-6817 FAX 03-5577-6837